M. Lembke:

Die Arbeitskampfbeteiligung von Außenseitern

Springer
Berlin
Heidelberg
New York
Barcelona
Hongkong
London
Mailand
Paris
Singapur
Tokio

Mark Lembke

Die Arbeitskampfbeteiligung von Außenseitern

Springer

Dr. iur. Mark Lembke
Geheimrat-Schott-Str. 64
69181 Leimen

ISBN-13:978-3-540-66415-4

Die Deutsche Bibliothek - CIP-Einheitsaufnahme
Lembke, Mark: Die Arbeitskampfbeteiligung von Außenseitern / Mark Lembke. - Berlin; Heidelberg; New York; Barcelona; Hongkong; London; Mailand; Paris; Singapur; Tokio: Springer, 2000
ISBN-13:978-3-540-66415-4 e-ISBN-13:978-3-642-59676-6
DOI: 10.1007/978-3-642-59676-6

Umschlaggestaltung: Erich Kirchner, Heidelberg
Herstellung: Renate Münzenmayer

SPIN 10743529 64/2202-5 4 3 2 1 0 - Gedruckt auf säurefreiem Papier

Vorwort

Die vorliegende Arbeit wurde im Sommersemester 1999 von der Juristischen Fakultät der Ruprecht-Karls-Universität Heidelberg als Dissertation angenommen. Literatur und Rechtsprechung sind bis März 1999 berücksichtigt.

Ganz herzlich danken möchte ich an dieser Stelle zunächst meinen Eltern Barbara und Dr. Hanno Lembke für ihre fördernde Anteilnahme an meiner juristischen Ausbildung. Meinem Vater bin ich zudem sehr dankbar für seinen kritischen Blick auf den Entwurf der Arbeit. Herzlichen Dank schulde ich auch meiner Frau Silvia und meinen Schwiegereltern für ihre liebevolle Unterstützung.

Mein besonderer Dank gilt meinem verehrten akademischen Lehrer und Doktorvater Prof. Dr. Gerrick von Hoyningen-Huene, der nicht nur meine Dissertation betreute, sondern mich im Rahmen meiner Mitarbeitertätigkeit an seinem Lehrstuhl in meinem wissenschaftlichen Wirken stets mit Rat und Tat förderte. Zu danken habe ich in besonderem Maße auch Prof. Dr. Karlheinz Misera für die rasche Anfertigung des Zweitgutachtens.

Sehr verbunden bin ich der Stiftung der Deutschen Wirtschaft – Studienförderwerk Klaus Murmann – für die großzügige Gewährung eines Promotionsstipendiums, das mir zum einen die konzentrierte Anfertigung der Dissertation ermöglichte und zum anderen eine gewinnbringende fächerübergreifende ideelle Förderung zuteil werden ließ.

Schließlich möchte ich mich bei Frau Angelika Hertel für die zuverlässige Hilfe bei der Betreuung des Manuskripts bedanken.

Heidelberg, im Juli 1999 Mark Lembke

Inhaltsverzeichnis

4. Teil: Arbeitskampfbeteiligung von Außenseitern aufgrund individualrechtlicher Vereinbarung

Abkürzungsverzeichnis

A.A.	Anderer Ansicht
a.a.O.	am angegebenen Ort
abgedr.	abgedruckt
abl.	ablehnend(e/er)
Abs.	Absatz
a.E.	am Ende
AFG	Arbeitsförderungsgesetz
AiB	Arbeitsrecht im Betrieb
Alt.	Alternative
Anm.	Anmerkung
AöR	Archiv des öffentlichen Rechts
AP	Arbeitsrechtliche Praxis
ArbG	Arbeitsgericht
ArbGG	Arbeitsgerichtsgesetz
AR-Blattei	Arbeitsrecht-Blattei
ArbRdGgnw	Das Arbeitsrecht der Gegenwart
ArbuR	Arbeit und Recht
Art.	Artikel
AT	Allgemeiner Teil
AuA	Arbeit und Arbeitsrecht
AÜG	Arbeitnehmerüberlassungsgesetz
Aufl.	Auflage
ausf.	ausführlich
BAG	Bundesarbeitsgericht
BAGE	Entscheidungen des Bundesarbeitsgerichts
BB	Betriebs-Berater
Begr.	Begründung
Beil.	Beilage
Beschl.	Beschluß
BetrVG	Betriebsverfassungsgesetz
BGB	Bürgerliches Gesetzbuch
BGBl.	Bundesgesetzblatt
BGH	Bundesgerichtshof
BGHZ	Entscheidungen des Bundesgerichtshofes in Zivilsachen
BK	Bonner Kommentar
Bl.	Blatt

BlStSozArbR	Blätter für Steuerrecht, Sozialversicherung und Arbeitsrecht
BPersVG	Bundespersonalvertretungsgesetz
BSG	Bundessozialgericht
BT-Drs.	Drucksache des Deutschen Bundestages
BVerfG	Bundesverfassungsgericht
BVerfGE	Entscheidungen des Bundesverfassungsgerichts
BVerfGG	Gesetz über das Bundesverfassungsgericht
BVerwG	Bundesverwaltungsgericht
BVerwGE	Entscheidungen des Bundesverwaltungsgerichts
bzw.	beziehungsweise
ca.	circa, ungefähr
D.	Digesten
DAG	Deutsche Angestellten-Gewerkschaft
DAR	Deutsches Autorecht
DB	Der Betrieb
DDR	Deutsche Demokratische Republik
ders.	derselbe
DGB	Deutscher Gewerkschaftsbund
d.h.	das heißt
dies.	dieselben
Diss.	Dissertation
EAS	Europäisches Arbeits- und Sozialrecht
EGV	Vertrag zur Gründung der Europäischen Gemeinschaft
EGMR	Europäischer Gerichtshof für Menschenrechte
Einl.	Einleitung
EMRK	(Europäische) Konvention zum Schutze der Menschenrechte und Grundfreiheiten
Entsch.	Entscheidung
ErfK	Erfurter Kommentar zum Arbeitsrecht
ES	Entscheidungssammlung
ESC	Europäische Sozialcharta
etc.	et cetera, und so weiter
EU	Europäische Union
EUV	Vertrag über die Europäische Union
e.V.	eingetragener Verein
EzA	Entscheidungssammlung zum Arbeitsrecht
f.	folgende (Seite, Randnummer etc.)
FAZ	Frankfurter Allgemeine Zeitung
ff.	folgende (Seiten, Randnummern etc.)
Fn.	Fußnote
FS	Festschrift

GG	Grundgesetz
ggf.	gegebenenfalls
GmbH	Gesellschaft mit beschränkter Haftung
Grundl.	Grundlagen
GS	Großer Senat
HA	Hauptausschuß
h.A.	herrschende Auffassung/Ansicht
HAG	Heimarbeitsgesetz
HbStR	Handbuch des Staatsrechts
h.L.	herrschende Lehre
h.M.	herrschende Meinung
HRG	Hochschulrahmengesetz
Hs.	Halbsatz
HzA	Handbuch zum Arbeitsrecht
IAO/ILO	Internationale Arbeitsorganisation
i. E.	im Ergebnis
IG	Industriegewerkschaft
insbes.	insbesondere
insg.	insgesamt
i.S.d.	im Sinne des/der
i.V.m.	in Verbindung mit
JA	Juristische Arbeitsblätter
JIR	Jahrbuch für Internationales Recht
JP	Jarass/Pieroth
JuS	Juristische Schulung
JZ	Juristen-Zeitung
Kap.	Kapitel
KassHb	Kasseler Handbuch zum Arbeitsrecht
krit.	kritisch
KSchG	Kündigungsschutzgesetz
LAG	Landesarbeitsgericht
LAGE	Entscheidungen der Landesarbeitsgerichte
lit.	litera, Buchstabe
Ls.	Leitsatz
m.	mit
MD	Maunz/Dürig
MDR	Monatsschrift für Deutsches Recht
MEW	Karl Marx, Friedrich Engels Werke
MitbestG	Mitbestimmungsgesetz
MüKo	Münchener Kommentar
MünchArbR	Münchener Handbuch zum Arbeitsrecht
MuSchG	Mutterschutzgesetz
m.w.N.	mit weiteren Nachweisen
Nachw.	Nachweis(e)
NachwG	Nachweisgesetz

n.F.	neue Fassung
NJW	Neue Juristische Wochenschrift
Nr.	Nummer
NZA	Neue Zeitschrift für Arbeitsrecht
NZA-RR	NZA-Rechtsprechungs-Report Arbeitsrecht
o.	oben
ÖR	Öffentliches Recht
ÖTV	Gewerkschaft Öffentliche Dienste, Transport und Verkehr
o.g.	oben genannte(r)
Ordo	Jahrbuch für die Ordnung von Wirtschaft und Gesellschaft
OT-Mitgliedschaft	Mitgliedschaft ohne Tarifbindung
Parl. Rat	Parlamentarischer Rat
Paul.	Paulus
R	Rückseite
RdA	Recht der Arbeit
RG	Reichsgericht
RGRK	Reichsgerichtsrätekommentar zum Bürgerlichen Gesetzbuch
RGZ	Entscheidungen des Reichsgerichts in Zivilsachen
Rn.	Randnummer(n)
Rspr.	Rechtsprechung
S.	Seite; siehe
SAE	Sammlung Arbeitsrechtlicher Entscheidungen
SchwbG	Schwerbehindertengesetz
SD	Systematische Darstellungen
SED	Sozialistische Einheitspartei Deutschlands
SGB III	Sozialgesetzbuch Drittes Buch. Arbeitsförderung
s. o.	siehe oben
sog.	sogenannte(r/s)
str.	streitig
st. Rspr.	ständige Rechtsprechung
s. u.	siehe unten
T-Mitglied	Mitglied mit Tarifbindung
TVG	Tarifvertragsgesetz
u.	unten
u.a.	unter anderem
Ulp.	Ulpian
unstr.	unstreitig
usw.	und so weiter
V	Vorderseite
v.	von/vom

v.a.	vor allem
VereinsG	Vereinsgesetz
vgl.	vergleiche
VMI	Verband der Metallindustrie
Vorb.	Vorbemerkung
WiB	Wirtschaftsberatung
WRV	Weimarer Reichsverfassung
zahlr.	zahlreich(e)
z.B.	zum Beispiel
ZfA	Zeitschrift für Arbeitsrecht
ZIAS	Zeitschrift für ausländisches und internationales Arbeits- und Sozialrecht
Ziff.	Ziffer
ZIP	Zeitschrift für Wirtschaftsrecht
zit.	zitiert
ZK	Zentralkomitee
z.T.	zum Teil
ZTR	Zeitschrift für Tarif-, Arbeits- und Sozialrecht des öffentlichen Dienstes
zust.	zustimmend

1. Teil: Einführung und Grundlagen

§ 1 Einleitung

I. Gegenstand der Untersuchung

Gegenstand der vorliegenden rechtswissenschaftlichen Untersuchung ist die aktive und passive Beteiligung von sog. Außenseitern im Arbeitskampf. Außenseiter sind diejenigen Arbeitnehmer und Arbeitgeber, die nicht Mitglied des tarifschließenden Verbandes sind und daher anders als die darin Organisierten nicht von der Tarifnormenwirkung nach §§ 3 Abs. 1, 4 Abs. 1 TVG erfaßt werden. Sie lassen sich schlagwortartig als Nichtorganisierte oder Andersorganisierte auf Arbeitnehmer- wie auf Arbeitgeberseite bezeichnen.[1] Die Arbeit behandelt im wesentlichen vier Fragen:

Dürfen sich Außenseiter *aktiv* am Arbeitskampf der Organisierten beteiligen (1) durch Streik auf Arbeitnehmerseite und (2) durch Aussperrung auf Arbeitgeberseite? Dürfen Außenseiter *passiv* am Arbeitskampf beteiligt werden, d.h. (3) dürfen Arbeitnehmeraußenseiter ausgesperrt werden und (4) dürfen Arbeitgeberaußenseiter bestreikt werden?

Im Vordergrund steht also die Frage des "Ob" der Arbeitskampfbeteiligung, weniger das "Wie". Zugrunde gelegt werden daher die klassischen Arbeitskampfmittel des Streiks – als die von einer Mehrzahl von Arbeitnehmern planmäßig und gemeinsam durchgeführte Arbeitseinstellung zur Erreichung eines Zieles ohne vorherige Kündigung des Arbeitsverhältnisses[2] – und der Aussperrung – als die seitens des Arbeitgebers ausgeübte planmäßige Verweigerung von Beschäftigung und Lohnzahlung gegenüber Arbeitnehmern ohne vorherige Kündigung der Arbeitsverhältnisse[3]. Aufgrund dessen Aktualität soll aber auch Stellung genommen

---

[1] Näher zum Begriff des Außenseiters unten § 2 (S. 6 ff.).
[2] **Brox** in: **Brox/Rüthers**, Rn. 26; KassHb/**Kalb**, 6.2 Rn. 19.
[3] KassHb/**Kalb**, 6.2 Rn. 22.

werden zum angeblichen Recht des bestreikten Arbeitgebers zur suspendierenden Betriebsstillegung, welches das **BAG** seit seiner Entscheidung vom 22.3.1994[4] in st. Rspr. vertritt.[5]

II. Problemstellung

Verdeutlicht man sich den Wirkungs- und Funktionszusammenhang zwischen Arbeitskampf und Tarifvertragssystem an der These **von Hoyningen-Huenes**, daß "der Arbeitskampf die Fortsetzung der Tarifpolitik mit anderen Mitteln" ist[6], kommen Zweifel auf, ob Außenseiter im Arbeitskampf wie Organisierte behandelt werden können. Denn die Tarifpolitik wird von den jeweiligen Verbandsmitgliedern, d.h. den Organisierten, gestaltet. Außenseiter haben mangels Mitgliedschaft keine Mitwirkungsmöglichkeit. Können sie sich aber bereits an der Tarifpolitik nicht beteiligen, ist es sehr fraglich, ob sie an deren "Fortsetzung" im Arbeitskampf teilnehmen dürfen.

Nimmt man hinzu, daß Tarifrecht und Arbeitskampfrecht auf Art. 9 Abs. 3 GG als Zentralnorm des kollektiven Arbeitsrechts aufbauen[7] und damit auf der Entscheidung des einzelnen beruhen, sich zur Wahrung und Förderung der Arbeits- und Wirtschaftsbedingungen einer Vereinigung anzuschließen (Art. 9 Abs. 3 S. 1 GG), verwundert es, daß die aktive und passive Arbeitskampfbeteiligung von Außenseitern von der *ganz h.M.* als zulässig erachtet wird.[8]

Der Behandlung der Außenseiter im kollektiven Arbeitsrecht wird schon seit längerem große Bedeutung beigemessen. **Seiter** hat in seiner vielbeachteten Habilitationsschrift "Streikrecht und Aussperrungsrecht" das Außenseiterproblem als "archimedischen Punkt" des Tarif- und Arbeitskampfrechts gekennzeichnet.[9] Im Vordergrund arbeitsrechtlicher Forschungen stand bisher allerdings die Stellung der Außenseiter im *Tarifrecht*. Erörtert wurde dabei insbesondere, ob Außenseiter trotz fehlender Tarifbindung (§ 3 Abs. 1 TVG) Gegenstand nachteiliger Regelungen im Tarifvertrag sein können. Als Stichworte seien beispielhaft genannt die

[4] BAG 22.3.1994, AP Nr. 130 zu Art. 9 GG Arbeitskampf.
[5] Näher dazu unten § 6 I 3 (S. 116 ff.).
[6] **v. Hoyningen-Huene**, JuS 1987, 505, 506 in Anlehnung an das Zitat des preußischen Generals **Carl v. Clausewitz** (1780-1831): "Der Krieg ist die Fortsetzung der Politik mit anderen Mitteln". Im Original heißt es bei **v. Clausewitz**, Vom Kriege, Dritter Teil, Achtes Buch, 6. Kap., B, S. 683: "..., der Krieg ist nichts als eine Fortsetzung des politischen Verkehrs mit Einmischung anderer Mittel."
[7] Näher zu Art. 9 Abs. 3 GG unten § 3 (S. 24 ff.).
[8] Vgl. zusammenfassend MünchArbR/**Otto**, § 278 Rn. 56 ff. m.w.N.; näher unten § 3 V 2 a (S. 44 ff.), § 4 I (S. 57 ff.), II 2 (S. 78 ff.), § 5 I (S. 83 ff.), II (S. 90), § 6 I (S. 93 ff.), II 2 (S. 125 f.), § 7 II (S. 133 ff.).
[9] **Seiter**, S. 41; s. auch **Seiter**, JZ 1979, 657.

Frage des Umfangs der Tarifmacht[10], der Zulässigkeit von sog. Organisations- und Differenzierungsklauseln in Tarifverträgen[11] und der Verfassungsmäßigkeit der §§ 3 Abs. 2, 5 TVG[12]. All diese Fragen sind nicht Gegenstand der Untersuchung. Als Ergebnis der tarifrechtlichen Außenseiterdiskussion läßt sich aber festhalten, daß die tarifliche Einbeziehung von Außenseitern wegen Verletzung der Koalitionsfreiheit (Art. 9 Abs. 3 GG) für unzulässig gehalten wird, wenn ein unangemessener Druck auf den Außenseiter zum Beitritt in die tarifschließende Koalition ausgeübt wird. Daher wird der Außenseiter im Tarifrecht teils als "Mimose" bezeichnet.[13] Gleichwohl bleiben Außenseiter von der Betätigung der Koalitionen nicht unberührt, da in der Praxis Tarifverträge vielfach auch in Arbeitsverhältnissen Nichttarifgebundener aufgrund arbeitsvertraglicher Bezugnahme oder betrieblicher Übung angewendet werden.[14] Weil dadurch Außenseiter häufig an den tariflichen Arbeitsbedingungen partizipieren, ohne Verbandsbeiträge zahlen zu müssen, werden sie insbesondere auf Arbeitnehmerseite von den Gewerkschaften als "Trittbrettfahrer", "Schmarotzer" und "Schmutzkonkurrenz" bezeichnet.[15]

Auch hinsichtlich der hier interessierenden *arbeitskampfrechtlichen Stellung* existieren schillernde Begriffe zur Charakterisierung des Außenseiters. Bei aktiver Arbeitskampfbeteiligung muß er als "Stimmvieh"[16] herhalten, bei passiver Betroffenheit als "Prügelknabe"[17].

Im Gegensatz zum Tarifrecht wurde die Position der Außenseiter im Arbeitskampf lange stiefmütterlich behandelt und ist erst in jüngerer Zeit in den Blickpunkt arbeitsrechtlicher Studien gerückt.[18] Nach wie vor ungelöst ist aber der allgemein festgestellte *"dogmatische Bruch"* zwischen tarifrechtlicher und arbeits-

---

[10] Dazu etwa **Biedenkopf**, Grenzen der Tarifautonomie, 1964; MünchArbR/**Löwisch**, § 251 Rn. 1 ff. m.w.N.

[11] Dazu BAG (GS), 29.11.1967, AP Nr. 13 zu Art. 9 GG; **Gamillscheg**, KollArbR I, S. 355 ff.; 388 ff. m.w.N.

[12] Dazu BVerfG 24.5.1977 und 15.7.1980, AP Nr. 15 und 17 zu § 5 TVG; **Kempen/Zachert**, TVG, § 3 Rn. 17 ff., § 5 Rn. 36 ff. m.w.N.; **May**, Die verfassungsmäßige Zulässigkeit der Bindung von Außenseitern durch Tarifverträge, 1988/89.

[13] **Gamillscheg**, Differenzierung, S. 61; **Konzen**, FS 25 Jahre BAG, S. 273, 276.

[14] Nach Schätzungen finden in Deutschland Tarifverträge (kraft Tarifbindung, Allgemeinverbindlicherklärung und Bezugnahme) insgesamt auf etwa 90 % der Arbeitsverhältnisse Anwendung, **Däubler**, ZIAS 1995, 279, 306; **Halbach/Paland/Schwedes/Wlotzke**, 7. Aufl. 1998, 4 Rn. 29, S. 334; s. auch unten § 8 II am Anfang (S. 153).

[15] **v. Hoyningen-Huene**, RdA 1974, 138, 152 und Fn. 181 m.w.N.

[16] **Wiedemann**, RdA 1969, 321, 325.

[17] **Seiter**, S. 343.

[18] Nur auf den Arbeitnehmeraußenseiter bezogen: **Heckelmann**, Suspendierende Abwehraussperrung von Außenseitern, 1991; **Kroll**, Der Außenseiter in der Arbeitsrechtsordnung, 1992; **Rose**, Das Streikrecht der nichtorganisierten und der andersorganisierten Arbeitnehmer im Arbeitskampf, 1994/95. Auch auf den Arbeitgeberaußenseiter bezogen: **Lieb**, Arbeitsrecht, Rn. 660 ff.; **Thüsing**, Der Außenseiter im Arbeitskampf, 1995/96.

kampfrechtlicher Behandlung der Außenseiter[19]. Auf der einen Seite wird im Tarifrecht auf die freiwillige Zugehörigkeit zu einem Kollektivverband abgestellt. Dementsprechend ist die Tarifbindung sowie die Regelungsmacht der Tarifvertragsparteien grundsätzlich auf Koalitionsmitglieder beschränkt (§ 3 Abs. 1; Ausnahme: §§ 3 Abs. 2, 4 Abs. 1 S. 2, § 5 TVG). Außenseiter "stehen" also – dem Wortsinn ihrer Bezeichnung entsprechend – grundsätzlich "außen vor". Auf der anderen Seite wird im Arbeitskampfrecht eine Gleichstellung von Organisierten und Außenseitern vollzogen. Nicht- und Andersorganisierte sollen im Arbeitskampf folglich ihre Außenseiterposition verlieren. Die Arbeitskampfbeteiligung der Außenseiter ist im Ausgangspunkt *systemwidrig*, da sie als aktive Arbeitskampfteilnehmer mangels Tarifgebundenheit (§ 3 Abs. 1 TVG) unmittelbar nichts von der Änderung des Kollektivvertrags haben und als Opfer des Arbeitskampfs die falschen Adressaten sind, weil sie die begehrte Tarifänderung mangels Verbandsmitgliedschaft nicht gewähren können.[20] Die Einbeziehung der Außenseiter in den Arbeitskampf stellt die h.M. daher vor ein "Legitimationsproblem".[21] Sie muß einräumen, daß ihr eine dogmatische Begründung schwerfällt.[22]

III. Ziel

Ziel der vorliegenden Untersuchung ist es, den festgestellten "dogmatischen Bruch" und die "Systemwidrigkeit" aufzulösen und die Arbeitskampfbeteiligung der Außenseiter auf eine tragfähige rechtliche Grundlage zu stellen sowie in ein in sich stimmiges Gesamtsystem einzubetten.

Dabei stellt der 1. Teil quasi den *"allgemeinen Teil"* der Arbeit dar, in dem zunächst begriffliche Klarheit hinsichtlich der Definition des Außenseiters geschaffen (§ 2) und dann der Gewährleistungsinhalt von Art. 9 Abs. 3 GG systematisch und zusammenhängend dargelegt wird (§ 3). Das "Vor-die-Klammer-Ziehen" von Art. 9 Abs. 3 GG rechtfertigt sich dadurch, daß er als "Ausgangspunkt"[23] und "zentrale Verfassungsnorm"[24] die ranghöchste Rechtsquelle des Arbeitskampfrechts ist und seine Gewährleistungsinhalte (Koalitionsfreiheit, Tarifautonomie,

---

[19] **Konzen**, FS 25 Jahre BAG, S. 273, 276 f.; **Nömeier**, S. 31; **Richardi**, Arbeitsrecht, S. 146; **Wiedemann**, RdA 1969, 321, 326.

[20] **Rieble**, Rn. 1385.

[21] **Rieble**, Rn. 1384.

[22] Vgl. nur BAG 11.8.1992, AP Nr. 124 zu Art. 9 GG Arbeitskampf unter I 3 a: "Begründungsdefizit"; **Brox**, JA 1980, 628, 629; **Brox** in: **Brox/Rüthers**, Rn. 289; **Bruhn**, S. 145.

[23] **Gamillscheg**, KollArbR I, S. 13.

[24] **Rüthers** in: **Brox/Rüthers**, Rn. 78.

Funktionsfähigkeit des Arbeitskampfsystems etc.) immer wieder bei der Argumentation zur Lösung des Außenseiterproblems herangezogen werden[25].

Im *"besonderen Teil"* der Arbeit wird die Außenseiterbeteiligung im Arbeitskampf systematisch so aufgearbeitet, daß zunächst die gesetzlichen bzw. richterrechtlichen Grundlagen für die Zulässigkeit von Arbeitskampfmaßnahmen *durch* Außenseiter (2. Teil) und dann *gegenüber* Außenseitern (3. Teil) untersucht werden, wobei jeweils zwischen Arbeitnehmer- und Arbeitgeberaußenseitern differenziert wird. Schließlich wird die Zulässigkeit der Arbeitskampfbeteiligung von Außenseitern auf individualrechtlicher Grundlage geprüft (4. Teil).

Angesichts der enormen Fülle an Literatur und Rechtsprechung ist **Zöllner** zuzustimmen, daß "niemand mehr die vielen Tausende von bedruckten Seiten zum Arbeitskampfrecht ... durchlesen (kann), ohne gegen sich selbst das Übermaßverbot zu verletzen."[26] Daher sollen die Ausführungen auf das Wesentliche konzentriert bleiben, immer wiederkehrende Argumentationsmuster herausgearbeitet und insbesondere neuere Erkenntnisse in Rechtsprechung und Literatur berücksichtigt werden.

[25] S. u. § 4 I 2 (S. 60), 3 (S. 62), 5 (S. 64 ff.), 7 c (S. 68 ff.), 8 e (S. 76 f.), § 5 I 1 (S. 84 ff.), 3 (S. 88), vor § 6 (S. 93), § 6 I 1 e (S. 98 ff.), h (S. 102 ff.), 2 (S. 110 ff.), 3 c (S. 120 f.), § 7 I 2 b bb (3) (S. 132), II 1 (S. 133 ff.), 4 (S. 141), 5 (S. 141 ff.), passim.

[26] **Zöllner**, DB 1985, 2450, 2452.

§ 2 Begriff des Außenseiters

I. Begriffsverwendung in Literatur und Rechtsprechung

In Rechtsprechung und Literatur zum Tarif- und Arbeitskampfrecht findet sich keine eingehende Auseinandersetzung mit dem Außenseiterbegriff. Die Begriffsverwendung stellt sich vielmehr als verworrenes Bild dar. Daher ist gleich zu Beginn der Untersuchung über die Arbeitskampfbeteiligung von Außenseitern begriffliche Klarheit hinsichtlich der Außenseiterdefinition herzustellen.

Vielfach wird die Kenntnis der Bedeutung des Außenseiterbegriffs bei dessen Verwendung offenbar vorausgesetzt.[1] Teils wird als Außenseiter explizit nur der *nicht gewerkschaftsangehörige Arbeitnehmer* bezeichnet,[2] teils wird darunter der *nicht- oder andersorganisierte Arbeitnehmer* verstanden,[3] wobei manche richtigerweise den konkreten Bezug zur arbeitskampfführenden Gewerkschaft herstellen.[4] Schließlich wird der Begriff des Außenseiters auch für die *nichtorganisierten Arbeitnehmer und Arbeitgeber*[5] bzw. die *anders- und nichtorganisierten Arbeitnehmer und Arbeitgeber*[6] verwendet. Als kleinsten gemeinsamen Nenner kann man festhalten, daß als Außenseiter diejenigen angesehen werden, die nicht in den tarifschließenden Koalitionen organisiert sind.

II. Definitionsansatz

1. Funktionszusammenhang von Arbeitskampf und Tarifvertrag

Die Außenseiterdefinition hat ersichtlich zu tun mit dem Organisationsstatus des Arbeitnehmers bzw. Arbeitgebers und dem Gebrauchmachen von der Koalitions-

---

[1] BVerfG 26.6.1991, AP Nr. 117 zu Art. 9 GG Arbeitskampf unter C I 1 b; **Brox** in: **Brox/Rüthers**, Rn. 289; **Däubler** in: **Däubler**, Arbeitskampfrecht, Rn. 108, 130; **Kalb**, Arbeitskampfrecht, Rn. 57 ff.; **Nömeier**, S. 31; **Seiter**, S. 37 ff.; **Thüsing**, S. 15 ff.

[2] **Adam**, S. 301 Fn. 913; **Heckelmann**, S. 1; **Reichold**, JuS 1996, 1049, 1052.

[3] **v. Hoyningen-Huene**, JuS 1987, 505, 510; **Wiedemann/Stumpf**, TVG, Einl. Rn. 70.

[4] **Rose**, S. 3.

[5] **Dütz**, Arbeitsrecht, Rn. 517; **Misera**, S. 1.

[6] BAG (GS) 29.11.1967, AP Nr. 13 zu Art. 9 GG unter Teil III I 1; **Kroll**, S. 2 Fn. 2.

freiheit (Art. 9 Abs. 3 GG) in bestimmter Weise. Dennoch geht man bei der Begriffsbestimmung nicht direkt von Art. 9 Abs. 3 GG aus, sondern von der konkreten Ausgestaltung der Verfassungsnorm im Tarifrecht.[7] Die Bezeichnung "Außenseiter" kommt nämlich daher, daß derjenige, der an dem bestimmten Verbands- oder Firmentarifvertrag nicht kraft Tarifbindung teilhat (vgl. §§ 2 Abs. 1, 3 Abs. 1, 4 Abs. 1 TVG), im Tarifrecht "außen vor steht". Die hier vorzunehmende Definition des Außenseiters im Arbeitskampfrecht sollte sich in das geltende kollektive Arbeitsrecht einfügen und daher mit dem tarifrechtlichen Begriffsverständnis übereinstimmen. Die Definition des Außenseiters muß daher konkret auf den jeweils umkämpften und abzuschließenden Tarifvertrag bezogen werden. Das ist aufgrund des engen Funktionszusammenhangs von Tarifvertrag und Arbeitskampf sogar geboten. Das richterrechtlich entwickelte deutsche Arbeitskampfrecht ist nämlich im Gegensatz zu manchen anderen Rechtsordnungen streng tarifvertragsbezogen. Zulässig ist nur ein Arbeitskampf, der um den Abschluß eines (wirksamen) Tarifvertrags geführt wird (vgl. Art. 9 Abs. 3 S. 1 und 3 GG: "zur Wahrung und Förderung der Arbeits- und Wirtschaftsbedingungen").[8] Ein Streik, wie er etwa in Spanien von Arbeitern eines Lastwagenherstellers durchgeführt wurde, weil ein neuer Autobahnzubringer nicht direkt ans Werksgelände führte, oder der Streik in Frankreich Ende 1995, dem insbesondere politische Gründe (beabsichtigte Kürzung der Sozialkassen) zugrunde lagen,[9] wäre in Deutschland unzulässig.[10] In Deutschland dient der Arbeitskampf dazu, so lange Druck auf die gegnerische Tarifvertragspartei auszuüben, bis es zum Abschluß des umkämpften Tarifvertrags kommt. Der Arbeitskampf hat eine "Hilfsfunktion" konkret bezogen auf den jeweils abzuschließenden Tarifvertrag, so daß Streik und Aussperrung alleine dem Tarifarbeitskampf vorbehalten bleiben.[11] Da aufgrund der durch Art. 9 Abs. 3 GG gewährleisteten Tarifautonomie eine staatliche Zwangsschlichtung oder – wie etwa jüngst in Dänemark[12] – eine Beendigung des Tarifkonflikts durch Gesetz ausgeschlossen ist,[13] steht am Ende des Arbeitskampfs der von den Parteien ausgehandelte Tarifvertrag. Wegen dieses Funktionszusammenhangs von Arbeitskampf und Tarifvertrag muß der Außenseiter im Arbeitskampf genauso definiert werden wie im Tarifrecht, und zwar konkret bezogen auf den jeweils umkämpften,

---

[7] Zur Ausgestaltungsbedürftigkeit des Art. 9 Abs. 3 GG näher unten § 3 I 1 (S. 24 f.).

[8] **Löwisch/Rieble** in: **Löwisch**, Arbeitskampf- und Schlichtungsrecht, 170.2 Rn. 3; MünchArbR/**Otto**, § 278 Rn. 2 m.w.N.; zu den allgemeinen Grundsätzen des Arbeitskampfrechts s. auch unten § 3 V 3 (S. 51 f.).

[9] Zu beiden Beispielen FAZ vom 7.12.1995, S. 21.

[10] Zum weitgefaßten Streikrecht in Spanien **Kramer** in: **Bispinck/Lecher**, Tarifpolitik und Tarifsysteme in Europa, S. 389; zum Streikrecht in Frankreich: **Bohr**, S. 153 ff.; **Jansen/Kiersch** in: **Mielke**, Internationales Gewerkschaftshandbuch, S. 464; **Fromont** in: **Mosler/Bernhardt**, Die Koalitionsfreiheit des Arbeitnehmers, S. 265 ff.; vgl. zu politischen Streiks in Spanien und Frankreich auch **Gamillscheg**, KollArbR I, S. 1103; rechtsvergleichend zum Arbeitskampfrecht auch **Birk**, RdA 1986, 205.

[11] **Kalb**, RdA 1994, 385, 388 und 390.

[12] FAZ vom 7.5.1998, S. 1 und 17.

[13] MünchArbR/**Löwisch**, § 239 Rn. 96 ff.; s. auch unten § 3 IV 2 b a.E. (S. 42).

abzuschließenden Tarifvertrag. Bei der Begriffsbestimmung des Außenseiters ist daher insbesondere auch die Tariffähigkeit des einzelnen Arbeitgebers hinsichtlich eines Firmentarifvertrags (§ 2 Abs. 1 TVG) zu beachten[14], was in Rechtsprechung und Literatur nicht hinreichend berücksichtigt wird.

2. Allgemeine Begriffsbestimmung

a) Normativer Anhaltspunkt

Im Tarifrecht findet sich ein – bislang unbeachteter – konkreter normativer Anhaltspunkt für die Außenseiterdefinition. § 5 Abs. 4 TVG enthält eine ausdrückliche Regelung zu Außenseitern, anhand derer die allgemeine Begriffsbestimmung des Außenseiters vorgenommen werden kann. § 5 Abs. 4 TVG regelt, daß mit der Allgemeinverbindlicherklärung die Rechtsnormen des für allgemeinverbindlich erklärten Tarifvertrags in seinem Geltungsbereich auch die bisher nicht tarifgebundenen Arbeitgeber und Arbeitnehmer erfaßt. Der Zweck der Allgemeinverbindlicherklärung liegt primär darin, die normative Tarifwirkung auch auf die Außenseiter zu erstrecken unabhängig davon, ob sie nicht- oder andersorganisiert sind.[15]

b) Definition

Anhand des § 5 Abs. 4 TVG läßt sich der Außenseiter wie folgt definieren:

Außenseiter ist derjenige
(1) Arbeitnehmer oder Arbeitgeber, der
(2) in den räumlichen, betrieblich-fachlichen und persönlichen Geltungsbereich des jeweils umkämpften bzw. abzuschließenden Tarifvertrags fällt,
(3) aber nicht Mitglied in einer der Tarifvertragsparteien ist, da er entweder gar nicht organisiert ist (Nichtorganisierter) oder in einer anderen Koalition als den tarifschließenden Verbänden organisiert ist (Andersorganisierter).[16]

---

[14] S. u. § 2 IV 2 (S. 11).

[15] **Dütz**, Arbeitsrecht, Rn. 521; **v. Hoyningen-Huene**, BB 1986, 1909, 1910; **Kempen/Zachert**, TVG, § 5 Rn. 21; **Schaub**, Arbeitsrechts-Handbuch, § 207 V 1, S. 1735.

[16] Im Ergebnis ebenso **Mäßen/Mauer**, NZA 1996, 121; **Reichel/Koberski/Ansey**, TVG, § 2 Rn. 28; vgl. auch **Kempen/Zachert**, TVG, § 5 Rn. 21; ähnlich **Kalb**, RdA 1994, 385, 390 allerdings ohne Erörterung des persönlichen Geltungsbereichs des Tarifvertrags.

c) Abgrenzung zu "Dritten"

Arbeitnehmer oder Arbeitgeber, die bereits nicht in den räumlichen, betrieblich-fachlichen oder persönlichen Geltungsbereich des konkret abzuschließenden Tarifvertrags fallen, sind keine Außenseiter, sondern können als außenstehende "Dritte" bezeichnet werden unabhängig davon, ob sie nicht- oder andersorganisiert sind. Dies entspricht dem vom **BAG** geteilten Grundsatz, daß das Kampfgebiet durch den Geltungsbereich des umkämpften Tarifvertrags begrenzt wird.[17] Arbeitskampfmaßnahmen durch oder gegen Dritte haben Sympathiecharakter.[18] Sie sind nicht Gegenstand der vorliegenden Untersuchung und richten sich nach allgemeinem Arbeitskampfrecht.[19]

d) Abgrenzung zu "Organisierten"

Entscheidendes und charakteristisches Merkmal des Außenseiters ist, daß er der normativen Wirkung des jeweils im Geltungsbereich einschlägigen Tarifvertrags *mangels Tarifgebundenheit nach § 3 Abs. 1 TVG* nicht unterfällt, d.h. aufgrund seines Willensaktes, den tarifschließenden Koalitionen fernzubleiben. Abzugrenzen davon ist der "Organisierte", der in den jeweiligen Geltungsbereich des Tarifvertrags fällt und kraft seiner Mitgliedschaft im tarifschließenden Verband bzw. als einzelner Arbeitgeber hinsichtlich eines Firmentarifvertrags tarifgebunden ist (§ 3 Abs. 1 TVG) und damit von der normativen Wirkung des Tarifvertrags erfaßt wird (§ 4 Abs. 1 TVG).

III. Arbeitnehmeraußenseiter

Arbeitnehmeraußenseiter sind Arbeitnehmer (auch arbeitnehmerähnliche Personen i.S.d. §§ 12 a TVG, 17 HAG)[20], die in den Geltungsbereich des umkämpften bzw. abzuschließenden Tarifvertrags fallen, aber entweder überhaupt nicht gewerk-

---

[17] BAG 10.2.1988, AP Nr. 5 zu § 98 BetrVG 1972 unter II 2 b; **Dütz**, DB 1996, 2385, 2389; **Lieb**, RdA 1991, 145, 149; **Rüthers**, BB 1990, Beil. 25, S. 4.

[18] Ebenso **Lieb**, Arbeitsrecht, Rn. 664 m.w.N., der allerdings mit abweichender Terminologie von "Andersorganisierten" spricht. – Teilweise **a.A.** mit Hinblick auf den umstrittenen und zweifelhaften Grundsatz der "Einheit der Belegschaft" v. **Hoyningen-Huene**, JuS 1987, 505, 510; zu diesem Grundsatz näher unten § 4 I 3 (S. 60 ff.).

[19] Zum nach heute h.M. unzulässigen Sympathiearbeitskampf **Gamillscheg**, KollArbR I, S. 1137 ff.; **Kalb**, Arbeitskampfrecht, Rn. 147 ff.; **Rüthers** in: **Brox/Rüthers**, Rn. 142 ff., je m.w.N.

[20] Zum Begriff der arbeitnehmerähnlichen Person v. **Hase/Lembke**, BB 1997, 1095 f.

schaftlich organisiert sind (Nichtorganisierte)[21] oder in einer anderen als der tarifschließenden Gewerkschaft organisiert sind (Andersorganisierte).

Beispiel 1: Die IG Metall und der Arbeitgeberverband VMI kämpfen um einen Tarifvertrag, der sich auf alle Arbeitnehmer metallverarbeitender Betriebe im Tarifbezirk bezieht. Der in der DAG organisierte Arbeitnehmer eines solchen Betriebs fällt zwar in den Geltungsbereich des angestrebten Tarifvertrags, ist jedoch andersorganisiert und daher Außenseiter.

Beispiel 2: In einem Betrieb kämpfen die DAG und der Arbeitgeber um einen (Firmen-)Tarifvertrag für *Angestellte*. Die *Arbeiter* des Betriebs sind nicht Außenseiter, sondern unabhängig davon, ob sie nicht- oder andersorganisiert sind, Dritte, da sie nicht unter den persönlichen Geltungsbereich des umkämpften Tarifvertrags fallen.[22]

IV. Arbeitgeberaußenseiter

Auf Arbeitgeberseite ist bei der Bestimmung des Außenseiters aufgrund der Tariffähigkeit des einzelnen Arbeitgebers (§ 2 Abs. 1 TVG) zu differenzieren:

1. Verbandstarifvertrag

Wird der Abschluß eines Verbandstarifvertrags angestrebt, so bestimmt sich der Außenseiter auf Arbeitgeberseite entsprechend der Definition des Arbeitnehmeraußenseiters. Arbeitgeberaußenseiter ist danach der Arbeitgeber, der in den Geltungsbereich des umkämpften bzw. abzuschließenden Tarifvertrags fällt, aber überhaupt nicht im Arbeitgeberverband organisiert ist (Nichtorganisierter)[23] oder

---

[21] Ende 1992 waren 61 % der Arbeitnehmer nicht gewerkschaftlich organisiert. Der Organisationsgrad der Gewerkschaften belief sich insgesamt auf 39, 0 %, wobei Arbeiter zu 50, 6 %, Angestellte zu 24, 9 % und Beamte zu 65, 9 % organisiert waren, **Halbach/Paland/Schwedes/Wlotzke**, 5. Aufl. 1994, S. 301. Die Mitgliederzahlen der Gewerkschaften sind zur Zeit in vielen Ländern rückläufig, FAZ vom 30.4.1998, S. 19. Im Jahr 1996 betrug der Organisationsgrad der Gewerkschaften insg. 33, 8 %, wobei Arbeiter zu 43, 1 %, Angestellte zu 20, 9 % und Beamte zu 60, 3 % organisiert waren, **Institut der deutschen Wirtschaft**, Zahlen zur wirtschaftlichen Entwicklung der Bundesrepublik Deutschland, Ausgabe 1998, Rn. 128.

[22] Auch im Beispiel von **Lieb**, Arbeitsrecht, Rn. 664 stellt sich die Außenseiterproblematik nicht.

[23] Der Anteil der in Arbeitgeberverbänden organisierten Arbeitgeber wird für das Gebiet der alten Bundesländer auf etwa 80 % sämtlicher Arbeitgeber geschätzt, so daß also ca.

in einem anderen als dem tarifschließenden Arbeitgeberverband organisiert ist (Andersorganisierter).

2. *Firmentarifvertrag*

Wird um einen Firmentarifvertrag gekämpft, stellt sich wegen der Tariffähigkeit des einzelnen Arbeitgebers (§ 2 Abs. 1 TVG) das Problem des Außenseiters auf Arbeitgeberseite nicht.[24] Der Arbeitgeber kann der Tarifgebundenheit nach § 3 Abs. 1 TVG nicht dadurch entrinnen, daß er einem Arbeitgeberverband fernbleibt. Auch wenn der Arbeitgeber bereits Mitglied in einem Arbeitgeberverband und dadurch an einen Verbandstarifvertrag gebunden ist, ist er kein Außenseiter, wenn mit ihm ein Firmentarifvertrag kampfweise angestrebt wird. Denn der Arbeitgeber verliert durch den Beitritt zu einem Arbeitgeberverband nicht seine Fähigkeit, Partei eines Firmentarifvertrags zu sein.[25] Die Frage der Rechtmäßigkeit von Arbeitskampfmaßnahmen zur Durchsetzung eines Firmentarifvertrags bei Verbandsangehörigkeit des Arbeitgebers wirft daher keine Außenseiterproblematik auf und ist nicht Gegenstand der Untersuchung.[26]

Andere Arbeitgeber, die von vornherein nicht unter den Geltungsbereich des Firmentarifvertrags fallen, sind ebenfalls nicht Außenseiter, sondern Dritte. Würden sie in einem Firmenarbeitskampf den betroffenen einzelnen Arbeitgeber durch Kampfmaßnahmen unterstützen, wäre dies ein unzulässiger Sympathiearbeitskampf.[27]

V. Verbandsmitgliedschaft ohne Verbandstarifwirkung (sog. OT-Mitgliedschaft)

Mit den sog. OT-Mitgliedern in Arbeitgeberverbänden wurde jüngst eine besondere Form der Mitgliedschaft in einer Koalition geschaffen, die nicht nur große Be-

---

20 % der Arbeitgeber nicht organisiert sind, **Halbach/Paland/Schwedes/Wlotzke**, 7. Aufl. 1998, 4 Rn. 27, S. 331.

[24] Nicht überzeugend insofern die abweichende Terminologie von BAG 11.8.1992, AP Nr. 124 zu Art. 9 GG Arbeitskampf unter A I 3 b; treffender insoweit der Begriff "Verbandsaußenseiter" von **Zachert**, FS Kehrmann, S. 335.

[25] BAG 25.9.1996, NZA 1997, 613, 618 m.w.N.

[26] Näher dazu LAG Köln 14.6.1996, NZA 1997, 327; **v. Hoyningen-Huene**, ZfA 1980, 453; KassHb/**Kalb**, 6.2 Rn. 133; **Krichel**, NZA 1986, 731; **Schleusener**, NZA 1998, 239; **Thüsing**, NZA 1997, 294.

[27] **Buchner**, NZA 1994, 2, 8; **Matthes**, FS Schaub, S. 477 f. Zum Sympathiearbeitskampf **Rüthers** in: **Brox/Rüthers**, Rn. 142 ff.; MünchArbR/**Otto**, § 279 Rn. 42 ff.; 92 ff.

achtung in der Fachwelt, sondern auch in der Öffentlichkeit gefunden hat.[28] Die OT-Mitgliedschaft hat mittlerweile auch die Gerichte beschäftigt und wird dies auch in Zukunft tun, da das **BAG** in seinem Beschluß vom 23.10.1996 den in der Vorinstanz vom **LAG Rheinland-Pfalz**[29] entschiedenen Rechtsstreit nach § 97 Abs. 5 ArbGG bis zur Erledigung des Beschlußverfahrens nach § 2 a Abs. 1 Nr. 4 ArbGG über die im Rahmen der Tarifzuständigkeit zu klärende Zulässigkeit der OT-Mitgliedschaft ausgesetzt hat.[30] Die im vorliegenden Zusammenhang besonders interessierende Frage, ob OT-Mitglieder Außenseiter sind (unten 3.), soll aufgrund der Aktualität der OT-Problematik und zur besseren Verständlichkeit erst behandelt werden nach einer Beschreibung der OT-Mitgliedschaft (unten 1.) und Erörterung ihrer umstrittenen Zulässigkeit (unten 2.).[31]

1. OT-Mitgliedschaft

a) Arbeitgeberverbände

In jüngerer Zeit strebten einige Arbeitgeber an, auf andere Weise als durch den Austritt aus dem Arbeitgeberverband der Tarifwirkung von – ihrer Ansicht nach – undifferenzierten und zu teuren Flächen-/Verbandstarifverträgen zu entgehen und durch Firmentarifverträge betriebsnahe Tarifpolitik zu betreiben. Daher wurde in einigen Arbeitgeberverbänden – als Alternative zu der rechtlich im wesentlichen unproblematischen Funktionsaufteilung auf zwei selbständige Organisationseinheiten – die hier interessierende *Mitgliedschaft ohne Tarifbindung (OT-*

---

[28] FAZ vom 22.10.1996, S. 21; FAZ vom 22.9.1997, S. 15.

[29] 17.2.1995, LAGE Nr. 10 zu Art. 9 GG.

[30] BAG, SAE 1997, 169 = NZA 1997, 383. – **A.A.** Hessisches LAG 6.10.1997, LAGE Nr. 1 zu § 97 ArbGG 1979; kritisch zur Aussetzung bereits **Löwisch**, AR-Blattei, ES 1550.3 Nr. 12. Auch kürzlich hat das BAG die Frage der Tarifgebundenheit von OT-Mitgliedern in Arbeitgeberverbänden wiederum offengelassen, BAG 24.2.1999, DB 1999, 490, 491 = NZA 1999, Heft 6, IX, XX; dazu FAZ vom 25.2.1999, S. 19.

[31] *Für* die Zulässigkeit: LAG Rheinland-Pfalz 17.2.1995, LAGE Nr. 10 zu Art. 9 GG; **Besgen**, Mitgliedschaft im Arbeitgeberverband ohne Tarifbindung, Diss. Bonn 1997/98; **Buchner**, NZA 1994, 2; **ders.**, NZA 1995, 761; **Junker**, SAE 1997, 172; **Löwisch**, AR-Blattei, ES 1550.3 Nr. 12; **Ostrop**, Mitgliedschaft ohne Tarifbindung – besondere Gestaltungsformen einer tarifbindungsfreien Mitgliedschaft, Diss. Freiburg 1997; **Otto**, NZA 1996, 624; **Reuter**, RdA 1996, 201; **Schlochauer**, FS Schaub, S. 699; **Thüsing**, S. 147 ff.; **ders.**, Anm. zu LAG Rheinland-Pfalz 17.2.1995, LAGE Nr. 10 zu Art. 9 GG. *Gegen* die Zulässigkeit: **Däubler**, NZA 1996, 225, 230 f.; **ders.**, ZTR 1994, 448, 453; **Feger**, AiB 1995, 490, 501 ff.; **Glaubitz**, FS Stege, S. 39; **Kempen/Zachert**, TVG, § 2 Rn. 90 ff.; **Röckl**, DB 1993, 2382; krit. auch **Schaub**, Arbeitsrechts-Handbuch, § 206 II 8, S. 1727 f.; **ders.**, BB 1994, 2005, 2006 f.; BB 1995, 2003, 2004 f.

Mitgliedschaft) geschaffen.[32] Da Arbeitgeberverbände regelmäßig als eingetragene Vereine i.S.d. §§ 21, 55 BGB organisiert sind, ist die OT-Mitgliedschaft zunächst eine Form der Vereinsmitgliedschaft. Sie liegt zwischen der Vollmitgliedschaft und der bloßen *Gastmitgliedschaft*, bei der die wesentlichen Mitgliedschaftsrechte wie das Stimmrecht sowie das aktive und passive Wahlrecht dem Mitglied nicht zustehen und welche daher nicht als Mitgliedschaft i.S.d. § 3 Abs. 1 TVG anerkannt ist.[33] Das OT-Mitglied ist grundsätzlich ein Mitglied mit allen Rechten (v.a. Stimm-, Wahlrecht, Anspruch auf Beratungs-, Bildungs-, Rechtsvertretungsleistungen) und Pflichten (v.a. volle Beitragspflicht), wird aber nach der Satzung nicht von den Verbandstarifen erfaßt und nimmt dementsprechend auch nicht am Verbandstarifgeschehen teil, d.h. in Mitgliederversammlungen obliegt die Beschlußfassung über Tariffragen und Arbeitskampfmaßnahmen ausschließlich den Mitgliedern *mit* Tarifbindung (sog. *T-Mitglieder*). Nur sie dürfen den sozialpolitischen Ausschuß wählen. OT-Mitglieder nehmen in diesem Ausschuß nur mit beratender Stimme teil.[34]

b) Gewerkschaften

Obwohl das Problem der OT-Mitgliedschaft in der aktuellen Diskussion bislang nur bezüglich Arbeitgeberverbänden virulent wurde, ist die Mitgliedschaft ohne Tarifbindung auch für die Gewerkschaftsseite nicht nur theoretisch denkbar (z.B. wenn die DAG Arbeiter als Mitglieder aufnimmt), sondern in der Praxis tatsächlich bereits seit längerem beanstandungslos existent. So hat beispielsweise die Gewerkschaft ÖTV Beamte als Mitglieder, für die sie mangels persönlicher Tarifzuständigkeit keine Tarifverträge abschließen kann.[35] Angesichts der zu beobachtenden Tendenz der Gewerkschaften, ihrem Dienstleistungsbereich ein stärkeres Gewicht zu geben (vgl. etwa die Ausgliederung des Rechtsschutzbereichs beim DGB in eine GmbH)[36], ist es nicht ausgeschlossen, daß die Gewerkschaften in Zukunft "offiziell" OT-Mitgliedschaften anbieten. Die einschlägige Literatur behandelt zwar durchgehend nur die OT-Mitgliedschaft in Arbeitgeberverbänden, jedoch können die Ausführungen im Prinzip auf Gewerkschaften übertragen werden. Dies gilt auch für vereinsrechtliche Aspekte. Zwar sind die Gewerkschaften

---

[32] Zur Motivlage und den möglichen Modellen näher **Buchner**, NZA 1995, 761 ff.; **Otto**, NZA 1996, 624; **Schlochauer**, FS Schaub, S. 699 ff.; zum Aufspaltungsmodell näher **Besgen**, S. 15 ff.

[33] BAG 16.2.1962, AP Nr. 12 zu § 3 TVG Verbandszugehörigkeit; **Junker**, SAE 1997, 172, 173 mit weiterer Differenzierung der OT-Mitgliedschaft.

[34] Siehe z.B. die Satzung des Verbandes der holz- und kunststoffverarbeitenden Industrie Rheinland-Pfalz e.V., auszugsweise referiert bei LAG Rheinland-Pfalz 17.2.1995, LAGE Nr. 10 zu Art. 9 GG und BAG 23.10.1996, SAE 1997, 169.

[35] **Junker**, SAE 1997, 172, 178; **Schlochauer**, FS Schaub, S. 699, 701 f.; **Thüsing**, Anm. zu LAG Rheinland-Pfalz 17.2.1995, LAGE Nr. 10 zu Art. 9 GG mit weiteren Beispielen.

[36] Dazu ausführlich **Prütting**, ArbuR 1998, 133.

aus historischen Gründen – anders als die Arbeitgeberverbände – regelmäßig als nichtrechtsfähige Vereine (§ 54 BGB) organisiert, jedoch finden auf nichtrechtsfähige Vereine nach allgemeiner Ansicht entgegen dem Wortlaut des § 54 BGB die §§ 21 ff. BGB grundsätzlich Anwendung.[37]

c) Begriff

Überwiegend wird die OT-Mitgliedschaft als Mitgliedschaft ohne "Tarifbindung" bezeichnet[38], teils auch präziser, da das Problem nur hinsichtlich Verbandstarifverträgen auftaucht, als Mitgliedschaft ohne "*Verbands*tarifbindung"[39]. Um dem Mißverständnis vorzubeugen, es fehle an der Tarifgebundenheit i.S.d. § 3 Abs. 1 TVG,[40] sollte besser auf das Fehlen der normativen Wirkung des Tarifvertrags (§ 4 Abs. 1 TVG) für OT-Mitglieder abgestellt werden, weshalb hier die Bezeichnung als "Verbandsmitgliedschaft ohne Verbandstarif*wirkung*" vorgeschlagen wird.

2. Zulässigkeit der Rechtsfigur

a) Begrenzung der personellen Tarifzuständigkeit

Kernfrage der Zulässigkeit der OT-Mitgliedschaft ist, ob die Begrenzung der personellen Tarifzuständigkeit auf einen Teil der Verbandsmitglieder rechtmäßig ist.[41]

Unter *Tarifzuständigkeit* wird die in der Satzung geregelte Befugnis eines tariffähigen Verbands verstanden, Tarifverträge mit einem bestimmten räumlichen, betrieblich-fachlichen und persönlichen Geltungsbereich abzuschließen.[42] Sie ist die Grundlage und Grenze für die Festlegung des Geltungsbereichs von Tarifverträgen.[43] Nach der Rechtsprechung des **BAG** und h.M. ist die Tarifzuständigkeit

---

[37] **Brox/Rüthers**, Arbeitsrecht, Rn. 247; **Dütz**, DB 1996, 2385; Palandt/**Heinrichs**, BGB, § 54 Rn. 1; **Wollenschläger**, Arbeitsrecht, Rn. 291.

[38] Vgl. etwa **Otto**, NZA 1996, 624; **Reuter**, RdA 1996, 201.

[39] **Junker**, SAE 1997, 172, 173.

[40] Zur rechtlichen Einordnung der Problematik sogleich unter § 2 V 2 a (S. 14 f.).

[41] BAG 23.10.1996, SAE 1997, 169, 171 unter II 2.1.2 m.w.N.; grundlegend **Buchner**, NZA 1994, 2, 4 ff.; **Junker**, SAE 1997, 172, 175; **Löwisch**, AR-Blattei, ES 1550.3 Nr. 12.

[42] BAG 23.10.1996, SAE 1997, 169, 171; **Kempen/Zachert**, TVG, § 2 Rn. 108 m.w.N.

[43] **Dütz**, Arbeitsrecht, Rn. 523; **Kempen/Zachert**, TVG, § 2 Rn. 108; **Lieb**, Arbeitsrecht, Rn. 514.

eigenständige Wirksamkeitsvoraussetzung eines Tarifvertrags.[44] Dem ist zuzustimmen, weil der Gesetzgeber das im TVG nicht geregelte Merkmal der Tarifzuständigkeit in §§ 2 a Abs. 1 Nr. 4, 97 ArbGG anerkannt hat. Den Umfang der Tarifzuständigkeit legt der Verband aufgrund der durch Art. 9 Abs. 3 GG gewährleisteten Satzungsautonomie fest.[45] Die Koalitionsfreiheit garantiert nämlich nicht nur die tarifautonome Normsetzung der Koalition im Außenbereich, sondern auch die Selbstbestimmung der Koalitionen über ihre eigene Organisation, das Verfahren ihrer Willensbildung und die Führung ihrer Geschäfte im Innenverhältnis.[46]

Ob das Recht auf autonome Festlegung der Tarifzuständigkeit unbegrenzt ist, insbesondere die Eingrenzung der *persönlichen* Tarifzuständigkeit des Verbandes ermöglicht, ist fraglich, weil die Satzungsautonomie insofern Beschränkungen unterliegt, als sich das Wirken der Koalitionen in die allgemeine Rechtsordnung einfügen muß und Eingriffe in die Autonomie aufgrund anderer verfassungsrechtlicher Rechtsgüter gerechtfertigt sein können.[47] Wie **Buchner** im einzelnen nachweist,[48] hat das **BAG** in seiner bisherigen Rechtsprechung explizit nur über die Beschränkung der Tarifzuständigkeit in räumlicher und betrieblich-fachlicher Hinsicht entschieden und sie für zulässig erachtet. Allerdings findet sich hinsichtlich der Beschränkung der persönlichen Tarifzuständigkeit die Formulierung des **BAG**: "Jede Gewerkschaft kann also für sich entscheiden, *für welche Arbeitnehmer* und in welchen Wirtschaftsbereichen sie tätig werden will."[49]

Einwände gegen die Zulässigkeit der OT-Mitgliedschaft (in Arbeitgeberverbänden), welche durch die Beschränkung der persönlichen Tarifzuständigkeit auf sog. T-Mitglieder (= Mitglieder, die der Tarifwirkung unterfallen) geschaffen wird, werden auf tarif- bzw. koalitionsrechtlicher Ebene (unten b) und auf vereinsrechtlicher Ebene (unten c) erhoben.

---

[44] BAG 27.11.1964, 24.7.1990, AP Nr. 1 und 7 zu § 2 TVG Tarifzuständigkeit; **Kempen/Zachert**, TVG, § 2 Rn. 109 m.w.N.

[45] BAG 27.11.1964, 19.11.1985, AP Nr. 1 und 4 zu § 2 TVG Tarifzuständigkeit; **Kempen/Zachert**, TVG, § 2 Rn. 113; **Otto**, NZA 1996, 624, 629; **Thüsing**, Anm. zu LAG Rheinland-Pfalz 17.2.1995, LAGE Nr. 10 zu Art. 9 GG.

[46] LAG Rheinland-Pfalz 17.2.1995, LAGE Nr. 10 zu Art. 9 GG unter 3. m.w.N.; s. auch unten § 3 IV 2 a (S. 41).

[47] **Junker**, SAE 1997, 172, 175; **Löwisch**, AR-Blattei, ES 1550.3 Nr. 12 unter II; MünchArbR/**Löwisch**, § 237 Rn. 30 ff.

[48] **Buchner**, NZA 1994, 2, 4 ff. m.w.N.

[49] BAG 25.9.1996, NZA 1997, 613, 615; 12.11.1996, NZA 1997, 609, 611. Hervorhebung vom Verfasser.

b) Tarif-/koalitionsrechtliche Grundsätze

Schaub und **Däubler** haben "durchgreifende Bedenken" gegen die OT-Mitgliedschaft in Arbeitgeberverbänden unter dem Gesichtspunkt der *Funktionsfähigkeit der Tarifautonomie* mit der (unausgesprochenen) Folge der Nichtigkeit der Satzungsgestaltung nach § 134 BGB i.V.m. Art. 9 Abs. 3 GG. Geltend gemacht wird insbesondere, die OT-Mitgliedschaften störten die durch Art. 9 Abs. 3 GG gewährleistete Verhandlungsparität, weil der Arbeitgeberverband einerseits nur Tarifverträge für die Mitglieder schließe, denen es genehm ist, andererseits aber sich in Tarifauseinandersetzungen auch der finanziellen Unterstützung der OT-Mitglieder bediene.[50]

Diese Ansicht überzeugt nicht. Das Tarifsystem ist auch bei Zulassung von OT-Mitgliedern in Arbeitgeberverbänden funktionsfähig, da die Tariffähigkeit der einzelnen Arbeitgeber unberührt bleibt, wenn sie OT-Mitglieder sind. Sie können daher jederzeit auf Abschluß von Haustarifverträgen in Anspruch genommen werden.[51] Auch der angeführte verstärkte finanzielle Rückhalt durch die OT-Mitglieder vermag nicht zu einer Paritätsstörung zu führen. Zu beachten ist insbesondere, daß innere Schwächen einer Koalition hingenommen werden müssen, und der Gesetzgeber nicht verpflichtet ist, schwachen Verbänden Durchsetzungsfähigkeit bei Tarifverhandlungen zu verleihen.[52] Das heißt umgekehrt, daß die innere Stärke einer Koalition etwa aufgrund eines hohen Organisationsgrades oder finanzieller Leistungsfähigkeit nicht zu beanstanden ist. Abgesehen davon gibt es ebenso auf Gewerkschaftsseite zahlreiche Mitglieder (etwa Arbeitslose oder Rentner), die ohne Arbeitskampfbeteiligung die Gewerkschaft finanziell unterstützen.[53] Daneben können auch Nichtmitglieder den Verband durch Spenden wirksam unterstützen.[54] Außerdem hat die Tarifautonomie ihre Grenzen in anderen Rechtsgütern von Verfassungsrang. In Betracht kommt insofern das Recht der OT-Mitglieder, sich zwar nicht "im formellen Sinn" in einem anderen Verband zu organisieren, aber sich als Mitglied ohne Verbandstarifwirkung "im materiellen

[50] **Schaub**, BB 1994, 2005, 2007; **ders.**, BB 1995, 2003, 2005; **Däubler**, NZA 1996, 225, 231. – **A.A. Otto**, NZA 1996, 624, 628; **Reuter**, RdA 1996, 201, 205; **Schlochauer**, FS Schaub, S. 699, 710 f.; **Thüsing**, Anm. zu LAG Rheinland-Pfalz 17.2.1995, LAGE Nr. 10 zu Art. 9 GG unter III 2.

[51] Ebenso **Löwisch**, AR-Blattei, ES 1550.3 Nr. 12; zum Normzweck des § 2 Abs. 1 TVG **Thüsing**, NZA 1997, 224.

[52] **Besgen**, S. 109 unter Hinweis auf BVerfG 4.7.1995, AP Nr. 4 zu § 116 AFG unter C I 1 c; zur Ungeeignetheit des Paritätskriteriums s. auch unten § 4 I 5 c (S. 65 ff.).

[53] **Junker**, SAE 1997, 172, 180; **Löwisch**, AR-Blattei, ES 1550.3 Nr. 12.

[54] **Bauer**, FS Schaub, S. 19, 33.

Sinn" anders zu organisieren, was ebenfalls von der Koalitionsfreiheit des Art. 9 Abs. 3 GG gewährleistet sein dürfte.[55]

Däubler hält die OT-Mitgliedschaft ferner für unzulässig, weil sie gegen den *aus § 3 Abs. 1 TVG* folgenden *zwingenden Grundsatz* verstoße, daß die *"Mitglieder der Tarifvertragsparteien" tarifgebunden* sind.[56] Zwar ist § 3 Abs. 1 TVG tatsächlich unabdingbar,[57] jedoch führt die reine Wortlautauslegung nicht weiter, da anerkannt ist, daß es auch Vereins-(Gast-)Mitglieder gibt, die nicht unter § 3 Abs. 1 TVG fallen.[58] Die Tarifbindung ist daher nicht – wie **Däubler** meint[59] – "automatischer Ausfluß der Mitgliedschaft". Zweck des § 3 Abs. 1 TVG ist es nicht, die Tarifbindung für alle Mitglieder positiv anzuordnen, sondern vielmehr (negativ) die Normsetzungsbefugnis unter Ausschluß der Außenseiter auf Mitglieder zu beschränken.[60] § 3 Abs. 1 TVG läßt sich also nichts gegen die Beschränkung der persönlichen Tarifzuständigkeit auf T-Mitglieder entnehmen, zumal die Bestimmung der Tarifzuständigkeit – wie von **Däubler** gefordert[61] – "nach abstrakten Merkmalen" erfolgt.

Gegen die OT-Mitgliedschaft wird teilweise angedeutet[62], teils explizit angeführt[63], der Arbeitgeberverband verlöre seine *Tariffähigkeit*. Zu beachten ist zunächst, daß es dabei nicht um die Zulässigkeit der OT-Mitgliedschaft geht, sondern um die Wirksamkeit eines durch ihn abgeschlossenen Tarifvertrags. Sofern vorgetragen wird, mit zunehmender Zahl von OT-Mitgliedern komme es zu einer "inneren Schwäche" des Verbandes[64], weshalb an der *sozialen Mächtigkeit* als Voraussetzung der Tariffähigkeit eines Verbandes[65] gezweifelt werden könnte, ist darauf hinzuweisen, daß die zutreffende Rechtsprechung des **BAG** bei Arbeitgeberverbänden auf das Erfordernis der Mächtigkeit verzichtet, weil dies nach § 2 Abs. 1 TVG auch bei einzelnen Arbeitgebern nicht Bedingung für deren Tariffä-

---

[55] In diese Richtung auch **Besgen**, S. 99; **Junker**, SAE 1997, 172, 179; **Otto**, NZA 1996, 624, 628. Näher zum Gewährleistungsinhalt der Koalitionsfreiheit unten § 3 I – IV (S. 24 ff.).

[56] **Däubler**, NZA 1996, 225, 230 f.; **ders.**, ZTR 1994, 448, 453; ebenso **Kempen/Zachert**, TVG, § 2 Rn. 90.

[57] **Brox/Rüthers**, Arbeitsrecht, Rn. 281.

[58] S. o. § 2 V 1 a (S. 13).

[59] **Däubler**, NZA 1996, 225, 231.

[60] **Junker**, SAE 1997, 172, 179; **Reuter**, RdA 1996, 201, 203; **Schlochauer**, FS Schaub, S. 699, 709.

[61] **Däubler**, NZA 1996, 225, 231.

[62] **Däubler**, NZA 1996, 225, 231; **Schaub**, Arbeitsrechts-Handbuch, § 206 II 8 b und c, S. 1727 f.

[63] **Glaubitz**, FS Stege, S. 39 ff.; in diese Richtung auch **Wendeling-Schröder**, RdA 1999, 138, 144.

[64] **Glaubitz**, FS Stege, S. 39, 44 f.

[65] Zu den Voraussetzungen der Tariffähigkeit KassHb/**Dörner**, 6.1 Rn. 104 ff.

higkeit ist.[66] Ebenso sollte für die Gewerkschaftsseite auf das Kriterium der sozialen Mächtigkeit insbesondere wegen seiner Unbestimmtheit verzichtet werden.[67] **Glaubitz** verneint die Tariffähigkeit von Verbänden mit OT-Mitgliedern mangels *Tarifwilligkeit* generell,[68] andere nehmen dies erst an, wenn die OT-Mitglieder in der Überzahl sind.[69] An dem Willen des Verbandes, Tarifverträge abzuschließen, kann jedoch unabhängig von dem Zahlenverhältnis von T- zu OT-Mitgliedern nicht gezweifelt werden. Denn der Zweck *des Verbands* besteht ausweislich der Satzung im Abschluß von Tarifverträgen auch, wenn diese nur für T-Mitglieder gelten sollen (vgl. z.B. § 2 g der Satzung des Verbandes der holz- und kunststoffverarbeitenden Industrie Rheinland-Pfalz e.V.)[70]. Außerdem wird der Wille des Verbands in Tariffragen ausschließlich von den T-Mitgliedern gebildet. Unschädlich wäre es selbst, wenn nur ein T-Mitglied im Arbeitgeberverband verbliebe. Zwar wäre dann faktisch nur noch der Abschluß eines "Firmentarifvertrags" möglich, jedoch besteht kein Anspruch der Gewerkschaft darauf, einen Flächentarifvertrag abschließen zu können, der für mehrere Arbeitgeber gilt. Abgesehen davon kann sich die Tarifwilligkeit räumlich, fachlich und persönlich auf einen bestimmten Bereich beschränken; das ist wieder eine Frage der Tarifzuständigkeit.[71]

Auf tarif-/koalitionsrechtlicher Ebene bestehen mithin keine Einwände gegen die OT-Mitgliedschaft.

c) Vereinsrechtliche Grundsätze

Gegen die OT-Mitgliedschaft wird ein Verstoß gegen den auch auf vereinsrechtlicher Ebene geltenden *Gleichbehandlungsgrundsatz*[72] vorgebracht[73], welcher eine Ungleichbehandlung nur aus sachlichen Gründen zuläßt. **Schaub** sieht insbeson-

[66] BAG 20.11.1990, AP Nr. 40 zu § 2 TVG; **Otto**, NZA 1996, 624, 625 m.w.N.

[67] Ebenso ausführlich **Bruhn**, Tariffähigkeit von Gewerkschaften und Autonomie – eine Kritik der Mächtigkeitslehre des BAG, 1993, insbes. S. 189 ff.; **Eitel**, Die Ungleichbehandlung der repräsentativen und nicht repräsentativen Gewerkschaften durch den Staat, 1991, S. 47 ff.; **Zöllner/Loritz**, Arbeitsrecht, § 8 III 9, S. 115 m.w.N.; krit. auch **Wiedemann/Stumpf**, TVG, § 2 Rn. 195. Zum Mächtigkeitserfordernis auch unten § 4 I 5 b (S. 65).

[68] **Glaubitz**, FS Stege, S. 39, 43 ff.

[69] **Gamillscheg**, KollArbR I, S. 529; **Otto**, NZA 1996, 624, 627; **Schlochauer**, FS Schaub, S. 699, 705 f.

[70] Referiert bei LAG Rheinland-Pfalz 17.2.1995, LAGE Nr. 10 zu Art. 9 GG.

[71] MünchArbR/**Löwisch**, § 248 Rn. 19.

[72] Dazu Soergel/**Hadding**, BGB, § 38 Rn. 19.

[73] **Schaub**, BB 1994, 2005, 2007; **ders.**, BB 1995, 2003, 2005; **Röckl**, DB 1993, 2382, 2383 f. – **A.A. Besgen**, S. 122 ff.; **Däubler**, NZA 1996, 225, 230; **ders.**, ZTR 1994, 448, 453; **Thüsing**, Anm. zu LAG Rheinland-Pfalz 10.2.1995, LAGE Nr. 10 zu Art. 9 GG; siehe auch die nachfolgenden Fußnoten.

dere im Stimmrechtsausschluß für OT-Mitglieder in Tarif- und Arbeitskampffragen eine unzulässige Ungleichbehandlung.[74] Diese Ungleichbehandlung ist jedoch sachlich begründet und geradezu geboten. Da die OT-Mitglieder nicht an der tarifrechtlichen Aufgabe mitwirken wollen, haben sie insoweit auch keine Mitwirkungsrechte.[75] Die Vereinssatzung kann verschiedene Arten von Mitgliedern mit unterschiedlicher Rechtsstellung vorsehen.[76] Ist die Wahl der Mitgliedschaftsart frei, gilt der Grundsatz: "Volenti non fit iniuria."[77] Auch der Ansicht **Röckls**, ein Verstoß gegen den Gleichbehandlungsgrundsatz liege darin, daß OT-Mitglieder den gleichen Beitrag zahlen müßten wie T-Mitglieder, obwohl sie keinen Anspruch auf Streikunterstützung hätten,[78] kann nicht gefolgt werden. Denn es gibt keinen Grundsatz, daß Mitgliedsbeiträge den durch das jeweilige Mitglied verursachten Kosten entsprechen müssen.[79] Hinzu kommt, daß in den Arbeitgeberverbänden ein Rechtsanspruch auf materielle Unterstützungsleistungen unabhängig von der Art der Mitgliedschaft regelmäßig nicht besteht, sondern deren Gewährung nach Ermessen vorgenommen wird.[80] Auch OT-Mitgliedern können nach Ermessen Unterstützungszahlungen zukommen.

Vereinsrechtlich problematisch ist aber – was bisher noch nicht näher erörtert wurde und auch im Rahmen der vorliegenden Untersuchung nur skizziert werden kann –, daß Arbeitgeberverbände den Status als nichtwirtschaftlicher Idealverein i.S.d. § 21 BGB verlieren könnten, wenn die OT-Mitglieder derart den tatsächlich verfolgten Zweck des Verbands dahingehend prägen würden, daß der Dienstleistungsbereich völlig im Vordergrund steht.[81] Da Arbeitgeberverbände ebenso wie Gewerkschaften insoweit in Konkurrenz etwa zu arbeitsrechtlich spezialisierten Anwaltskanzleien stehen,[82] liegt insofern wirtschaftliche Betätigung vor, die bisher vom Nebenzweckprivileg erfaßt ist.[83] Je mehr OT-Mitglieder der Verband hat, desto mehr steigt das Gewicht des Dienstleistungsbereichs, was zur Konzessionspflicht nach § 22 BGB führen könnte[84], wobei dann einerseits die Koalitionsei-

---

[74] **Schaub**, BB 1994, 2005, 2007. Seine vereinsrechtlichen Bedenken hat **Schaub** offenbar mittlerweile aufgegeben, vgl. **Schaub**, AuA 1998, 44, 45; **ders.**, NZA 1998, 617, 621 f.

[75] **Besgen**, S. 123; **Buchner**, NZA 1995, 761, 766; **Otto**, NZA 1996, 624, 629; **Schlochauer**, FS Schaub, S. 699, 712.

[76] Palandt/**Heinrichs**, BGB, § 38 Rn. 2.

[77] Ähnlich **Junker**, SAE 1997, 172, 176; **Otto**, NZA 1996, 624, 629 f.

[78] **Röckl**, DB 1993, 2382, 2383 f.

[79] **Otto**, NZA 1996, 624, 630; **Schlochauer**, FS Schaub, S. 699, 713.

[80] **Gamillscheg**, KollArbR I, S. 978; **Löwisch**, AcP 174 (1974), 202, 218; **Schlochauer**, FS Schaub, S. 699, 713 f. Zur Arbeitskampfunterstützung der Gewerkschaften **Gamillscheg**, KollArbR I, S. 1288 ff.; **Löwisch/Rieble** in: **Löwisch**, Arbeitskampf- und Schlichtungsrecht, 170.6 Rn. 48 ff.; MünchArbR/**Otto**, § 281 Rn. 44 ff.; s. auch unten § 6 I 1 h bb (1) (S. 104 f.).

[81] In diese Richtung neuerdings auch ErfK/**Schaub**, § 3 TVG Rn. 7.

[82] Vgl. FAZ vom 22.9.1997, S. 15.

[83] Dazu BVerwG 6.11.1997, JZ 1998, 786, 787; Palandt/**Heinrichs**, BGB, § 21 Rn. 5.

[84] Vgl. auch MüKo/**Reuter**, BGB, §§ 21, 22 Rn. 18, 40.

genschaft hinsichtlich der erforderlichen Unabhängigkeit vom Staat fraglich ist, andererseits die Reichweite der Konzessionsvorschriften im Hinblick auf die Koalitionsfreiheit (Art. 9 Abs. 3 GG) in Frage steht.[85]

Dem Vereinsrecht läßt sich jedoch ein entscheidendes Argument für die Zulässigkeit der OT-Mitgliedschaft entnehmen. Nach *§ 26 Abs. 2 S. 2 BGB* kann durch die Vereinssatzung mit Wirkung gegen Dritte die Vertretungsmacht des Vorstandes beschränkt werden. Außer der völligen Entziehung der Vertretungsmacht kann ihre satzungsmäßige Beschränkung beliebig sein.[86] Die Regelung der Tarifzuständigkeit in der Verbandssatzung bedeutet nichts anderes als eine solche Ermächtigung bzw. Bevollmächtigung des Verbandes zum Abschluß von Tarifverträgen.[87] Die Tarifzuständigkeit umschreibt Reichweite und Grenzen des satzungsmäßigen *Vertretungs*anspruchs des tariffähigen Verbandes.[88] Aufgrund der Vergleichbarkeit von vereinsrechtlicher Vertretungsmacht und Tarifzuständigkeit kann von der vereinsrechtlichen Zulässigkeit der Beschränkung der Vertretungsmacht auch auf die Zulässigkeit der beliebigen Beschränkung der Tarifzuständigkeit, insbesondere in persönlicher Hinsicht geschlossen werden.

Insgesamt ist mit der h.M. davon auszugehen, daß es zulässig ist, eine OT-Mitgliedschaft in Arbeitgeberverbänden und Gewerkschaften dadurch zu schaffen, daß die persönliche Tarifzuständigkeit entsprechend beschränkt wird.[89] Denn wenn der tarifliche Geltungsbereich in persönlicher Hinsicht frei bestimmbar ist, muß dies konsequenterweise auch bei der Tarifzuständigkeit der Fall sein.[90]

3. Außenseiterproblematik?

Subsumiert man OT-Mitglieder unter die obige Außenseiterdefinition[91], kommen für ihre rechtliche Einordnung drei Möglichkeiten in Betracht: (a) Stellt man auf die Mitgliedschaft im tarifschließenden Verband ab, sind sie als "Organisierte" anzusehen. (b) Hält man sie für zwar nicht "formell", aber "materiell" andersorga-

---

[85] Vgl. MünchArbR/**Löwisch**, § 236 Rn. 55; § 238 Rn. 2; § 239 Rn. 7. Zum Einfluß der kollektiven Koalitionsfreiheit auf das private Vereinsrecht **Oetker**, RdA 1999, 96, 104 ff.

[86] Palandt/**Heinrichs**, BGB, § 26 Rn. 5.

[87] Vgl. § 4 Ziff. 2 der Satzung des Verbandes der holz- und kunststoffverarbeitenden Industrie Rheinland-Pfalz e.V.: "Für die Mitglieder *mit* Verbandstarifbindung ist der Verband ermächtigt, Verbandstarife abzuwickeln. Die Mitglieder *ohne* Tarifbindung werden von den Verbandstarifen nicht erfaßt."

[88] **Reuter**, RdA 1996, 201 und 203; **Junker**, SAE 1997, 172, 179.

[89] So außer den bisher angeführten Befürwortern auch **Löwisch**, ZfA 1974, 29, 37; **Wiedemann/Stumpf**, TVG, § 2 Rn. 28.

[90] Zutreffend **Besgen**, S. 90.

[91] Siehe oben § 2 II 2 (S. 8 f.).

nisiert, sind sie Außenseitern vergleichbar.[92] (c) Verneint man bereits die Tarifwirkung für OT-Mitglieder mangels einschlägigen Geltungsbereichs des Tarifvertrags,[93] sind sie als "Dritte" zu bezeichnen.

a) Keine Tarifwirkung

OT-Mitglieder sind nicht "Organisierte" i.S.d. hier gewählten Definition[94], da sie der normativen Wirkung des jeweiligen Tarifvertrags nicht unterfallen. Sie sind daher trotz Angehörigkeit zum Verband im tarif- bzw. arbeitskampfrechtlichen Sinne als "fremd" anzusehen.[95]

b) Keine Außenseiterstellung

Geht man davon aus, daß OT-Mitglieder zwar von dem Geltungsbereich, insbesondere auch dem persönlichen, des vom Verband abgeschlossenen Tarifvertrags erfaßt werden[96], aber daß sie nicht i.S.d. § 3 Abs. 1 TVG tarifgebunden sind[97] bzw. nicht Mitglieder i.S.d. § 3 Abs. 1 TVG sind,[98] kann man sie als Außenseiter bezeichnen. Dem ist zuzugeben, daß OT-Mitglieder als "materiell" Andersorganiserte angesehen werden können,[99] wenn es auch unpräzise ist, von fehlender Tarifgebundenheit i.S.d. § 3 Abs. 1 TVG zu sprechen, da es bereits an der davon zu trennenden Tarifzuständigkeit fehlt. Jedoch spricht der enge sachliche Zusammenhang zwischen dem Geltungsbereich des Tarifvertrags und der Tarifzuständigkeit als dessen Grundlage und Grenze[100] dafür, daß OT-Mitglieder so zu behandeln sind, als ob sie nicht in den (persönlichen) Geltungsbereich fallen, d.h. als " Dritte" und nicht als Außenseiter. Das ist auch konsequent, da der Geltungsbereich i. E. nicht weitergehen kann als die Tarifzuständigkeit selbst, höchstens umgekehrt.[101]

---

[92] So i. E. **Besgen**, S. 119; der Sache nach auch **Buchner**, NZA 1994, 2, 8.

[93] So **Zöllner/Loritz**, Arbeitsrecht, § 34 I 2 b, S. 381, allerdings im Widerspruch zu § 37 I 3, S. 412.

[94] Vgl. oben § 2 II 2 d (S. 9).

[95] So **Otto**, NZA 1996, 624, 627.

[96] So BAG 23.10.1996, SAE 1997, 169, 171 unter II 2.1.1.

[97] **Zöllner/Loritz**, Arbeitsrecht, § 37 I 3, S. 412; in diesem Sinne wohl z.T. auch LAG Rheinland-Pfalz 17.2.1995, LAGE Nr. 10 zu Art. 9 GG unter 2.

[98] So **Otto**, NZA 1996, 624, 627 f.

[99] Vgl. oben § 2 V 2 b (S. 16 f.).

[100] S. o. § 2 V 2 a (S. 14).

[101] Vgl. **Besgen**, S. 90.

c) Stellung als "Dritte"

Auch wenn man vom normativen Anknüpfungspunkt der Außenseiterdefinition[102] gesehen fragt, ob die Allgemeinverbindlicherklärung die Verbandstarifwirkung gemäß § 5 Abs. 4 TVG auf OT-Mitglieder erstrecken würde, kommt man zum Ergebnis, daß die OT-Mitglieder keine Außenseiter, sondern "Dritte" sind. Denn die Frage ist zu verneinen. Die Allgemeinverbindlichkeit ersetzt nämlich nur die fehlende Mitgliedschaft, kann aber den an die Tarifzuständigkeit gebundenen Geltungsbereich nicht erweitern.[103] Ebenso kann sie die Tarifzuständigkeit selbst nicht ausdehnen.[104]

Hinsichtlich des einschlägigen Verbandstarifvertrags sind OT-Mitglieder folglich als "Dritte" anzusehen. Arbeitskampfmaßnahmen durch oder gegen sie haben im Arbeitskampf um einen Verbandstarifvertrag Sympathiecharakter und sind unzulässig.[105] Unberührt bleibt freilich das Recht, einen Arbeitskampf gegen OT-Mitglieder von Arbeitgeberverbänden um einen Firmentarifvertrag zu führen. Insofern sind sie aber nicht Außenseiter.[106] Mangels Außenseiterstellung sind OT-Mitglieder im folgenden nicht mehr Gegenstand der Untersuchung.

VI. Zwischenergebnis

Zusammenfassend ist festzuhalten, daß Außenseiter aufgrund des engen Funktionszusammenhangs von Tarifvertrag und Arbeitskampf im Arbeitskampfrecht ebenso definiert werden müssen wie im Tarifrecht. Schlagwortartig können sie als Nicht- oder Andersorganisierte bezeichnet werden. Eine präzisere Begriffsbestimmung läßt sich aus § 5 Abs. 4 TVG herleiten: Außenseiter sind Arbeitnehmer und Arbeitgeber, die zwar in den Geltungsbereich des abzuschließenden Tarifvertrags fallen, aber nicht Mitglied in einer der Tarifvertragsparteien oder selbst Tarifvertragspartei sind. Auf Arbeitgeberseite ist wegen der Tariffähigkeit des einzelnen Arbeitgebers (§ 2 Abs. 1 TVG) zu beachten, daß der Einzelarbeitgeber im Arbeitskampf um einen Firmentarifvertrag nicht Außenseiter ist. Denn in diesem Fall ist er selbst sowohl Arbeitskampfgegner als auch Partei des Firmentarifvertrags und steht insoweit nicht außen vor. Verbandsangehörige, die den zulässigen

[102] S. o. § 2 II 2 a (S. 8).

[103] **Götz**, Arbeitsrecht II, Rn. 35; MünchArbR/**Löwisch**, § 260 Rn. 8.

[104] **Gamillscheg**, KollArbR I, S. 899; **Wiedemann/Stumpf**, TVG, § 5 Rn. 72.

[105] **Thüsing**, S. 157 ff.; **ders.**, Anm. zu LAG Rheinland-Pfalz 17.2.1995, LAGE Nr. 10 zu Art. 9 GG unter III 2; zur Unzulässigkeit von Arbeitskämpfen bei fehlender Tarifzuständigkeit auf einer Seite **Löwisch/Rieble** in: **Löwisch**, Arbeitskampf- und Schlichtungsrecht, 170.2 Rn. 10 ff., 162; vgl. auch oben § 2 II 2 c (S. 9).

[106] Vgl. o. § 2 IV 2 (S. 11).

Status eines OT-Mitglieds innehaben, sind ebenfalls keine Außenseiter, sondern sog. Dritte.

§ 3 Art. 9 Abs. 3 GG als Zentralnorm des Arbeitskampfrechts

I. Überblick

1. Bedeutung der Koalitionsfreiheit

Die Koalitionsfreiheit ist in Art. 9 Abs. 3 GG gewährleistet und wird zu Recht als "das zentrale Grundrecht des Arbeitsrechts"[1], als "Angelpunkt einer freiheitlichen und funktionsfähigen Arbeitsverfassung"[2] und als "eine Art Magna Charta des kollektiven Arbeitsrechts"[3] bezeichnet. Art. 9 Abs. 3 GG ist der "zentrale Anknüpfungspunkt" des Koalitions-, Tarif- und Arbeitskampfrechts[4] und hat daher wesentliche Bedeutung für die hier zu erörternde Beteiligung der Außenseiter im Arbeitskampf. Er wird in diesem Bereich immer wieder zur Argumentation herangezogen.[5] Das rechtfertigt es, die Darstellung des Gewährleistungsinhalts von Art. 9 Abs. 3 GG insgesamt "vor die Klammer zu ziehen" und ihn zusammenhängend systematisch zu erläutern.

Dies gilt um so mehr, als sich im Laufe der Zeit eine "diffuse Dogmatik"[6] entwickelte, die **Lieb** im Anschluß an **Zöllner** zu der treffenden Bezeichnung des Art. 9 Abs. 3 GG als "arbeitsrechtliche Wundertüte" veranlaßte.[7] Hauptursache für die dogmatischen Unzulänglichkeiten in Rechtsprechung und Literatur ist, daß der Gesetzgeber den ihm im Rahmen des Art. 9 Abs. 3 GG vom Verfassungsgeber erteilten Gestaltungsauftrag zum Erlaß konkretisierender Regelungen des Koalitions-, Tarif- und Arbeitskampfrechts[8] abgesehen von Teilbereichen (v.a. TVG) nur

---

[1] MD/**Scholz**, Art. 9 Rn. 264.

[2] **Rüthers**, Anm. zu BAG 2.6.1987, AP Nr. 49 zu Art. 9 GG unter II 2; vgl. BVerfG 4.7.1995, AP Nr. 4 zu § 116 AFG unter C I 1 b

[3] **Zöllner**, AöR 98 (1973), 71, 72.

[4] **Dütz**, Arbeitsrecht, Rn. 456.

[5] S. u. § 4 I 2 (S. 60), 3 (S. 62), 5 (S. 64 ff.), 7 c (S. 68 ff.), 8 e (S. 76 f.), § 5 I 1 (S. 84 ff.), 3 (S. 88), vor § 6 (S. 93), § 6 I 1 e (S. 98 ff.), h (S. 102 ff.), 2 (S. 110 ff.), 3 c (S. 120 f.), § 7 I 2 b bb (3) (S. 132), II 1 (S. 133 ff.), 4 (S. 141), 5 (S. 141 ff.), passim.

[6] Sachs/**Höfling**, Art. 9 Rn. 71 ff. m. weiteren Einzelheiten.

[7] **Lieb**, RdA 1988, 327, 330; **Zöllner**, RdA 1969, 250, 254; ebenso **Henssler**, ZfA 1998, 1, 4.

[8] BVerfG 1.3.1979, AP Nr. 1 zu § 1 MitbestG unter C IV 1; vgl. dazu auch **Badura**, RdA 1999, 8, 11 f.; **Oetker**, RdA 1999, 96, 98 f.

unzulänglich erfüllt hat.[9] Daß die Koalitionsfreiheit (Art. 9 Abs. 3 GG) der gesetzlichen Ausgestaltung bedarf – durch Regelung der Schranken und Schaffung der Rechtsinstitute und Normenkomplexe, die erforderlich sind, um die grundrechtlich garantierten Freiheiten ausüben zu können[10] –, wird grundrechtsdogmatisch durch die Bezeichnung als *Grundrecht mit "gesetzgeberischer Grundrechtsprägung" bzw. mit "rechts- oder normgeprägtem Schutzbereich"* erfaßt.[11] Insbesondere im Arbeitskampfrecht hat der Gesetzgeber etwa den "Professorenentwurf" eines Gesetzes zur Regelung kollektiver Arbeitskonflikte[12] wegen der politischen Brisanz des Regelungsbereichs nicht aufgegriffen, so daß die "Normprägung" nolens volens durch die Rechtsprechung in der Rolle eines "Ersatzgesetzgebers" übernommen wurde.[13]

Angesichts der Bedeutung der Koalitionsfreiheit führen die z.T. beträchtlichen dogmatischen Meinungsunterschiede zu einer belastenden Rechtsunsicherheit. Diese kann – entsprechend dem Grundsatz der Einheit der Rechtsordnung – nur durch eine stärkere Anlehnung an die allgemeine Grundrechtsdogmatik behoben werden. Daher orientiert sich die vorliegende Darstellung an der Begrifflichkeit der Staatsrechtler und dem gängigen Aufbauschema der Grundrechtsprüfung ("Drei-Schritt-Prüfung": (1) Schutzbereich, (2) Eingriff: unmittelbarer oder mittelbarer, (3) Schranke)[14].

2. Doppelgrundrecht

a) Herrschende Auffassung

Nach seinem Wortlaut gewährleistet Art. 9 Abs. 3 S. 1 GG das individuelle Recht für jedermann und alle Berufe, Vereinigungen zur Wahrung und Förderung der Arbeits- und Wirtschaftsbedingungen zu bilden. Die ganz h.M. in Rechtsprechung und Literatur versteht Art. 9 Abs. 3 GG über seinen Wortlaut hinaus als sog. "Doppelgrundrecht", das neben dem Individualgrundrecht auch ein kollektives Grundrecht zugunsten der (gebildeten) Koalition selbst enthält.[15] Die Vereini-

---

[9] **Dütz**, Arbeitsrecht, Rn. 456; MD/**Scholz**, Art. 9 Rn. 167.

[10] BVerfG 1.3.1979, AP Nr. 1 zu § 1 MitbestG unter C IV 1.

[11] **Hesse**, VerfR, Rn. 303 ff.; JP/**Jarass**, Vorb. vor Art. 1 Rn. 25 f.; **Lerche** in: HbStR V, § 121 Rn. 38 ff.; MD/**Scholz**, Art. 9 Rn. 339; **Pieroth/Schlink**, Staatsrecht II, Rn. 209 ff.

[12] **Birk/Konzen/Löwisch/Raiser/Seiter**, Gesetz zur Regelung kollektiver Arbeitskonflikte, 1988; zum möglichen Inhalt eines Gesetzes zur Regelung von Arbeitskampfmaßnahmen der Arbeitnehmer auch v. **Hoyningen-Huene**, JuS 1987, 505, 508.

[13] **Dütz**, JA 1987, 405, 411; KassHb/**Kalb**, 6.2 Rn. 2; **Kalb**, RdA 1994, 385, 386 mit Übersicht über die Entwicklung des Arbeitskampfrechts durch das BAG.

[14] Vgl. **Pieroth/Schlink**, Staatsrecht II, Rn. 9, 345 ff.

[15] BVerfG 26.5.1970, AP Nr. 16 zu Art. 9 GG unter II 1; 1.3.1979, AP Nr. 1 zu § 1 MitbestG unter C IV 1; 14.11.1995, AP Nr. 80 zu Art. 9 GG unter B I 1; BAG (GS)

gungsfreiheit des einzelnen würde nämlich weitgehend leerlaufen, wenn der Staat den Koalitionen den Fortbestand erschweren oder die zweckverfolgende Tätigkeit untersagen könnte.[16]

b) Gegenmeinung

Dagegen erhebt eine maßgeblich von **Scholz** geprägte Auffassung grundrechtsdogmatische Bedenken und hält Art. 9 Abs. 3 GG nur für ein Individualgrundrecht. Verbandsgrundrechtlicher Schutz könne der Koalition nur unter Rückgriff auf die "Rechtsstellungsgarantie" des Art. 19 Abs. 3 GG zukommen. Art. 9 Abs. 3 GG selbst könne kein kollektives Grundrecht beinhalten, da nach der grundgesetzlichen Grundrechtsordnung nur Art. 19 Abs. 3 GG verbandsrechtliche Gewährleistungen anerkenne.[17] Die beschwichtigende Behauptung, praktische Unterschiede zur h.A. bestünden prinzipiell nicht bis auf den grundsätzlichen Vorrang des individuellen Inhaltsrechts des Art. 9 Abs. 3 GG vor dem kollektiven Ausübungsrecht des Art. 19 Abs. 3 GG,[18] trifft nicht zu.[19] Denn ein wesentlicher Unterschied der Ansichten besteht in der Frage, ob der Koalition selbst eine Grundrechtsträgerschaft zukommt oder nicht. Dies interessiert insbesondere bei dem Problem, wer Träger einer womöglich aus Art. 9 Abs. 3 GG folgenden positiven Arbeitskampffreiheit ist.[20]

Daher kann der geschilderte dogmatische Streit nicht offenbleiben. Vielmehr ist der h.M. – abgesehen von ihrem an sich schon überzeugenden teleologischen Argument – zu folgen. Die Mindermeinung überzeugt aus dogmatischen Gründen nicht. Das ihr zugrundeliegende Verständnis, aus der Existenz des Art. 19 Abs. 3 GG folge im Umkehrschluß, daß die Grundrechte selbst nur Individualrechte schützen, ist nicht richtig. Nach Art. 19 Abs. 3 GG gelten Grundrechte auch für inländische juristische Personen, soweit sie ihrem Wesen nach auf diese anwendbar sind. Art. 19 Abs. 3 GG ist eine bloße Transpositionsnorm, die Individualgrundrechte – soweit inhaltlich möglich – auf bestehende juristische Personen überträgt, über das Entstehen und den Bestand dieser Personen aber nichts aussagt.[21] Der Umkehrschluß der Mindermeinung ist also unzutreffend. Der Vereini-

---

29.11.1967, AP Nr. 13 zu Art. 9 GG unter Teil IV, VI 1; BAG 17.2.1998, AP Nr. 87 zu Art. 9 GG unter II 1 a; **Brox/Rüthers**, Arbeitsrecht, Rn. 243; **Gamillscheg**, KollArbR I, S. 181 f.; **v. Hoyningen-Huene**, AR-Blattei, SD 1650.1 Rn. 6, 8, 34 ff.; JP/**Jarass**, Art. 9 Rn. 27; **Rüthers** in: **Brox/Rüthers**, Rn. 83.

[16] **Lieb**, Arbeitsrecht, Rn. 432; **Zöllner/Loritz**, Arbeitsrecht, § 8 IV 4, S. 116 f.

[17] Sachs/**Höfling**, Art. 9 Rn. 70; MD/**Scholz**, Art. 9 Rn. 23 ff., 170, 240; **Scholz**, Koalitionsfreiheit, S. 135 ff.

[18] MD/**Scholz**, Art. 9 Rn. 25, 170, 240; **Scholz**, Koalitionsfreiheit, S. 148.

[19] Zu Recht kritisch auch **Seiter**, S. 88 Fn. 29.

[20] Dazu näher unten § 3 V 2 (S. 44 ff.).

[21] **Merten** in: HbStR VI, § 144 Rn. 28; die Konzeption von **Scholz** ablehnend auch BK/**v. Mutius**, Art. 19 Abs. 3 Rn. 35; MünchArbR/**Otto**, § 277 Rn. 40.

gungsschutz wird von Art. 19 Abs. 3 GG nicht gegeben, sondern muß vorgegeben sein, ist für ihn Verfassungsprämisse, nicht Verfassungsprämie.[22] Im Bereich des Art. 9 GG kommt Art. 19 Abs. 3 GG nur zum Tragen, wenn es um den Zusammenschluß mehrerer inländischer Koalitionen geht.[23] Die Mindermeinung würde außerdem zu Schutzlücken führen, da Art. 9 Abs. 3 GG für "jedermann" gilt, Art. 19 Abs. 3 GG hingegen nur für "inländische" Vereinigungen. Auch aufgrund der historischen Auslegung des Art. 9 Abs. 3 GG ist der h.A. zu folgen, denn schon der mit Art. 9 Abs. 3 S. 1 und 2 GG nahezu wortgleiche Art. 159 der WRV vom 11.8.1919[24] enthielt das kollektive Koalitionsrecht.[25] Abgesehen davon benennt Art. 9 Abs. 3 S. 3 GG ausdrücklich den Arbeitskampf "von Vereinigungen im Sinne des Satzes 1" als spezifisch kollektive Ausübungsform. Daher spricht auch die Systematik für die h.A. vom "Doppelgrundrecht".

3. Unmittelbare Drittwirkung

Die Koalitionsfreiheit gilt gegenüber den öffentlichen Gewalten (Art. 1 Abs. 3 GG) und entfaltet aufgrund der ausdrücklichen Anordnung des Art. 9 Abs. 3 S. 2 GG nicht nur mittelbare Drittwirkung im Privatrechtsbereich wie die übrigen Grundrechte[26], sondern unmittelbare Drittwirkung.[27] Das bedeutet auch, daß die Gewährleistungsinhalte der Koalitionsfreiheit von den Beteiligten im Arbeitsverhältnis und in der gesamten Arbeitsrechtsordnung direkt zu beachten sind.[28] Nach seinem Wortlaut schützt Art. 9 Abs. 3 S. 2 GG vor jeder objektiv gegebenen, tatsächlichen Einschränkung der Koalitionsfreiheit, darüber hinaus aber auch vor jeder nur subjektiv angestrebten (beabsichtigten) Behinderung durch jedes rechtlich relevante Verhalten im weitesten Sinn.[29]

---

[22] **Merten** in: HbStR VI, § 144 Rn. 28.

[23] Dreier/**Bauer**, Art. 9 Rn. 66; JP/**Jarass**, Art. 9 Rn. 8, 27; **Merten** in: HbStR VI, § 144 Rn. 28.

[24] Abgedruckt bei **Dürig/Rudolf**, Texte zur deutschen Verfassungsgeschichte, S. 208.

[25] **Misera**, S. 24 mit einem Überblick über die geschichtliche Entwicklung der Koalitionsfreiheit.

[26] Grundlegend BVerfG 15.1.1958, BVerfGE 7, 198, 204 ff. (Lüth).

[27] v. **Hoyningen-Huene**, AR-Blattei, SD 1650.1 Rn. 171; **Kannengießer** in: **Schmidt-Bleibtreu/Klein**, Art. 9 Rn. 19; MD/**Scholz**, Art. 9 Rn. 4, 171, 332 f.; zu den einzelnen Normadressaten MünchArbR/**Löwisch**, § 236 Rn. 70 ff.

[28] Vgl. auch unten § 4 II 2 a (S. 79), § 6 I 1 h aa, bb, cc (S. 102 ff.), § 7 II 5 a, b (S. 142 f.), § 8 IV (S. 173 ff.), passim.

[29] MD/**Scholz**, Art. 9 Rn. 333; differenzierter MünchArbR/**Löwisch**, § 238 Rn. 87 ff. sowie unten § 8 IV vor 1 (S. 173).

4. Gewährleistungsumfang und -grenzen

Abgesehen von der wenig praxisrelevanten Schranke des Art. 9 Abs. 2 GG, welche nach h.M. trotz ihrer systematischen Stellung auch auf die Koalitionsfreiheit (Art. 9 Abs. 3 GG) angewendet wird,[30] enthält Art. 9 Abs. 3 GG trotz seiner vorbehaltlosen Garantie keine schrankenlose Gewährleistung, sondern die Koalitionsfreiheit bedarf der gesetzlichen Ausgestaltung der Schranken ("Normprägung").[31]

a) Kernbereichslehre

Insoweit hat das **Bundesverfassungsgericht** früher "in st. Rspr." (so wörtlich!) ausgeführt, Art. 9 Abs. 3 GG schütze die Koalitionsfreiheit nur in ihrem "Kernbereich".[32] D.h. garantiert seien diejenigen koalitionsgemäßen Tätigkeiten, für die die Koalitionen gegründet seien und die für die Erhaltung und Sicherung ihrer Existenz als unerläßlich betrachtet werden müßten.[33] Gesetzgeberische Eingriffe, die nicht "zum Schutz anderer Rechtsgüter von der Sache her geboten" seien, würden diesen durch Art. 9 Abs. 3 GG gesicherten Kernbereich der Koalitionsbetätigung antasten.[34] Obwohl diese Kernbereichslehre insbesondere aufgrund der Unbestimmtheit des Unerläßlichkeitskriteriums und des Begriffs des Kernbereichs kritisiert wurde,[35] galt sie als "gesicherte verfassungsrechtliche Rechtsprechung".[36]

b) "Klarstellung" der Kernbereichslehre

Dabei handelte es sich aber – in der Diktion des Bundesverfassungsgerichts – um ein "nicht fernliegendes Mißverständnis", welches das **Bundesverfassungsgericht** in seinem Beschluß vom 14.11.1995 zu einer "Klarstellung" veranlaßte.[37] Abgese-

---

[30] MD/**Scholz**, Art. 9 Rn. 337; **Löwer** in: **v. Münch/Kunig**, Art. 9 Rn. 80; MünchArbR/**Löwisch**, § 237 Rn. 24. – **A.A.** Sachs/**Höfling**, Art. 9 Rn. 127.

[31] BVerfG 26.5.1970, AP Nr. 16 zu Art. 9 GG unter B II 1 b; s. o. § 3 I 1 (S. 24 f.).

[32] BVerfG 1.3.1979, AP Nr. 1 zu § 1 MitbestG unter C IV 1 m.w.N.; ebenso BAG 26.4.1990, AP Nr. 57 zu Art. 9 GG unter B V 2 b m.w.N.

[33] BVerfG 18.12.1974, AP Nr. 23 zu Art. 9 GG unter C II 3 c; kritisch zur Kernbereichslehre wegen der Vorbehaltlosigkeit des Grundrechts **Kittner**, Anm. zu BVerfG a.a.O. unter 2 a.

[34] BVerfG 1.3.1979, AP Nr. 1 zu § 1 MitbestG unter C IV 1; BAG 26.4.1990, AP Nr. 57 zu Art. 9 GG unter B V 2 b.

[35] **v. Hoyningen-Huene**, Anm. zu BAG 26.1.1982, AR-Blattei, [D] Vereinigungsfreiheit Entsch. 11/12; zur Unbestimmtheit des Kernbereichs auch **Reinemann/Schulz-Henze**, JA 1995, 811, 812 f.

[36] **v. Hoyningen-Huene**, Anm. zu BAG 13.11.1991, AR-Blattei, ES 20 Nr. 23 unter 3.

[37] BVerfG, AP Nr. 80 zu Art. 9 GG unter B I 3 c; bestätigt durch BVerfG 24.4.1996, AP Nr. 2 zu § 57 a HRG.

hen von dieser etwas selbstgerechten Formulierung ist der Entscheidung in der Abkehr von der bisherigen Kernbereichslehre voll zuzustimmen.[38] Tatsächlich bringt die neue Rechtsprechung mehr Klarheit in die Dogmatik des Art. 9 Abs. 3 GG:

aa) Schutzbereich

Der Schutzbereich des Art. 9 Abs. 3 GG beschränkt sich nicht auf diejenigen Tätigkeiten, die für die Erhaltung und Sicherung des Bestandes der Koalition unerläßlich sind, sondern umfaßt alle koalitionsspezifischen Verhaltensweisen.[39] Damit steht fest, daß die Kernbereichsformel und das Unerläßlichkeitskriterium den Schutzbereich nicht von vornherein einschränken. Dem ist im Hinblick auf das Fehlen jeglichen Vorbehalts im Wortlaut des Art. 9 Abs. 3 GG zuzustimmen.

bb) Ausgestaltung oder Eingriff

Ab der zweiten Stufe der "Drei-Schritt-Prüfung"[40] ist wie folgt zu differenzieren:[41]

(1) Soweit der *Gesetzgeber bzw.* die *Rechtsprechung* in ihrer Rolle *als "Ersatzgesetzgeber"* das Grundrecht in zulässiger Weise[42] ausgestaltet ("*Normprägung*"), liegt *kein Eingriff* in den Schutzbereich i.S.d. Grundrechtsdogmatik vor.[43] Unter Ausgestaltung versteht das **Bundesverfassungsgericht** Regelungen, die erst die Voraussetzungen für eine Wahrnehmung des Freiheitsrechts bilden, im Bereich der Koalitionsfreiheit insbesondere Regelungen der Beziehungen zwischen den Trägern widerstreitender Interessen und rechtliche Rahmenbedingungen, die sichern, daß Sinn und Zweck des Freiheitsrechts sowie seine Einbettung in die verfassungsrechtliche Ordnung gewahrt bleiben.[44] Da aber mit der Ausgestaltung eine faktische Beschränkung der geschützten Tätigkeit zwangsläufig verbunden ist, sind ihr Schranken zu ziehen. Eine solche Schranke dieser faktischen Beschränkung stellt nach dem dogmatischen Konzept des **Bundesverfassungsgerichts** die

---

[38] Zust. auch **Hanau**, ZIP 1996, 447; **Heilmann**, ArbuR 1996, 121; **Heimes**, MDR 1996, 562; **Heselhaus**, JA 1996, 838; **v. Hoyningen-Huene**, AR-Blattei ES 20 Nr. 33; **Ortmann**, Der Betriebsrat 1996, 36; **Scholz**, SAE 1996, 320; **Thüsing**, Anm. zu BVerfG, EzA Nr. 60 zu Art. 9 GG; differenzierend **Wank**, JZ 1996, 629; krit. **Schulte Westernberg**, NJW 1997, 375.

[39] BVerfG 14.11.1995, AP Nr. 80 zu Art. 9 GG Ls. und unter B I 3.

[40] S. o. § 3 I 1 a.E. (S. 25).

[41] S. auch die bildliche Darstellung von **Heilmann**, ArbuR 1996, 121, 122.

[42] Zu den Anforderungen der Wesentlichkeitslehre an die Ausgestaltung des Arbeitskampfrechts s. u. § 4 I 7 c (S. 68 ff.).

[43] **Heimes**, MDR 1996, 562, 565; JP/**Jarass**, Vorb. vor Art. 1 Rn. 25; Sachs/**Höfling**, Art. 9 Rn. 116.

[44] BVerfG 2.3.1993, AP Nr. 126 zu Art 9 GG Arbeitskampf unter C II 2; 10.1.1995, BVerfGE 92, 26, 41; 4.7.1995, AP Nr. 4 zu § 116 AFG unter C I 1 b; näher zur Ausgestaltung **Leibholz/Rinck/Hesselberger**, Art. 9 Rn. 380.

Kernbereichsformel bzw. das Unerläßlichkeitskriterium dar. Der Kernbereich kann daher als *"Schranken-Schranke"* für die "gesetzgeberische Grundrechtsprägung" bezeichnet werden.[45] Die Kernbereichsformel beschreibt die Grenze, die bei der Ausgestaltung der Koalitionsfreiheit durch den (Ersatz-)Gesetzgeber zu beachten ist.[46] Der Gesetzgeber muß sich bei der Ausgestaltung zwar nicht auf verfassungsrechtlich geschützte Rechtsgüter oder Grundrechte Dritter stützen,[47] muß aber eine im Hinblick auf die Funktion und den Wertgehalt des zu konkretisierenden Grundrechts sachgerechte, geeignete und zumutbare Lösung unter Beachtung des Verhältnismäßigkeitsprinzips finden.[48] Davon geht auch das **Bundesverfassungsgericht** aus, indem es fordert, daß die einschränkenden Regelungen "zum Schutze anderer Rechtsgüter von der Sache her geboten" seien müssen und der Gesetzgeber "zu einer Rücksichtnahme auf die Koalitionen und ihre Mitglieder" verpflichtet ist.[49] Diese Schranken gelten insbesondere auch bei der (richterrechtlichen) Ausgestaltung der Koalitionsfreiheit durch das Arbeitskampfrecht.[50]

(2) *Soweit* es *nicht* um die gesetzliche *Ausgestaltung* der Koalitionsfreiheit geht, kann jede beeinträchtigende Maßnahme, insbesondere auch im Privatrechtsbereich, nach Maßgabe der Reichweite des Art. 9 Abs. 3 S. 2 GG einen (unmittelbaren oder mittelbaren) *Eingriff* in den Schutzbereich der Koalitionsfreiheit darstellen.[51] Da die Koalitionsfreiheit abgesehen von Art. 9 Abs. 2 GG und dem Gestaltungsauftrag des Gesetzgebers schrankenlos gewährleistet ist, kann sie nur aufgrund verfassungsmäßiger Rechtsgüter oder Grundrechte Dritter eingeschränkt werden. Abgesehen von terminologischen Differenzen ist es anerkannt, daß auch vorbehaltlos gewährleistete Grundrechte *verfassungsimmanenten Schranken* in Gestalt von kollidierendem Verfassungsrecht (Grundrechte und Verfassungsgüter) unterliegen.[52] Die Kollision mit anderen Grundrechten oder Verfassungsgütern ist im Sinne "*praktischer Konkordanz*" auszugleichen. Praktische Konkordanz be-

---

45 Zum Begriff der "Schranken-Schranke" **Pieroth/Schlink**, Staatsrecht II, Rn. 274 ff.

46 BVerfG 14.11.1995, AP Nr. 80 zu Art. 9 GG unter B I 3 b; **Badura**, RdA 1999, 8, 12; JP/**Jarass**, Art. 9 Rn. 34; Sachs/**Höfling**, Art. 9 Rn. 82; ErfK/**Kissel**, Art. 9 GG Rn. 23. **Reinemann/Schulz-Henze**, JA 1995, 811, 813 sehen darin den Wesensgehalt i. S. d. Art. 19 Abs. 2 GG.

47 **Lieb**, Anm. zu BVerfG 4.7.1995, JZ 1995, 1169, 1174 unter I 2; **Müller/Thüsing**, Anm. zu BVerfG 24.4.1996, EzA Nr. 61 zu Art. 9 GG unter I.

48 JP/**Jarass**, Vorb. vor Art. 1 Rn. 26.

49 BVerfG 14.11.1995, AP Nr. 80 zu Art. 9 GG unter B I 3 b; s. auch BVerfG 4.7.1995, AP Nr. 4 zu § 116 AFG unter C I 1 c; **Oetker**, RdA 1999, 96, 99.

50 Vgl. unten § 6 I 2 d (S. 115 f.).

51 Bei *gesetzgeberischem Tätigwerden* im Bereich des Art. 9 Abs. 3 GG ist zwischen "Ausgestaltung" und "Eingriff" abzugrenzen. Hier bestehen noch Unsicherheiten, **Henssler**, ZfA 1998, 1, 11 m.w.N.; **Müller/Thüsing**, Anm. zu BVerfG 24.4.1996, EzA Nr. 61 zu Art. 9 GG unter I; **Thüsing**, Anm. zu BVerfG 14.11.1995, EzA Nr. 60 zu Art. 9 GG unter III 4 m.w.N.

52 BVerfG 26.5.1970, BVerfGE 28, 243, 261; 26.6.1991, AP Nr. 117 zu Art. 9 GG Arbeitskampf unter C I 3 a; **v. Münch** in: **v. Münch/Kunig**, Vorb. Art. 1-19 Rn. 56 f.; krit. **Pieroth/Schlink**, Staatsrecht II, Rn. 325 ff.

deutet, daß die Kollision der Rechtsgüter durch eine Abwägung aller Umstände des Einzelfalls zu einem schonenden Ausgleich zu bringen ist. Dabei sollen nach Möglichkeit die gegenüberstehenden Rechtsgüter gegenseitig so begrenzt werden, daß sie zu optimaler Wirksamkeit gelangen. Läßt sich dies nicht erreichen, so ist unter Berücksichtigung der falltypischen Gestaltung und aller Umstände des Einzelfalls zu entscheiden, welches Interesse unter Beachtung des Verhältnismäßigkeitsgrundsatzes zurückzutreten hat (situationsabhängige Güterabwägung).[53] In diese Grundrechtssystematik des Grundgesetzes ist auch die Koalitionsfreiheit (Art. 9 Abs. 3 GG) mit seinen einzelnen Gewährleistungen eingebettet. Kollisionen mit anderen Verfassungsgütern, insbesondere Grundrechten, sind durch Berücksichtigung der gegenseitigen Positionen im Wege praktischer Konkordanz zu lösen[54], etwa bei Kollisionen innerhalb von Art. 9 Abs. 3 GG[55] oder bei Kollisionen mit Art. 12 (Berufsfreiheit; freie unternehmerische Betätigung)[56], Art. 13 (Hausrecht), Art. 14 (Eigentum; Recht am Gewerbebetrieb), Art. 2 Abs. 1 (Vertragsfreiheit; wirtschaftliche Betätigungsfreiheit)[57] oder Art. 5 Abs. 3 GG.[58] Bei der gebotenen Abwägung aller Einzelfallumstände kann das "Unerläßlichkeitskriterium" ein Gesichtspunkt unter vielen darstellen.[59]

---

[53] BVerfG, 24.2.1971, BVerfGE 30, 173, 202 ff. (Mephisto); 5.6.1973, BVerfGE 35, 202, 225 (Lebach); 16.5.1995 BVerfGE 93, 1, 21 (Kruzifix); **Hesse**, VerfR, Rn. 72, 317 f.; JP/**Jarass**, Vorb. vor Art. 1 Rn. 41; **v. Münch** in: **v. Münch/Kunig**, Vorb. Art. 1 - 19 Rn. 47.

[54] BAG 17.2.1998, AP Nr. 87 zu Art. 9 GG unter II 3 a; ErfK/**Kissel**, Art. 9 GG Rn. 14; s. auch unten § 3 V 4 b (S. 55), § 6 I 1 h dd (S. 107 ff.), § 7 II 5 c (S. 143 f.).

[55] BAG (GS) 29.11.1967, AP Nr. 13 zu Art. 9 GG unter Teil IV, VIII 1; **v. Hoyningen-Huene**, AR-Blattei, SD 1650.1 Rn. 76; **Seiter**, S. 106. Zwischen den Koalitionen ist insofern freier Wettbewerb gewährleistet, BAG, a.a.O., Teil IV, VI 5 c; **v. Hoyningen-Huene**, a.a.O. Rn. 131; MD/**Scholz**, Art. 9 Rn. 253.

[56] Vgl. zum Schutzbereich des Art. 12 GG BVerwG 18.4.1985, BVerwGE 71, 183, 189; 18.10.1990, BVerwGE 87, 37, 39.

[57] So auch BVerfG 14.11.1995, AP Nr. 80 zu Art. 9 GG unter B II 2; **Heilmann**, ArbuR 1996, 121, 122 f.; **v. Hoyningen-Huene**, Anm. zu BAG 26.1.1982, AR-Blattei [D] Vereinigungsfreiheit Entsch. 11/12; **ders.**, Anm. zu BVerfG 14.11.1995, AR-Blattei ES 20 Nr. 33; **Gamillscheg**, KollArbR I, S. 128 ff.; **Wank**, JZ 1996, 629; speziell hinsichtlich der Arbeitskampffreiheit auch **Löwisch/Rieble** in: **Löwisch**, Arbeitskampf- und Schlichtungsrecht, 170.1 Rn. 25; **Peters**, S. 17 f.; MD/**Scholz**, Art. 9 Rn. 365.

[58] BVerfG 24.4.1996, AP Nr. 2 zu § 57 a HRG unter C II 1 mit zust. Anm. **Hufen**, SAE 1997, 137.

[59] **Heimes**, MDR 1996, 562, 565 f.; so wohl auch **Hanau**, ZIP 1996, 447; **Wank**, JZ 1996, 629, 632.

II. Positive Koalitionsfreiheit

1. Schutzbereich

Entsprechend seinem Wortlaut gewährleistet Art. 9 Abs. 3 S. 1 GG die positive individuelle Koalitionsfreiheit, d.h. das Recht des einzelnen Arbeitnehmers und Arbeitgebers[60], eine Koalition zu gründen, einer bestehenden beizutreten, in ihr zu verbleiben, sich als Mitglied an der verfassungsmäßig geschützten Tätigkeit der Koalition zu betätigen (etwa Werbung, Teilnahme am Arbeitskampf[61]) sowie in eine andere Koalition überzutreten.[62] Die positive Koalitionsfreiheit schützt somit die sich organisierenden bzw. organisierten Arbeitnehmer und Arbeitgeber. Da sie auch das Recht zum Verbleib in der gewählten Koalition umfaßt, fallen auch die Andersorganisierten und damit Teile der Außenseiter[63] in den Schutzbereich der positiven Koalitionsfreiheit.[64]

2. Eingriff

Die Koalitionsfreiheit schützt vor jedem "unmittelbaren wie auch mittelbaren Koalitionszwang".[65] Damit ist die in der Grundrechtsdogmatik gängige Unterscheidung zwischen dem "klassischen, zielgerichteten, unmittelbaren Eingriff" in den Schutzbereich des Grundrechts und dem "mittelbaren, ungezielten, indirekten, bloß faktischen Grundrechtseingriff" angesprochen.[66] Diese Dogmatik wird aber in der Rechtsprechung und Literatur zu Art. 9 Abs. 3 GG bislang nur unzureichend beachtet.[67] Als Eingriff in die positive Koalitionsfreiheit wird beispielsweise die Behinderung des Beitritts oder Verbleibs in einer Koalition durch den Arbeitgeber bezeichnet.[68] Arbeitnehmer dürften nicht durch "wirtschaftlichen Druck" am Gewerkschaftsbeitritt gehindert werden, sonst greife der Arbeitgeber "unmit-

---

[60] Näher insoweit MünchArbR/**Löwisch**, § 236 Rn. 19 ff.

[61] Zum Arbeitskampfrecht näher unten § 3 V (S. 43 ff.); zur Betätigungsfreiheit ausführlich MünchArbR/**Löwisch**, § 238 Rn. 21 ff.

[62] **Brox/Rüthers**, Arbeitsrecht, Rn. 241; **Dütz**, Arbeitsrecht, Rn. 474 f.; **v. Hoyningen-Huene**, AR-Blattei, SD 1650.1 Rn. 45; JP/**Jarass**, Art. 9 Rn. 25; ErfK/**Kissel**, Art. 9 GG Rn. 15 f.; MD/**Scholz**, Art. 9 Rn. 222.

[63] Vgl. oben § 2 II 2 b (S. 8).

[64] Vgl. BAG (GS) 29.11.1967, AP Nr. 13 zu Art. 9 GG unter Teil IV, VIII 5 a.

[65] **Löwer** in: **v. Münch/Kunig**, Art. 9 Rn. 76

[66] Vgl. **Schwerdtfeger**, Öffentliches Recht, Rn. 447.

[67] Zu Recht kritisch auch **Thüsing**, S. 82 Fn. 263.

[68] **Gamillscheg**, KollArbR I, S. 191 ff.; **Pieroth/Schlink**, Staatsrecht II, Rn. 743; Sachs/**Höfling**, Art. 9 Rn. 118.

telbar" in die Koalitionsfreiheit ein.[69] Auch tarifvertragliche Differenzierungsklauseln, welche durch besondere tarifliche Gestaltung den Gewerkschaftsmitgliedern eine Besserstellung gegenüber den Arbeitnehmeraußenseitern verschaffen sollen,[70] stellen nach der – im Ergebnis zutreffenden – Auffassung des **BAG** einen Eingriff in die positive Koalitionsfreiheit der andersorganisierten Arbeitnehmer (sowie in die negative Koalitionsfreiheit der nichtorganisierten) dar, weil sie einen "sozialinadäquaten Druck" zum Übertritt (bzw. Beitritt) in die tarifschließende Gewerkschaft bewirkten.[71] Nicht beanstandet wird hingegen ein "legitimer", "sozialadäquater", "nicht erheblicher" Druck.[72] Das **BAG** hebt ausdrücklich hervor, es komme beim Eingriff in die Koalitionsfreiheit nicht auf die Intensität, den Grad eines Drucks an, sondern auf die Sozialadäquanz.[73] Unter "sozialinadäquatem Druck" versteht es "gesetzeswidriges", "bedrängendes", "unzumutbares" Tätigwerden, welches "das Gerechtigkeitsempfinden gröblich verletzt".[74] Die geschilderten Formulierungen werden jedoch dogmatisch nicht begründet und untermauert. Der Begriff "Sozialadäquanz" wird daher teilweise als bloße "Leerformel" bezeichnet, die keinen materiellen Erkenntniswert beinhalte.[75] Der Auffassung des BAG ist ferner entgegenzusetzen, daß es bei dem Problem des (mittelbaren) Eingriffs u.a. gerade auf das Gewicht der faktischen Behinderung und auf die entscheidungsrelevante Intensität des Drucks ankommt.[76] Auch die Aussage, jede Schlechterstellung eines Gewerkschaftsmitglieds gegenüber Nichtorganisierten sei ein "Angriff" auf (gemeint ist wohl: Eingriff in) dessen positive Koalitionsfreiheit, wenn die Differenzierung nicht durch sachliche Gründe gerechtfertigt sei[77], ist zu pauschal und fügt sich nicht in die allgemeine Grundrechtsdogmatik ein. Dann bei der Frage nach dem Vorliegen eines Eingriffs in ein Freiheitsrecht kommt es nicht auf Gleichbehandlungsaspekte an.[78] Fraglich ist vielmehr, ob die Differenzierung einen solchen Druck ausübt, daß von einem mittelbaren Grundrechtseingriff ge-

---

[69] BAG 2.6.1987, AP Nr. 49 zu Art. 9 GG unter III 2 mit zust. Anm. **Rüthers**.

[70] Zu den einzelnen rechtlichen Gestaltungen s. die Übersicht bei **Zöllner/Loritz**, Arbeitsrecht, § 38 II 2, S. 426 f.

[71] BAG (GS) 29.11.1967, AP Nr. 13 zu Art. 9 GG unter Teil IV, VIII 5.

[72] BAG (GS) 29.11.1967, AP Nr. 13 zu Art. 9 GG unter Teil IV, VIII 4; MD/**Scholz**, Art. 9 Rn. 231; vgl. auch **v. Hoyningen-Huene**, AR-Blattei, SD 1650.1 Rn. 81; JP/**Jarass**, Art. 9 Rn. 25.

[73] BAG (GS) 29.11.1967, AP Nr. 13 zu Art. 9 GG unter Teil IV, VIII 5 e.

[74] BAG (GS) 29.11.1967, AP Nr. 13 zu Art. 9 GG unter Teil IV, VIII 2 und 5 f.

[75] **Kroll**, S. 27 m.w.N.; krit. auch **Söllner**, Arbeitsrecht, § 9 V 3 c, S. 71.

[76] JP/**Jarass**, Art. 9 Rn. 31; Sachs/**Höfling**, Art. 9 Rn. 119; s. auch unten § 3 II 2 b aa (S. 35).

[77] BAG 10.6.1980, AP Nr. 66 zu Art. 9 GG Arbeitskampf unter A II 1 a; dazu auch unten § 6 I 2 c (S. 114).

[78] So ausdrücklich für die negative Koalitionsfreiheit **Leibholz/Rinck/Hesselberger**, Art 9 Rn. 460: "Die Tatsache allein, daß Organisierte anders behandelt werden als Nichtorganisierte, bedeutet noch keine Verletzung der negativen Koalitionsfreiheit (der Nichtorganisierten).", ebenso ErfK/**Kissel**, Art. 9 GG Rn. 18.

sprochen werden kann.[79] Nicht jede Differenzierung zwischen Organisierten und Nicht- oder Andersorganisierten erzeugt aber eine solche Willensbeeinflussung.[80]

Die bestehenden Unklarheiten geben Anlaß, die Grundrechtseingriffsdogmatik näher zu beleuchten:

a) Unmittelbarer Eingriff

Der "klassische" (unmittelbare) Grundrechtseingriff ist geprägt durch *imperative Ge- und Verbote*, die *final* und *unmittelbar*, d.h. in formellem Sinn ohne weitere Zwischenschritte oder Ursachenbeiträge anderer, beim Regelungsadressaten eine Grundrechtsverkürzung bewirken.[81] Ein unmittelbarer Eingriff in die positive Koalitionsfreiheit ist daher z. B. die staatliche Anordnung (in Form eines Gesetzes, Verwaltungsakt etc.) oder – wegen der unmittelbaren Drittwirkung der Koalitionsfreiheit (Art. 9 Abs. 3 S. 2 GG) – auch die arbeitsrechtliche Weisung des Arbeitgebers, daß bestimmte Arbeitnehmer aus ihrer Gewerkschaft austreten müssen.

b) Mittelbarer Eingriff

Aufgrund der Komplexität staatlichen Handelns ist der Grundrechtsschutz über dem "klassischen" Eingriffsbegriff hinaus ausgedehnt worden auf sog. mittelbar-faktische Eingriffe durch gewollte oder ungewollte, unmittelbare oder mittelbare, rechtliche oder tatsächliche Grundrechtsbeeinträchtigungen mit oder ohne Regelungscharakter. Hierher gehören insbesondere auch "influenzierende Einwirkungen", mit denen eine Grundrechtsausübung zwar nicht verboten, der Verzicht darauf aber mit einem Vorteil verknüpft wird ("Anreizeinwirkungen").[82] Da nicht jede Beeinträchtigung des Schutzbereichs einen Grundrechtseingriff darstellt, ist eine Abgrenzung zu geringfügigen Einwirkungen und Bagatellfällen erforderlich. Anerkanntermaßen begibt man sich dabei auf "unsicheres Gelände".[83] Letztlich ist eine Wertungsentscheidung erforderlich, bei der vor allem folgende Abgren-

---

[79] JP/**Jarass**, Art. 9 Rn. 31; richtig insoweit der Ansatz von MünchArbR/**Löwisch**, § 237 Rn. 9.

[80] **Löwer** in: **v. Münch/Kunig**, Art. 9 Rn. 70 "Negative Koalitionsfreiheit".

[81] **Isensee** in: HbStR V, § 111 Rn. 61; JP/**Jarass**, Vorb. vor Art. 1 Rn. 20; **Manssen**, Staatsrecht I, Rn. 439 ff.; **Pieroth/Schlink**, Staatsrecht II, Rn. 238; **Sachs**, JuS 1995, 303 f.; Sachs/**Sachs**, Vor Art. 1 Rn. 80 ff.

[82] JP/**Jarass**, Vorb. vor Art. 1 Rn. 21; Dreier/**Dreier**, Vorb. Rn. 82; zum Ganzen auch **Isensee** in: HbStR V, § 111 Rn. 62 ff.; **Pieroth/Schlink**, Staatsrecht II, Rn. 239 ff.; Sachs/**Sachs**, Vor Art. 1 Rn. 83 ff.

[83] JP/**Jarass**, Vorb. vor Art. 1 Rn. 21 a.

zungskriterien berücksichtigt werden sollten, die sich in Rechtsprechung und Literatur immer mehr herauskristallisieren:[84]

aa) Intensität des Drucks

Je stärker die Einwirkung das betroffene Grundrecht belastet, desto eher ist sie als Eingriff zu qualifizieren.[85] Insofern spielt die Intensität des ausgeübten Drucks eine erhebliche Rolle. Je näher sie einem imperativen Ge- oder Verbot kommt, desto eher ist von einem Eingriff auszugehen.

bb) Schutzzweck der Norm

Ferner ist das "Schutzprogramm" des einschlägigen Grundrechts (Schutzzweck der Norm) zu berücksichtigen. Ein Eingriff liegt nahe, wenn die Beeinträchtigung Ausdruck derjenigen (grundrechtstypischen) Gefahr ist, gegen die das Grundrecht Schutz bieten will. Bedeutsam ist insoweit auch, ob die betroffene Aktivität wesentlich für die Grundrechtsausübung ist.[86]

cc) Finalität

Schließlich spricht die Finalität des Handelns in bezug auf die Grundrechtsbeeinträchtigung für einen mittelbaren Eingriff, inbesondere wenn der Handelnde das den Grundrechtsträger beeinträchtigende Verhalten eines Dritten gezielt steuert oder beeinflußt.[87] Bei der Koalitionsfreiheit ergibt sich das "Finalitätskriterium" bereits aus dem Wortlaut des Art. 9 Abs. 3 S. 2 GG ("... suchen, ... gerichtete ..."). Finalität alleine im Sinne bloßer Absicht kann jedoch keinen Grundrechtseingriff begründen. Erforderlich ist vielmehr eine Grundrechtsbeeinträchtigung, die allerdings weniger schwer wiegen kann.[88]

Nach diesen Grundsätzen liegt ein mittelbar-faktischer Eingriff in die positive Koalitionsfreiheit also etwa vor, wenn auf den (Anders-)Organisierten ein

---

[84] **Discher**, JuS 1993, 463, 464 ff.; **Manssen**, Staatsrecht I, Rn. 445 ff.; **Muckel** , JA 1995, 343, 345 f.; **Sachs**, JuS 1995, 303, 304 ff., je m.w.N.

[85] JP/**Jarass**, Vorb. vor Art. 1 Rn. 21 a; vgl. auch BVerwG 23.5.1989, BVerwGE 82, 76, 79 (Jugendsekten I); 18.10.1990, BVerwGE 87, 37, 43 f. (Glykol); 27.3.1992, BVerwGE 90, 112, 121 (Jugendsekten II); **Isensee** in: HbStR V, § 111 Rn. 66; **Manssen**, Staatsrecht I, Rn. 447.

[86] JP/**Jarass**, Vorb. vor Art. 1 Rn. 21 a; vgl. auch BVerwG 18.4.1985, BVerwGE 71, 183, 191 f. (Transparenzlisten); **Discher**, JuS 1993, 463, 466 f.; **Isensee** in: HbStR V, § 111 Rn. 67; **Schwerdtfeger**, Öffentliches Recht, Rn. 447.

[87] Sachs/**Sachs**, Vor Art. 1 Rn. 89 ff.; vgl. auch BVerwG 18.4.1985, BVerwGE 71, 183, 194 ff. (Transparenzlisten); 23.5.1989, BVerwGE 82, 76, 79 (Jugendsekten I); 27.3.1992, BVerwGE 90, 112, 120 (Jugendsekten II); **Manssen**, Staatsrecht I, Rn. 450.

[88] BVerwG 27.3.1992, BVerwGE 90, 112, 121 (Jugendsekten II).

schwerwiegender, ge- oder verbotsähnlicher oder finaler Druck zum Koalitionsaustritt oder -übertritt bzw. zum Unterlassen der mitgliedschaftlichen Betätigung ausgeübt wird, der gegen den Schutzzweck von Art. 9 Abs. 3 GG verstößt.

III. Negative Koalitionsfreiheit

1. Schutzbereich

a) Gewährleistung durch Art. 9 Abs. 3 S. 1 GG

aa) Mindermeinung

Ob und wodurch die individuelle negative Koalitionsfreiheit, unkoaliert zu sein, grundrechtlich geschützt ist, ist umstritten. Insbesondere im Hinblick auf die Entstehungsgeschichte des Art. 9 Abs. 3 GG in den Jahren 1948/49 wird von einer Mindermeinung vorgebracht, die negative Koalitionsfreiheit sei nicht im gleichen Rang wie die positive Koalitionsfreiheit geschützt. Daher wird der negativen Koalitionsfreiheit eine verfassungsrechtliche Verankerung vereinzelt gänzlich abgesprochen,[89] teils wird sie als durch Art. 9 Abs. 1 GG geschützt angesehen,[90] teils wird sie als bloßer Teil der allgemeinen Handlungsfreiheit (Art. 2 Abs. 1 GG) bezeichnet.[91] Der Hauptausschuß des Parlamentarischen Rates hatte hinter dem Satz 2 des Art. 9 Abs. 3 GG in der heutigen Fassung den Zusatz vorgesehen: "Ein Zwang zum Beitritt darf nicht ausgeübt werden."[92] Aus der Streichung dieses Zusatzes durch den Hauptausschuß folgern die genannten Auffassungen, daß der Verfassungsgesetzgeber einen "gewissen erlaubten Zwang" für zulässig erachtete und die negative Koalitionsfreiheit daher nicht gleichwertig in Art. 9 Abs. 3 GG verankern wollte.[93] Dieser Schluß ist jedoch nicht zwingend. Die Entstehungsgeschichte zu Art. 9 Abs. 3 GG ist vielmehr indifferent hinsichtlich der Gewährleistung der negativen Koalitionsfreiheit.[94] Die Streichung beruhte nämlich nicht zuletzt auf der im Ausschuß geäußerten Sorge, eine wörtliche Festlegung des Fernbleiberechts könne zu einer zu extensiven Auslegung durch die Gerichte füh-

---

[89] **Kempen/Zachert**, TVG, Grundlagen Rn. 131.

[90] **Däubler/Hege**, Koalitionsfreiheit, Rn. 174.

[91] **Hueck/Nipperdey**, Arbeitsrecht II/1, S. 154 ff.; **Gamillscheg**, Differenzierung, S. 53 ff.; **ders.**, KollArbR I, S. 382 ff.; **Söllner**, Arbeitsrecht, § 9 IV, S. 69.

[92] BK/**v. Münch**, Art. 9 S. 4 f. zur Entstehungsgeschichte; Einzelheiten sind dokumentiert bei **v. Doemming/Füßlein/Matz**, Jahrbuch des ÖR, Band 1 (1951), S. 116 ff.; **Parl. Rat**, HA-Sitzungsprotokolle, S. 210 f., 569 ff.

[93] Ausführlich **Gamillscheg**, Differenzierung, S. 54 ff.; **ders.**, KollArbR I, S. 382 ff.

[94] So auch BAG (GS) 29.11.1967, AP Nr. 13 zu Art. 9 GG unter Teil IV, VI 5 f; **Kroll**, S. 11 ff. m.w.N.

ren.[95] Daß ein gewisser (v.a. moralischer) Druck für zulässig erachtet wurde, deckt sich mit der heute vertretenen Lehre vom mittelbaren Grundrechtseingriff.[96] Die Mindermeinung überzeugt daher nicht. Gegen die Verankerung der negativen Koalitionsfreiheit in Art. 2 Abs. 1 bzw. 9 Abs. 1 GG sprechen auch systematische und teleologische Erwägungen.

bb) Herrschende Auffassung

Mit der ganz h.M. ist vielmehr davon auszugehen, daß die negative Koalitionsfreiheit als "Kehrseite" bzw. "notwendiges Korrelat" zur positiven Koalitionsfreiheit gleichrangig in Art. 9 Abs. 3 S. 1 GG gewährleistet ist.[97] Denn die (positive) Freiheit, eine Koalition zu bilden und sich einer bestimmten Koalition anzuschließen, ist nicht wirklich gewährleistet, wenn ein (willensausschließender oder willenseinschränkender) Zwang ausgeübt werden dürfte, sich einer bereits bestehenden Koalition anzuschließen.[98] Abgesehen davon gibt es für ein Abweichen von der selbstverständlichen Entsprechung positiver und negativer Freiheitsausübung (z.B. bei Art. 4 GG)[99] keinerlei textlichen Anhalt.[100] Auch die strukturelle Gemeinsamkeit von Koalitionsfreiheit (Art. 9 Abs. 3 GG) und Vereinigungsfreiheit (Art. 9 Abs. 1 GG)[101], bei der die negative Vereinigungsfreiheit unstreitig in Art. 9 Abs. 1 GG gewährleistet ist,[102] spricht für die h.M.

b) Inhalt

aa) Allgemein

Art. 9 Abs. 3 S. 1 GG gewährleistet mithin die negative Koalitionsfreiheit und somit das Recht, sich nicht zu einer Koalition zusammenzuschließen, bestehenden Koalitionen fernzubleiben, aus einer Koalition auszutreten und eine Koalition aufzulösen.[103] Geschützt sind demnach nichtorganisierte Arbeitnehmer oder Ar-

---

[95] **Kroll**, S. 12; s. auch **v. Doemming/Füßlein/Matz**, Jahrbuch des ÖR, Band 1 (1951), S. 122 ff.; **Gamillscheg**, Differenzierung, S. 57; **Parl. Rat**, HA-Sitzungsprotokolle, S. 571.

[96] S. o. § 3 II 2 b (S. 34 ff.).

[97] BVerfG 1.3.1979, AP Nr. 1 zu § 1 MitbestG unter C IV 1; 14.11.1995, AP Nr. 80 zu Art. 9 GG unter B I 1; BAG (GS) 29.11.1967, AP Nr. 13 zu Art. 9 GG unter Teil IV, VI 5; **Brox/Rüthers**, Arbeitsrecht, Rn. 242; **Heckelmann**, S. 40; **v. Hoyningen-Huene**, AR-Blattei, SD 1650.1 Rn. 72 ff.; **Kroll**, S. 5 ff.; **MD/Scholz**, Art. 9 Rn. 221, 226; MünchArbR/**Löwisch**, § 237 Rn. 3; **Thüsing**, S. 66.

[98] **Zöllner/Loritz**, Arbeitsrecht, § 8 IV 5, S. 120.

[99] Zur negativen Glaubensfreiheit jüngst BVerfG 16.5.1995, BVerfGE 93, 1, 15 (Kruzifix).

[100] **Löwer** in: **v. Münch/Kunig**, Art. 9 Rn. 70 "Negative Koalitionsfreiheit".

[101] Vgl. **MD/Scholz**, Art. 9 Rn. 7, 169.

[102] **MD/Scholz**, Art. 9 Rn. 42, 88 m.w.N.

[103] BAG (GS) 29.11.1967, AP Nr. 13 zu Art. 9 GG unter Teil IV, VI 5; **v. Hoyningen-Huene**, AR-Blattei, SD 1650.1 Rn. 71; **MD/Scholz**, Art. 9 Rn. 226; MünchArbR/**Löwisch**, § 238 Rn. 35 ff.; **Reinemann/Schulz-Henze**, JA 1995, 811, 812.

beitgeber[104] oder solche, die im Begriff sind, sich zu "entkoalieren". Die negative Koalitionsfreiheit schützt also den anderen Teil der Außenseiter, nämlich die Nichtorganisierten.[105]

bb) Extensive Auslegung

Teilweise wird darüber hinaus die negative Koalitionsfreiheit extensiv im Sinne eines Rechts ausgelegt, von der Tätigkeit sowie der Einfluß- und Regelungsmacht der Verbände unberührt zu bleiben, woraus insbesondere die "Freiheit vor der Normsetzungsgewalt der Koalitionen"[106] und eine sog. "negative Arbeitskampffreiheit"[107] folgen solle. Das geht indes zu weit. Die negative Koalitionsfreiheit kann als "Kehrseite" der positiven Koalitionsfreiheit nicht weitergehend geschützt sein als die positive. Wesentlicher Bezugspunkt der positiven wie der negativen Gewährleistung ist der Status sowie die Betätigung als Mitglied.[108] Ebenso wie positiv das Recht geschützt ist, Mitglied einer Koalition zu werden, ist negativ geschützt, nicht Mitglied einer Koalition zu werden. Ebenso wie positiv gewährleistet ist, sich als Mitglied an der verfassungsmäßig geschützten Tätigkeit der Koalition zu betätigen (etwa durch Mitwirkung beim Tarifvertragsabschluß oder beim Arbeitskampf), ist negativ gewährleistet, sich nicht als Mitglied einer Arbeitnehmer- bzw. Arbeitgeberkoalition betätigen zu müssen. Die Formulierung eines Rechts, von jeglicher Verbandstätigkeit unberührt zu bleiben, ist demgegenüber viel zu pauschal. Geschützt sind nur die jeweiligen negativen Korrelate zur positiven Koalitionsfreiheit. Ansonsten würde etwa die Bezugnahmeklausel im Arbeitsvertrag des nichtorganisierten Arbeitnehmers eine nach Art. 9 Abs. 3 S. 2 GG nichtige Abrede sein, weil dadurch der Nichtorganisierte von der Einfluß- und Regelungsmacht der Verbände behelligt wird und demgemäß in seiner negativen Koalitionsfreiheit verletzt wäre. Diese Konsequenz wird freilich nirgends gezogen und sogar explizit abgelehnt[109]. Es besteht der Verdacht, daß die geschilderte extensive Auslegung ergebnisorientiert vorgenommen wurde und Art. 9 Abs. 3 GG als "arbeitsrechtliche Wundertüte"[110] mißbraucht wird. Dabei werden z.T. auch notwendige Differenzierungen übergangen. Die "Freiheit vor der Normsetzungsgewalt der Koalitionen" wirft beispielsweise zum einen das Problem des Umfangs der Tarifmacht und der notwendigen (demokratischen) Legitimation der Tarif-

---

[104] BAG (GS) 29.11.1967, AP Nr. 13 zu Art. 9 GG unter Teil IV, VIII 4 b.

[105] Vgl. oben § 2 II 2 b (S. 8). Die Andersorganisierten sind durch die positive Koalitionsfreiheit geschützt, s. o. § 3 II 1 (S. 32).

[106] **Buchner**, Tarifvertragsgesetz und Koalitionsfreiheit, S. 60 f.; **Kroll**, S. 16 m.w.N.

[107] **Heckelmann**, S. 42 ff., 48 f.; KassHb/**Kalb**, 6.2 Rn. 53 ff. mit fehlerhaftem Hinweis auf BAG, AP Nr. 13 zu Art. 9 GG; **Kroll**, S. 117; **Seiter**, S. 104 ff., 347 f.; **Wiedemann**, RdA 1969, 321, 326; näher zur "negativen Arbeitskampffreiheit" unten § 3 V 4 (S. 53 ff.).

[108] Zutreffend MünchArbR/**Löwisch**, § 237 Rn. 4.

[109] BAG 18.1.1996, DB 1996, 2182, 2183; LAG Hamburg 30.1.1998, LAGE Nr. 5 zu § 3 TVG Bezugnahme auf Tarifvertrag unter 2 d m.w.N.

[110] S. o. § 3 I 1 am Anfang (S. 24).

norm durch den Tarifunterworfenen auf,[111] zum anderen stellt sich die Frage, ob etwa durch tarifliche Differenzierungsklauseln oder Allgemeinverbindlicherklärung (§ 5 TVG) ein entscheidungserheblicher Eintrittsdruck auf Nichtorganisierte ausgeübt wird, der einen mittelbaren Eingriff in die negative Koalitionsfreiheit darstellt.[112] Die geschilderte extensive Auslegung der negativen Koalitionsfreiheit ist daher abzulehnen.[113] Entscheidend ist allein, ob der Einfluß der Verbandstätigkeit einen solchen Beitritts- bzw. Betätigungsdruck ausübt, daß ein mittelbarer Eingriff in die negative Koalitionsfreiheit vorliegt.[114]

2. *Eingriff*

Die negative Koalitionsfreiheit schützt (vor allem den Nichtorganisierten) vor jedem unmittelbaren wie auch mittelbaren Koalitionszwang durch öffentliche oder private Gewalt.[115] Wie bereits oben[116] ausführlich dargelegt, ist zwischen unmittelbarem und mittelbar-faktischem Grundrechtseingriff zu differenzieren. Bei (ersatz-)gesetzgeberischem Tätigwerden ist auch an eine bloße "Ausgestaltung" der Koalitionsfreiheit zu denken.[117]

a) Unmittelbarer Eingriff

Einen unmittelbaren Eingriff in die negative Koalitionsfreiheit stellt z.B. die Anordnung eines Zwangszusammenschlusses oder einer Beitrittspflicht in eine Koalition dar.[118]

b) Mittelbarer Eingriff

Sonstige Einwirkungen, insbesondere durch Betätigungen der Verbände und ihrer Mitglieder, sind nach den oben geschilderten Grundsätzen[119] darauf zu untersu-

---

[111] Zur Legitimationslehre krit. **Gamillscheg**, KollArbR I, S. 558 ff.
[112] Vgl. MünchArbR/**Löwisch**, § 238 Rn. 36.
[113] Ablehnend auch **Gamillscheg**, KollArbR I, S. 376; **Löwisch/Rieble**, in: **Löwisch**, Arbeitskampf- und Schlichtungsrecht, 170.1 Rn. 83, 170.6 Rn. 25 ff.; MünchArbR/**Löwisch**, § 237 Rn. 4; **Säcker**, Kollektive Koalitionsfreiheit, S. 36; **Wiedemann/Stumpf**, TVG, Einl. Rn. 72.
[114] Ebenso der Ansatz des BVerfG 24.5.1977, AP Nr. 15 zu § 5 TVG unter B II 2 e; 15.7.1980, AP Nr. 17 zu § 5 TVG unter B II 2 a.
[115] **Scholz** in: HbStR VI, § 151 Rn. 84.
[116] § 3 II 2 (S. 32 ff.).
[117] S. o. § 3 I 4 b bb (S. 29 ff.).
[118] **MD/Scholz**, Art. 9 Rn. 228.
[119] § 3 II 2 b (S. 34 ff.).

chen, ob sie einen derartigen Beitrittsdruck ausüben, daß von einem mittelbar-faktischen Eingriff in die negative Koalitionsfreiheit zu sprechen ist.[120]

IV. Kollektive Koalitionsfreiheit

Wie bereits dargelegt,[121] schützt Art. 9 Abs. 3 S. 1 GG auch die Koalitionen selbst, wobei die Begrifflichkeit hinsichtlich der Einzelausprägungen der kollektiven Koalitionsfreiheit divergiert, inhaltlich aber weitgehend Übereinstimmung herrscht. Verfassungsrechtlich geschützt sind Bestand und Tätigkeit der Koalition.[122]

1. Bestandsgarantie

a) Bestandsschutz

Die sog. Bestandsgarantie schützt zum einen vor Eingriffen in die Existenz der Koalition.[123] Gemeint ist insoweit nur der Schutz der Koalition als solcher, nicht hingegen ein Schutz vor jeglichen Veränderungen in der Mitgliederzahl.[124] Denn innere Schwächen einer Koalition etwa aufgrund eines niedrigen Organisationsgrades oder mangelnder Fähigkeit zur Anwerbung von Mitgliedern sind von ihr hinzunehmen.[125] Die Koalitionen haben auch keinen Anspruch gegen den Staat auf positive bestandsfördernde Maßnahmen.[126] Es besteht kein verfassungsmäßiger Schutz der Koalitionen vor Wettbewerb um die Gunst derjenigen Arbeitnehmer bzw. Arbeitgeber, die sich bislang noch nicht organisiert haben.[127] Für eine weitergehende Garantie vor Veränderungen im Mitgliederbestand finden sich in Wortlaut, Systematik und Telos von Art. 9 Abs. 3 GG keinerlei Anhaltspunkte. Zu weit geht daher das **BAG**, das in der selektiven Aussperrung von Gewerkschaftsmitgliedern und Verschonung von Außenseitern einen "gefährlichen Anschlag auf

---

[120] Vgl. **Brox/Rüthers**, Arbeitsrecht, Rn. 242; KassHb/**Dörner**, 6.1 Rn. 4; **Dütz**, Arbeitsrecht, Rn. 474; **v. Hoyningen-Huene**, AR-Blattei, SD 1650.1 Rn. 75; MD/**Scholz**, Art. 9 Rn. 227.

[121] S. o. § 3 I 2 (S. 25 ff.).

[122] BAG 2.6.1987, AP Nr. 49 zu Art. 9 GG m.w.N.

[123] **Brox/Rüthers**, Arbeitsrecht, Rn. 243; **Zöllner/Loritz**, Arbeitsrecht, § 8 IV 4 a, S. 117.

[124] Zutreffend **v. Hoyningen-Huene**, AR-Blattei, SD 1650.1 Rn. 117 f.; **ders.**, JuS 1990, 298, 301; der Sache nach auch **Gamillscheg**, KollArbR I, S. 217 m.w.N.

[125] Vgl. BVerfG 4.7.1995, AP Nr. 4 zu § 116 AFG unter C I 1 c.

[126] **Lieb**, Arbeitsrecht, Rn. 438; **ders.**, Anm. zu BVerfG 4.7.1995, JZ 1995, 1174, 1175.

[127] Zutreffend ArbG Frankfurt 28.10.1996, NZA 1996, 1340, 1341 (Viessmann).

den gewerkschaftlichen Mitgliederbestand" und eine "Verletzung des Bestandsschutzes der Gewerkschaften" sieht.[128]

b) Bestandssichernde Betätigung

Zweites Element der sog. Bestandsgarantie ist der Schutz von Maßnahmen der Koalition zum Aufbau, Ausbau und zur Sicherung ihres Bestands (insbesondere Werbung neuer Mitglieder).[129]

2. Betätigungsfreiheit

a) Garantie innerer Selbstbestimmung

Im Innenbereich schützt die kollektive Koalitionsfreiheit die Selbstbestimmung der Koalitionen über ihre eigene Organisation, das Verfahren ihrer Willensbildung und die Führung der Geschäfte.[130] Bedeutsamste Ausprägung dieser sog. Verbandsautonomie ist die Satzungsautonomie.[131]

b) Koalitionszweckverfolgungsgarantie

aa) Tarifautonomie

Nach außen hin gewährleistet die kollektive Koalitionsfreiheit das Recht, durch spezifisch koalitionsmäßige Betätigung die in Art. 9 Abs. 3 GG genannten Zwekke zu verfolgen,[132] auch wenn sie nicht unerläßlich sind.[133] Zur Koalitionszweckverfolgung im Sinne von "Wahrung und Förderung der Arbeits- und Wirtschaftsbedingungen" gehört vor allem der Abschluß von Tarifverträgen. Die Befugnis der

---

[128] BAG 10.6.1980, AP Nr. 66 zu Art. 9 GG Arbeitskampf unter A II 1 a; ebenso **Rüthers** in: **Brox/Rüthers**, Rn. 216. Dazu auch unten § 6 I 1 h cc (1) (S. 106), 2 c (S. 113 f.).

[129] BVerfG 26.5.1970, AP Nr. 16 zu Art. 9 GG unter B II 1 a; **Brox/Rüthers**, Arbeitsrecht, Rn. 243; JP/**Jarass**, Art. 9 Rn. 28; **Lieb**, Arbeitsrecht, Rn. 436 ff.; **Säcker**, Kollektive Koalitionsfreiheit, S. 61 ff. bezeichnet dies als "Koalitionswohlgarantie".

[130] BVerfG 4.7.1995, AP Nr. 4 zu § 116 AFG unter C II 1; KassHb/**Dörner**, 6.1. Rn. 5; v. **Hoyningen-Huene**, AR-Blattei, SD 1650.1 Rn. 115; ErfK/**Kissel**, Art. 9 GG Rn. 37 ff.; MünchArbR/**Löwisch**, § 239 Rn. 16 ff.; MD/**Scholz**, Art. 9 Rn. 202 ff., 246 ff.

[131] S. bereits oben § 2 V 2 a (S. 15).

[132] BVerfG 1.3.1979, AP Nr. 1 zu § 1 MitbestG unter C IV 1; **Brox/Rüthers**, Arbeitsrecht, Rn. 244; JP/**Jarass**, Art. 9 Rn. 29; **Zöllner/Loritz**, Arbeitsrecht, § 8 IV 4 c, S. 117; ausführlich MünchArbR/**Löwisch**, § 239 Rn. 34 ff.

[133] BVerfG 14.11.1995, AP Nr. 80 zu Art. 9 GG; zur Aufgabe der Kernbereichslehre bereits oben § 3 I 4 b (S. 28 ff.).

Koalitionen zum Tarifvertragsabschluß unter grundsätzlicher Freiheit von staatlicher Einflußnahme (Tarifautonomie) ist somit Hauptausprägung dieser Garantie.[134]

bb) Tarifvertragsbezogene Arbeitskampfmaßnahmen von Koalitionen

Soweit die Verfolgung des Vereinigungszwecks von dem Einsatz bestimmter Mittel abhängt, werden auch diese vom Schutz des Art. 9 Abs. 3 GG umfaßt.[135] Wenn sich die Koalitionen nicht freiwillig auf einen Tarifvertrag verständigen, müssen ihnen wirksame Mittel zur zwangsweisen Herbeiführung einer Einigung zur Verfügung stehen, sonst würde der Hauptkoalitionszweck der Tarifeinigung scheitern und die Koalitionen wären auf "kollektives Betteln"[136] angewiesen. Damit umfaßt die Koalitionszweckverfolgungsgarantie der kollektiven Koalitionsfreiheit als "Annex" auch Arbeitskampfmaßnahmen der Koalitionen, die auf den Abschluß von Tarifverträgen gerichtet sind, d.h. insbesondere den Streik von Gewerkschaften und die (Abwehr-)Aussperrung von Arbeitgeberverbänden.[137] Diese Gewährleistung wird als "Koalitionsmittelgarantie" bezeichnet.[138]

Ein Eingriff in die Zweckverfolgungsgarantie der kollektiven Koalitionsfreiheit wäre z.B. die staatliche Zwangsschlichtung einer Tarifauseinandersetzung.[139] Hingegen liegt kein Eingriff vor bei zulässiger Ausgestaltung des Grundrechts durch den Gesetzgeber.[140]

---

[134] BVerfG 24.4.1996, AP Nr. 2 zu § 57 a HRG unter C I 1; **Brox/Rüthers**, Arbeitsrecht, Rn. 244; KassHb/**Dörner**, 6.1 Rn. 5; **v. Hoyningen-Huene**, AR-Blattei, SD 1650.1 Rn. 136.

[135] BVerfG 26.6.1991, AP Nr. 117 zu Art. 9 GG Arbeitskampf Ls. 1 und unter C I 1 a.

[136] Vgl. BAG 12.9.1984, AP Nr. 81 zu Art. 9 GG Arbeitskampf unter B II 2 a.

[137] BVerfG 26.6.1991, AP Nr. 117 zu Art. 9 GG Arbeitskampf Ls. 2 und unter C I 1 a; 4.7.1995, AP Nr. 4 zu § 116 AFG unter C I 1 a; vgl. erstmals ausdrücklich auch BAG 10.6.1980, AP Nr. 64 zu Art. 9 GG Arbeitskampf unter A I 2 b; jüngst BAG 17.2.1998, AP Nr. 87 zu Art. 9 GG unter II 1 a; **Brox/Rüthers**, Arbeitsrecht, Rn. 301; **Rose**, S. 49 ff. – **Kalb**, RdA 1994, 385, 388 f. hält zu Recht auch die *Angriffs*aussperrung für gewährleistet, so bereits BAG (GS) 21.4.1971, AP Nr. 43 zu Art. 9 GG Arbeitskampf unter Teil III, B 1; ebenso ErfK/**Kissel**, Art. 9 GG Rn. 256; offengelassen von BAG 10.6.1980, AP Nr. 64 zu Art. 9 GG Arbeitskampf unter A I 3 a.

[138] **Lieb**, Arbeitsrecht, Rn. 446 ff.; **v. Hoyningen-Huene**, AR-Blattei, SD 1650.1 Rn. 148: "Instrumentelle Garantie"; MünchArbR/**Otto**, § 277 Rn. 21 f.: "Verfahrensgarantie".

[139] Sachs/**Höfling**, Art. 9 Rn. 120.

[140] Vgl. beispielsweise jüngst BVerfG 4.7.1995, AP Nr. 4 zu § 116 AFG; s. auch oben § 3 I 4 b bb (1) (S. 29).

3. Einrichtungsgarantie

Im Hinblick auf die den Koalitionen grundrechtlich garantierte Tarifautonomie sowie die zu diesem Zwecke gewährleistete Arbeitskampffreiheit wird Art. 9 Abs. 3 S. 1 GG eine sog. Einrichtungsgarantie bzw. Institutsgarantie eines funktionsfähigen Tarifvertrags- und Arbeitskampfsystems entnommen.[141] Sie besagt, daß die tarifliche Einigung und der Arbeitskampf zwischen Koalitionen als Rechtseinrichtungen von Verfassungs wegen geschützt sind und nicht vom (Ersatz-)Gesetzgeber im Rahmen seines Gestaltungsauftrags[142] verboten oder funktionsunfähig gemacht werden dürfen. Insofern zählen Tarifautonomie und tarifvertragsbezogener Arbeitskampf zwischen Koalitionen zum Kernbereich des Art. 9 Abs. 3 S. 1 GG als Schranken-Schranke der gesetzgeberischen Grundrechtsprägung.[143] Nicht gewährleistet ist allerdings der Bestand des Tarif- und Arbeitskampfsystems in seiner konkreten gegenwärtigen Gestalt.[144]

V. Arbeitskampfrecht

1. Positive Arbeitskampffreiheit

Die Frage, *ob* Art. 9 Abs. 3 Satz 1 GG die Gewährleistung der positiven Arbeitskampffreiheit enthält, ist – wie dargestellt – zu bejahen. Im Hinblick auf die Hilfsfunktion des Arbeitskampfs für die Tarifautonomie sind tarifvertragsbezogene Arbeitskämpfe privilegiert und daher solche Arbeitskampfmaßnahmen verfassungsrechtlich geschützt, die um tariflich regelbare Ziele geführt werden.[145] Diese Garantie hat der Verfassungsgesetzgeber ausdrücklich anerkannt. Der am 24.6.1968 eingeführte Art. 9 Abs. 3 S. 3 GG[146], welcher den tarifvertragsbezogenen Arbeitskampf von Koalitionen auch im Notstandsfall schützt, enthält insofern

---

[141] **Rüthers** in: **Brox/Rüthers**, Rn. 85 f.; **Dütz**, Arbeitsrecht, Rn. 596 f.; **v. Hoyningen-Huene**, AR-Blattei, SD 1650.1 Rn. 139, 163; KassHb/**Kalb**, 6.2 Rn. 2; **Lieb**, Arbeitsrecht, Rn. 436, 442; **Misera**, S. 27. – **A.A.** MD/**Scholz**, Art. 9 Rn. 242.

[142] S. o. § 3 I 1 (S. 24 f.).

[143] S. o. § 3 I 4 b bb (1) (S. 29 f.); s. auch unten § 3 V 2 b bb (S. 50).

[144] BVerfG 1.3.1979, AP Nr. 1 zu § 1 MitbestG unter C IV 2 b; BAG (GS) 29.11.1967, AP Nr. 13 zu Art. 9 GG unter Teil IV, VI 4 d.

[145] KassHb/**Kalb**, 6.2 Rn. 5; s. o. § 3 IV 2 b bb (S. 42).

[146] BGBl. I, S. 709.

eine Klarstellung.[147] Auch zahlreiche bundesgesetzliche Normen (z.B. §§ 74 Abs. 2 S. 1 BetrVG; 66 Abs. 2 BPersVG; 116 AFG bzw. ab 1.1.1998 § 146 SGB III[148], 11 Abs. 5 AÜG, 21 Abs. 6 SchwbG, 25 KSchG, 2 Abs. 1 Nr. 2 ArbGG) erwähnen den Arbeitskampf bzw. Streik und Aussperrung als Tatbestandsmerkmal und lassen dadurch die grundsätzliche Anerkennung des Rechtsinstituts Arbeitskampf durch den Gesetzgeber erkennen, auch wenn sie hinsichtlich der Zulässigkeitsvoraussetzungen eines Arbeitskampfs als "neutrale Normen" bezeichnet werden.[149]

2. Träger der positiven Arbeitskampffreiheit

Wer Träger des Streikrechts bzw. Aussperrungsrechts ist, ist umstritten. Zwei Grundkonzeptionen stehen sich gegenüber. Entweder wird jedem einzelnen Arbeitnehmer oder Arbeitgeber und damit auch dem Außenseiter ein subjektives Arbeitskampfrecht eingeräumt (unter a), oder die Koalitionen und ihre Mitglieder werden als Träger der positiven Arbeitskampffreiheit angesehen (unter b). Diese Ansichten sind dogmatisch zu überprüfen.

a) Jedermann

aa) Individuelle Kampffreiheit unter kollektivem Vorbehalt

Zum Teil wird die Auffassung vertreten, die Koalitionsfreiheit garantiere ein subjektives Recht auf Streik bzw. Aussperrung und zwar für "jedermann" als Teil der individuellen Gewährleistung des Art. 9 Abs. 3 S. 1 GG und nicht erst aus der Einrichtungsgarantie des Arbeitskampfs folgend. So wird eine sog. "individuelle Kampffreiheit unter kollektivem Vorbehalt" kreiert, welche die Kampfmaßnahmen des einzelnen an die kollektive Geltendmachung durch die jeweiligen Arbeitnehmer- oder Arbeitgeberkoalitionen bindet.[150]

---

[147] BVerfG 26.6.1991, AP Nr. 117 zu Art. 9 GG Arbeitskampf unter C I 1 a; **Kalb**, RdA 1994, 385, 387; KassHb/**Kalb**, 6.2 Rn. 38; **Säcker**, Kollektive Koalitionsfreiheit, S. 82; MD/**Scholz**, Art. 9 Rn. 5, 388. – **A.A. Rose**, S. 34 ff. m.w.N.

[148] Zur Verfassungsmäßigkeit von § 116 AFG BVerfG 4.7.1995, AP Nr. 4 zu § 116 AFG mit Anm. **Däubler**, AiB 1995, 595; **Heilmann/Menke**, ArbuR 1996, 11; **Kreßel**, NZA 1995, 1121; **Lieb**, JZ 1995, 1174; **Otto**, Jura 1997, 18. Zu § 146 SGB III **Löwisch/Bittner** in: **Löwisch**, Arbeitskampf- und Schlichtungsrecht, 170.5 Rn. 42 ff.

[149] BAG (GS) 21.4.1971, AP Nr. 43 zu Art. 9 GG Arbeitskampf unter Teil III, B I; **Gamillscheg**, KollArbR I, S. 949; MünchArbR/**Otto**, § 277 Rn. 46 f.

[150] **Däubler** in: **Däubler**, Arbeitskampfrecht, Rn. 128 ff.; MünchArbR/**Otto**, § 277 Rn. 42 ff.

Dieser Meinung kann jedoch nicht beigepflichtet werden.[151] Sie entfernt sich vom Wortlaut des Art. 9 Abs. 3 S. 1 GG, ohne eine dogmatische Stütze systematischer, teleologischer oder historischer Art zu haben. Vielmehr ist die Argumentation ergebnisorientiert und darauf ausgerichtet, die aktive Beteiligung der Außenseiter am Arbeitskampf zu erklären.[152] Die von **Otto** gemachte Einschränkung, die Beteiligung der Nicht- oder Andersorganisierten solle jedoch nur dann verfassungsrechtlich gewährleistet sein, wenn sie faktisch vom Kampfergebnis profitierten,[153] läßt sich nicht aus der Verfassung herleiten und zeigt die innere Widersprüchlichkeit der Argumentation: Einerseits soll das Arbeitskampfrecht jedermann zustehen, andererseits doch nicht, sondern nur dem faktisch Profitierenden. Ferner wird als Hilfsargument für die (aktive) Beteiligung der Außenseiter angeführt, sie machten von ihrem "Recht zur ad-hoc-Koalition" Gebrauch.[154] Dabei wird verkannt, daß Art. 9 Abs. 3 GG eine ad-hoc-Koalition gerade nicht schützt,[155] da eine Koalition i.S.d. Art. 9 Abs. 3 GG ebenso wie eine Vereinigung i.S.d. strukturell parallelen Art. 9 Abs. 1 GG auf Dauer angelegt sein muß. Das war auch schon bei der Vorgängerregelung des Art. 159 WRV anerkannt[156] und findet ihren Niederschlag in der Legaldefinition des § 2 Abs. 1 des Vereinsgesetzes[157], wo das Verbotsverfahren nach Art. 9 Abs. 2 GG auch für Koalitionen geregelt ist.[158] Die Teilnahme am Arbeitskampf ist nicht Koalitionsbildung, sondern Koalitionsbetätigung.[159]

bb) Koalitionskampf als "Summe individualer Kampfmaßnahmen"

Eine andere Auffassung geht ebenfalls von einem subjektiven Arbeitskampfrecht des einzelnen aus, legt aber die individualrechtliche Grundrechtskonzeption von

---

[151] Ebenso **Beninca**, S. 32 f.; ohne nähere Begr. **Löwisch/Rieble** in: **Löwisch**, Arbeitskampf- und Schlichtungsrecht, 170.1 Rn. 15.

[152] Vgl. **Däubler** in: **Däubler**, Arbeitskampfrecht, Rn. 130 f.; MünchArbR/**Otto**, § 277 Rn. 44.

[153] MünchArbR/**Otto**, § 277 Rn. 44.

[154] **Däubler** in: **Däubler**, Arbeitskampfrecht, Rn. 131; **Reichold**, JuS 1996, 1049, 1053; in diese Richtung auch BVerfG 26.6.1991, AP Nr. 117 zu Art. 9 GG Arbeitskampf unter C I 1 b; krit. insoweit **Schwarze**, JuS 1994, 653, 655.

[155] **Dütz**, Arbeitsrecht, Rn. 461; JP/**Jarass**, Art. 9 Rn. 23; MD/**Scholz**, Art. 9 Rn. 213; **Scholz**, Koalitionsfreiheit, S. 47; **Seiter**, S. 76 ff. – **A.A.** MünchArbR/**Löwisch**, § 238 Rn. 41.

[156] **Peters**, S. 9 f.; **Thüsing**, S. 30 f., je m.w.N.

[157] "Verein i.S.d. Gesetzes ist ohne Rücksicht auf die Rechtsform jede Vereinigung, zu der sich eine Mehrheit natürlicher oder juristischer Personen ***für längere Zeit*** zu einem gemeinsamen Zweck freiwillig zusammengeschlossen und einer organisierten Willensbildung unterworfen hat." Auf § 2 Abs. 1 VereinsG weist in diesem Zusammenhang hin BK/**v. Münch**, Art. 9 Rn. 120 f.

[158] Zur Anwendung des Art. 9 Abs. 2 GG auf die Koalitionsfreiheit bereits oben § 3 I 4 vor a (S. 28).

[159] BK/**v. Münch**, Art. 9 Rn. 155.

Scholz[160] zugrunde. Danach steht das Streikrecht dem einzelnen Arbeitnehmer aus Art. 9 Abs. 3 S. 1 GG zu, jedoch darf es nur durch "summiert individuale Aktionen" im Kollektiv ausgeübt werden. Entsprechendes soll für den Arbeitgeber gelten.[161] Wie bereits ausgeführt, ist diese Grundkonzeption abzulehnen.[162] Speziell hinsichtlich der Trägerschaft der Arbeitskampffreiheit stellt sie sich als ergebnisorientierte "Konstruktion"[163] dar, die vom Ziel geleitet ist, den Außenseitern ein verfassungsrechtlich geschütztes positives Arbeitskampfrecht zuzubilligen.[164] Rechtsmethodisch überzeugt dies nicht.

cc) Kombination von Art. 2 Abs. 1 und Art. 9 Abs. 3 GG

Seiter schlägt vor, ein Grundrecht auf kampfweise Betätigung der einzelnen Arbeitnehmer und Arbeitgeber aus einer "Kombination der Art. 2 Abs. 1 und 9 Abs. 3 GG" abzuleiten.[165] Die subjektive Rechtsstellung der Arbeitnehmer und Arbeitgeber im Arbeitskampf sei in Art. 2 Abs. 1, die der Verbände in Art. 9 Abs. 3 GG zu verankern. Das bedeute, ein individuelles Grundrecht auf kampfweise Betätigung folge aus Art. 2 Abs. 1, welches als durch Art. 9 Abs. 3 GG "mitgeprägt" anzusehen sei, so daß der weitreichende Eingriffsvorbehalt des Art. 2 Abs. 1 GG nicht gelte und das individuelle Arbeitskampfrecht den Schutz der Drittwirkungsklausel des Art. 9 Abs. 3 S. 2 GG genieße. Diese Meinung stellt sich jedoch als "Rosinentheorie" außerhalb der gängigen Rechtsdogmatik dar, die zu Recht vielfach kritisiert und abgelehnt wird.[166] Systematisch spricht gegen sie, daß Art. 2 Abs. 1 GG als Auffanggrundrecht gegenüber Art. 9 Abs. 3 GG nach der anerkannten Grundrechtslehre subsidiär ist[167] und daher ein Nebeneinander beider Grundrechte mit demselben Schutzziel nicht denkbar ist. Deutlich zutage tritt auch das Bestreben **Seiters**, hinsichtlich des "Außenseiterproblems" einen "Ausweg" für die "Unzulänglichkeiten" bei der Kampfrechtsgewährleistung zu finden.[168] Letztlich stellt sich die Argumentation **Seiters** als petitio principii dar. Dies gilt insbesondere auch für das – ein wenig aus der Luft gegriffene – Konstrukt des "Mitprägens". Damit ließe sich vieles verfassungsrechtlich und vorbehaltlos absichern.

---

160 S. o. § 3 I 2 b (S. 26 f.).

161 **Adam**, S. 304 ff.; **Germelmann**, S. 30 ff., 53 f.; **Kroll**, S. 101 f.; **Scholz**, Koaltionsfreiheit, S. 135 ff., 144: "Der Koalitionskampf beruht auf der Summe individualer Kampfmaßnahmen."

162 S. o. § 3 I 2 b (S. 26 f.).

163 So die Bezeichnung von **Germelmann**, S. 31; **Kroll**, S. 101.

164 Besonders deutlich bei **Germelmann**, S. 32 ff.; **Kroll**, S. 101 f.

165 **Seiter**, S. 92.

166 **Beninca**, S. 24 ff.; MünchArbR/**Otto**, § 277 Rn. 41; **Peters**, S. 10 f.; **Rüthers** in: **Brox/Rüthers**, Rn. 78; **Thüsing**, S. 32 ff.; **Zöllner/Loritz**, Arbeitsrecht, § 40 II 1 a, S. 451 Fn. 7.

167 JP/**Jarass**, Art. 9 Rn. 22; MD/**Scholz**, Art. 9 Rn. 313, 335.

168 **Seiter**, S. 90 ff.

dd) Besonderer Gleichbehandlungsgrundsatz

Rose schließlich behauptet, daß Streikrecht jedes einzelnen Arbeitnehmers, insbesondere auch des Außenseiters, folge aus einem "in Art. 9 Abs. 3 S. 1 GG verankerten besonderen Gleichbehandlungsgrundsatz".[169] Dieser ergebe sich aus einer "legitimen Anpassung des Inhalts und der Ziele des Art. 9 Abs. 3 S. 1 GG" im Hinblick auf die Vergleichbarkeit aller Arbeitnehmer hinsichtlich der Ziele, Mittel und Ergebnisse des Arbeitskampfes.[170] Art. 9 Abs. 3 S. 1 GG sei "kein Verbot" zu entnehmen, den Schutzzweck der Norm im Sinne einer solchen Auslegung zu erweitern.[171]

Diese Argumentation erscheint etwas abenteuerlich und zirkelschlußartig: Aus der behaupteten Vergleichbarkeit aller Arbeitnehmer wird eine Gleichbehandlung als "zwingend geboten" erachtet und daher ein besonderes Gleichbehandlungsgebot hinsichtlich der organisierten und nichtorganisierten Arbeitnehmer in Art. 9 Abs. 3 S. 1 GG hineingelesen, das "in der Lage ist, ihre Kampfhandlungen verfassungsrechtlich zu legitimieren".[172] Bereits die Prämisse, alle Arbeitnehmer seien hinsichtlich der Arbeitskampfziele, -mittel und -ergebnisse vergleichbar, ist unzutreffend. **Rose** geht davon aus, daß die Ergebnisse des Arbeitskampfs letztlich allen Arbeitnehmern zugute kommen.[173] Dieser Ansatz ist zu pauschal. Tarifverträge erfassen insgesamt nur ca. 90 % aller Arbeitsverhältnisse.[174] Zehn Prozent aller Arbeitnehmer kommen daher weder mittelbar noch unmittelbar in den Genuß von Arbeitskampferfolgen. Abgesehen davon ist das Arbeitskampfergebnis für tarifgebundene Arbeitnehmer prinzipiell unverzichtbar gemäß § 4 Abs. 4 TVG. Daher sind nicht alle Arbeitnehmer hinsichtlich der Ziele und Ergebnisse pauschal vergleichbar. Die Vergleichbarkeit in bezug auf die eingesetzten Mittel bejaht **Rose** damit, daß für alle Arbeitnehmer der Streik in Betracht komme.[175] Sofern damit gemeint sein soll, der Streik sei für alle Arbeitnehmer zulässig, steckt darin eine unzulässige petitio principii. Im übrigen stehen nach dem Grundsatz der freien Wahl der Arbeitskampfmittel[176] auch andere Arbeitskampfmittel als der Streik zur Verfügung. Ferner überzeugt es nicht, von der (unterstellten) Vergleichbarkeit auf eine zwingend gebotene Gleichbehandlung zu schließen, ohne sachliche Gründe für eine Differenzierung zu untersuchen. Schließlich stellt die Veranke-

---

[169] **Rose**, S. 98 ff., Zusammenfassung S. 155.
[170] **Rose**, S. 106 f.
[171] **Rose**, S. 107.
[172] **Rose**, S. 109.
[173] **Rose**, S. 106.
[174] S. bereits oben § 1 II Fn. 14 (S. 3).
[175] **Rose**, S. 106.
[176] Dazu **v. Hoyningen-Huene**, JuS 1987, 505, 506 m.w.N.; s. auch **Stahlhacke**, Zulässigkeit neuer Arbeitskampfmittel im Arbeitskampf, 1994.

rung eines besonderen Gleichbehandlungsgrundsatzes in Art. 9 Abs. 3 S. 1 GG eine freie Rechtsschöpfung ohne normativen Ansatzpunkt dar.[177]

ee) Entstehungsgeschichte des Art. 9 Abs. 3 GG

Auch der Entstehungsgeschichte des Art. 9 Abs. 3 GG läßt sich ein individuelles Recht auf Arbeitskampf nicht entnehmen. Vielmehr ist sie insoweit indifferent.[178] Während Art. 159 WRV nach damals absolut h.M. ein Streikrecht des einzelnen Arbeitnehmers nicht enthielt,[179] hatte der Parlamentarische Rat zunächst einen Art. 9 Abs. 4 GG entworfen, der ein subjektives Streikrecht der Arbeitnehmer vorsah. Jedoch war man sich in der Ablehnung des politischen Streiks sowie des Beamtenstreiks einig und unterließ es schließlich insbesondere wegen der Befürchtung einer zu großen Kasuistik an Ausnahmen, ein subjektives Streikrecht zu garantieren, obgleich man das Rechtsinstitut des Streiks als solches anerkannte.[180]

Als Zwischenergebnis läßt sich mithin festhalten, daß die Verfassung keine Gewährleistung der positiven Arbeitskampffreiheit zugunsten des einzelnen Arbeitnehmers oder Arbeitgebers enthält.[181]

b) Koalitionen und ihre Mitglieder

aa) Auffassung der Rspr. und h.M.

Nach dem zutreffenden Verständnis der Rechtsprechung und h.M. von Art. 9 Abs. 3 GG, welches bereits ausführlich dargestellt wurde,[182] ist der tarifvertragsbezogene Arbeitskampf der Koalitionen im Rahmen der Betätigungsfreiheit der kollektiven Koalitionsfreiheit als Annexgarantie zur Tarifautonomie geschützt. Grundrechtsträger der positiven Arbeitskampffreiheit sind also primär die Koalitionen.[183]

---

[177] Sie erinnert etwas an die Herleitung eines "Grundrechts auf Mobilität und Autofahren" durch **Ronellenfitsch**, DAR 1992, 321; **ders.**, DAR 1994, 7; dazu lesenswert **Sendler**, NJW 1995, 1468.

[178] Weitergehend für einen Umkehrschluß aus der Gesetzesgeschichte gegen ein individuelles Arbeitskampfrecht offenbar **Birk/Konzen/Löwisch/Raiser/Seiter**, Gesetz zur Regelung kollektiver Arbeitskonflikte, S. 13 f.; MünchArbR/**Löwisch**, § 238 Rn. 30. Zur geschichtlichen Entwicklung des Streikrechts **Germelmann**, S. 10 ff.

[179] **Nogler**, ArbuR 1996, 206, 207; **Peters**, S. 7; **Rüthers**, Streik und Verfassung, S. 21 f.; **Sinzheimer**, S. 189; **Thüsing**, S. 24 f., je m.w.N.

[180] Im einzelnen **Rüthers**, Streik und Verfassung, S. 22 ff.; **ders.** in: **Brox/Rüthers**, Rn. 80; **Seiter**, S. 63 f.; s. auch die Dokumentation bei **v. Doemming/Füßlein/Matz**, Jahrbuch des ÖR, Band 1 (1951), S. 116 ff., insbes. S. 123; **Parl. Rat**, HA-Sitzungsprotokolle, S. 210 ff., 215, 569.

[181] I. E. ebenso **Heckelmann**, S. 50 ff.

[182] S. o. § 3 I – IV (S. 24 ff.).

[183] So besonders deutlich **Kalb**, RdA 1994, 385, 387 f.; KassHb/**Kalb**, 6.2 Rn. 45; **Lieb**, FS Kissel, S. 653, 675; ebenso **Peters**, S. 14; **Thüsing**, S. 41, 146.

Da die positive individuelle Koalitionsfreiheit auch das Recht des einzelnen Koalitionsmitglieds garantiert, an der spezifischen Tätigkeit seiner Koalition in dem Bereich teilzunehmen, der für die Koalition verfassungsrechtlich geschützt ist,[184] besteht ein subjektives (Grund-)Recht der Mitglieder der tarifschließenden Koalitionen, an deren Arbeitskampfmaßnahmen zum Zwecke der Tarifeinigung teilzunehmen.[185] Wo das Mitglied sich für die Koalition betätigt, folgt der Umfang seiner Betätigungsgarantie dem Umfang der kollektiven Betätigungsfreiheit. D.h. zum einen, das Mitglied darf nur, was auch die Koalition darf. Zum anderen ist es in seiner Koalitionsbetätigung von der Koalition abhängig.[186] Insofern kann das Grundrecht des Koalitionsmitglieds auf aktive Arbeitskampfteilnahme als "Derivat der kollektiven Koalitionsfreiheit" bezeichnet werden.[187] Demnach ist festzuhalten, daß sich aus der Verfassung und insbesondere Art. 9 Abs. 3 GG ein Grundrecht des einzelnen im Sinne eines subjektiven-öffentlichen Rechts auf Arbeitskampf nicht herleiten läßt und es vor allem für Außenseiter auf Arbeitnehmer- und Arbeitgeberseite kein Grundrecht im Sinne einer positiven Arbeitskampffreiheit gibt.[188] Durch die Formulierung des Art. 9 Abs. 3 S. 3 GG wird das Ergebnis bestätigt, daß nur die kampfweise Betätigung der Koalitionen und ihrer Mitglieder verfassungsrechtlich geschützt ist[189] ("... Arbeitskämpfe, die zur Wahrung und Förderung der Arbeits- und Wirtschaftsbedingungen von Vereinigungen im Sinne des Satzes 1 geführt werden"). Die Berechtigung der Außenseiter zur aktiven Arbeitskampfbeteiligung kann sich daher allenfalls aus Gesetzesrecht, gesetzesvertretendem Richterrecht[190] oder Vertrag ergeben, was noch genauer zu untersuchen sein wird. Die mit Arbeitskampfgarantien ausgestatteten Landesverfassungen haben keinen über Art. 9 Abs. 3 GG hinausgehenden Inhalt mit Ausnahme des hessischen Aussperrungsverbots, das nach Art. 31 GG nichtig ist.[191]

---

[184] S. o. § 3 II 1 (S. 32).

[185] **Kalb**, RdA 1994, 385, 387 f.; KassHb/**Kalb**, 6.2 Rn. 45; MünchArbR/**Löwisch**, § 238 Rn. 27; **Löwisch/Rieble** in: **Löwisch**, Arbeitskampf- und Schlichtungsrecht, 170.1 Rn. 13; **Rieble**, SAE 1996, 227, 229; im Ansatz ebenso **v. Hoyningen-Huene**, AR-Blattei, SD 1650.1 Rn. 56; ausdrücklich zur Aussperrung BAG 11.8.1992, AP Nr. 124 zu Art. 9 GG Arbeitskampf unter A I 2.

[186] MünchArbR/**Löwisch**, § 238 Rn. 29.

[187] So **Seiter**, S. 87.

[188] **Kalb**, RdA 1994, 385, 387; KassHb/**Kalb**, 6.2 Rn. 45; **Löwisch/Rieble** in: **Löwisch**, Arbeitskampf- und Schlichtungsrecht, 170.1 Rn. 15, 170.2 Rn. 85; MünchArbR/**Löwisch**, § 238 Rn. 31.

[189] **v. Hoyningen-Huene**, JuS 1987, 505, 506; HzA/**Kalb**, Gruppe 18, Teilbereich 3, Rn. 1052 = KassHb/**Kalb**, 6.2 Rn. 52.

[190] So etwa **Löwisch/Rieble** in: **Löwisch**, Arbeitskampf- und Schlichtungsrecht, 170.1 Rn. 18; MünchArbR/**Löwisch**, § 238 Rn. 31.

[191] Näher zum Ganzen KassHb/**Kalb**, 6.2 Rn. 83 ff.; **Löwisch/Rieble** in: **Löwisch**, Arbeitskampf- und Schlichtungsrecht, 170.1 Rn. 92 ff.

bb) Auffassung Gamillschegs

Aus dogmatischen Gründen abzulehnen ist die Ansicht **Gamillschegs**[192], der eine verfassungsrechtliche Gewährleistung der Arbeitsniederlegung von Arbeitnehmeraußenseitern durch Art. 9 Abs. 3 GG als Ausdruck der Entscheidung für die Tarifautonomie annimmt, welche ohne Außenseiterbeteiligung in Gefahr sei. Diese Auffassung will aus der Einrichtungsgarantie eines funktionsfähigen Tarifvertrags- und Arbeitskampfsystems[193] die verfassungsrechtliche Gewährleistung einer individuellen positiven Arbeitskampffreiheit herleiten. Als "Einrichtungsgarantie" bezeichnet man aber den objektiv-rechtlichen Gehalt einer Verfassungsnorm, wodurch ein Rechtsinstitut einen gewissen Bestandsschutz erhält mit Schutzrichtung gegenüber allen drei Staatsgewalten, wobei der Schutz gegen den Gesetzgeber besonderes Gewicht hat. Er darf die Einrichtung zwar ausgestalten, aber nicht abschaffen oder in ihrem Kernbereich antasten.[194] Bedarf die Einrichtung – wie etwa die der Tarifautonomie – der gesetzgeberischen Ausgestaltung, so bedeutet die Einrichtungsgarantie v.a. eine Beschränkung gegenüber dem Gesetzgeber,[195] nicht jedoch ein subjektives verfassungsrechtliches Recht. Sieht man die Tarifautonomie bzw. den Arbeitskampf als bloße Einrichtungsgarantie an, wovon **Gamillscheg** offenbar ausgeht, müßte man konsequenterweise annehmen, daß sich weder die Koalitionsmitglieder noch Nichtmitglieder noch die Verbände selbst auf ein Grundrecht auf Streik bzw. Aussperrung für einen bestimmten Arbeitskampf berufen können.[196] Letzteres überzeugt freilich ebensowenig. Dabei wird vor allem übersehen, daß der tarifvertragsbezogene Arbeitskampf durch Art. 9 Abs. 3 GG nicht nur objektiv-rechtlich als Einrichtungsgarantie gewährleistet ist, sondern auch subjektiv-rechtlich als Grundrecht der Koalitionen und ihrer Mitglieder im Rahmen der kollektiven und individuellen positiven Freiheit zur koalitionsmäßigen Betätigung geschützt ist.[197]

cc) Firmenarbeitskampf

Aus den vorstehenden Ausführungen ergibt sich auch, daß aus Art. 9 Abs. 3 GG ein verfassungsrechtlich gewährleistetes subjektives Recht des *einzelnen Arbeitgebers* auf (Abwehr-)Aussperrung im Arbeitskampf um einen Firmentarifvertrag

---

[192] **Gamillscheg**, KollArbR I, S. 944, 994 f.
[193] S. o. § 3 IV 3 (S. 43).
[194] **Stern** in: HbStR V, § 109 Rn. 51 ff.; s. auch **Manssen**, Staatsrecht I, Rn. 37 ff.; **Pieroth/Schlink**, Staatsrecht II, Rn. 70 ff., 275; Sachs/**Sachs**, Vor Art. 1 Rn. 30.
[195] So bereits oben § 3 IV 3 (S. 43).
[196] So in der Tat **Dütz**, Arbeitsrecht, Rn. 596; ebenso **Rüthers** in: **Brox/Rüthers**, Rn. 83 f.; wohl auch **Zöllner/Loritz**, Arbeitsrecht, § 40 II 1, S. 451.
[197] S. o. § 3 II 1 (S. 32) und IV 2 b bb (S. 42).

nicht hergeleitet werden kann,[198] wie es teilweise vertreten wird.[199] Die verbandsunabhängige Aussperrungsbefugnis des einzelnen Arbeitgebers im Firmenarbeitskampf ergibt sich aber aus der richterrechtlichen Ausgestaltung des Arbeitskampfsystems durch das **BAG**[200], welcher im Hinblick auf die Tariffähigkeit des einzelnen Arbeitgebers sowie auf das Gebot der Waffengleichheit zuzustimmen ist.[201] Die in § 2 Abs. 1 TVG liegende normative Entscheidung, ihn in das Tarifsystem willensunabhängig unmittelbar einzubeziehen, gibt die arbeitskampfrechtliche Einbindung des Einzelarbeitgebers vor. Er kann mit dem Ziel des Abschlusses eines Firmentarifvertrags bestreikt werden und seinerseits aussperren.[202]

3. Rechtmäßigkeitsvoraussetzungen des Arbeitskampfs

Wie von der positiven Arbeitskampffreiheit Gebrauch gemacht werden darf, richtet sich nach den durch die Rechtsprechung entwickelten Rechtmäßigkeitsvoraussetzungen des Arbeitskampfes, die aufgrund der geschilderten Enthaltsamkeit des Gesetzgebers den Status von "gesetzesvertretendem Richterrecht" haben.[203] Einzelheiten können hier nicht geschildert werden;[204] genannt seien nur die folgenden wesentlichen arbeitskampfrechtlichen Grundsätze, die gleichermaßen für Streik und Aussperrung gelten:[205]

(1) Führung des Arbeitskampfes durch tariffähige Parteien;

---

198 Ebenso **Heckelmann**, S. 21 ff.; KassHb/**Kalb**, 6.2 Rn. 52; **Löwisch/Rieble** in: **Löwisch**, Arbeitskampf- und Schlichtungsrecht, 170.1 Rn. 19, 57; undeutlich, aber der Sache nach auch **Thüsing**, S. 61 ff.

199 **Rüthers** in: **Brox/Rüthers**, Rn. 78, 91; ausdrücklich offengelassen von BAG 11.8.1992, AP Nr. 124 zu Art. 9 GG Arbeitskampf unter A I 3 b.

200 BAG 11.8.1992, AP Nr. 124 zu Art. 9 GG Arbeitskampf unter A I 3 b; 27.6.1995, AP Nr. 137 zu Art. 9 GG Arbeitskampf unter I 2.

201 I. E. ebenso **Gamillscheg**, KollArbR I, S. 1045; **Heckelmann**, S. 21 ff.; KassHb/**Kalb**, 6.2 Rn. 52; **Löwisch/Rieble** in: **Löwisch**, Arbeitskampf- und Schlichtungsrecht, 170.1 Rn. 58; ausf. **Mecker**, S. 113 ff.; MünchArbR/**Otto**, § 278 Rn. 66; **Zöllner/Loritz**, Arbeitsrecht, § 40 III 2 b, S. 453.

202 ErfK/**Kissel**, Art. 9 GG Rn. 151, 259.

203 Vgl. BAG (GS) 21.4.1971, AP Nr. 43 zu Art. 9 GG Arbeitskampf unter Teil III, F letzter Abs.

204 Insoweit ist zu verweisen etwa auf **Löwisch/Rieble** in: **Löwisch**, Arbeitskampf- und Schlichtungsrecht, 170.2 Rn. 1 ff.; KassHb/**Kalb**, 6.2 Rn. 87 ff.

205 Vgl. als Kurzübersicht v. **Hoyningen-Huene**, AR-Blattei, SD 1650.1 Rn. 159; ErfK/**Kissel**, Art. 9 GG Rn. 95 ff.; **Zöllner/Loritz**, Arbeitsrecht, § 40 VI, S. 459 ff., je m.w.N.; instruktiv zur Rechtsprechungsentwicklung **Kalb**, RdA 1994, 385 ff.

(2) Tarifvertrag als Kampfziel, d.h. der Arbeitskampf muß eine gesetzlich zulässige Tarifregelung anstreben und gegen den sozialen Gegenspieler gerichtet sein, der die Forderung auch erfüllen kann.[206]

(3) Beachtung der tarifvertraglichen Friedenspflicht;

(4) Einhaltung des Grundsatzes der Verhältnismäßigkeit,[207] d.h. Geeignetheit, Erforderlichkeit (insbesondere Beachtung des ultima-ratio-Prinzips[208]) und Verhältnismäßigkeit im engeren Sinne/Proportionalität der Arbeitskampfmaßnahme;

(5) Grundsatz der freien Wahl der Arbeitskampfmittel;[209]

(6) Grundsatz der Kampfparität.[210]

Bei Anwendung dieser Grundsätze ist freilich zu beachten, daß die Bezeichnung "Richterrecht" nicht zum Trugschluß verführen darf, als könnten Gerichte ohne weiteres Normen setzen.[211] Höchstrichterliche Urteile sind kein Gesetzesrecht und erzeugen keine damit vergleichbare Rechtsbindung.[212] Werden die Gerichte bei unzureichenden gesetzlichen Vorgaben rechtsfortbildend tätig, müssen sie das materielle Recht mit den anerkannten Methoden der Rechtsfindung aus den allgemeinen Rechtsgrundlagen ableiten, die für das betreffende Rechtsverhältnis maßgeblich sind.[213] Tut die Rechtsprechung dies nicht, bleibt ihr der allgemeine Rechtsgeltungswille (opinio iuris) versagt, welcher neben der lang andauernden Übung (longa consuetudo) für die Entstehung von Gewohnheitsrecht und damit für normative Wirkung erforderlich ist[214]. Mit **Kalb**[215] ist jedenfalls zu fordern, daß der Mut zur Korrektur von richterrechtlichen Regeln, die sich als unrichtig erwiesen haben, stets vorhanden sein sollte.

---

[206] Die Grundsätze (1) und (2) ergeben sich bereits aus der verfassungsrechtlichen Privilegierung des tarifvertragsbezogenen Arbeitskampfs der Koalitionen, vgl. o. § 3 IV 2 b bb (S. 42) und V 1 (S. 43).

[207] Dazu ausführlich **v. Hoyningen-Huene**, JuS 1987, 505, 507 f.; **Kalb**, RdA 1994, 385, 388 ff.

[208] Dazu s. auch § 7 II 1 c (S. 137 f.).

[209] Dazu **v. Hoyningen-Huene**, DB 1989, 1466.

[210] Sehr strittig, dazu **Zöllner/Loritz**, Arbeitsrecht, § 40 X m. zahlr. Nachw. sowie unten § 4 I 5 c (S. 65 ff.).

[211] BAG 10.6.1980, AP Nr. 64 zu Art. 9 GG Arbeitskampf unter A II 4.

[212] BVerfG 26.6.1991, AP Nr. 117 zu Art. 9 GG Arbeitskampf unter C I 2 b.

[213] BVerfG 26.6.1991, AP Nr. 117 zu Art. 9 GG Arbeitskampf unter C I 2 a; **v. Hoyningen-Huene**, Festschrift Juristische Fakultät Universität Heidelberg, 1986, S. 354 ff.; **Larenz**, NJW 1965, 1 ff.; kritisch zur richterlichen Rechtsfortbildung als solcher jüngst **Hillgruber**, JZ 1996, 118 ff.

[214] **Larenz**, Methodenlehre, S. 433; **Neuhaus**, JuS 1996, L 41 ff.

[215] **Kalb**, RdA 1994, 385, 394.

4. Negative Arbeitskampffreiheit

Soweit die positive Arbeitskampffreiheit eine Teilgewährleistung der individuellen positiven Koalitionsfreiheit ist, kann ihr als "Korrelat" und Teilgewährleistung der negativen Koalitionsfreiheit die sog. negative Arbeitskampffreiheit gegenübergestellt werden.

a) Extensives Verständnis

Wie bereits dargestellt,[216] wird die negative Koalitionsfreiheit z.T. – unzutreffenderweise – extensiv ausgelegt im Sinne eines Rechts, von jeglicher Verbandstätigkeit der Koalitionen unberührt zu bleiben. Die Vertreter dieser weiten Auffassung verstehen demgemäß unter negativer Arbeitskampffreiheit das "Recht, einem Arbeitskampf fernzubleiben, ohne dadurch Nachteile erleiden zu müssen".[217] Damit soll jedermann nach Art. 9 Abs. 3 S. 1 GG das Recht haben, vor den Arbeitskämpfen der Koalitionen verschont zu bleiben.[218] Dem kann jedoch in dieser Pauschalität nicht zugestimmt werden.

Erstens sind Mitglieder der tarifschließenden bzw. arbeitskampfführenden Koalitionen nicht vor Arbeitskampfmaßnahmen der Gegenseite geschützt. Das ergibt sich bereits aufgrund der grundrechtlichen Gewährleistung des tarifvertragsbezogenen Arbeitskampfs der Koalitionen aus der Natur der Sache. Arbeitskampfmaßnahmen der einen Seite sind gerade darauf gerichtet, die Willensentschließung der anderen Seite durch Druckausübung zu beeinträchtigen. Mitgliedschaftlich legitimiert sind daher auch die Kampfmaßnahmen der gegnerischen Koalition.[219] Damit läßt sich aber eine pauschal formulierte negative Arbeitskampffreiheit nicht vereinbaren.

Zweitens kann allein in der "Zwangssolidarisierung" der Außenseiter mit den in den kampfführenden Verbänden Organisierten, etwa durch Aussperrung der Arbeitnehmeraußenseiter oder Bestreikung der Arbeitgeberaußenseiter, nicht eine Verletzung der negativen Arbeitskampffreiheit gesehen werden. Wie bereits dargelegt,[220] sind grundrechtsdogmatisch nur die jeweiligen negativen Korrelate zu den positiven Gewährleistungen durch Art. 9 Abs. 3 GG geschützt. Träger der

[216] S. o. § 3 III 1 b bb (S. 38 f.).
[217] **Heckelmann**, S. 42 ff., 48 f.; KassHb/**Kalb**, 6.2 Rn. 53 ff.; **Kroll**, S. 117 f.; **Seiter**, S. 104 ff., 347 f.
[218] **Wiedemann**, RdA 1969, 321, 326.
[219] MünchArbR/**Löwisch**, § 237 Rn. 49; ebenso **Konzen**, FS 25 Jahre BAG, S. 273, 295. Abwegig ist die Auffassung von **Wolter**, ArbuR 1979, 193, 195 f., wonach die Aussperrung von Gewerkschaftsmitgliedern ein Eingriff in deren Koalitionsfreiheit sein soll, zutreffend **Kalb**, RdA 1994, 385, 388; MD/**Scholz**, Art. 9 Rn. 333 Fn. 2.
[220] S. o. § 3 III 1 b bb (S. 38 f.).

positiven Arbeitskampffreiheit sind aber nur die tarifschließenden Koalitionen und ihre Mitglieder, nicht hingegen die Außenseiter.[221] Somit können die Außenseiter auch nicht von der negativen Arbeitskampffreiheit geschützt sein, da die negative Gewährleistung nicht weiterreichen kann als die positive. Auch insoweit geht die o.g. extensive Auffassung zu weit. Gleichwohl kann in der (passiven) Einbeziehung der Außenseiter in den Arbeitskampf ein mittelbarer Eingriff in deren negative bzw. positive Koalitionsfreiheit liegen, wenn dadurch ein – nach Maßgabe der o.g. Kriterien[222] – entscheidungserheblicher Beitritts- bzw. Übertrittsdruck auf die Nicht- oder Andersorganisierten ausgeübt wird.[223]

Hinzu kommt, daß einer (unterstellten) negativen Arbeitskampffreiheit i.S.d. Rechts eines Arbeitnehmers, von einer Aussperrung verschont zu bleiben, kein positives Korrelat gegenübersteht im Sinne eines Rechts des Arbeitnehmers, in eine Aussperrung einbezogen zu werden. Entsprechendes gilt für den Streik gegenüber Arbeitgebern. Das o.g. extensive Verständnis der negativen Arbeitskampffreiheit ist daher abzulehnen.

b) Enger Anwendungsbereich

Letztlich stellt sich das Problem der negativen Arbeitskampffreiheit nur im Verhältnis des Koalitionsmitglieds gegenüber seiner eigenen Koalition bei der Frage, ob ein Zwang zur Teilnahme an Arbeitskampfmaßnahmen der eigenen Koalition ausgeübt werden darf. Nach h.M. kann die Koalitionssatzung für seine Mitglieder Mitwirkungs- und Folgepflichten vorsehen und für den Fall deren Nichtbeachtung Sanktionen regeln, etwa dergestalt, daß das Mitglied am Vollzug rechtmäßiger Kampfbeschlüsse teilnehmen muß oder andernfalls ausgeschlossen wird.[224] Darin könnte ein Eingriff in die negative Arbeitskampffreiheit des Mitglieds liegen. Als Korrelat zur positiven Arbeitskampffreiheit, d.h. zum Recht des Koalitionsmitglieds, an Arbeitskampfmaßnahmen seiner Koalition teilzunehmen, läßt sich nämlich die negative Arbeitskampffreiheit als Recht des Mitglieds formulieren, an den Arbeitskampfmaßnahmen seiner Koalition nicht teilzunehmen.[225] Demgemäß wird z.T. eine Pflicht bzw. ein Zwang des Organisierten zur aktiven Teilnahme am Arbeitskampf seines Verbandes abgelehnt, hingegen werden Sanktionen in der Verbandssatzung als zulässig angesehen.[226]

---

[221] S. o. § 3 V 2 b aa (S. 48 f.).
[222] § 3 II 2 b (S. 34 ff.).
[223] Im Ansatz ebenso MünchArbR/**Löwisch**, § 238 Rn. 52 f.; **Seiter**, S. 348; **Thüsing**, S. 66. Im einzelnen näher unten § 6 I 1 h bb (S. 103 ff.), § 7 II 5 a (S. 142).
[224] **Löwisch/Rieble** in: **Löwisch**, Arbeitskampf- und Schlichtungsrecht, 170.6 Rn. 25 ff.; MünchArbR/**Löwisch**, § 244 Rn. 22 ff., je m.w.N.
[225] Vgl. **Heckelmann**, S. 43; KassHb/**Kalb**, 6.2 Rn. 59; **Seiter**, S. 105. – **A.A. Löwisch/Rieble** in **Löwisch**, Arbeitskampf - und Schlichtungsrecht, 170.1 Rn. 83.
[226] **Heckelmann**, S. 43 Fn. 2; KassHb/**Kalb**, 6.2 Rn. 59; **Seiter**, S. 106.

Zutreffenderweise ist von folgendem auszugehen: Der negativen Arbeitskampffreiheit steht die ebenfalls durch Art. 9 Abs. 3 S. 1 GG geschützte Satzungsautonomie der Koalitionen[227] gegenüber. Bei Herstellung der gebotenen praktischen Konkordanz[228] ist zu beachten, daß das Mitglied aus freien Stücken der Koalition beigetreten ist und sich damit der Vereinsgewalt unterworfen hat. Seinen mangelnden Kampfeswillen kann es bei der Ausübung seines mitgliedschaftlichen Stimmrechts sowie notfalls durch Koalitionsaustritt geltend machen. Demgegenüber ist die Koalition als solche auf die demokratische Willensbildung in Form des Mehrheitsprinzips und auf die Verfolgung des Vereinigungszwecks durch alle Mitglieder angewiesen. Somit ist die satzungsmäßige Festlegung einer Mitwirkungs- und Folgepflicht bei Abwägung der beiderseitigen Belange ebenso gerechtfertigt wie die Sanktionierung ihrer Nichtbefolgung.

VI. Zwischenergebnis

Art. 9 Abs. 3 GG wird bei der Argumentation zur Arbeitskampfbeteiligung immer wieder herangezogen, weil der Gesetzgeber seinen Auftrag zur gesetzlichen Ausgestaltung des Arbeitskampfrechts bisher nicht erfüllt hat und daher Rückgriff auf diese zentrale Norm des kollektiven Arbeitsrechts genommen wird. Damit Art. 9 Abs. 3 GG nicht zu einer "arbeitsrechtlichen Wundertüte" verkommt, mit der sich jede beliebige Ansicht zur Außenseiterproblematik vertreten läßt, sind bei seiner Auslegung die allgemeinen grundrechtsdogmatischen Grundsätze anzuwenden und insbesondere der grundrechtliche Schutzbereich sowie der Eingriffscharakter von beeinträchtigenden Tätigkeiten genau zu bestimmen.

Art. 9 Abs. 3 GG schützt nicht nur die individuelle positive und negative Koalitionsfreiheit des einzelnen Arbeitnehmers und Arbeitgebers, sondern auch die kollektive Koalitionsfreiheit der Koalition selbst. Aufgrund der unmittelbaren Drittwirkung (Art. 9 Abs. 3 S. 2 GG) sind diese Gewährleistungsinhalte im Privatrechtsverkehr ohne weiteres zu berücksichtigen.

Hinsichtlich der Arbeitskampfbeteiligung der Außenseiter läßt sich als Zwischenergebnis festhalten, daß mit Art. 9 Abs. 3 GG weder die aktive noch die passive Einbeziehung der Außenseiter begründet werden kann. Vielmehr enthält Art. 9 Abs. 3 GG die Befugnis der tarifschließenden Koalitionen und der darin Organisierten, wechselseitig Arbeitskampfmaßnahmen zum Zwecke der Erzwingung einer Tarifeinigung auszutauschen. Denn im Rahmen der Betätigungsgarantie der kollektiven Koalitionsfreiheit ist der tarifvertragsbezogene Arbeitskampf der Koalitionen als Annexgewährleistung zur Tarifautonomie geschützt. Die posi-

---

[227] S. o. § 3 IV 2 a (S. 41).
[228] S. o. § 3 I 4 b bb (2) (S. 30 f.).

tive Arbeitskampffreiheit steht aber nicht nur den als solchen nicht handlungsfähigen Koalitionen zu, sondern im Rahmen der positiven individuellen Koalitionsfreiheit auch den darin organisierten Mitgliedern. Hingegen kann nach zutreffender h.M. aus Art. 9 Abs. 3 GG eine Befugnis der Arbeitnehmer- und Arbeitgeberaußenseiter zur aktiven Teilnahme am Arbeitskampf nicht hergeleitet werden. Voraussetzung für die Arbeitskampfbeteiligung ist danach vielmehr die mitgliedschaftliche Legitimation.

Außenseiter sind vor der passiven Einbeziehung in den Arbeitskampf entgegen verschiedentlich vertretener Auffassung nicht durch die sog. negative Arbeitskampffreiheit geschützt. Denn ebenso wie ihr positives Korrelat, die positive Arbeitskampffreiheit, steht sie nicht den Außenseitern, sondern den Organisierten zu. Schutz genießen die Außenseiter jedoch vor unmittelbaren und mittelbaren Grundrechtseingriffen in ihre positive bzw. negative individuelle Koalitionsfreiheit in Form von entsprechender Ausübung von Zwang zum Koalitionsaustritt oder Koalitionsübertritt bzw. -eintritt.

Trotz des negativen Befunds aus Art. 9 Abs. 3 GG kann sich aufgrund seines Charakters als Grundrecht mit "normgeprägtem Schutzbereich" die Arbeitskampfbeteiligung der Außenseiter aus der arbeitskampfrechtlichen Ausgestaltung der Koalitionsfreiheit ergeben, welche wegen der Untätigkeit der Legislative die Rechtsprechung als "Ersatzgesetzgeber" übernommen hat. Bei der Schaffung arbeitskampfrechtlichen "Richterrechts" muß die Rechtsprechung aber ihre Erkenntnisse mit den anerkannten Methoden der Rechtsfindung aus den allgemeinen Rechtsgrundlagen ableiten, die für die betreffende Rechtsmaterie einschlägig sind, sonst handelt es sich um unzulässige Rechtsfortbildung.

2. Teil: Aktive Arbeitskampfbeteiligung von Außenseitern

§ 4 Streikrecht des Arbeitnehmeraußenseiters

I. Streikteilnahmerecht des Arbeitnehmeraußenseiters (h.M.)

Obwohl – wie dargestellt[1] – die tarifschließenden Koalitionen und ihre Mitglieder Träger der aus Art. 9 Abs. 3 GG herzuleitenden positiven Arbeitskampffreiheit sind und sich für Außenseiter aus der Verfassung ein Grundrecht auf Arbeitskampfbeteiligung nicht herleiten läßt, gehört die Befugnis der Arbeitnehmeraußenseiter zur aktiven Streikteilnahme nach ganz herrschender Ansicht "zum festen Bestand des Arbeitskampfrechts".[2] Nach st. Rspr.[3] berechtigt der gewerkschaftliche Streikbeschluß nicht nur die in der streikführenden Gewerkschaft organisierten, sondern auch die nichtorganisierten und die andersorganisierten Arbeitnehmer, sich aktiv am Arbeitskampf zu beteiligen. Erforderlich für die Teilnahme des einzelnen Arbeitnehmers sei eine entsprechende Erklärung des Arbeitnehmers. Während der Teilnahme an einem rechtmäßigen Streik seien die beiderseitigen Rechte und Pflichten aus dem Arbeitsverhältnis suspendiert (Suspendierungstheorie).[4] Die Arbeitnehmeraußenseiter dürfen demgemäß an einem gewerkschaftlich geführten Streik teilnehmen. Ihnen wird also ein subjektiv-privates Streikrecht unter Einbindung in die kollektivrechtlichen Zuständigkeiten eingeräumt, d.h. sie dürfen nur so kämpfen, als wären sie in der kampfführenden Gewerkschaft organisiert.[5]

---

[1] S. o. § 3 V 2 (S. 44 ff.).

[2] **Scholz/Konzen**, Aussperrung, S. 255 m.w.N.

[3] BAG 22.3.1994, AP Nr. 130 zu Art. 9 GG Arbeitskampf unter II 3 a und c m.w.N.

[4] BAG 22.3.1994, AP Nr. 130 zu Art. 9 GG Arbeitskampf unter II 3 a; erstmals ausdrücklich BAG (GS) 21.4.1971, AP Nr. 43 zu Art. 9 GG Arbeitskampf, Ls. 2; **Schaub**, Arbeitsrechts-Handbuch, § 194 II 1, S. 1628 f.

[5] KassHb/**Kalb**, 6.2 Rn. 58; **Löwisch/Rieble** in **Löwisch**: Arbeitskampf- und Schlichtungsrecht, 170.2 Rn. 88.

Ausgangspunkt der st. Rspr. des **BAG** ist die erste Leitentscheidung des **Großen Senats** vom 28.1.1955[6], in der das BAG im Wege der Rechtsfortbildung die Abkehr von der aus der Weimarer Zeit überkommenen Auffassung (sog. Trennungstheorie)[7] vollzog, daß die Arbeitsniederlegung des einzelnen Arbeitnehmers im Streik nur nach vorheriger Kündigung des Arbeitsverhältnisses rechtmäßig sei. Der Große Senat folgerte aus dem "kollektivrechtlichen Wesen" des Arbeitskampfs und dem Bedürfnis nach einheitlicher rechtlicher Bewertung, daß kollektivrechtlich rechtmäßige Arbeitskampfmaßnahmen auch individualrechtlich rechtmäßig seien (Einheitstheorie).[8] Das bedeute, die Beteiligung der Arbeitnehmer an einem gewerkschaftlich organisierten Streik bedürfe keiner vorherigen Kündigung und stelle weder einen zur fristlosen Kündigung (§ 626 BGB) berechtigenden Arbeitsvertragsbruch noch eine rechtswidrige unerlaubte Handlung dar. Obwohl sich der Große Senat hinsichtlich der Außenseiterbeteiligung auf eine bloß deskriptive Aussage beschränkte ("Nichtorganisierte schließen sich weitgehend an. Das weiß auch der Arbeitgeber, damit muß er rechnen.")[9], wurde der Beschluß dahingehend interpretiert, daß der sozialadäquate Streik legitim sei und die Rechtmäßigkeit des Handelns jedes *einzelnen* Arbeitnehmers, der sich am Streik beteiligte, begründe.[10] Schließlich wurde offen ausgesprochen, nicht- und andersorganisierte Arbeitnehmer (Außenseiter) dürften sich dem gewerkschaftlich angeführten Streik anschließen.[11]

Teilweise wird innerhalb der h.M. eine differenzierte Auffassung vertreten und dem andersorganisierten Arbeitnehmer im Gegensatz zum nichtorganisierten ein Streikrecht versagt, da die Streikbeteiligung andersorganisierter Arbeitnehmer als unzulässiger Sympathiestreik zu werten sei[12] bzw. weil die andersorganisierten nicht gegen die Friedenspflicht eines für sie geltenden anderen Tarifvertrags verstoßen dürften.[13]

---

[6] BAG (GS), AP Nr. 1 zu Art. 9 GG Arbeitskampf unter I; selbst 40 Jahre später noch als eine die Geschichte der Bundesrepublik prägende Entscheidung gewürdigt, **Hank**, FAZ vom 20.1.1995, S. 19.

[7] Vgl. **Reichold**, JuS 1996, 1049, 1050.

[8] BAG (GS) 28.1.1955, AP Nr. 1 zu Art. 9 GG Arbeitskampf, Ls. 1 und 2 sowie unter I 4; heute allgemeine Meinung, vgl. **Brox** in: **Brox/Rüthers**, Rn. 288; **ders.**, JA 1980, 628, 629.

[9] BAG (GS) 28.1.1955, AP Nr. 1 zu Art. 9 GG Arbeitskampf unter I 6.

[10] BAG 31.10.1958, AP Nr. 2 zu § 1 TVG Friedenspflicht unter II 5 e; BSG 9.7.1963, AP Nr. 30 zu Art. 9 GG Arbeitskampf.

[11] BAG (GS) 29.11.1967, AP Nr. 13 zu Art. 9 GG unter Teil III, IV 5; 21.4.1971, AP Nr. 43 zu Art. 9 GG Arbeitskampf unter Teil III, B 3; BAG 10.6.1980, AP Nr. 66 zu Art. 9 GG Arbeitskampf unter A I.

[12] **Lieb**, Arbeitsrecht, Rn. 664.

[13] **Löwisch/Rieble** in: **Löwisch**, Arbeitskampf- und Schlichtungsrecht, 170.2 Rn. 89; MünchArbR/**Otto**, § 278 Rn. 62. – **A.A. Lieb**, RdA 1991, 145, 151 m.w.N.; **Thüsing**, S. 56 ff.

Im Hinblick auf diese Divergenzen und die bereits einleitend[14] dargestellten Begründungsprobleme der h.A. werden nachfolgend die *Argumentationsstränge der Rechtsprechung und h.L.* auf ihre dogmatische Haltbarkeit überprüft.

1. Soziale Wirklichkeit

Das **BAG** begründet die Berechtigung der Arbeitnehmeraußenseiter zur Streikteilnahme u.a. mit der durch die Arbeitskampfteilnahme der Außenseiter geprägten "sozialen Wirklichkeit des Kampfgeschehens", die nicht ohne rechtliche Folgen bleiben könne.[15] Die soziale Wirklichkeit sagt jedoch nur, was ist, aber nicht, warum das so sein muß.[16] Sie ist die bloße Beschreibung eines soziologischen Befunds, dem sich keine Aussagen entnehmen lassen, ob dies auch von Rechts wegen so sein muß.[17] Die bloße Faktizität ist als dogmatische Rechtfertigung der verfassungsrechtlich nicht geschützten Streikbeteiligung des Außenseiters untauglich.

2. Grundsatz der Solidarität der Arbeitnehmer

Teilweise wird im Zusammenhang mit dem Streikrecht des Außenseiters auch der dem erstgenannten soziologischen Ansatz nahestehende "Grundsatz der Solidarität der Arbeitnehmer" angeführt.[18] Aus Solidaritätsgründen müßte auch den Arbeitnehmeraußenseitern ein Streikteilnahmerecht zugestanden werden. Solidaritätserwägungen wurden bereits vom **Reichsgericht** in der sog. "Kieler-Straßenbahn-Entscheidung" zur Begründung der Betriebsrisiko- bzw. Arbeitskampfrisikolehre herangezogen ("der einzelne Arbeiter als Glied der Arbeiterschaft")[19]. Sie tragen jedoch als rechtsdogmatische Begründung nicht.[20] Abgesehen davon, daß sie den

---

[14] S. o. § 1 II a. E. (S. 3 f.).

[15] BAG (GS) 21.4.1971, AP Nr. 43 zu Art. 9 GG Arbeitskampf unter Teil III, B 3; 22.3.1994, AP Nr. 130 zu Art. 9 GG Arbeitskampf unter II 3 a.

[16] **Konzen**, DB 1990, Beil. 6, S. 1, 12.

[17] Zutreffend **Häuser**, FS Kissel, S. 297, 311; ebenso krit. **Gamillscheg**, KollArbR I, S. 932; **Lieb**, RdA 1991, 145, 150; krit. zu interpretatorischen Ansätzen, die bloße Faktizität mit legitimer Normativität verwechseln auch MD/**Scholz**, Art. 9 Rn. 163.

[18] BAG (GS) 29.11.1967, AP Nr. 13 zu Art. 9 GG unter Teil III, IV 5; **Hueck/Nipperdey**, Arbeitsrecht II/2, S. 945 Fn. 431; **Brox**, JA 1980, 628, 630 argumentiert, es sei den Nichtorganisierten nicht zuzumuten, als Streikbrecher aufzutreten und damit als "unkollegial" zu gelten.

[19] RG 6.2.1923, RGZ 106, 272, 275 f.

[20] Ablehnend auch **Biedenkopf**, Betriebsrisikolehre, S. 18 ff.; **Leinemann**, DB 1971, 2309, 2313; MünchArbR/**Otto**, § 283 Rn. 33; **Seiter**, S. 310. S. auch die nachfolgenden Fußnoten.

"Modergeruch" überkommenen "klassenkämpferischen Denkens" in sich tragen[21], bestehen schon vom Tatsächlichem her Zweifel, ob es eine Solidarität aller Belegschaftsmitglieder bzw. Arbeitnehmer überhaupt gibt.[22] Im Organisationsgrad der Arbeitnehmerschaft hat sie sich jedenfalls nicht niedergeschlagen, denn dieser liegt zur Zeit nur bei etwa einem Drittel.[23] Der Solidaritätsgedanke mag als "rechtsethisches Prinzip mit normierbaren Postulaten" bezeichnet werden können[24], das auch in einzelnen Normen Eingang gefunden hat (z.B. § 11 Abs. 5 AÜG), jedoch ist das Solidaritätsprinzip zu unpräzise und enthält kein Rechtsprinzip als solches, aus dem detaillierte Aussagen zum Arbeitskampfrecht entnommen werden könnten, geschweige denn eine Rechtskreiserweiterung des einzelnen Arbeitnehmers zu Lasten des bestreikten Arbeitgebers und der gegebenenfalls faktisch betroffenen Allgemeinheit begründet werden könnte.[25] Darüber hinaus läuft die Vorstellung einer Solidarität aller Arbeitnehmer – wie das **BAG** inzwischen selbst zutreffend festgestellt hat – auf eine reine Fiktion hinaus.[26] Der Solidaritätsgedanke nivelliert letztlich die verfassungsrechtlich durch Art. 9 Abs. 3 GG geschützte Entscheidung der Arbeitnehmeraußenseiter, sich nicht oder anders zu organisieren.[27]

3. Grundsatz der Einheit der Belegschaft

Ein Teil der Literatur und das **BAG** begründen die Zulässigkeit der aktiven Arbeitskampfteilnahme nicht- oder andersorganisierter Arbeitnehmer mit dem "Prinzip der Einheit der Belegschaft".[28] Die Belegschaft sei arbeitskampfrechtlich als Einheit zu betrachten, daher stehe allen Arbeitnehmern das Recht zur Arbeitskampfteilnahme zu. Die enge Verwandtschaft dieses Prinzips zu den zuvor genannten Ansätzen zeigt sich etwa in der Definition der "Betriebsgemeinschaft" durch **Nikisch** als "eine auf der gemeinsamen Arbeit im Betrieb beruhenden natürlichen Interessengemeinschaft (der Arbeitnehmer), die auch rechtlich von Be-

[21] Vgl. BAG 22.12.1980, AP Nr. 70 zu Art. 9 GG Arbeitskampf unter C I 2 a (1); **Wiedemann**, RdA 1969, 321, 326.

[22] **Lieb**, RdA 1991, 145, 151.

[23] S. o. § 2 III, Fn. 21 (S. 10).

[24] So **Thüsing**, S. 48.

[25] MünchArbR/**Otto**, § 279 Rn. 48; **Scholz/Konzen**, Aussperrung, S. 209, 256; **Thüsing**, S. 48 f.

[26] BAG 22.12.1980, AP Nr. 70 zu Art. 9 GG Arbeitskampf unter C I 2 a (1); **Reichold**, JuS 1996, 1049, 1057.

[27] Vgl. oben § 3 II 1 (S. 32), III 1 b aa (S. 37 f.).

[28] BAG (GS) 21.4.1971, AP Nr. 43 zu Art. 9 GG Arbeitskampf unter Teil III, B 3: "Arbeitnehmerschaft als Einheit"; **Birk/Konzen/Löwisch/Raiser/Seiter**, Gesetz zur Regelung kollektiver Arbeitskonflikte, S. 42 ff.; **Gamillscheg**, KollArbR I, S. 1135; **v. Hoyningen-Huene**, JuS 1987, 505, 510; **Löwisch/Rieble** in: **Löwisch**, Arbeitskampf- und Schlichtungsrecht, 170.2 Rn. 85 ff.; **dies.** in: **Löwisch**, Schlichtungs- und Arbeitskampfrecht, 1989, Rn. 322 f., 349.

deutung ist".[29] Der Grundsatz der Einheit der Belegschaft beruht also auf soziologischen Anschauungen und behaupteter, empirisch nicht untermauerter Faktizität.[30] Für ihn gibt es keinen normativen Anhaltspunkt.[31] Hinzu kommt, daß beim Begriff der "Belegschaft" unklar ist, ob diejenige des Betriebs, des Unternehmens oder gar des Konzerns gemeint ist[32], und daß die Entscheidung für eine der Alternativen (etwa den Betrieb im betriebsverfassungsrechtlichen Sinn) einer Rechtfertigung bedarf, die aber nicht gegeben wird.[33] Schon aus diesen Gründen ist das genannte Prinzip abzulehnen.[34]

Die behauptete arbeitskampfrechtliche Einheit der Belegschaft ist letztlich auf arbeitskampfrechtlicher Ebene die Fortsetzung des tarifrechtlichen "Grundsatzes der Tarifeinheit"[35], den das **BAG** nicht nur für den Fall der Tarifkonkurrenz, sondern auch für die Fälle der Tarifpluralität postuliert.[36] Ebenso wie der Grundsatz der Tarifeinheit dazu dienen soll, daß alle Arbeitsverhältnisse in einem Betrieb grundsätzlich nach demselben Tarifvertrag geordnet werden,[37] soll das Arbeitskampfrecht betriebseinheitlich auf die Belegschaft angewendet werden. Das – teils offen zugegebene – Fehlen einer normativen Grundlage wird sowohl beim tarifrechtlichen als auch beim arbeitskampfrechtlichen Einheitsprinzip mit Praktikabilitätsgründen und Zweckmäßigkeitserwägungen überspielt, etwa der angeblich rechtlich nicht begründbaren bzw. praktisch schwierig durchsetzbaren Pflicht der Arbeitnehmer zum Nachweis ihrer Gewerkschaftsmitgliedschaft.[38] Zu Recht wird das Prinzip der Tarifeinheit im Falle der Tarifpluralität nahezu einhellig abgelehnt und zwar auch von – insoweit inkonsequenten – Vertretern des angeblichen arbeitskampfrechtlichen Grundsatzes der Einheit der Belegschaft.[39] Besonders

[29] **Nikisch**, Arbeitsrecht, I. Band, 3. Aufl. 1961, S. 151 f.; den Zusammenhang zwischen Solidaritätsgedanke und Einheitsprinzip erkennt auch **Leinemann**, DB 1971, 2309, 2313.

[30] **Biedenkopf**, Betriebsrisikolehre, S. 15.

[31] **Rieble**, Rn. 1387; **ders.**, SAE 1996, 227, 231.

[32] Zu diesen Begriffen **v. Hoyningen-Huene**, Betriebsverfassungsrecht, § 3 II 1, 4, 5.

[33] **Lieb**, RdA 1991, 145, 150.

[34] Ablehnend auch **Lieb**, RdA 1991, 145, 149 ff.; **ders.**, Arbeitsrecht, Rn. 664; **Rüthers**, BB 1990, Beil. 25, S. 1, 5.

[35] Diesen Zusammenhang erkennen auch **Lieb**, RdA 1991, 145; **Rieble**, SAE 1996, 227, 231.

[36] BAG 14.6.1989, 5.9.1990, 20.3.1991, AP Nr. 16, 19, 20 zu § 4 TVG Tarifkonkurrenz; st. Rspr.

[37] BAG 14.6.1989, AP Nr. 16 zu § 4 TVG Tarifkonkurrenz, Bl. 5; **Schaub**, Arbeitsrechts-Handbuch, § 203 VII 3 b, S. 1697.

[38] BAG 5.9.1990, AP Nr. 19 zu § 4 TVG Tarifkonkurrenz, Bl. 3, 3 R; **Söllner**, Arbeitsrecht, § 16 V 2, S. 145 f.; **Löwisch/Rieble** in: **Löwisch**, Arbeitskampf- und Schlichtungsrecht, 170.2 Rn. 87. Zum Auskunftsanspruch hinsichtlich der Gewerkschaftszugehörigkeit s. u. § 9 III 2 (S. 187 ff.).

[39] **Dütz**, Arbeitsrecht, Rn. 584; zusammenfassend **Gamillscheg**, KollArbR I, S. 751 f. m. zahlr. Nachw.; **Kraft**, FS Zöllner, Band II, S. 831, 835 ff.; **Löwisch/Rieble**, TVG, § 4 Rn. 290 ff.; **Merten**, BB 1993, 572, 575 f.; **Reuter**, JuS 1992, 105 ff.; **Wendeling-Schröder**, RdA 1999, 138, 142 f.; **Zöllner/Loritz**, Arbeitsrecht, § 37 V 2, S. 422 f.; differenzierend ErfK/**Schaub**, § 4 TVG Rn. 103 ff.

schwer wiegt der Eingriff in die kollektive und individuelle Koalitionsfreiheit durch die vom **BAG** propagierte Tarifeinheit. Die Rechtsprechung läßt nicht nur den zwischen den Koalitionen gewährleisteten Wettbewerb[40] außer acht, sondern beeinträchtigt die durch die kollektive Koalitionsbetätigungsfreiheit (Art. 9 Abs. 3 GG) gewährleistete Satzungsautonomie, welche auch das Recht zur eigenständigen Bestimmung der Tarifzuständigkeit umfaßt,[41] sowie die Tarifautonomie[42] der Gewerkschaften, deren Tarifverträge bei der Anwendung des Tarifeinheitsprinzips verdrängt werden. In der offenen Ermunterung der andersorganisierten Arbeitnehmer durch das **BAG** zum Übertritt in die Gewerkschaft des einschlägigen Tarifvertrags[43] liegt aufgrund der Finalität der Beeinträchtigung zumindest ein mittelbarer Eingriff in deren positive Koalitionsfreiheit (Art. 9 Abs. 3 GG) vor.[44] Das **BAG** kann sich dabei auch nicht darauf berufen, als "Ersatzgesetzgeber" die Ausgestaltung der Koalitionsfreiheit vorzunehmen,[45] da der Gesetzgeber im Tarifrecht nicht untätig war, sondern durch Erlaß des TVG ausgestaltend tätig war. Das TVG enthält hinsichtlich der Tarifpluralität auch keine Regelungslücke (vgl. §§ 3 Abs. 1, 4 Abs. 1, 5 TVG), die – rechtsdogmatisch ohnehin zweifelhaft – durch "übergeordnete Prinzipien der Rechtssicherheit und Rechtsklarheit"[46] geschlossen werden könnte. Die Prinzipien der Einheit der Belegschaft und der Tarifeinheit des Betriebs sind folglich nicht tragfähig und können das Streikrecht des Arbeitnehmeraußenseiters nicht begründen.

4. Partizipationsgedanke

Zur Begründung eines Streikrechts aller Arbeitnehmeraußenseiter wird auch vorgetragen, ihnen komme das Ergebnis des Arbeitskampfes zumindest faktisch "regelmäßig" zugute, sei es durch Anwendung des erkämpften Tarifvertrags aufgrund betrieblicher Übung, sei es aufgrund arbeitsvertraglicher Bezugnahmeklauseln.[47] Selbst wenn man den darin steckenden Partizipationsgedanken als Legitimationsgrundlage anerkennt, kann die bloß *regelmäßige* Partizipation am Streikerfolg

[40] Dazu **v. Hoyningen-Huene**, AR-Blattei, SD 1650.1 Rn. 131; MD/**Scholz**, Art. 9 Rn. 253.
[41] S. oben § 2 V 2 a (S. 14 f.), § 3 IV 2 a (S. 41).
[42] S. oben § 3 IV 2 b aa (S. 41 f.).
[43] BAG 5.9.1990, AP Nr. 19 zu § 4 TVG Tarifkonkurrenz, Bl. 3; 20.3.1991, AP Nr. 20 zu § 4 TVG Tarifkonkurrenz unter B II 2 a.
[44] Vgl. oben § 3 II 1 (S. 32) und 2 b (S. 34 ff.).
[45] Die Tendenz des BAG in diese Richtung ist erkennbar in der Berufung auf die mittlerweile überholte "Kernbereichslehre", vgl. BAG 20.3.1991, AP Nr. 20 zu § 4 TVG Tarifkonkurrenz unter B II 2 b; vgl. auch oben § 3 I 4 b bb (1) (S. 29 f.).
[46] Vgl. BAG 5.9.1990, AP Nr. 19 zu § 4 TVG Tarifkonkurrenz, Bl. 2 R.
[47] BAG (GS) 21.4.1971, AP Nr. 43 zu Art. 9 GG Arbeitskampf unter Teil III, B 3; BAG 10.6.1980, AP Nr. 66 zu Art. 9 GG Arbeitskampf unter A I; 22.3.1994, AP Nr. 130 zu Art. 9 GG Arbeitskampf unter II 3 a; **Dütz**, Arbeitsrecht, Rn. 599; ErfK/**Kissel**, Art. 9 GG Rn. 148; MünchArbR/**Otto**, § 278 Rn. 58; **Rieble**, Rn. 1393.

nicht ein Streikrecht für *alle* Arbeitnehmeraußenseiter rechtfertigen. Darin liegt – wie in anderem Zusammenhang bereits angeführt[48] – eine in mehrfacher Hinsicht unzulässige Pauschalierung. Zwar gibt es durchaus Betriebe bzw. Unternehmen, in denen ein bestimmter Tarifvertrag auf sämtliche Arbeitnehmer angewendet wird, insgesamt aber finden Tarifverträge nur auf etwa 90 % aller Arbeitsverhältnisse Anwendung.[49] Bei generalisierender Betrachtungsweise werden also insgesamt ca. 10 % der Arbeitsverhältnisse weder mittelbar noch unmittelbar von Tarifverträgen erfaßt und haben damit am Arbeitskampfergebnis nicht teil. Außerdem kann der Umfang einer Bezugnahme divergieren und sich z.B. auf einzelne Tarifregelungen beschränken.[50] Jedenfalls für tatsächlich nicht partizipierende Arbeitnehmer vermag das Partizipationsprinzip ein Streikrecht nicht zu begründen. Auch § 116 Abs. 3 S. 3 AFG bzw. ab 1.1.1998 § 146 Abs. 3 S. 3 SGB III stellt auf die *tatsächliche* Partizipation des Arbeitnehmers ab und zeigt, daß eine solche Differenzierung arbeitskampfrechtlich denkbar, wenn nicht sogar geboten ist.

Abgesehen davon stellt der Partizipationsgedanke, so einleuchtend er ist, kein allgemeines Rechtsprinzip dar, das eine Befugnis vermittelt, durch Streik dem Arbeitgeber Schaden zuzufügen.[51] Ferner kommen dem Arbeitnehmeraußenseiter bei betrieblicher Übung oder arbeitsvertraglicher Bezugnahme die tariflichen Arbeitsbedingungen rechtlich nicht unmittelbar und zwingend i.S.d. § 4 Abs. 1 TVG zugute, es sei denn, man geht entgegen der ganz h.M.[52] mit **v. Hoyningen-Huene** davon aus, daß durch Bezugnahme auf den Tarifvertrag die normative Tarifwirkung auch unter Außenseitern entsteht.[53] Dieser Ansicht kann jedoch nicht beigepflichtet werden, weil die Anwendbarkeit des Tarifvertrags bei arbeitsvertraglicher Bezugnahme auf dem Willen der Arbeitsvertragsparteien beruht und es damit an der "Unmittelbarkeit" der Tarifgeltung fehlt. Außerdem kann die Bezugnahme auch nach Ansicht **v. Hoyningen-Huenes** jederzeit einvernehmlich aufgehoben werden[54], so daß eine zwingende Wirkung i.S.d. § 4 Abs. 1 TVG nicht gegeben ist. Ferner überzeugt es nicht, die normative Wirkung nur bei der Bezugnahme auf den *gesamten* und vom Geltungsbereich her *einschlägigen* Tarifvertrag anzunehmen, im übrigen aber nicht.[55] Daher ist davon auszugehen, daß der Streik von Außenseitern bei Partizipation aufgrund einer Bezugnahme auf den Tarifvertrag der Durchsetzung von Forderungen hinsichtlich *individualrechtlicher* Arbeitsbedingungen dient. Einzelvertragsbezogene Arbeitskämpfe sind jedoch nach

---

48 S. oben § 3 V 2 a dd (S. 47).

49 S. bereits oben § 1 II Fn. 14 (S. 3).

50 Vgl. u. § 8 II 3 (S. 159).

51 **Konzen**, FS 25 Jahre BAG, S. 273, 280; **Scholz/Konzen**, Aussperrung, S. 257; **Thüsing**, S. 50 f.

52 **Gamillscheg**, KollArbR I, S. 733; **Kempen/Zachert**, TVG, § 3 Rn. 68; **Nömeier**, S. 60 ff.; **Reichel/Koberski/Ansey**, TVG, § 3 Rn. 53; **Rieble**, Rn. 1722 m.w.N.; ErfK/**Schaub**, § 3 TVG Rn. 40.

53 **v. Hoyningen-Huene**, RdA 1974, 138, 142 ff., 149.

54 **v. Hoyningen-Huene**, RdA 1974, 138, 144 und 150.

55 So aber **v. Hoyningen-Huene**, RdA 1974, 138, 149.

allgemeinem Arbeitskampfrecht nicht geschützt.[56] Soweit der Außenseiterstreik der Unterstützung der gewerkschaftlichen Forderungen dient, liegt zudem ein fremdes Regelungsziel vor und somit ein nach allgemeinen arbeitskampfrechtlichen Grundsätzen unzulässiger Sympathiearbeitskampf.[57]

Der Partizipationsgedanke kann mithin die Streikteilnahme des Außenseiters rechtsdogmatisch nicht rechtfertigen.

5. Funktionsfähigkeit des Arbeitskampfsystems

Überwiegend wird das Streikrecht der Außenseiter damit begründet, angesichts des niedrigen Organisationsgrades der Gewerkschaften könne ohne die "Streithilfe" der Außenseiter kein ausreichender Arbeitskampfdruck auf die Arbeitgeberseite ausgeübt werden, sei die Funktionsfähigkeit des Arbeitskampfsystems daher nicht gewährleistet und die Verhandlungsparität der Tarifpartner gestört.[58] Gegen diesen Begründungsansatz sprechen im wesentlichen drei Gesichtspunkte:

a) Minimax-Taktik

Abgesehen davon, daß die Außerachtlassung der unterschiedlichen Organisationsgrade in den einzelnen Branchen und Betrieben eine zweifelhafte Verallgemeinerung enthält[59], ist die These, ohne Außenseiterbeteiligung sei ein wirksamer Streik nicht möglich, empirisch nicht abgesichert[60] und in der Sache auch nicht zutreffend. Die Gewerkschaften haben nämlich schon bei geringem Organisationsgrad die Möglichkeit, einen effektiven Arbeitskampf zu führen etwa mit Hilfe der Strategie der "Neuen Beweglichkeit" in Form der "Nadelstichtaktik" oder der sog. "Minimax-Taktik", mit möglichst geringem Aufwand (z.B. Streik einiger weniger

---

[56] **Häuser**, FS Kissel, S. 297, 311; **Konzen**, DB 1990, Beil. 6, S. 1, 12; **Zöllner/Loritz**, Arbeitsrecht, § 40 II 1 b, S. 451.

[57] KassHb/**Kalb**, 6.2 Rn. 153; **Löwisch/Rieble** in: **Löwisch**, Arbeitskampf- und Schlichtungsrecht, 170.1 Rn. 17; s. auch 170.2 Rn. 87: "Ausnahmsweise zulässiger Sympathiearbeitskampf".

[58] **Brox** in: **Brox/Rüthers**, Rn. 289; **ders.**, JA 1980, 628, 630; **Dütz**, Arbeitsrecht, Rn. 639; **Gamillscheg**, PdW Arbeitsrecht II, Nr. 322 b; KassHb/**Kalb**, 6.2 Rn. 58; **Lieb**, Arbeitsrecht, Rn. 660; **ders.**, RdA 1991, 145, 150; **Löwisch/Rieble** in: **Löwisch**, Arbeitskampf- und Schlichtungsrecht, 170.2 Rn. 86; MünchArbR/**Otto**, § 278 Rn. 58; **Scholz/Konzen**, Aussperrung, S. 257; **Thüsing**, S. 51 ff.; **Zöllner/Loritz**, Arbeitsrecht, § 40 III 2 a, S. 453.

[59] Vgl. **Konzen**, FS 25 Jahre BAG, S. 273, 281.

[60] Daher zu Recht kritisch **Konzen**, DB 1990, Beil. 6, S. 1, 6 und 12.

Organisierter in Schlüsselpositionen) einen großen Druck auf die Arbeitgeberseite auszuüben.[61] Eine derartige "Minimax-Taktik" ist in der Praxis keine Seltenheit.[62]

b) Widerspruch zum Mächtigkeitserfordernis

Die h.A. setzt sich ferner in Widerspruch zu der vom **BAG** in st. Rspr. geforderten Durchsetzungskraft der Arbeitnehmervereinigung gegenüber dem sozialen Gegenspieler (soziale Mächtigkeit)[63]. Ein Hauptkriterium dafür ist nämlich der Mitgliederstand bzw. Organisationsgrad der Vereinigung.[64] Ist der Organisationsgrad so gering, daß im Falle eines Arbeitskampfs kein nennenswerter Druck auf die Gegenseite ausgeübt werden kann, fehlt es an der Tariffähigkeit.[65] Träfe die These der h.A. zu, daß ohne Außenseiterbeteiligung kein ausreichender Arbeitskampfdruck ausgeübt werden könnte, würde es der kampfführenden Arbeitnehmerkoalition schon an der Tariffähigkeit fehlen. Dann wäre der Arbeitskampf aber bereits nach allgemeinen Arbeitskampfgrundsätzen rechtswidrig.[66]

c) Ungeeignetheit des Paritätskriteriums

Auch der Grundsatz der arbeitskampfrechtlichen Parität ist zur Begründung eines Außenseiterstreikrechts ungeeignet. Nach h.M. erfordert die Gewährleistung eines funktionsfähigen autonomen Tarifvertrags- und Arbeitskampfsystems eine "abstrakt-materielle Parität", d.h. ein Verhandlungsgleichgewicht zwischen den Koalitionsparteien bei Tarifauseinandersetzungen, für das eine längerfristige, typisierende Beurteilung der realen Kräfteverhältnisse maßgeblich sei, ohne daß alle Besonderheiten eines Arbeitskampfes (Kampfziele, wirtschaftliche Lage, Organisationsgrad usw.) berücksichtigt werden müßten.[67] Wie unbestimmt das Paritäts-

---

[61] Zutreffend **Kroll**, S. 111; ebenso **Dütz**, DB 1996, 2385, 2386; **Seiter**, S. 38; inkonsequent **Konzen**, FS 25 Jahre BAG, S. 273, 280 f.; zur "Neuen Beweglichkeit" ausführlich **v. Hoyningen-Huene**, JuS 1987, 505, 509 f.

[62] So ausdrücklich BAG 17.2.1998, DB 1998, 1414, 1416 unter II 3 c bb; **Kreßel**, NZA 1995, 1121; zum "Wellenstreik" BAG 12.11.1996, AP Nr. 147 zu Art. 9 GG Arbeitskampf; 17.2.1998, NZA 1998, 896.

[63] BAG 20.11.1990, AP Nr. 40 zu § 2 TVG unter B II 2 a m.w.N. Ablehnend zum Mächtigkeitserfordernis bereits oben § 2 V 2 b (S. 17 f.). Es ist nach der Rspr. im übrigen keine Voraussetzung für die Koalitionseigenschaft i.S.d. Art. 9 Abs. 3 GG, BAG 17.2.1998, DB 1998, 1414 f.

[64] ArbG Frankfurt 19.6.1996, ArbuR 1996, 511, 512; LAG Berlin 21.6.1996, AP Nr. 48 zu § 2 TVG = ArbuR 1997, 38; **Benecke**, Anm. zu BAG 25.9.1996, SAE 1998, 54, 61 f.; ErfK/**Kissel**, Art. 9 GG Rn. 50. – **A.A. Dütz**, DB 1996, 2385, 2388.

[65] LAG Berlin 21.6. 1996, AP Nr. 48 zu § 2 TVG unter 2.2.3.

[66] Vgl. oben § 3 V 3 (1) (S. 51).

[67] **Kalb**, RdA 1994, 385, 391; **Zöllner/Loritz**, Arbeitsrecht, § 40 X, S. 471 f. m.w.N. Dies soll nach BVerfG 26.6.1991, AP Nr. 117 zu Art. 9 GG Arbeitskampf unter C I 3 b ver-

kriterium ist, zeigt dessen Bezeichnung durch das **Bundesverfassungsgericht** als "*ungefähres* Kräftegleichgewicht".[68] Zu Recht wird die Parität daher als nicht meßbares oder definierbares Kriterium abgelehnt.[69]

Das Paritätskriterium birgt aber auch die Gefahr, zu einer systemwidrigen Erfolgsgarantie zu mutieren. Denn totale Parität im Sinne eines realen Verhandlungsgleichgewichts nimmt der Gegenseite die Möglichkeit, gewinnen zu können, und führt zum "Patt".[70] Die staatliche Rechtsordnung müßte den Gegner so lange schwächen, bis ein angemessenes Gleichgewicht erreicht wäre.[71] Zu Recht hat aber das **BAG** festgestellt, daß mit der Garantie des Streikrechts keine Erfolgsgarantie verbunden ist.[72] Die Tarifautonomie überläßt es dem freien Spiel der Kräfte, zu welchem Ergebnis Tarifverhandlungen und letztlich auch Arbeitskämpfe führen.[73]

Abgesehen davon ist die Einbeziehung der Außenseiter in die Paritätsbetrachtung höchst zweifelhaft. Die h.M. selbst zählt den Organisationsgrad der Koalitionen zu den Besonderheiten des Arbeitskampfes, die nicht berücksichtigt werden müssen.[74] Noch weitergehender hat das **Bundesverfassungsgericht** festgestellt, daß der Gesetzgeber nicht verpflichtet ist, *Disparitäten* auszugleichen, die nicht strukturell bedingt sind, sondern auf inneren Schwächen einer Koalition beruhen. Als Beispiel für eine solche innere Schwäche wird ausdrücklich der (niedrige) Organisationsgrad einer Koalition angeführt.[75] Außerdem sei der Gesetzgeber nicht gehalten, schwachen Verbänden Durchsetzungsfähigkeit bei Tarifverhandlungen zu verschaffen.[76] Ergänzend sei insofern hinzugefügt, daß der Gesetzgeber – und damit auch die Rechtsprechung, soweit sie als "Ersatzgesetzgeber" tätig wird – im Bereich des Art. 9 Abs. 3 GG dem Neutralitätsgebot unterliegt.[77]. Mit der Zulassung eines Streikrechts für Arbeitnehmeraußenseiter wird den Gewerk-

---

fassungsrechtlich nicht zu beanstanden sein. Zu Rechtsprechungsentwicklung und Streitstand BAG 10.6.1980, AP Nr. 64 zu Art. 9 GG Arbeitskampf unter A IV mit krit. Anm. **Mayer-Maly**.

[68] BVerfG 4.7.1995, AP Nr. 4 zu § 116 AFG unter C I 1 c.

[69] **Beuthien**, S. 35 ff.; **Rieble**, Rn. 1376 ff.; **ders.**, RdA 1998, 307, 308; aus soziologischer Sicht ablehnend **Hensche**, RdA 1996, 293, 294 ff.; krit. auch **Zöllner**, DB 1985, 2450, 2453 ff.

[70] Vgl. **Coester**, Jura 1992, 84, 88; krit. zum Paritätskriterium auch **Colneric** in: **Däubler**, Arbeitskampfrecht, Rn. 630.

[71] **Rieble**, Rn. 1378.

[72] BAG 13.7.1993, AP Nr. 127 zu Art. 9 GG Arbeitskampf unter III 1 d; ebenso **Rieble**, Rn. 1349; **Stahlhacke**, S. 10, 17.

[73] BAG 13.7.1993, AP Nr. 127 zu Art. 9 GG Arbeitskampf unter III 1 d m.w.N.

[74] BAG 10.6.1980, AP Nr. 64 zu Art. 9 GG Arbeitskampf unter A IV 2; **Kalb**, RdA 1994, 385, 391.

[75] BVerfG 4.7.1995, AP Nr. 4 zu § 116 AFG unter C I 1 c; ebenso **Leibholz/Rinck/Hesselberger**, Art. 9 Rn. 501; **Rieble**, Rn. 1349.

[76] BVerfG 4.7.1995, AP Nr. 4 zu § 116 AFG unter C I 1 c.

[77] **Kreßel**, NZA 1995, 1121, 1125.

schaften aber ein klarer Vorteil zugewandt, der zudem dem Ziel einer Begrenzung des Arbeitskampfs zuwider läuft.[78] Begründet man die Einbeziehung der Außenseiter mit Paritätserwägungen, verwirklicht sich die Befürchtung **Hanaus**, "daß das Postulat der Parität zwischen den Kampfparteien die latente Gefahr richterlicher Einmischung zugunsten einer unterlegen erscheinenden Seite heraufbeschwört, wodurch die Rechtsprechung vom Schiedsrichter zum Streitgenossen einer Seite werden könnte".[79]

6. Spiegelbild zur passiven Einbeziehung

Die aktive Beteiligung der Arbeitnehmeraußenseiter am Arbeitskampf wird auch mit der Zulässigkeit deren passiver Einbeziehung bei der Aussperrung begründet. Wer ausgesperrt werden dürfe, dürfe auch streiken, sonst bestehe ein Wertungswiderspruch.[80] An diesem Ansatz ist zwar zutreffend, daß aktive und passive Außenseiterbeteiligung im auf Schlag und Gegenschlag angelegten Arbeitskampfrecht systematisch eng miteinander zusammenhängen.[81] Jedoch setzt er voraus, was erst noch zu begründen ist, nämlich ob Arbeitnehmeraußenseiter ausgesperrt werden dürfen[82]. Isoliert betrachtet vermag er aber ein Streikrecht des Außenseiters nicht zu begründen.

7. Richterrecht

Teilweise wird vorgetragen, daß Teilnahmerecht des Arbeitnehmeraußenseiters folge aus dem Richterrecht des Arbeitskampfs.[83]

a) Gewohnheitsrecht

Richterrecht ist aber – wie bereits dargelegt[84] – bloße Rechtserkenntnisquelle und nicht Rechtsnormenquelle, es sei denn, ihm kommt die Qualität von Gewohnheitsrecht zu. Tatsächlich wird gelegentlich behauptet, das Außenseiterstreikrecht sei

[78] **Rieble**, Rn. 1393.
[79] **Hanau**, DB 1998, 69, 78.
[80] **Konzen**, DB 1990, Beil. 6, S. 1, 12.
[81] Vgl. auch **Scholz/Konzen**, Aussperrung, S. 256.
[82] Dazu unten § 6 (S. 93 ff.).
[83] **Löwisch/Rieble** in: **Löwisch**, Arbeitskampf- und Schlichtungsrecht, 170.1 Rn. 18; MünchArbR/**Otto**, § 238 Rn. 31.
[84] S. o. § 3 V 3 a.E. (S. 52).

gewohnheitsrechtlich anerkannt.[85] Daß es an dem dafür erforderlichen allgemeinen Rechtsgeltungswillen (opinio iuris) fehlt, ergibt sich bereits aus den vorstehenden Ausführungen, welche die Umstrittenheit der Materie belegen. Von Gewohnheitsrecht kann daher nicht gesprochen werden.[86]

b) Staatsvertrag mit der DDR

Man kann sich allerdings fragen, ob durch den Staatsvertrag vom 18.5.1990 zwischen der Bundesrepublik Deutschland und der früheren DDR über die Wirtschafts-, Währungs- und Sozialunion[87] das arbeitskampfrechtliche Richterrecht der Bundesrepublik Rechtsnormqualität erlangt hat.[88] Art. 17 des Staatsvertrags bestimmte:

"In der Deutschen Demokratischen Republik gelten Koalitionsfreiheit, *Arbeitskampfrecht*, Betriebsverfassung, Unternehmensmitbestimmung und Kündigungsschutz *entsprechend dem Recht der Bundesrepublik Deutschland*; näheres ergibt sich aus dem gemeinsamen Protokoll über die Leitsätze und den Anlagen II und III."

Dem Staatsvertrag kann jedoch nicht der Wille des Gesetzgebers entnommen werden, die bisherige (arbeitskampfrechtliche) Rechtsprechung auch für den Bereich der Bundesrepublik zu kodifizieren, zumal das bislang als politisch zu brisant erachtet wurde.[89] Denn der Staatsvertrag diente von vornherein nur als Übergangsrecht bis zur Vollendung der deutschen Einheit. Art. 17 beschränkte den Geltungsbereich ausdrücklich auf die DDR (vgl. auch Art. 4 Abs. 1 und Abs. 2)[90]. Mit dem Beitritt wurden die Bestimmungen des Staatsvertrags nach Art. 40 Abs. 1 des Einigungsvertrags vom 31.8.1990[91] gegenstandslos.[92]

c) Wesentlichkeitslehre

Abgesehen davon, daß dem arbeitskampfrechtlichen Richterrecht mithin keine normative Wirkung zukommt, wird die Legitimität des Richterrechts im Hinblick

---

[85] **Konzen**, DB 1990, Beil. 6, S. 1, 12; **Reichold**, JuS 1996, 1049, 1051.
[86] Ebenso **Thüsing**, S. 45 f.
[87] BGBl. II, S. 537.
[88] So **Kissel**, NZA 1990, 545, 549.
[89] Ebenso **Kempen/Zachert**, TVG, Grundlagen Rn. 48, § 2 Rn. 88; MünchArbR/**Löwisch**, § 235 Rn. 18.
[90] In der DDR war noch am 6.3.1990 von der Volkskammer ein "Gesetz über die Rechte der Gewerkschaften in der DDR" erlassen worden, dazu **Krölls**, BB 1990, Beil. 21, S. 16.
[91] BGBl. II, S. 889.
[92] **Rieble**, SAE 1991, 316, 317.

auf die sog. Wesentlichkeitslehre in Frage gestellt. Nach dieser vom **Bundesverfassungsgericht** in Erweiterung des Vorbehalts des Gesetzes entwickelten Lehre ist der Gesetzgeber verpflichtet, in grundlegenden normativen Bereichen, zumal im Bereich der Grundrechtsausübung, alle wesentlichen Entscheidungen selbst zu treffen.[93]

Unter Berufung auf diese Lehre sowie das Postulat der Rechtssicherheit vertreten manche die generelle Erforderlichkeit einer gesetzlichen Regelung des Arbeitskampfrechts,[94] wobei z.T. unzutreffenderweise ein ersatzgesetzgeberisches Tätigwerden der Rechtsprechung für ausreichend erachtet wird.[95] Letzteres widerspricht freilich dem herrschenden Verständnis der Wesentlichkeitslehre als "Parlamentsvorbehalt"[96].

Andere differenzieren dahingehend, daß die Wesentlichkeitslehre zwar hinsichtlich der mit der Koalitionsbetätigung verbundenen Eingriffe in die Rechte der Nichtorganisierten, von Dritten und der Allgemeinheit gelte, aufgrund der Art. 9 Abs. 3 GG immanenten Aussagen aber nicht im Verhältnis der Koalitionen zu ihren Mitgliedern oder zu der jeweils gegnerischen Koalition.[97]

Das **Bundesverfassungsgericht** hat in seiner jüngeren Entscheidung zum Arbeitskampf vom 26.6.1991[98] die Wesentlichkeitslehre mit der formalen Begründung außer acht gelassen, im vorliegenden Streitfall zwischen arbeitskampfbeteiligten Parteien gehe es um das "Verhältnis gleichgeordneter Grundrechtsträger". Daraus kann aber nicht geschlossen werden, die Wesentlichkeitslehre gelte generell nicht beim Tätigwerden von Tarifvertragsparteien. Denn in seiner Entscheidung vom 2.3.1993 zur Zulässigkeit des Beamteneinsatzes auf bestreikten Arbeitsplätzen wandte das **Bundesverfassungsgericht** die Wesentlichkeitslehre an mit der Begründung, der Staat befinde sich im zu entscheidenden Fall in einer "Doppelrolle" als tariffähiger Arbeitgeber und als Hoheitsträger[99], so daß auch das Verhältnis Staat – Privatrechtssubjekt betroffen sei.

Diese Judikate des Bundesverfassungsgerichts wurden bisher nicht richtig interpretiert. In der zweitgenannten Entscheidung führt das **Bundesverfassungsge-**

---

[93] BVerfG 8.8.1978, BVerfGE 49, 89, 126 f.; 2.3.1993, AP Nr. 126 zu Art. 9 GG Arbeitskampf unter C II 2 b.

[94] **Müller**, DB 1992, 269; MünchArbR/**Otto**, § 277 Rn. 61.

[95] MünchArbR/**Otto**, § 277 Rn. 62.

[96] BVerfG 2.3.1993, AP Nr. 126 zu Art. 9 GG Arbeitskampf unter C II 3; **Degenhart**, Staatsrecht I, Rn. 293 ff.

[97] **Löwisch**, DB 1988, 1013 ff.; MünchArbR/**Löwisch**, § 237 Rn. 48 ff.; **Löwisch/Rieble** in: **Löwisch**, Arbeitskampf- und Schlichtungsrecht, 170.1 Rn. 135 ff.; **Rieble**, Anm. zu BVerfG 26.6.1991, EzA Nr. 97 zu Art. 9 GG Arbeitskampf, S. 32 ff.

[98] BVerfG, AP Nr. 117 zu Art. 9 GG Arbeitskampf unter C I 2 a.

[99] BVerfG 2.3.1993, AP Nr. 126 zu Art. 9 GG Arbeitskampf unter C II 2 b; krit. zur Unberechenbarkeit der Wesentlichkeitslehre **Ehrich**, DB 1993, 1237, 1238 f.

richt unter Bezugnahme auf die erste aus: "*Soweit es um das Verhältnis der Kampfparteien als gleichgeordneter Grundrechtsträger geht*, muß diese Ausformung nicht zwingend durch gesetzliche Regelungen erfolgen."[100] Dem ist i.S.d. oben genannten differenzierenden Auffassung zuzustimmen, denn im Verhältnis der Koalitionen untereinander trifft der "bipolar angelegte Art. 9 Abs. 3 GG"[101] alle wesentlichen Entscheidungen. Soweit aber nicht die Mitglieder der arbeitskampfführenden Koalitionen betroffen sind, sondern der Arbeitskampf erhebliche Beeinträchtigungen der Grundrechte der Nicht- oder Andersorganisierten bzw. Dritter oder für die Allgemeinheit mit sich bringt[102], bedarf es nach der Wesentlichkeitslehre eines formellen Gesetzes. Zwar geht es um das Verhältnis gleichgeordneter Grundrechtsträger, jedoch ist zu beachten, daß Art. 9 Abs. 3 GG das einzige Grundrecht mit unmittelbarer Drittwirkung unter Privatleuten ist und somit Eingriffe in diesem Bereich nicht zwangsläufig oder typischerweise im Verhältnis Staat – Bürger stattfinden, sondern gerade auch im Gleichordnungsverhältnis. Außerdem wird verkannt, daß die Wesentlichkeitslehre nicht nur Ausfluß des rechtsstaatlichen Gewaltenteilungsprinzips (Art. 20 Abs. 3 GG) ist[103], das verhindern soll, daß die eingreifende Exekutive die Voraussetzungen ihres Eingriffs selbst regelt, sondern auch aus dem Prinzip der parlamentarischen Demokratie (Art. 20 Abs. 1 GG) folgt.[104] Insbesondere, wenn es – wie im Arbeitskampfrecht – um die Konkretisierung verfassungsimmanenter Schranken konkurrierender Grundrechte und um für die Allgemeinheit bedeutsame und politisch umstrittene Fragen geht, liegt eine "wesentliche" Materie vor, die der Legitimation durch das *unmittelbar* vom Volk gewählte Parlament und nicht durch den bloß mittelbar demokratisch legitimierten Richter bedarf.[105] Jedenfalls soweit der Rechtskreis der Koalitionen verlassen wird, bedarf es also einer formell-gesetzlichen Regelung des Arbeitskampfrechts. Dies gilt insbesondere auch für das Streikrecht der Außenseiter.[106]

8. Art. 6 Nr. 4 Europäische Sozialcharta (ESC)

Teilweise wird ein Außenseiterstreikrecht auch unter Berufung auf Art. 6 Nr. 4 ESC vertreten. Manche behaupten, Art. 6 Nr. 4 ESC sei in den Unterzeichner-

---

[100] BVerfG 2.3.1993, AP Nr. 126 zu Art. 9 GG Arbeitskampf unter C II 2 a; so auch **Leibholz/Rinck/Hesselberger**, Art. 9 Rn. 380.

[101] MünchArbR/**Löwisch**, § 237 Rn. 49.

[102] Vgl. BAG (GS) 28.1.1955, AP Nr. 1 zu Art. 9 GG Arbeitskampf unter I 3; 21.4.1971, AP Nr. 43 zu Art. 9 GG Arbeitskampf unter Teil III, A 1.

[103] **Kalb**, RdA 1994, 385, 386; **Wank**, FS Kissel, S. 1225.

[104] **Ossenbühl** in: HbStR III, § 62 Rn. 38; ausf. **Wehr**, JuS 1997, 419, 422 m.w.N.

[105] Im einzelnen **Wehr**, JuS 1997, 419, 422.

[106] **A.A.** mit Hinweis auf die (unzutreffende) Erforderlichkeit der Außenseiterbeteiligung für das Arbeitskampfsystem **Löwisch/Rieble** in: **Löwisch**, Arbeitskampf- und Schlichtungsrecht, 170.1 Rn. 143.

staaten unmittelbar geltendes Recht und enthalte ein subjektives Recht des einzelnen Arbeitnehmers auf Streik.[107] Andere leugnen zwar dessen Rechtsqualität als subjektives Recht, kommen aber im Wege des Gebots einer Art "chartakonformen Auslegung" des innerstaatlichen Rechts zum selben Ergebnis.[108]

Diese Ansätze haben vor kurzem neue Nahrung erhalten durch die sog. "individuelle Empfehlung" des Ministerkomitees (Art. 29 ESC) des Europarats vom 3.2.1998, in dem das Arbeitsrecht der Bundesrepublik Deutschland insoweit als nicht chartakonform beanstandet wurde, als (1) nur tarifvertragsbezogene Streiks zulässig sind und (2) ein Streik(führungs)monopol der Gewerkschaften besteht.[109] Nach Auffassung des Ministerkomitees, das sich den Schlußfolgerungen des – mit der Prüfung des deutschen Länderberichts (Art. 24 ESC) befaßten – Sachverständigenausschusses (Art. 25 ESC) und dem Bericht des Regierungsausschusses (Art. 27 ESC) angeschlossen hat[110], gewährleistet Art. 6 Nr. 4 ESC nicht nur den Solidaritäts- und Demonstrationsstreik, sondern auch die nichtgewerkschaftliche (spontane) Arbeitsniederlegung.[111] Mithin wird aus dem Wortlaut von Art. 6 Nr. 4 ESC gefolgert, daß jedem einzelnen "Arbeitnehmer" ein individuelles Streikrecht zusteht.[112] Auch das **ArbG Gelsenkirchen** hat sich jüngst in diesem Sinne geäußert.[113] Daher gilt es die Tragfähigkeit dieser Auffassungen und eine etwaige Bindungswirkung der Empfehlung des Ministerkomitees zu untersuchen.

---

[107] **Däubler** in: **Däubler**, Arbeitskampfrecht, Rn. 102 ff.; **Ramm**, ArbuR 1967, 97, 98 und 109; **Söllner**, Arbeitsrecht, 10. Aufl. 1990, § 12 I 2, S. 85; **Sproedt**, S. 64 f., allerdings soll dieses Recht nach seiner Ansicht nicht einklagbar sein, S. 67 ff.

[108] **Heckelmann**, S. 52; unklar **Birk/Konzen/Löwisch/Raiser/Seiter**, Gesetz zur Regelung kollektiver Arbeitskonflikte, S. 64.

[109] Dokumentation der Empfehlung in ArbuR 1998, 154 ff.; dazu **Däubler**, ArbuR 1998, 144; **Lörcher**, ArbuR 1999, 11, 16; s. auch die Antwort der Bundesregierung auf Frage 37 im Rahmen der Kleinen Anfrage der SPD-Fraktion zur "Haltung der Bundesregierung zur Ratifizierung und Anwendung der Europäischen Sozialcharta des Europarates", BT-Drs. 13/11415, S. 17 f.

[110] Zum Ablauf des Beanstandungsverfahrens näher **Däubler**, ArbuR 1998, 144; **Wiese**, JIR 16 (1973), 328, 337 ff.

[111] Erwähnenswert erscheint, daß Vorsitzender des Sachverständigenausschusses zur Zeit Prof. Dr. Rolf **Birk** ist, der auch hierzulande von der Rechtmäßigkeit unterstützender Arbeitskampfmaßnahmen ausgeht, vgl. **Birk**, Die Rechtmäßigkeit gewerkschaftlicher Unterstützungskampfmaßnahmen, 1978.

[112] Vgl. Bericht des Regierungsausschusses, ArbuR 1998, 154 f. unter Nr. 82.

[113] ArbG Gelsenkirchen 13.3.1998, NZA-RR 1998, 352, 353 = EzA Nr. 130 zu Art. 9 GG Arbeitskampf = AiB 1998, 655 f. m. zust. Anm. **Lorenz**.

a) Normtext

Die im Rahmen des Europarats[114] zur Ergänzung der EMRK vom 4.11.1950[115] am 18.10.1961 unterzeichnete Europäische Sozialcharta[116] wurde für die Bundesrepublik Deutschland am 26.2.1965 verbindlich.[117] Der unter Teil II stehende *Art. 6 ESC* lautet (auszugsweise):

"*Das Recht auf Kollektivverhandlungen*

Um die wirksame Ausübung des Rechtes auf Kollektivverhandlungen zu gewährleisten, verpflichten sich die Vertragsparteien,

1. ... bis 3. ... ;

und anerkennen

4. das Recht der Arbeitnehmer und der Arbeitgeber auf kollektive Maßnahmen einschließlich des Streikrechts im Falle von Interessenkonflikten, vorbehaltlich etwaiger Verpflichtungen aus geltenden Gesamtarbeitsverträgen."

b) Unmittelbare Geltung

Seit jeher umstritten ist, ob Art. 6 Nr. 4 ESC in den Unterzeichnerstaaten unmittelbar geltendes Recht ist, welches über das nationale Zustimmungsgesetz hinaus keines weiteren Konkretisierungsaktes bedarf, um innerstaatlich Rechte und Pflichten zu begründen (sog. "self-executing Norm").[118] Während die ESC aufgrund des Wortlauts der meisten Bestimmungen ("Grundsätze" in Teil I; "verpflichten sich die Vertragsparteien ..." in Teil II) grundsätzlich als umsetzungsbedürftig angesehen wird, nehmen manche im Hinblick auf den insoweit abweichenden Wortlaut von Art. 6 Nr. 4 ESC ("anerkennen") an, dieser enthalte einen unmittelbar geltenden Rechtssatz.[119] Dem kann aber nicht zugestimmt werden.

---

[114] Zum Europarat **Fischer**, Europarecht, § 1 Rn. 2. Dieser ist nicht zu verwechseln mit dem "Rat" nach Art. 146 Abs. 1 EGV (dazu **Fischer**, § 4 Rn. 10 ff.) und dem ebenfalls zu unterscheidenden "Europäischen Rat" nach Art. D EUV (dazu **Fischer**, § 2 Rn. 13 ff.).

[115] BGBl. II, 1952, S. 686; abgedr. in **Oetker/Preis**, EAS, unter A 1450.

[116] Diese ist nicht zu verwechseln mit der unverbindlichen Gemeinschaftscharta der Sozialen Grundrechte der Arbeitnehmer vom 9.12.1989, abgedr. in **Oetker/Preis**, EAS, unter A 1500, **Zöllner/Loritz**, Arbeitsrecht, § 9 II 2, S. 126 f.; dazu ausf. **Krimphove**, Europäisches Arbeitsrecht, S. 20 ff.

[117] BGBl. II, 1964, S. 1261, 1262 ff.; abgedr. in **Oetker/Preis**, EAS, unter A 1400 mit A 1410.

[118] Zum Begriff der self-executing Norm MünchArbR/**Birk**, § 17 Rn. 3; **Küng/Eckert**, Repetitorium zum Völkerrecht, Nr. 222 - 224; **Seidl-Hohenveldern**, Völkerrecht, Rn. 556 ff.

[119] **Däubler** in: **Däubler**, Arbeitskampfrecht, Rn. 102 ff.; **Hanau/Adomeit**, Arbeitsrecht, B III 1 a bb, S. 47; **Mitscherlich**, S. 36 ff.; **Promberger**, S. 12 f.; **Sproedt**, S. 64; **Wiese**, JIR 16 (1973), 328, 342 ff.

Vielmehr ist mit der h.M. davon auszugehen, daß auch Art. 6 Nr. 4 ESC "non self-executing" ist.[120] Aus dem Anhang zu Teil III, welcher gemäß Art. 38 ESC Bestandteil der Charta ist, folgt, daß die Charta nur "rechtliche Verpflichtungen internationalen Charakters enthält, deren Durchführung ausschließlich der in ihrem Teil IV vorgesehenen Überwachung unterliegt". Die ESC enthält also bloße völkerrechtliche Verpflichtungen zur Ausgestaltung und Konkretisierung ihrer Normen. Gegen die Annahme einzelner self-executing Normen spricht auch der "Geist des Vertrages", den Unterzeichnerstaaten einen großen Gestaltungsspielraum bei der Umsetzung der Vertragsverpflichtungen in ihre Rechtsordnungen zu überlassen. Die ESC ist nämlich ein sog. "Menüvertrag"[121], bei dem die Mitglieder das Recht haben, "à la carte"[122], d.h. nach Maßgabe des Teils III Art. 20 ESC bestimmte Artikel oder Absätze herauszusuchen, die sie (jetzt oder später) als für sich bindend anerkennen. Gemäß Art. 20 Abs. 1 lit. b ESC kann insbesondere auch Art. 6 Nr. 4 ESC von der Umsetzung gänzlich ausgenommen werden, was in einzelnen Mitgliedsstaaten auch getan wurde.[123] Der große Gestaltungsspielraum bei der Frage, ob eine Norm überhaupt übernommen werden soll, spricht für einen Gestaltungsspielraum auch bei der Ausgestaltung einer übernommenen Norm.

Der Außenseiter kann sich also nicht unmittelbar auf Art. 6 Nr. 4 ESC zur Begründung eines Streikrechts berufen.

c) Chartakonforme Auslegung

aa) Pflicht zur chartakonformen Auslegung

Überwiegend wird vertreten, die Vorschriften der ESC, zu deren Durchführung sich die Bundesrepublik in Folge des Zustimmungsgesetzes verpflichtet habe, seien für die Auslegung von Gesetzen, vor allem aber für die Lückenausfüllung durch den rechtsfortbildenden Richter beachtlich.[124] Diese Ansicht vertritt mitt-

---

[120] ArbG Berlin, 10.10.1974, AP Nr. 49 zu Art. 9 GG Arbeitskampf unter I 3 b; MünchArbR/**Birk**, § 17 Rn. 83; **Fabricius**, S. 14; **Frowein**, S. 18; **Heckelmann**, S. 32; **Kitz** in: **Mosler/Bernhardt**, Die Koalitionsfreiheit des Arbeitnehmers, S. 1073, 1092; **Müller**, DB 1984, 2692 Fn. 1; MünchArbR/**Otto**, § 277 Rn. 53; **Peters**, S. 11 f.; **Rüthers** in: **Brox/Rüthers**, Rn. 124; **Schaub**, Arbeitsrechts-Handbuch, § 193 I 3, S. 1612 f.; **Scholz/Konzen**, Aussperrung, S. 61; **Seiter**, S. 130 ff.; **Thüsing**, S. 35 f.; **Zöllner/Loritz**, § 9 I 2, S. 124; offengelassen BVerfG 20.10.1981, AP Nr. 31 zu § 2 TVG unter B I 5 b; BAG 10.6.1980, AP Nr. 64 zu Art. 9 GG Arbeitskampf unter A II 2 a.

[121] So die treffende Bezeichnung von **Birk**, Europäisches Arbeitsrecht – Textausgabe, Einführung IV 11, S. 19.

[122] So **Merten** in: **Merten/Pitschas**, Der Europäische Sozialstaat und seine Institutionen, S. 63, 68.

[123] Vgl. **Lörcher** in: **Däubler/Kittner/Lörcher**, Internationale Arbeits- und Sozialordnung, Nr. 320, S. 622.

[124] **Frowein**, S. 18; **Heckelmann**, S. 32 f.; **Peters**, S. 12; **Seiter**, S. 137 ff.; **Zöllner/Loritz**, Arbeitsrecht, § 9 I 2, S. 124.

lerweile auch das **BAG**.[125] Nach dem **Bundesverfassungsgericht** sind Inhalt und Entwicklungsstand der EMRK bei der Auslegung des Grundgesetzes in Betracht zu ziehen, sofern dies nicht zu einer Einschränkung oder Minderung des Grundrechtsschutzes nach dem Grundgesetz führt.[126] Für die ESC hat es diese Frage ausdrücklich offengelassen.[127]

Demgegenüber wird unter Hinweis auf die Entstehungsgeschichte und Wortlaut des Anhangs zu Teil III ESC ein "Verbot der Anwendung der Sozialcharta durch die nationalen Gerichte" vertreten.[128] In dem Anhang heißt es: "Es besteht Einverständnis darüber, daß die Charta rechtliche Verpflichtungen internationalen Charakters enthält, deren Durchführung *ausschließlich* der in ihrem Teil IV vorgesehenen Überwachung unterliegt." Jedenfalls im Hinblick auf die deutsche Besonderheit, daß der Gesetzgeber die Ausgestaltung des Arbeitskampfrechts verweigert und die Rechtsprechung als "Ersatzgesetzgeber" tätig wird, überzeugt diese Ansicht nicht.[129] Denn – wie geschehen – kann auch das "Richterrecht" nach Teil IV ESC beanstandet werden.

bb) Umfang des Gewährleistungsinhalts

Fraglich ist aber der Umfang des Gewährleistungsinhalts, welcher der chartakonformen Auslegung bzw. Ausgestaltung des deutschen Rechts zugrunde zu legen ist. Zu untersuchen ist insbesondere, ob Art. 6 Nr. 4 ESC von einem individuellen Streikrecht des einzelnen Arbeitnehmers, also auch des Außenseiters, ausgeht, wie es die eingangs erwähnten Ansichten vertreten.

Der *Wortlaut* ist isoliert betrachtet indifferent,[130] einerseits spricht er vom Recht "der Arbeitnehmer und Arbeitgeber" auf kollektive Maßnahmen einschließlich des Streikrechts, andererseits soll dies gelten, "um die wirksame Ausübung des Rechts auf Kollektivverhandlungen zu gewährleisten" und "vorbehaltlich etwaiger Verpflichtungen aus geltenden Gesamtarbeitsverträgen" (etwa einer tarifvertraglichen Friedenspflicht). Das **BAG** folgert sogar, der Wortlaut spräche für eine enge Zuordnung des Arbeitskampfs zu Kollektivverhandlungen und dafür, daß die ESC den Arbeitskampf im Dienste der Tarifautonomie sehe und Arbeitskämpfe nur

---

[125] BAG 12.9.1984, AP Nr. 81 zu Art. 9 GG Arbeitskampf unter B II 2 c; noch offengelassen von BAG 10.6.1980, AP Nr. 64 zu Art. 9 GG Arbeitskampf unter A II 2 a.

[126] BVerfG 26.3.1987, BVerfGE 74, 358, 370.

[127] BVerfG 20.10.1981, AP Nr. 31 zu § 2 TVG unter B I 5 b; 2.3.1993, AP Nr. 126 zu Art. 9 GG Arbeitskampf unter B II 2 b.

[128] **Schaub**, Arbeitsrechts-Handbuch, § 193 I 3, S. 1613; **Scholz/Konzen**, Aussperrung, S. 61 f.; **Sproedt**, S. 67 ff.; **Wengler**, S. 10 ff.

[129] I. E. ebenso MünchArbR/**Otto**, § 277 Rn. 53; **Rüthers** in: **Brox/Rüthers**, Rn. 124; **Seiter**, S. 137 ff.

[130] Ähnlich **Gamillscheg**, KollArbR I, S. 958 f.; **Mayer-Maly**, Anm. zu BAG 12.3.1985, AP Nr. 84 zu Art. 9 GG Arbeitskampf: "viel zu pauschal"; **Zöllner/Loritz**, Arbeitsrecht, § 40 II 2, S. 452: "unbestimmt".

zum Ausgleich tariflicher Interessenkonflikte erforderlich seien.[131] Die *Entstehungsgeschichte* der Norm bestätigt die Vermutung des **BAG**, daß es sich beim Streikrecht der ESC nicht um ein Individual-, sondern ein Kollektivrecht handelt, dessen Träger eine Arbeitnehmervereinigung als solche ist.[132] Ursprünglich war das Streikrecht in der ESC als reines Individualrecht konzipiert, wurde aber aufgrund zahlreicher Beanstandungen im weiteren Verlauf als Recht auf *kollektive Maßnahmen* ausgeformt.[133] Auch *systematische Gründe* sprechen gegen ein individuelles Streikrecht. Das Arbeitskampfrecht kann nur als ein Ausfluß des Vereinigungsrechts der Arbeitnehmer und Arbeitgeber gemäß Art. 5 ESC verstanden werden.[134] Außerdem steht die in Art. 6 Nr. 2 ESC auferlegte Pflicht zur Förderung von Verfahren zwischen Arbeitgebern oder Arbeitgeberorganisationen einerseits und Arbeitnehmerorganisationen andererseits mit dem Ziel des Abschlusses von Gesamtarbeitsverträgen im sachlichen Zusammenhang mit der Anerkennung des Streikrechts in Nr. 4.[135] Der rein kollektivrechtliche Ansatz, daß als Träger des Streikrechts nur die Arbeitnehmerkoalitionen anzusehen sind, entspricht nicht nur der Rechtspraxis anderer Unterzeichnerstaaten (wie etwa der Türkei[136])[137], sondern auch der Rechtslage nach Art. 9 Abs. 3 GG.[138] Daher ist dem **Bundesverfassungsgericht** zuzustimmen, das davon ausgeht, daß die Gewährleistungen der ESC über Art. 9 Abs. 3 GG nicht hinausgehen.[139] Schließlich ist die individuelle Rechtsträgerschaft des einzelnen Arbeitnehmers auch nicht erforderlich, "um die wirksame Ausübung des Rechtes auf Kollektivverhandlungen zu gewährleisten" (Art. 6 ESC Einleitungssatz)[140], zumal die Ausübung des Streikrechts gemäß dem – auf Initiative des deutschen Vertreters hinzugefügten[141] – Anhang zu Art. 6 Nr. 4 ESC durch Gesetz geregelt werden kann und weitere Einschränkungen mit dem weitreichenden Gesetzesvorbehalt des Art. 31 ESC gerechtfertigt werden können.[142]

---

[131] BAG 5.3.1985, AP Nr. 85 zu Art. 9 GG Arbeitskampf unter II 3 b; ebenso **Rüthers**, BB 1990, Beil. 25, S. 1, 4.

[132] **Kitz** in: **Mosler/Bernhardt**, Die Koalitionsfreiheit des Arbeitnehmers, S. 1073, 1092 f.; **Tomandl**, S. 100.

[133] Zur Entstehungsgeschichte **Sproedt**, S. 59 ff.

[134] **Frowein**, S. 18.

[135] So zutreffend BAG 5.3.1985, AP Nr. 85 zu Art. 9 GG Arbeitskampf unter II 3 d.

[136] Vgl. **Isikli** in: **Mosler/Bernhardt**, Die Koalitionsfreiheit des Arbeitnehmers, S. 899, 914, 939. Eine aktuelle Zusammenstellung der Unterzeichnerstaaten findet sich im ArbuR 1998, 156 (amtliche) Fn. 1

[137] Darauf stellen ab: **Peters**, S. 12 f.; **Thüsing**, S. 37.

[138] S. o. § 3 V 2 b aa (S. 48 f.).

[139] BVerfG 2.3.1993, AP Nr. 126 zu Art. 9 GG Arbeitskampf unter B II 2 b.

[140] Zutreffend **Thüsing**, S. 37 f.

[141] Vgl. **Sproedt**, S. 61.

[142] Vgl. auch die Tendenz in der Europäischen Union, das Koalitions-, Streik- und Aussperrungsrecht nicht der Zuständigkeit der EU zu unterstellen: Art. 137 Abs. 6 EGV n.F., dazu **Lecheler**, JuS 1998, 392, 396.

Festzuhalten ist also erstens, daß entgegen den eingangs dargestellten Ansichten die Beschränkung des deutschen Rechts auf die Gewährleistung nur tarifvertragsbezogener Arbeitskämpfe nicht gegen die ESC verstößt[143], und zweitens, daß Art. 6 Nr. 4 ESC ein subjektives Streikrecht des einzelnen Arbeitnehmers, also auch des Außenseiters, nicht entnommen werden kann.[144]

d) Bindungswirkung der Empfehlung

Die o.g. Empfehlung des Ministerkomitees ist unabhängig davon, daß sie sachlich unzutreffend ist, für die deutsche Staatsgewalt nicht verbindlich.[145] Dies ergibt sich bereits aus dem Begriff der "Empfehlung" im Gegensatz zur "Entscheidung" (vgl. Art. 189 EGV; künftig Art. 249 EGV[146]). Außerdem folgt die fehlende Beachtlichkeit im Umkehrschluß aus Art. 53 EMRK, wo die ausdrückliche Pflicht der Vertragsstaaten normiert ist, sich in allen Fällen, an denen sie beteiligt sind, nach der jeweiligen Entscheidung des Europäischen Gerichtshofs für Menschenrechte (EGMR) zu richten.

Zusammenfassend ist festzustellen, daß Art. 6 Nr. 4 ESC ein Streikrecht des Arbeitnehmeraußenseiters nicht entnommen werden kann.

e) Exkurs: Andere internationale Abkommen

Auch andere internationale Abkommen enthalten keine Gewährleistung eines Arbeitskampfrechts für Außenseiter. *Art. 11 EMRK* und *Art. 2, 3 und 10 des Übereinkommens Nr. 87 der Internationalen Arbeitsorganisation (ILO) über die Vereinigungsfreiheit und den Schutz des Vereinigungsrechtes*[147] gewährleisten die Koalitionsfreiheit, ohne das Arbeitskampfrecht überhaupt anzusprechen. Soweit daraus Aussagen zum Arbeitskampfrecht hergeleitet werden,[148] gehen sie über

---

143 BAG 5.3.1985, AP Nr. 85 zu Art. 9 GG Arbeitskampf unter II 3 d; MünchArbR/**Löwisch**, § 239 Rn. 129; **Zöllner/Loritz**, Arbeitsrecht, § 40 II 2, S. 452.

144 Ebenso **Mecker**, S. 95; **Peters**, S. 12 f.; **Thüsing**, S. 36 ff.

145 **Leuprecht** in: **Merten/Pitschas**, Der Europäische Sozialstaat und seine Institutionen, S. 79, 82; **Wiese**, JIR 16 (1973), 328, 339; im Ansatz ebenso **Däubler**, ArbuR 1998, 144, 147.

146 Vgl. Synopse des EGV nach dem Vertrag von Amsterdam in JuS 1998 Beil. zu Heft 5. Die n.F. des EGV tritt erst nach ihrer Ratifizierung durch die Parlamente der Mitgliedsstaaten in Kraft, welche noch nicht vollständig abgeschlossen ist, vgl. **Lecheler**, JuS 1998, 392, 393; zum derzeitigen Stand der Ratifizierungen **Huff**, FAZ vom 5.3.1999, S. 22.

147 BGBl. II, 1956, S. 2072 und 1958, S. 113; abgedr. bei **Däubler/Kittner/Lörcher**, Internationale Arbeits- und Sozialordnung, unter Nr. 210.

148 Vgl. etwa EGMR, Urteil vom 6.2.1976 in: **Oetker/Preis**, EAS, Nr. 3 zu Art. 11 EMRK, Rn. 36; **Schneider**, S. 96 f.

diejenigen des Art. 9 Abs. 3 GG nicht hinaus und gewährleisten insbesondere kein subjektives Streikrecht des einzelnen.[149] Auch der normative Gehalt der Streikrechtsgewährleistung des *Art. 8 Abs. 1 lit. d des Internationalen Pakts über wirtschaftliche, soziale und kulturelle Rechte*[150] beschränkt sich auf die Unzulässigkeit eines völligen Streikverbots.[151]

II. Andere Ansichten

Im folgenden werden von der oben[152] dargestellten h.M. abweichende, bereits ältere Ansichten erörtert, die teilweise eine Außenseiterbeteiligung am Streik ganz ablehnen (1.) und teilweise den Arbeitsvertrag des einzelnen Arbeitnehmers als Grundlage für ein Streikrecht heranziehen (2.).

1. Unzulässigkeit der Streikbeteiligung von Arbeitnehmeraußenseitern

Aus der überkommenen Verklammerung von Streik und Tarifvertrag entwickelte **Ramm** die sog. "konsequente kollektivrechtliche Streiktheorie", nach der sich die Privilegierung der Teilnahme an einem gewerkschaftlichen Streik allein auf die Mitglieder der Gewerkschaft bezieht – entsprechend der Regelung im TVG.[153] Nichtangehörige einer Gewerkschaft könnten sich somit an einem Streik nur unter Einhaltung der arbeitsvertraglichen Kündigungsfristen beteiligen.[154] Diese dogmatisch nicht näher begründete Auffassung hat **Ramm** selbst wenig später im Hinblick auf die Ratifizierung des Art. 6 Nr. 4 ESC[155] wieder aufgegeben.[156]

Im Jahre 1970 vertraten **van Gelder/Leinemann**, daß die Beteiligung nichtorganisierter Arbeitnehmer an einem rechtmäßigen Streik rechtswidrig sei, da die Nichtorganisierten nicht die Voraussetzungen des Rechtfertigungsgrundes des §

[149] BAG 10.6.1980, AP Nr. 64 zu Art. 9 GG Arbeitskampf unter A II 2 b; **Beninca**, S. 83; **Gamillscheg**, KollArbR I, S. 955 f.; **Hergenröder** in: **Löwisch**, Arbeitskampf- und Schlichtungsrecht, 170.8 Rn. 17 ff.; MünchArbR/**Otto**, § 277 Rn. 51, 55; **Rüthers** in: **Brox/Rüthers**, Rn. 126 f.; **Schaub**, Arbeitsrechts-Handbuch, § 193 I 3, S. 1613.

[150] BGBl. II, 1973, S. 1570; abgedr. in: **Däubler/Kittner/Lörcher**, Internationale Arbeits- und Sozialordnung, unter Nr. 130.

[151] **Däubler** in: **Däubler**, Arbeitskampfrecht, Rn. 104 d; vgl. auch **Beninca**, S. 84; MünchArbR/**Otto**, § 277 Rn. 56.

[152] § 4 I (S. 57 ff.).

[153] **Ramm**, ArbuR 1964, 129, 136 f.

[154] **Ramm**, ArbuR 1964, 129, 137.

[155] S. o. § 4 I 8 (S. 70 ff.).

[156] **Ramm**, ArbuR 1967, 97, 109.

49 Abs. 2 S. 3 BetrVG 1952 erfüllten.[157] Dogmatischer Ausgangspunkt war also § 49 Abs. 2 S. 3 BetrVG 1952 (heute: § 74 Abs. 2 S. 1, 2. Hs. BetrVG). Aus dessen Aussage, daß Arbeitskämpfe tariffähiger Parteien durch das betriebsverfassungsrechtliche Kampfverbot zwischen Arbeitgeber und Betriebsrat nicht berührt werden, folgerten sie im Umkehrschluß, daß nur Arbeitskämpfe tariffähiger Parteien um Tarifvertragsabschlüsse rechtmäßig seien.[158] Mit feinsinniger Argumentation legten sie dar, daß die tariffähige Gewerkschaft selbst nicht streiken könne und die streikenden organisierten Arbeitnehmer nicht tariffähig seien, so daß ein "Arbeitskampf zwischen tariffähigen Parteien" auf Arbeitnehmerseite bedeute, daß die streikenden Arbeitnehmer in der Gewerkschaft organisiert seien, mit welcher der angestrebte Tarifvertrag abgeschlossen werden solle. Da dies bei Außenseitern nicht der Fall sei und sie nicht das Kampfziel eines unmittelbar auf ihr Einzelarbeitsverhältnis einwirkenden Tarifvertrags hätten, sei ihre Streikteilnahme unzulässig[159].

Kritisiert wird an dieser Auffassung insbesondere der fragmentarische Charakter der Argumentation[160] und die problematische Anknüpfung an § 49 Abs. 2 S. 3 BetrVG 1952.[161] Tatsächlich dürfen die genannten Auffassungen angesichts der neueren arbeitskampfrechtlichen Erkenntnisse zu Art. 9 Abs. 3 GG[162] als überholt bezeichnet werden. Inhaltlich läßt sich jedoch ihre Kernaussage heute auf der Grundlage von Art. 9 Abs. 3 GG wiederholen: Die aktive Arbeitskampfbeteiligung von Außenseitern ist durch Art. 9 Abs. 3 GG nicht geschützt[163] und stellt – falls nicht anderweitig gerechtfertigt – hinsichtlich der arbeitsvertraglich vereinbarten Arbeitspflicht einen unzulässigen Bruch des Grundsatzes "pacta sunt servanda" dar.

2. Arbeitsvertragsimmanentes Recht zum Arbeitskampf

a) Vertragsauslegung nach § 157 BGB

Nach Auffassung **Hoenigers**[164] wird gemäß § 157 BGB zum Inhalt jedes Einzelarbeitsvertrages, daß der Arbeitnehmer – egal, ob organisiert oder unorganisiert – im Falle eines Arbeitskampfes die Arbeit einstellen darf, ohne daß darin eine

157 **van Gelder/Leinemann**, ArbuR 1970, 1, 6; **Leinemann**, DB 1971, 2309, 2312.
158 **van Gelder/Leinemann**, ArbuR 1970, 1, 4.
159 **van Gelder/Leinemann**, ArbuR 1970, 1, 6; i. E. ebenso, aber mit anderer Begründung **Mecker**, S. 110.
160 **Thüsing**, S. 39.
161 Zu Recht krit. zum geschilderten Umkehrschluß **Seiter**, S. 41 und 394 ff.
162 Vgl. ausf. oben § 3 V (S. 43 ff.).
163 S. o. § 3 V 2 b aa (S. 48 f.).
164 **Hoeniger**, RdA 1953, 204, 210; ähnlich **Siebert**, RdA 1956, 13, 16.

beharrliche Arbeitsverweigerung zu sehen ist. Man dürfe die Gewerkschaftszugehörigkeit einzustellender Arbeitnehmer oder den Einfluß des Tarifvertragswesens auch auf zur Zeit Unorganisierte bei Vertragsabschluß und Einstellung der Arbeitnehmer nicht völlig außer acht lassen. Der Arbeitgeber sei sich bewußt, daß er den Arbeitnehmer unter dem Gesamtgefüge des Tarifvertrags einstelle und bei Ablauf des Tarifvertrags ein Arbeitskampf wahrscheinlich sei.[165]

Die Kritik daran, diese Konstruktion biete die Möglichkeit abweichender Vereinbarungen[166], überzeugt nicht. Sie ist nämlich nach heutigem Erkenntnisstand hinsichtlich der organisierten Arbeitnehmer unzutreffend. Gemäß Art. 9 Abs. 3 S. 2 GG sind Abreden nichtig, welche die durch die Koalitionsfreiheit geschützte positive Arbeitskampffreiheit[167] einschränken. Dennoch kann der Auffassung **Hoenigers** nicht gefolgt werden, da er keine konkreten Anhaltspunkte anführt, die auf einen – zumindest mutmaßlichen – Willen der Vertragsparteien schließen lassen, dem anderen eine Berechtigung zur Durchführung von Arbeitskampfmaßnahmen zu gewähren.[168] Insbesondere tritt die Organisationszugehörigkeit beim Vertragsschluß regelmäßig nicht zutage, und der Hinweis auf den "Einfluß des Tarifvertragswesens auf Unorganisierte" ist zu pauschal.

b) Theorie der "Offenheit" des Arbeitsvertrags

Von **Zeuner**[169] entwickelt wurde die sog. Theorie der "Offenheit" des Arbeitsvertrags gegenüber dem Tarifvertrag. Da die Arbeitsbedingungen des Arbeitnehmers nicht allein und endgültig durch den Einzelarbeitsvertrag festgelegt würden, sondern die günstigere Tarifregelung die ungünstigere Einzelvereinbarung verdrängen könne, vermöge der Einzelvertrag für sich allein nur mehr eine "in gewisser Hinsicht vorläufige und offene Ordnung" zu begründen.[170] Aufgrund seiner Offenheit und Unvollständigkeit lasse der Einzelvertrag die Teilnahme an einem kollektivrechtlich legitimen Streik zu, wenn der Vertrag "als Grundlage einer angemessenen Ordnung" im Falle eines Arbeitskampfes um einen Tarifvertrag gerade in Frage gestellt sei. Insoweit sei die Arbeitspflicht eingeschränkt.[171] Dies gelte auch für nichtorganisierte Arbeitnehmer, da sie die Anwendbarkeit der umkämpften

---

165 Insoweit ähnlich BAG (GS) 28.1.1955, AP Nr. 1 zu Art. 9 GG Arbeitskampf unter I 6: "Nichtorganisierte schließen sich weitgehend an. Das *weiß* auch der Arbeitgeber, damit *muß er rechnen*".

166 **Promberger**, S. 69 f.; **Seiter**, S. 43 Fn. 95.

167 S. o. § 3 V 2 b aa (S. 48 f.).

168 Ablehnend auch **Heckelmann**, S. 52; **Mecker**, S. 78; **Otte**, S. 81; **Rose**, S. 25 ff.; **Seiter**, S. 43 Fn. 95.

169 **Zeuner**, JZ 1962, 425, 426 ff.; ihm folgend: **Grunsky**, JuS 1967, 60, 62; **Otte**, S. 82 ff., zusammenfassend S. 168 ff.; **Promberger**, S. 72 ff.

170 **Zeuner**, JZ 1962, 425, 426 f.

171 **Zeuner**, JZ 1962, 425, 427.

Regelung auf ihre Arbeitsverhältnisse jedenfalls durch Eintritt in die Gewerkschaft herbeizuführen vermögen.[172]

Diese Ansicht ist jedoch abzulehnen.[173] Insbesondere die Begründung der Außenseiterbeteiligung am Streik mit der bloßen Möglichkeit, durch Gewerkschaftseintritt die Tarifwirkung des umkämpften Tarifvertrags herzustellen, ist juristisch wenig überzeugend. Außerdem ist die sog. "Offenheit" des Arbeitsvertrags keine brauchbare dogmatische Stütze zur Begründung eines Streikrechts auf vertraglicher Grundlage. Zur vertraglichen Rechtfertigung eines Streikrechts bedarf es vielmehr eines ausdrücklich oder zumindest – wie **Hoeniger** es annimmt[174] – konkludent erklärten entsprechenden Einverständnisses der Arbeitsvertragsparteien. Ein solches bleibt aber bei **Zeuner** unausgesprochen.

c) Theorie der "Tarifoffenheit" des Arbeitsvertrags

Eine weitere Spielart der vorgenannten Theorie hat **Kraft** entwickelt.[175] Nach seiner Ansicht ist die arbeitsvertragliche Pflicht zur Arbeitsleistung im Rahmen eines legitimen Arbeitskampfes eingeschränkt, wenn der Arbeitsvertrag zur Zeit der kampfweisen Arbeitsniederlegung "offen" für die tarifvertragliche Regelung ist, d.h. auf Ausfüllung und Sicherung durch die Normen des angestrebten Tarifvertrags angelegt ist. Dies sei bei tarifgebundenen Partnern der Fall, weil nach Ablauf des Tarifvertrags den nur vorläufig durch die nachwirkenden Tarifbestimmungen ergänzten Individualverträgen nicht die gleiche Bindungs- und Verpflichtungswirkung zukomme wie den durch Tarifvertrag ausgefüllten. Bei Außenseitern sei es hingegen nur der Fall, wenn deren Arbeitsvertrag auf die Bestimmungen des jeweils geltenden Tarifvertrags Bezug nähme oder deren Behandlung nach dem Tarifvertrag auf betrieblicher Übung beruhe.

Die Stärke dieses vielbeachteten Ansatzes liegt darin, daß er die ungewisse zukünftige Möglichkeit einer Erfassung der Außenseiter durch den Tarifvertrag nicht für ausreichend hält, sondern den an sich sachgerechten Gedanken der tatsächlichen Partizipation[176] weiterdenkt. Der dagegen vorgebrachte Einwand, die individualvertragliche Bewertung der Arbeitskampfbeteiligung führe zur praktischen Schwierigkeiten und einer unerträglichen Unsicherheit für den Arbeitnehmer, da er im Einzelfall überprüfen müsse, ob um auf ihn anwendbare Arbeitsbedingungen gekämpft werde,[177] greift nicht durch. Die damit verbundenen Schwierigkeiten sind nicht größer als die üblicherweise mit dem Auftreten im Rechtsverkehr ver-

---

[172] So ausdrücklich **Zeuner**, JZ 1962, 425, 427 Fn. 13; **Otte**, S. 93.
[173] Ablehnend auch **Mecker**, S. 79 ff.; **Rose**, S. 24; **Seiter**, S. 44.
[174] S. o. § 4 II 2 a (S. 78 f.).
[175] **Kraft**, RdA 1968, 434, 436.
[176] Vgl. oben § 4 I 4 (S. 62 f.).
[177] **Brox**, JA 1980, 628, 629; **Rose**, S. 18; **Seiter**, S. 45; ablehnend auch **Thüsing**, S. 40.

bundenen. Die Frage nach der Anwendbarkeit bestimmter Arbeitsbedingungen stellt sich täglich vielfach. Zweckmäßigkeits- und Praktikabilitätserwägungen vermögen den Ansatz **Krafts** nicht zu entkräften, zumal es im Rahmen der hier betroffenen Frage der Abweichung von der privatautonom vereinbarten Arbeitspflicht einer eingehenderen Argumentation bedarf. Dennoch ist dem Ansatz **Krafts** nicht zu folgen, weil die "(Tarif-)Offenheit" des Arbeitsvertrags – wie bereits oben dargelegt – keine brauchbare dogmatische Grundlage zur Begründung eines Streikrechts auf vertraglicher Grundlage ist.[178]

Alle vorgenannten Auffassungen, die ein vertragsimmanentes Streikrecht des Arbeitnehmers annehmen, sind geprägt durch die in der Entscheidung des **Großen Senats des BAG** vom 28.1.1955[179] aufgeworfene Frage, ob der Arbeitnehmer durch die Teilnahme an einem rechtmäßigen gewerkschaftlich geführten Streik gegen seinen Arbeitsvertrag verstößt oder nicht. Für dieses Problem entwickeln sie eine rechtliche Konstruktion, die grundsätzlich auf *alle* Arbeitnehmer anwendbar sein soll, unabhängig davon, ob sie organisiert oder nicht- bzw. andersorganisiert sind. Diese Ansätze sind letztlich auch deshalb abzulehnen, weil sie aufgrund der neueren Erkenntnisse zu Art. 9 Abs. 3 GG überholt sind. Für die Organisierten ergibt sich das Streikrecht bereits aus Art. 9 Abs. 3 GG.[180] Für diese Arbeitnehmer ist ein individualvertraglich begründetes Streikrecht an sich überflüssig und hat daher nur deklaratorische Bedeutung. Für die Arbeitnehmeraußenseiter hingegen bietet eine Streikberechtigung auf individualrechtlicher Grundlage angesichts der dogmatischen Schwäche der h.M. – welche deren Vertreter selbst einräumen[181] – einen bedenkenswerten Ansatz, der später weiterverfolgt werden soll.[182]

III. Zwischenergebnis

Den in Literatur und Rechtsprechung vertretenen Auffassungen, insbesondere der h.M., gelingt es nicht, das Streikrecht von Arbeitnehmeraußenseitern dogmatisch tragfähig zu begründen. Daher bleibt es bei der Rechtslage gemäß Art. 9 Abs. 3 GG, wonach Arbeitnehmeraußenseiter nicht zur Teilnahme am Streik berechtigt sind, es sei denn, auf individualrechtlicher Grundlage ergäbe sich etwas anderes.[183]

---

[178] Ablehnend auch **van Gelder/Leinemann**, ArbuR 1970, 1, 7.
[179] BAG (GS), AP Nr. 1 zu Art. 9 GG Arbeitskampf; dazu bereits oben § 4 I vor 1 (S. 58).
[180] S. o. § 3 V 2 b aa (S. 48 f.).
[181] Vgl. nur **Brox**, JA 1980, 628, 629; s. auch bereits oben § 1 II a. E. m.w.N. (S. 3 f.).
[182] Näher unten 4. Teil (S. 147 ff.).
[183] Dazu unten 4. Teil (S. 147 ff.).

Abgesehen von den aus der Wesentlichkeitslehre folgenden Anforderungen an das Arbeitskampfrecht[184] ist es im Hinblick auf den Charakter des Art. 9 Abs. 3 GG als Grundrecht mit "normgeprägtem Schutzbereich"[185] vertretbar, im Rahmen der (richterrechtlichen) Ausgestaltung des Arbeitskampfrechts den Außenseitern ein *Streikteilnahmerecht* zuzubilligen, *wenn und soweit ein Arbeitskampf um auf sie nach §§ 3 Abs. 2, 4 Abs. 1 S. 2 und § 5 Abs. 4 TVG anwendbare Tarifnormen geführt wird*, was in der Praxis freilich nur selten der Fall ist[186]. Ebenso wie man aus der gesetzlichen Wertung des § 2 Abs. 1 TVG das Aussperrungsrecht des einzelnen Arbeitgebers im Firmenarbeitskampf entnehmen kann[187], liegt diesen Bestimmungen die gesetzgeberische Entscheidung zugrunde, die Außenseiter hinsichtlich der Tarifnormen über betriebliche und betriebsverfassungsrechtliche Fragen sowie hinsichtlich der für allgemeinverbindlich erklärten Tarifverträge unabhängig von ihrem Willen in das Tarifsystem einzubeziehen.[188] Aufgrund des engen Funktionszusammenhangs von Arbeitskampf und Tarifvertrag ist damit auch die arbeitskampfrechtliche Einbindung der Außenseiter insoweit vorgezeichnet.[189]

---

[184] Dazu oben § 4 I 7 c (S. 68 ff.).

[185] S. o. § 3 I 1 (S. 24 f.).

[186] Vgl. **Seiter**, S. 45.

[187] § 3 V 2 b cc m.w.N. (S. 50 f.).

[188] Die Verfassungsmäßigkeit dieser Vorschriften kann hier freilich nicht untersucht werden.

[189] Zur Arbeitskampfbeteiligung von Außenseitern bei Allgemeinverbindlichkeit (§ 5 TVG) des umkämpften Tarifvertrags s. auch ausf. unten § 7 III (S. 144 ff.).

§ 5 Aussperrungsrecht des Arbeitgeberaußenseiters

Bei der hier zu behandelnden Frage, ob sich Arbeitgeberaußenseiter aktiv am (Verbands-)Arbeitskampf beteiligen dürfen, tauchen – wie zu erwarten war – zum Teil parallele Argumentationsmuster auf wie bei der Problematik der aktiven Arbeitskampfbeteiligung von Arbeitnehmeraußenseitern. Insoweit wird von Verweisungen auf die Ausführungen zu § 4 Gebrauch gemacht werden.

Die im Vergleich zur Arbeitnehmerseite auf Arbeitgeberseite durch die Tariffähigkeit (auch) des einzelnen Arbeitgebers nach § 2 Abs. 1 TVG bestehende "Asymmetrie" spielt vorliegend keine Rolle, weil nach der hier zugrunde gelegten Begriffsbestimmung der einzelne Arbeitgeber im *Firmen*arbeitskampf kein Außenseiter ist, sondern sowohl Arbeitskampfgegner als auch Tarifvertragspartner bezüglich des umkämpften Firmentarifvertrags ist.[1] Wie bereits dargelegt, steht dem einzelnen Arbeitgeber im *Firmen*arbeitskampf nach einhelliger Meinung ein vom Arbeitgeberverband unabhängiges Aussperrungsrecht zu.[2] Die Außenseiterproblematik auf Arbeitgeberseite stellt sich daher nur in einem *Verbands*arbeitskampf hinsichtlich der nicht- oder andersorganisierten Arbeitgeber.[3]

I. Aussperrungsteilnahmerecht des Arbeitgeberaußenseiters (h.M.)

Nach überwiegender Meinung hat der nicht im kampfführenden Arbeitgeberverband organisierte Arbeitgeber das Recht, sich einer Verbandsaussperrung anzuschließen.[4] Tue er dies, müsse er sich insofern wie ein

[1] S. o. § 2 II (S. 6 ff.) und IV (S. 10 f.).
[2] S. o. § 3 V 2 b cc m.w.N. (S. 50 f.).
[3] Noch präziser oben § 2 IV 1 (S. 10 f.); ebenso im Ansatz: **Häuser**, FS Kissel, S. 297, 324 f.; **Lieb**, FS Kissel, S. 653, 660 f. Zumindest mißverständlich ist hingegen die Terminologie "Außenseiter-Arbeitgeber" des BAG 11.8.1992, AP Nr. 124 zu Art. 9 GG Arbeitskampf unter A I 3 b im Falle eines *Firmen*arbeitskampfes. Zu undifferenziert ist die Feststellung von **Säcker**, Gruppenautonomie, S. 333, auf Arbeitgeberseite gebe es wegen § 2 Abs. 1 TVG keine rechtliche Außenseiterproblematik.
[4] BVerfG 26.6.1991, AP Nr. 117 zu Art. 9 GG Arbeitskampf unter C I 1 b; **Däubler**, ArbuR 1992, 1, 2 f.; **Dütz**, Arbeitsrecht, Rn. 599; **Gamillscheg**, KollArbR I, S. 1045 f.; **Häuser**, FS Kissel, S. 297, 323 f.; **Heckelmann**, S. 30 ff.; KassHb/**Kalb**, 6.2 Rn. 58; **Konzen**, SAE 1991, 335, 344; MünchArbR/**Otto**, § 278 Rn. 67; **Reichold**, JuS 1996, 1049, 1054; **Seiter**, S. 337 ff.; **Zöllner/Loritz**, Arbeitsrecht, § 40 VI 6, S. 464. – **A.A.**

Verbandsmitglied unterordnen.[5]

1. Verfassungsrechtliche Ansätze

Wie bereits ausführlich dargelegt,[6] kann aus der Verfassung ein individuelles Arbeitskampfrecht für Außenseiter nicht hergeleitet werden. Insbesondere kann auch **Seiters** Vorschlag, ein "subjektiv-privates" Aussperrungsrecht des einzelnen Arbeitgebers aus einer Kombination von Art. 2 Abs. 1 GG und Art. 9 Abs. 3 GG abzuleiten[7], nicht gefolgt werden.[8]

Dennoch sei der verfassungsrechtliche Ansatz des **Bundesverfassungsgerichts** eines angeblich durch Art. 9 Abs. 3 GG geschützten "Kampfbündnisses" zwischen Arbeitgeberaußenseiter und Arbeitgeberverband *in diesem Zusammenhang* nochmals aufgegriffen und dessen Bindungswirkung untersucht.

a) "Kampfbündnis"

In seiner Entscheidung vom 26.6.1991 hat das **Bundesverfassungsgericht** in ganzen drei Sätzen zur Aussperrungsbefugnis des Arbeitgeberaußenseiters festgestellt:[9]

"Auch ein Unternehmen, das sich als Außenseiter einer Verbandsaussperrung anschließt, betätigt sich koalitionsmäßig. Das Kampfbündnis eines Außenseiters mit einem tariffähigen Verband kann eine Vereinigung im Sinne von Art. 9 Abs. 3 GG sein, wenn es den Abschluß eines Tarifvertrags im Interesse des Außenseiters beeinflussen soll. Dieser Zweck ergibt sich hier bereits daraus, daß die Beschwerdeführerin die Geltung der Verbandstarife generell in den Arbeitsverträgen vereinbart hatte."

Lieb, Arbeitsrecht, Rn. 662 f.; **ders.**, FS Kissel, S. 653, 672 ff.; **Löwisch**., AR-Blattei (D) Arbeitskampf III Entsch. 15; **Löwisch/Rieble**, Arbeitskampf- und Schlichtungsrecht, 170.2 Rn. 97; **dies.**, Schlichtungs- und Arbeitskampfrecht, 1989, Rn. 330; **Loritz** in: **Lieb/v. Stebut/Zöllner**, Symposion, S. 117, 128 f.; **Rieble**, Anm. zu BVerfG 26.6.1991, EzA Nr. 97 zu Art. 9 GG Arbeitskampf unter IV 2; **Thüsing**, S. 141 ff.; offengelassen von BAG 12.3.1985, AP Nr. 84 zu Art. 9 GG Arbeitskampf unter II am Anfang.

[5] **Häuser**, FS Kissel, S. 297, 324; **Zöllner/Loritz**, Arbeitsrecht, § 40 VI 6, S. 464.

[6] S. o. § 3 V 2 (S. 44 ff.).

[7] **Seiter**, S. 337 ff.

[8] S. o. § 3 V 2 a cc (S. 46).

[9] BVerfG, AP Nr. 117 zu Art. 9 GG Arbeitskampf unter C I 1 b.

b) Kritik

Obwohl dieser Ansatz die h.M. unterstützt, wurde er auch von deren Vertretern zu Recht heftig kritisiert. Da das vom **Bundesverfassungsgericht** angenommene "Kampfbündnis" nicht länger dauert als der Arbeitskampf selbst, unterstellt das Bundesverfassungsgericht die sog. ad-hoc-Koalition dem Schutz des Art. 9 Abs. 3 GG.[10] Zutreffenderweise schützt die Koalitionsfreiheit solche kurzfristigen ad-hoc-Zusammenschlüsse aber gerade nicht.[11] Im zu entscheidenden Fall war es zudem wohl so, daß der Arbeitgeberaußenseiter offenbar aus eigenem Antrieb und ohne Abstimmung mit dem Verband aussperrte, so daß bereits die Annahme einer "Vereinigung" äußerst zweifelhaft ist.[12] Nicht nur insoweit hat das **BAG** daher zutreffend ein "Begründungsdefizit"[13] festgestellt. Zu kritisieren ist auch, daß das Bundesverfassungsgericht mit keinem Wort darauf eingegangen ist, ob das angebliche Anschlußaussperrungsrecht nur als Abwehrmaßnahme auf einen aktuellen oder wenigstens potentiellen (Verbands-)Streik gegen den Arbeitgeberaußenseiter zulässig ist oder auch als Angriffsmittel.[14] Abgesehen von den Einwänden gegen den im Ansatz des Bundesverfassungsgerichts steckenden Partizipationsgedanken[15] kann dessen Auffassung auch deshalb nicht gefolgt werden, weil sie durch die Gleichstellung von organisierten und nicht- oder andersorganisierten Arbeitgebern die durch die Koalitionsfreiheit geschützte Entscheidung, einem bestimmten Arbeitgeberverband fernzubleiben, überspielt und das, obwohl auf Arbeitgeberseite aufgrund des § 2 Abs. 1 TVG eine Differenzierung zwischen organisierten und nichtorganisierten Arbeitgebern noch deutlicher vorgegeben ist als auf Arbeitnehmerseite.

c) Verbindlichkeit der Entscheidungsaussage

Fraglich ist, ob der Entscheidung des **Bundesverfassungsgerichts** hinsichtlich der abzulehnenden Konstruktion eines "Kampfbündnisses" Verbindlichkeit nach § 31 BVerfGG zukommt.

---

[10] **Däubler**, ArbuR 1992, 1, 3.

[11] S. bereits o. § 3 V 2 a aa m.w.N. (S. 45); ablehnend gegenüber dem BVerfG daher auch **Beninca**, S. 43 f.; **Häuser**, FS Kissel, S. 297, 301; **Lieb**, FS Kissel, S. 653, 657; MünchArbR/**Otto**, § 278 Rn. 67; **Thüsing**, S. 143 f.

[12] Kritisch auch **Häuser**, FS Kissel, S. 297, 300 f.; **Lieb**, FS Kissel, S. 653, 657; **Konzen**, SAE 1991, 335, 342; MünchArbR/**Otto**, § 278 Rn. 67.

[13] BAG 11.8.1992, AP Nr. 124 zu Art. 9 GG Arbeitskampf unter A I 3 a.

[14] Krit. daher **Konzen**, SAE 1991, 335, 342. Die Kritik **Liebs**, FS Kissel, S. 653, 656 f., die Frage der Bestreikung des Arbeitgeberaußenseiters sei "systematisch deutlich vorrangig", geht hingegen zu weit. Einen solchen Vorrang gibt das aus Art. 9 Abs. 3 GG abzuleitende Arbeitskampfsystem nicht her.

[15] Dazu sogleich § 5 I 2 (S. 87 f.).

aa) § 31 Abs. 2 BVerfGG

Nach § 31 Abs. 2 S. 2 BVerfGG hat die Entscheidungsformel des Bundesverfassungsgerichts im Falle einer Verfassungsbeschwerde Gesetzeskraft, wenn das Bundesverfassungsgericht ein Gesetz als mit dem Grundgesetz vereinbar oder unvereinbar oder für nichtig erklärt.[16] Soweit dies geschieht, ist nach § 31 Abs. 2 S. 3 BVerfGG die Entscheidungsformel im Bundesgesetzblatt zu veröffentlichen. In den Tenor ist der (Un-)Vereinbarkeits- bzw. Nichtigkeitsausspruch aufzunehmen.[17] Ein Fall des § 31 Abs. 2 BVerfGG liegt bei der Entscheidung vom 26.6.1991 nicht vor, weil es nicht um die Vereinbarkeit eines *Gesetzes* mit dem GG ging, sondern um ein Urteil des **BAG**.[18] Davon ging ersichtlich auch das **Bundesverfassungsgericht** aus, denn die *Entscheidungsformel* lautete schlicht: "Die Verfassungsbeschwerde wird zurückgewiesen."[19]

bb) § 31 Abs. 1 BVerfGG

Nach § 31 Abs. 1 BVerfGG binden Entscheidungen des Bundesverfassungsgerichts die Verfassungsorgane des Bundes, der Länder sowie alle Gerichte und Behörden. Das bedeutet, daß die sich aus dem Tenor und den tragenden Gründen der Entscheidung ergebenden Grundsätze für die Auslegung der Verfassung beachtet werden müssen.[20] Tragend sind im Gegensatz zu bloßen obiter dicta solche Rechtsgründe, die den Tenor tragen, d.h. entscheidungserheblich in dem Sinne sind, daß ohne sie die Entscheidung anders ausgefallen wäre.[21] Zum Teil wird gemutmaßt, das Bundesverfassungsgericht habe die kritischen Ausführungen zum "Kampfbündnis" nur gemacht, um die Zulässigkeit der Verfassungsbeschwerde bejahen zu können.[22] Träfe dies zu, so hätte die Verfassungsbeschwerde wegen Unzulässigkeit in der Entscheidungsformel "verworfen" und nicht "zurückgewiesen" werden müssen (vgl. § 24 S. 1 BVerfGG) bzw. deren Annahme hätte abgelehnt werden müssen.[23] Dann wiederum würden die Ausführungen zum "Kampfbündnis" zu den tragenden Gründen gehören. Dem ist aber nicht so. Vielmehr handelt es sich dabei um ein nicht nach § 31 Abs. 1 BVerfGG bindendes obiter

---

[16] Näher zur Gesetzeskraft nach § 31 Abs. 2 BVerfGG **Maunz/Bethge** in: **Maunz/Schmidt-Bleibtreu/Klein/Ulsamer**, BVerfGG, § 31 Rn. 34; **Pestalozza**, Verfassungsprozeßrecht, § 20 Rn. 98 ff.

[17] **Schmidt-Bleibtreu** in: **Maunz/Schmidt-Bleibtreu/Klein/Ulsamer**, BVerfGG, § 95 Rn. 14; **Pestalozza**, Verfassungsprozeßrecht, § 20 Rn. 27 f.

[18] Nämlich um BAG 12.3.1985, AP Nr. 84 zu Art. 9 GG Arbeitskampf.

[19] Die Entscheidungsformel ist abgedruckt in BVerfGE 84, 212, 213.

[20] **Richardi**, JZ 1992, 27, 30 m.w.N.; ähnlich **Maunz/Bethge** in: **Maunz/Schmidt-Bleibtreu/Klein/Ulsamer**, BVerfGG, § 31 Rn. 16; **Pestalozza**, Verfassungsprozeßrecht, § 20 Rn. 90.

[21] **Pestalozza**, Verfassungsprozeßrecht, § 20 Rn. 31 ff.

[22] **Häuser**, FS Kissel, S. 297, 302; **Thüsing**, S. 142 Fn. 44.

[23] Zur Tenorierung bei Unzulässigkeit **Schmidt-Bleibtreu** in: **Maunz/Schmidt-Bleibtreu/Klein/Ulsamer**, BVerfGG, § 95 Rn. 13; **Pestalozza**, Verfassungsprozeßrecht, § 20 Rn. 30.

dictum.[24] Das Bundesverfassungsgericht bedurfte nämlich dieser Ausführungen nicht, um zur Zulässigkeit der Verfassungsbeschwerde sowohl hinsichtlich Art. 9 Abs. 3 GG als auch insgesamt zu gelangen. Im Rahmen der Beschwerdebefugnis (§ 90 Abs. 1 BVerfGG) findet die sog. "Möglichkeitstheorie" Anwendung[25], d.h. die behauptete Grundrechtsverletzung darf nicht offensichtlich und eindeutig nach keiner Betrachtungsweise ausscheiden.[26] Im Hinblick auf die strittige Frage der Grundrechtsträgerschaft bei Art. 9 Abs. 3 GG[27] bestand auch ohne die Konstruktion des "Kampfbündnisses" zumindest die Möglichkeit, daß die Koalitionsfreiheit der Beschwerdeführerin (eines Arbeitgeberaußenseiters) verletzt wurde. Außerdem nimmt das Bundesverfassungsgericht nach Bejahung der Zulässigkeit der Verfassungsbeschwerde eine umfassende rügeunabhängige Prüfungsbefugnis hinsichtlich des gesamten Verfassungsrechts in Anspruch.[28] Da das **Bundesverfassungsgericht** die Verfassungsbeschwerde offenbar hinsichtlich Art. 5 und 14 GG für zulässig erachtete[29], waren die Ausführungen zum "Kampfbündnis" (Art. 9 Abs. 3 GG) überflüssig. Sie entfalten daher keine Verbindlichkeit nach § 31 BVerfGG.

2. Partizipationsgedanke

Ebenso wie zur Begründung eines Arbeitnehmeraußenseiterstreikrechts[30] wird der Partizipationsgedanke zur Rechtfertigung eines Aussperrungsrechts für Arbeitgeberaußenseiter herangezogen, teils im Sinne von "faktischer" Partizipation[31], teils im Sinne von "erwarteter" Anwendbarkeit des erkämpften Tarifvertrags[32]. Ebensowenig wie oben[33] stellt der Partizipationsgedanke eine tragfähige rechtsdogmatische Stütze für eine aktive Arbeitskampfbefugnis von Außenseitern dar. Es gibt keinen Rechtsgrundsatz, daß aus der tatsächlichen oder erwarteten Teilhabe am Erfolg ein Recht zur Mitbewirkung dieses Erfolgs mittels Schadenszufügung folgt.[34] Mangels normativer Wirkung der auf allgemeinen Arbeitsbedingungen beruhenden Anwendung des angestrebten Tarifvertrags auf die Arbeitgeberaußen-

---

[24] So wohl auch **Lieb**, FS Kissel, S. 653, 678.
[25] **Pestalozza**, Verfassungsprozeßrecht, § 12 Rn. 27; **Robbers**, JuS 1993, 1022.
[26] Vgl. **Bosch/Schmidt**, § 25 II 2, S. 120 f.
[27] Vgl. oben § 3 V 2 (S. 44 ff.).
[28] **Pieroth/Schlink**, Staatsrecht II, Rn. 1170.
[29] Vgl. BVerfG 26.6.1991, AP Nr. 117 zu Art. 9 GG Arbeitskampf unter C II.
[30] S. o. § 4 I 4 (S. 62 ff.).
[31] So das BVerfG 26.6.1991, AP Nr. 117 zu Art. 9 GG Arbeitskampf unter C I 1 b; s. o. § 5 I 1 a (S. 84); ebenso **Dütz**, Arbeitsrecht, Rn. 599; MünchArbR/**Löwisch**, § 238 Rn. 53; MünchArbR/**Otto**, § 278 Rn. 67.
[32] **Birk/Konzen/Löwisch/Raiser/Seiter**, Gesetz zur Regelung kollektiver Arbeitskonflikte, S. 76.
[33] § 4 I 4 m.w.N. (S. 62 ff.).
[34] **Thüsing**, S. 144.

seiter dient ihre aktive Beteiligung auch nicht der Tarifautonomie, sondern der Durchsetzung individualvertraglicher Arbeitsbedingungen. Ein arbeitsvertragsbezogener Arbeitskampf ist jedoch nach allgemeinem Arbeitskampfrecht unzulässig.[35] Soweit unmittelbar das fremde Regelungsziel des Arbeitgeberverbands und bloß mittelbar die faktischen oder erwarteten Auswirkungen im eigenen Arbeitsverhältnis erstrebt werden, liegt ein unzulässiger Sympathiearbeitskampf vor, worauf das Bundesverfassungsgericht in der o.g. Entscheidung mit keiner Silbe eingegangen ist.[36]

3. Funktionsfähigkeit des Arbeitskampfsystems

Vereinzelt wird die Befugnis des Arbeitgeberaußenseiters zur Anschlußaussperrung auch damit begründet, ohne aktive Teilnahme auch der Arbeitgeberaußenseiter sei ein funktionsfähiges Arbeitskampfsystem kaum denkbar.[37] Abgesehen von der Fragwürdigkeit dieses Ansatzes an sich[38] wird hier – anders als auf Arbeitnehmerseite – überwiegend vertreten, ein hinreichender Arbeitskampfdruck auf die Gewerkschaften ließe sich angesichts des typischerweise wesentlich höheren Organisationsgrades der Arbeitgeberverbände[39] schon allein durch die Aussperrungen seitens verbandsangehöriger Arbeitgeber erzielen und die Arbeitgeberverbände seien daher unter Paritätsgesichtspunkten nicht auf die Teilnahme der Arbeitgeberaußenseiter angewiesen.[40] Die Zulassung zusätzlicher Aussperrungen durch Arbeitgeberaußenseiter sei nicht nur nicht erforderlich, sondern würde sogar die Kampfparität stören und zu einem kompensationsbedürftigen Übergewicht der Arbeitgeberseite führen.[41] Das Argument der Funktionsfähigkeit des Arbeitskampfsystems trägt im vorliegenden Zusammenhang also nicht.

---

[35] Ablehnend daher auch **Häuser**, FS Kissel, S. 297, 302; **Löwisch/Rieble**, Arbeitskampf- und Schlichtungsrecht, 170.2 Rn. 97.

[36] **Lieb**, Arbeitsrecht, Rn. 662; **ders.**, FS Kissel, S. 653, 672 ff.; **Löwisch**, AR-Blattei (D) Arbeitskampf III Entsch. 15 unter 1.; **Löwisch/Rieble**, Arbeitskampf- und Schlichtungsrecht, 170.1 Rn. 17; **Loritz** in: **Lieb/v. Stebut/Zöllner**, Symposion, S. 117, 128 f.; **Rieble**, Anm. zu BVerfG 26.6.1991, EzA Nr. 97 zu Art. 9 GG Arbeitskampf unter IV 2; **Thüsing**, S. 147; krit. zum BVerfG auch **Weber**, ZfA 1992, 527, 595.

[37] **Dütz**, Arbeitsrecht, Rn. 599; KassHb/**Kalb**, 6.2 Rn. 58.

[38] Vgl. oben § 4 I 5 c (S. 65 ff.).

[39] Vgl. oben § 2 IV 1 Fn. 23 (S. 10 f.).

[40] **Konzen**, SAE 1991, 335, 343; **Löwisch/Rieble**, Arbeitskampf- und Schlichtungsrecht, 170.2 Rn. 97; **dies.**, Schlichtungs- und Arbeitskampfrecht, 1989, Rn. 330; **Thüsing**, S. 146 f.

[41] **Lieb**, FS Kissel, S. 653, 673 f.

4. Spiegelbild zur passiven Einbeziehung

Teilweise wird das Beteiligungsrecht des Arbeitgeberaußenseiters "aus Gründen der Kampfparität" als Spiegelbild zu seiner passiven Einbeziehung in die Verbandsauseinandersetzung begründet. Die Zulässigkeit des Verbandsstreikes gegenüber dem Arbeitgeberaußenseiter stelle zugleich die Weichen für dessen Anschlußaussperrung.[42] Umgekehrt argumentiert **Lieb**, aus der Unzulässigkeit eines Streiks gegenüber Arbeitgeberaußenseitern auf Verbandsebene folge, daß dieser auch nicht aussperren dürfe.[43] Hier zeigt sich noch deutlicher als oben bei der Frage des Außenseiterstreikrechts[44], daß der Parallelschluß aus der Zulässigkeit der passiven Einbeziehung von Außenseitern von der jeweiligen Betrachtungsweise abhängt und diese Argumentation den Charakter einer petitio principii hat. Sie ist deshalb abzulehnen.[45]

5. Art. 6 Nr. 4 ESC

Auch auf Arbeitgeberseite wird Art. 6 Nr. 4 ESC zur Rechtfertigung eines individuellen Aussperrungsrechts, d.h. auch für Arbeitgeberaußenseiter, herangezogen.[46] Zwar ist das Aussperrungsrecht, obwohl es im Gegensatz zum Streikrecht im Normtext nicht ausdrücklich erwähnt wird, nach zutreffender h.M. als "kollektive Maßnahme" der Arbeitgeber vom Schutz des Art. 6 Nr. 4 ESC umfaßt.[47] Jedoch läßt sich daraus entsprechend den obigen Ausführungen zum Streikrecht[48] ein Individualrecht des einzelnen Arbeitgebers nicht herleiten.

---

[42] **Konzen**, SAE 1991, 335, 344; ebenso **Häuser**, FS Kissel, S. 297, 323 ff.
[43] **Lieb**, Arbeitsrecht, Rn. 663; **ders.**, FS Kissel, S. 653, 672.
[44] § 4 I 6 (S. 67).
[45] I. E. ebenso **Thüsing**, S. 141 f., der diese Parallelargumentation ablehnt, weil er aktive und passive Beteiligung für nicht vergleichbar hält.
[46] **Heckelmann**, S. 31 ff.; ergänzend auch **Seiter**, S. 338.
[47] **Frowein**, S. 10 ff.; **Kitz** in: **Mosler/Bernhardt**, Die Koalitionsfreiheit des Arbeitnehmers, S. 1073, 1094 f.; **Mitscherlich**, S. 61 ff.; **Rüthers** in: **Brox/Rüthers**, Rn. 124; **Scholz/Konzen**, Aussperrung, S. 62; so wohl auch BAG 10.6.1980, AP Nr. 64 zu Art. 9 GG Arbeitskampf unter A II 2 a; 12.3.1985, AP Nr. 84 zu Art. 9 GG Arbeitskampf unter II 1 c. – **A.A. Sproedt**, S. 73 ff.
[48] S. o. § 4 I 8 c bb (S. 74 ff.).

II. Arbeitsvertragsimmanentes Aussperrungsrecht

Von den oben beim Außenseiterstreikrecht geschilderten Ansätzen, die von der h.M. abweichen,[49] nehmen nur wenige Vertreter explizit zum Aussperrungsrecht Stellung, obwohl sich ihre Ansichten ohne weiteres darauf übertragen ließen.[50]

Zeuner wendet seine Theorie der "Offenheit" des Arbeitsvertrags[51] entsprechend auf den Arbeitgeber an.[52] Da der Einzelvertrag mit der Kollektivebene im Sinne einer gewissen Überprüfungs- und Ergänzungsbedürftigkeit verbunden sei, lasse er den Beteiligten die Möglichkeit, im Rahmen eines kollektivrechtlich legitimen Arbeitskampfes ihre Leistungen – im Streik hier, in der suspendierenden Aussperrung dort – zeitweise zu verweigern.[53] Wie bereits ausgeführt, vermag dieser Ansatz dogmatisch nicht zu überzeugen.[54]

III. Zwischenergebnis

Den in Rechtsprechung und Literatur vertretenen Auffassungen zur Begründung eines Aussperrungsrechts des Arbeitgeberaußenseiters kann nicht gefolgt werden. Sie bieten keine dogmatisch tragfähige Lösung. Dies gilt insbesondere für die vom **Bundesverfassungsgericht** aufgeworfene Konstruktion eines "Kampfbündnisses" des Außenseiters mit der Koalition. Sofern nicht einzelvertraglich etwas anderes vereinbart wird[55], verbleibt es daher bei der Rechtslage nach Art. 9 Abs. 3 GG, daß eine aktive Arbeitskampfbeteiligung von Außenseitern nicht gewährleistet ist.[56]

Entsprechend den obigen Ausführungen[57] ließe sich – abgesehen von den Anforderungen der Wesentlichkeitslehre – im Wege der (richterrechtlichen) Ausgestaltung der Koalitionsfreiheit aus § 5 TVG ein *Aussperrungsrecht des Arbeitgeberaußenseiters* herleiten, *wenn und soweit ein Arbeitskampf um einen für ihn allgemeinverbindlichen Tarifvertrag geführt wird.* Hinsichtlich der Tarifnormen

---

[49] § 4 II (S. 77 ff.).
[50] Andeutend **Siebert**, RdA 1956, 13, 16.
[51] S. o. § 4 II 2 b (S. 79 f.).
[52] **Zeuner**, JZ 1962, 425, 429; ihm folgend **Otte**, S. 114 ff.
[53] **Zeuner**, JZ 1962, 425, 429.
[54] S. o. § 4 II 2 b (S. 79 f.) und vor III (S. 81).
[55] Dazu unten 4. Teil (S. 147 ff.).
[56] S. o. § 3 V 2 b aa (S. 48 f.).
[57] § 4 III (S. 82).

über betriebliche und betriebsverfassungsrechtliche Fragen ist – anders als auf Arbeitnehmerseite – eine besondere Ausgestaltung des Aussperrungsrechts für Arbeitgeberaußenseiter nicht erforderlich. Nach § 3 Abs. 2 TVG gelten diese Normen nämlich für Arbeitgeber, die tarifgebunden sind, d.h. Mitglied der Tarifvertragspartei sind (§ 3 Abs. 1 TVG). Für ein Mitglied des tarifschließenden Arbeitgeberverbandes folgt das Aussperrungsrecht hinsichtlich dieser Tarifnormen aber bereits aus Art. 9 Abs. 3 GG.

Als **Ergebnis des 2. Teils** läßt sich mithin festhalten, daß sich Außenseiter auf Arbeitnehmer- und Arbeitgeberseite nicht auf kollektivrechtlicher Ebene aktiv am Arbeitskampf beteiligen dürfen, d.h. daß sie in arbeitskampfrechtlicher Hinsicht grundsätzlich nicht einfach in das Kollektiv der Organisierten einbezogen werden können. Auch das individualrechtliche Alternativkonzept eines "arbeitsvertragsimmanenten Rechts zum Arbeitskampf" ist nicht hinreichend begründet.

3. Teil: Passive Arbeitskampfbeteiligung von Außenseitern

Nimmt man bei der nun zu behandelnden Frage, ob Arbeitskampfmaßnahmen *gegenüber* Außenseitern zulässig sind, die Zentralnorm des Art. 9 Abs. 3 GG als Ausgangspunkt für einleitende Überlegungen, so läßt sich aus der durch Art. 9 Abs. 3 GG gewährleisteten positiven Arbeitskampffreiheit für die tarifschließenden Koalitionen und ihre Mitglieder[1] nicht automatisch auf ein Recht schließen, Außenseiter in die Arbeitskampfmaßnahmen passiv einzubeziehen. Steht das Recht zur kampfweisen Druckausübung positiv gerade nur den Organisierten zu und versteht man den Arbeitskampf als "Ausübung von Druck und Gegendruck"[2], so bedarf die passive Einbeziehung der Nicht- oder Andersorganisierten in den Arbeitskampf einer besonderen dogmatischen Rechtfertigung. Daher wird im folgenden die Tragfähigkeit der in Rechtsprechung und Literatur vertretenen Begründungen einerseits für die Aussperrung von Arbeitnehmeraußenseitern (§ 6), andererseits für die Bestreikung von Arbeitgeberaußenseitern (§ 7) untersucht.

§ 6 Aussperrung von Arbeitnehmeraußenseitern

I. Einbeziehung der Arbeitnehmeraußenseiter (h.M.)

Die h.A. bezieht die Arbeitnehmeraußenseiter mit ähnlichen Argumentationsmustern wie bei der Problematik des Außenseiterstreikrechts[3] in den Adressatenkreis der rechtmäßigen Aussperrung mit ein, wobei die Aussperrung von andersorganisierten Arbeitnehmern teilweise hinsichtlich der Friedenspflicht eines für sie geltenden anderen Tarifvertrags abgelehnt wird[4]. Im folgenden werden drei Fragekomplexe entsprechend der zeitlichen Abfolge der Rechtsprechungsentwicklung dargestellt, nämlich ob Arbeitnehmeraußenseiter ausgesperrt werden *dürfen* (1.),

---

[1] S. o. § 3 V 2 b aa (S. 48 f.).
[2] So etwa BAG 12.11.1996, AP Nr. 147 zu Art. 9 GG Arbeitskampf unter II 3 b aa.
[3] S. o. § 4 I (S. 57 ff.).
[4] BAG (GS) 21.4.1971, AP Nr. 43 zu Art. 9 GG Arbeitskampf unter Teil III, B 3; **Gamillscheg**, KollArbR I, S. 1046; MünchArbR/**Otto**, § 278 Rn. 63. – **A.A. Thüsing**, S. 91 f.

ob sie ausgesperrt werden *müssen* (2.) und ob dem Arbeitgeber ein Recht zusteht, durch Stillegung seines bestreikten Betriebs die arbeitsvertraglichen Pflichten gegenüber arbeitswilligen Arbeitnehmern zu suspendieren (3.).

1. Zulässigkeit der passiven Einbeziehung der Arbeitnehmeraußenseiter

a) Soziale Wirklichkeit

Ebenso wie die Berechtigung der Außenseiter zur Streikteilnahme begründet das **BAG** die grundsätzliche Zulässigkeit der Aussperrung nicht- oder andersorganisierter Arbeitnehmer u.a. mit der "sozialen Wirklichkeit des Kampfgeschehens", die nicht ohne rechtliche Folgen bleiben könne.[5] Dieser rein soziologische Ansatz ist – wie bereits dargelegt[6] – rechtsdogmatisch nicht tragfähig und kann nicht rechtfertigen, daß die privatautonom vereinbarten Pflichten des Arbeitsvertrags der Arbeitnehmeraußenseiter suspendiert werden.[7]

b) Grundsatz der Solidarität der Arbeitnehmer

Es wird ferner vorgetragen, die Außenseiter könnten auch ohne Streikbereitschaft "aus Gründen der Solidarität" ausgesperrt werden.[8] Wie bereits ausgeführt,[9] ist der auf soziologischen Anschauungen und dem Klassengedanken beruhende Solidaritätsgrundsatz überholt, vom Tatsächlichen her äußerst zweifelhaft und ohne greifbaren juristischen Aussagegehalt.[10]

[5] BAG (GS) 21.4.1971, AP Nr. 43 zu Art. 9 GG Arbeitskampf unter Teil III, B 3.

[6] S. o. § 4 I 1 m.w.N. (S. 59).

[7] Ablehnend auch **Leinemann**, DB 1971, 2309, 2313.

[8] BAG (GS) 29.11.1967, AP Nr. 13 zu Art. 9 GG unter Teil III, IV 5; BAG 25.1.1963, AP Nr. 24 zu Art. 9 GG Arbeitskampf unter 5; ebenso **Dütz**, DB 1979, Beil. 14, S. 1, 8; MD/**Scholz**, Art. 9 Rn. 192; vgl. auch BAG (GS) 28.1.1955, AP Nr. 1 zu Art. 9 GG Arbeitskampf unter II 3, wo es als Ziel der Aussperrung bezeichnet wird, "den Kampfwillen der Arbeitnehmergruppe (zu) brechen".

[9] S. o. § 4 I 2 m.w.N. (S. 59 f.).

[10] Im vorliegenden Zusammenhang ablehnend auch **Gamillscheg**, KollArbR I, S. 1047; **Leinemann**, DB 1971, 2309, 2313; **Richardi**, RdA 1970, 65, 70; **ders.**, RdA 1971, 334, 338; **Säcker**, Gruppenautonomie, S. 334 Fn. 277; **Scholz/Konzen**, Aussperrung, S. 256; **Thüsing**, S. 69.

c) Grundsatz der Einheit der Belegschaft

Die Zulässigkeit der Aussperrung von Außenseitern wird auch mit dem Prinzip der Einheit der Belegschaft im Arbeitskampf gerechtfertigt; der Arbeitgeber könne die Arbeitnehmerschaft als Einheit sehen und werten.[11] Dieser Grundsatz ist jedoch ebenso wie die vorstehenden Ansätze soziologisch geprägt, begrifflich unbestimmt und ohne normativen Anhaltspunkt. Wie oben ausführlich dargelegt, ist er abzulehnen.[12]

d) Partizipationsgedanke

Ebenso wie zur Begründung der aktiven Arbeitskampfbefugnis von Arbeitnehmeraußenseitern wird der Partizipationsgedanke herangezogen, um ihre passive Einbeziehung in den Arbeitskampf zu rechtfertigen. Da sie "regelmäßig" die Vorteile eines neuen Tarifabschlusses genössen, dürften sie ausgesperrt werden und müßten insoweit die Lasten tragen.[13] Dies sei ein "Gebot der Billigkeit".[14]

Der Verweis auf die Billigkeit vermag die generelle Einbeziehung der nicht- oder andersorganisierten Arbeitnehmer nicht zu begründen. Denn Billigkeit soll *Gerechtigkeit im Einzelfall* herstellen und nicht generalisierende Gerechtigkeit im allgemeinen verwirklichen.[15] Hingegen hat die Heranziehung des Partizipationsgedankens bei der vorliegenden Frage der passiven Arbeitskampfbeteiligung eine größere Berechtigung als oben[16] bei der Frage einer aktiven Arbeitskampfbefugnis, weil es hier um die "Lastentragung" geht und nicht wie oben um das Recht zur Schadenszufügung.[17] Insoweit kommt das dem Partizipationsgedanken zugrundeliegende Rechtsprinzip in Betracht, daß das Recht zur Nutznießung die Pflicht zur Lastentragung einschließt. Dieses Prinzip hat eine lange rechtsgeschichtliche Tra-

---

[11] BAG (GS) 21.4.1971, AP Nr. 43 zu Art 9 GG Arbeitskampf unter Teil III, B 3; BAG 25.1.1963, AP Nr. 24 zu Art. 9 GG Arbeitskampf unter 5: "Verband der Belegschaft"; **Gamillscheg**, KollArbR I, S. 1046; MünchArbR/**Löwisch**, § 237 Rn. 14, § 238 Rn. 52; **Löwisch/Rieble** in: **Löwisch**, Arbeitskampf- und Schlichtungsrecht, 170.2 Rn. 90; MünchArbR/**Otto**, 278 Rn. 61.

[12] S. o. § 4 I 3 m.w.N. (S. 60 ff.); im vorliegenden Zusammenhang ablehnend auch **Leinemann**, DB 1971, 2309, 2313; **Rieble**, Rn. 1387.

[13] BAG (GS) 21.4.1971, AP Nr. 43 zu Art. 9 GG Arbeitskampf unter Teil III, B 3; BAG 10.6.1980, AP Nr. 66 zu Art. 9 GG Arbeitskampf unter A I; **Dütz**, DB 1979, Beil. 14, S. 1, 8; **Kroll**, S. 121; MünchArbR/**Löwisch**, § 238 Rn. 53; MünchArbR/**Otto**, § 278 Rn. 59; **Seiter**, S. 344 f.

[14] **Dütz**, DB 1979, Beil. 14, S. 1, 8; **Seiter**, S. 345.

[15] **v. Hoyningen-Huene**, Die Billigkeit im Arbeitsrecht, S. 81.

[16] § 4 I 4 (S. 62 ff.).

[17] So bereits **Thüsing**, S. 70.

dition[18], welche vom römischen Recht ("Aequum est enim, ut cuius participavit lucrum participet et damnum.")[19] über § 129 Sächsisches BGB von 1865 ("Wer die Vortheile eines Rechtes genießt, trägt in der Regel den mit demselben verbundenen Aufwand.")[20] bis ins heutige Privatrecht (vgl. etwa §§ 743 i.V.m. 748; 995 S. 2; 1047 BGB; 16 Abs. 1, 2 WEG) reicht.

Jedoch kann die bloß *regelmäßige* Partizipation der Außenseiter am Arbeitskampfergebnis durch individualrechtliche Anwendung des erkämpften Tarifvertrags aufgrund betrieblicher Übung oder arbeitsvertraglicher Bezugnahme die Einbeziehung *aller* Arbeitnehmeraußenseiter in den Kreis der Aussperrungsadressaten aus mehreren Gründen nicht rechtfertigen:[21]

aa) Erfordernis der tatsächlichen Partizipation

Das traditionelle, dem Partizipationsgedanken zugrundeliegende Rechtsprinzip setzt die *tatsächliche* Partizipation voraus. Die von der h.M. vorgenommene pauschale Einbeziehung von Nichtorganisierten, auf die der Tarifvertrag tatsächlich nicht angewendet wird, von Andersorganisierten, für die ein anderer Tarifvertrag gilt, und von sonstigen Außenseitern, unabhängig davon, ob die konkrete Bezugnahmeklausel eine umkämpfte Tarifnorm umfaßt oder nicht, ist damit nicht zu vereinbaren. Das Erfordernis der *tatsächlichen* Partizipation kann auch nicht durch den Verweis darauf überspielt werden, daß praktische Schwierigkeiten bei der Feststellung der Gewerkschaftszugehörigkeit bzw. der tatsächlichen Partizipation bestehen.[22]

bb) Korrelationserfordernis

Außerdem muß der Vorteilziehende nur die mit den Nutzen *korrelierenden Lasten* tragen. Da der Außenseiter nur auf individualrechtlicher Ebene Nutzen zieht, können ihm nicht auf kollektivrechtlicher Ebene liegende Lasten dadurch aufgebürdet werden, daß man ihn in arbeitskampfrechtlicher Hinsicht in das Kollektiv der in der kampfführenden Gewerkschaft organisierten Arbeitnehmer einbezieht und damit seine Aussperrung zuläßt. Er muß nur die Lasten tragen, die mit der bloß individualrechtlichen Partizipation verbunden sind. Das sind etwa die Möglichkeit

---

[18] Vgl. **Heilmann/Menke**, ArbuR 1996, 11, 13; **Thüsing**, S. 70 je m.w.N.

[19] **Ulp.**, D. 17, 2, 55. Vgl. auch **Paul.**, D. 50, 17, 10: "Secundum naturam est commoda cuiusque rei eum sequi, quem sequentur incommoda."

[20] In dieser Bestimmung wurde der Satz aufgestellt: "Penes quem sunt commoda, penes eundem debent esse onera.", **Siebenhaar/Siegmann**, Commentar zu dem bürgerlichen Gesetzbuche für das Königreich Sachsen, Erster Band, 2. Aufl. 1869, Anm. zu § 129.

[21] I. E. ebenso **Thüsing**, S. 70 f.

[22] Darauf weisen hin **Gamillscheg**, KollArbR I, S. 1047 f.; **Thüsing**, S. 71. Rechtliche Schwierigkeiten sehen **Hanau/Kroll**, JZ 1980, 181, 183 f. – **A.A. Konzen**, DB 1990, Beil. 6, S. 1, 12; **Seiter**, JZ 1980, 749, 754. Zum Ganzen näher unten § 9 III (S. 185 ff.).

der Abbedingung der Bezugnahme bzw. einer entsprechenden Änderungskündigung (vgl. § 2 KSchG) oder, wenn und soweit man die Arbeitskampfbeteiligung (aktiv und passiv) bei individualrechtlicher Partizipation zuließe, die Prüfung, ob und wie weit umkämpfte Tarifnormen im Arbeitsverhältnis konkret Anwendung finden. Für nicht partizipierende Außenseiter liegt ein zur fehlenden Mitgliedschaft im tarifschließenden Verband korrelierender Nachteil bereits darin, daß ein Anspruch auf Gleichbehandlung mit den tarifgebundenen Arbeitnehmern grundsätzlich nicht besteht.[23] Die auf *kollektivrechtlicher* Ebene liegende Einbeziehung der Arbeitnehmeraußenseiter in den Kreis der zulässigen Aussperrungsadressaten korreliert hingegen nicht mit der durch Bezugnahme oder betriebliche Übung vermittelten und damit auf *individualrechtlicher* Ebene liegenden Teilhabe am Streikergebnis.

cc) Allgemeine Grundsätze des Arbeitskampfrechts

Die von der h.M. konstatierte Zulässigkeit der Aussperrung der Arbeitnehmeraußenseiter aufgrund (regelmäßiger) individualvertraglicher Partizipation läßt sich auch nicht in Einklang bringen mit allgemeinen arbeitskampfrechtlichen Grundsätzen: Entsprechend der Hilfsfunktion des Arbeitskampfs für die Tarifautonomie ist nur der von tariffähigen Parteien mit dem Ziel des Abschlusses eines Tarifvertrags geführte Arbeitskampf zulässig.[24] Zulässig ist eine Aussperrung demgemäß nur, wenn sie darauf abzielt, auf den Tarifvertragspartner Druck auszuüben und ihn so zum Tarifvertragsabschluß zu zwingen. Kampfmaßnahmen gegen Außenseiter sind jedoch nicht geeignet, auf die Gewerkschaft Druck auszuüben.[25] Die Kampfkasse der arbeitskampfführenden Gewerkschaft wird nicht belastet, weil sie an Außenseiter keine Arbeitskampfunterstützungsgelder auszahlt. Außerdem ist die Kampfforderung auf Abschluß des geforderten Tarifvertrags von den Außenseitern nicht erfüllbar, weil sie mangels Mitgliedschaft in der kampfführenden Gewerkschaft keinen Einfluß auf die Annahme des Verhandlungsergebnisses haben.[26] Soweit sich Kampfmaßnahmen gegen jemanden richten, welcher nicht der Tarifpartner ist und den Arbeitskampf nicht durch Nachgeben vermeiden kann, liegt ein (grundsätzlich) verbotener Sympathiearbeitskampf vor.[27] Insofern hat die Aussperrung von Arbeitnehmeraußenseitern den Charakter von Sympa-

[23] H.M., BAG 20.7.1960, AP Nr. 7 zu § 4 TVG, Ls. 2 mit zust. Anm. **G. Hueck**; **Heckelmann**, S. 67 ff. m.w.N.; **Kempen/Zachert**, TVG, § 3 Rn. 110 f.; **Nömeier**, S. 85 ff.; ErfK/**Preis**, § 611 BGB Rn. 861; **Schaub**, Arbeitsrechts-Handbuch, § 206 IV 2, S. 1729 f.; **Zöllner/Loritz**, Arbeitsrecht, § 17 VI, S. 225; § 37 I 8, S. 414. – **A.A. Wiedemann/Stumpf**, TVG, § 3 Rn. 125. Vgl. auch unten § 8 II 1 d (S. 156).

[24] S. o. § 3 V 3 (1), (2) (S. 51 f.).

[25] **Seiter**, JZ 1979, 657, 660.

[26] **van Gelder**, ArbuR 1972, 97, 109; **Seiter**, JZ 1979, 657, 659; **ders.**, JZ 1980, 749, 753; **Wiedemann**, RdA 1969, 321, 326; krit. zum Partizipationsprinzip insoweit auch **Heilmann/Menke**, ArbuR 1996, 11, 13.

[27] Vgl. BAG 5.3.1985, AP Nr. 85 zu Art. 9 GG Arbeitskampf unter II 3 c; **Rüthers** in: **Brox/Rüthers**, Rn. 142 ff.

thiearbeitskampfmaßnahmen.[28] Außerdem verstößt sie mangels Geeignetheit, die Tarifeinigung zu beeinflussen, gegen den im Arbeitskampfrecht zu beachtenden Grundsatz der Verhältnismäßigkeit.[29]

Festzuhalten bleibt somit, daß der Partizipationsgedanke keine tragfähige rechtsdogmatische Begründung für die Zulässigkeit der Einbeziehung der Arbeitnehmeraußenseiter ist, sondern nur – wie **Seiter** auch zugibt[30] – einen "rechtspolitischen Gesichtspunkt" enthält.

e) Funktionsfähigkeit des Arbeitskampfsystems

Überwiegend wird die Zulässigkeit der Aussperrung von Arbeitnehmeraußenseitern damit begründet, daß sie für die Funktionsfähigkeit des Arbeitskampfsystems erforderlich sei, weil andernfalls ein adäquates Reagieren des Arbeitgeber(verband)s auf einen gewerkschaftlichen Streik nicht möglich und die Kampfparität nicht gewährleistet sei. Müßte der Arbeitgeber(verband) bei einem geringen Organisationsgrad der kampfführenden Gewerkschaft und entsprechend hohem Anteil an Außenseitern einen gemäß der Minimax-Taktik[31] ausgeführten Teil- bzw. Schwerpunktstreik beschränkt auf die arbeitswilligen organisierten Arbeitnehmer abwehren, so wäre dies für die Arbeitgeber aufgrund der fortbestehenden Entgeltzahlungspflicht gegenüber den Außenseitern bei eingeschränkter Produktivität so verlustreich, daß ihre Verhandlungsparität nicht mehr gegeben sei. Deshalb sei es für die Tarifautonomie unverzichtbar, daß der Arbeitgeber die Außenseiter aussperren dürfe, um auch ihnen gegenüber die Beschäftigungs- und Entgeltzahlungspflicht zu suspendieren und das eigene Durchhaltevermögen zu stärken.[32] Gegen diese Argumentation bestehen jedoch durchgreifende Bedenken. Der Arbeitgeber(verband) ist auf die Aussperrung der Arbeitnehmeraußenseiter nicht angewiesen, um Gegendruck auszuüben und seine Verhandlungschancen zu wahren.

aa) Kampftaktik der Weiterproduktion

Soweit im vom (Teil-)Streik betroffenen Betrieb die Produktion unmöglich oder wirtschaftlich sinnlos wird, entfällt die Belastung durch die Entgeltansprüche der

[28] **Rieble**, Rn. 1385; **ders.**, SAE 1996, 227, 230 f.
[29] Vgl. o. § 3 V 3 (4) (S. 52); ähnlich **Rieble**, Rn. 1385; kritisch insoweit auch **van Gelder**, ArbuR 1972, 97, 109.
[30] **Seiter**, S. 345.
[31] S. o. § 4 I 5 a (S. 64 f.).
[32] **Gamillscheg**, KollArbR I, S. 1047; **Heckelmann**, S. 20; **Konzen**, FS 25 Jahre BAG, S. 273, 282; **Seiter**, S. 347; **Thüsing**, S. 71 ff.

Außenseiter nach den Grundsätzen der herrschenden *Arbeitskampfrisikolehre*.[33] Soweit die Arbeitgeber die Arbeitnehmer beschäftigen können, aber nicht wollen, um durch Ausweitung des Kampfrahmens Gegendruck auf den Streik auszuüben, bedarf es hingegen der Aussperrung.[34] Nimmt man die h.M. beim Wort, so stellt gerade die (gezielte) *Nichteinbeziehung der Arbeitnehmeraußenseiter* in die Aussperrung das "subtilste und gefährlichste" Druckmittel gegenüber der Gewerkschaft dar, weil die Partizipation der Außenseiter ohne Belastung mit den Aussperrungsfolgen die Gewerkschaftsmitglieder angeblich zum Austritt drängt und die Gewerkschaften schwächt.[35] Die Argumentation der h.M. ist insofern widersprüchlich, als einerseits die Aussperrung der Arbeitnehmeraußenseiter erforderlich sein soll, um die Kampfparität, d.h. ein ungefähres Kräftegleichgewicht der Arbeitgeber gegenüber der Gewerkschaft zu gewährleisten, andererseits soll gerade die auf Gewerkschaftsmitglieder begrenzte Aussperrung ohne Einbeziehung der Außenseiter ein hochwirksames Druckmittel der Arbeitgeber sein.

Ist im vom Teilstreik betroffenen Betrieb trotz Beeinträchtigungen die Produktion bzw. Dienstleistung noch möglich, so wird der wirtschaftlich denkende und handelnde Arbeitgeber normalerweise so lange wie möglich versuchen, die Betriebstätigkeit aufrechtzuerhalten.[36] Insofern wird er arbeitswillige Aushilfskräfte einstellen oder auf die arbeitswilligen Außenseiter zurückgreifen und ihnen – soweit der arbeitsvertragliche Rahmen seines Direktionsrechts reicht – die zu erledigenden (Schlüssel-)Tätigkeiten der streikenden Arbeitnehmer übertragen. Die Übernahme dieser sog. Streikarbeit ist den Arbeitnehmeraußenseitern auch zumutbar. Ihnen kann entgegen der h.M.[37] kein Leistungsverweigerungsrecht hinsichtlich der Streikarbeit eingeräumt werden.[38] Denn erstens beruht die h.A. auf dem – wie bereits mehrfach ausgeführt[39] – überholten und rechtsdogmatisch nicht tragfähigen Grundsatz der Solidarität der Betriebsgemeinschaft[40]. Zweitens würde sonst den Außenseitern ein Recht zugestanden, das in der Wirkung dem Streikrecht partiell gleichkäme. Ein Streikrecht des Arbeitnehmeraußenseiters läßt sich

---

[33] Krit. insoweit auch **Lieb**, FS Kissel, S. 653, 665. Zur Arbeitskampfrisikolehre s. auch unten § 6 I 3 a (S. 116 f.).

[34] **Richardi**, RdA 1970, 65, 69 f.

[35] BAG 10.6.1980, AP Nr. 66 zu Art. 9 GG Arbeitskampf unter A II 1 a; **Gamillscheg**, KollArbR I, S. 1048; **Heckelmann**, S. 82; **Seiter**, S. 40, 348.

[36] **Lieb**, Arbeitsrecht, Rn. 656; vgl. auch BAG 12.11.1996, AP Nr. 147 zu Art. 9 GG Arbeitskampf unter II 3 b aa m.w.N.

[37] BAG 25.7.1957, AP Nr. 3 zu § 615 BGB Betriebsrisiko, Ls. 1 und Bl. 2; 10.9.1985, AP Nr. 86 zu Art. 9 GG Arbeitskampf unter B II 3 a; **Lieb**, Arbeitsrecht, Rn. 658; **Löwisch/Rieble** in: **Löwisch**, Arbeitskampf- und Schlichtungsrecht, 170.2 Rn. 332 ff. m.w.N.

[38] Für den Bereich der gewerbsmäßigen Arbeitnehmerüberlassung ist allerdings die nicht analogiefähige Sondervorschrift des § 11 Abs. 5 AÜG zu beachten.

[39] S. o. § 4 I 2 (S. 59 f.), § 6 I 1 b (S. 94).

[40] Vgl. BAG 25.7.1957, AP Nr. 3 zu § 615 BGB Betriebsrisiko, Bl. 2; **Hueck/Nipperdey**, Arbeitsrecht II/2, S. 948; **Lieb**, Arbeitsrecht, Rn. 658.

aber mit den oben geschilderten Auffassungen nicht begründen.[41] Aber unabhängig davon stellt die *"Kampftaktik der Weiterproduktion"* ein wirksames Druckmittel dar, weil nicht nur die Gewerkschaftskassen durch Zahlung der Streikgelder belastet werden, sondern weil sich die Fortsetzung der Betriebstätigkeit auch in psychologischer Hinsicht erfahrungsgemäß nachteilig auf das Durchhaltevermögen der Streikenden auswirkt.[42]

bb) Unterstützung durch den Arbeitgeberverband

Für organisierte Arbeitgeber kommt hinzu, daß sie im Falle des Arbeitskampfs ideelle und materielle Unterstützungsleistungen ihres Arbeitgeberverbandes erhalten[43] und es insofern nicht der "Opferhilfe" der Arbeitnehmeraußenseiter bedarf, um die Verhandlungschancen bzw. die Kampfparität der Arbeitgeber zu wahren. Wie bereits mehrfach erwähnt, müssen Koalitionen eigene innere Schwächen hinnehmen.[44] Das "Zauberwort" der Parität kann nicht dazu benutzt werden, schwachen Verbänden Durchsetzungsfähigkeit bei Tarifverhandlungen zu verschaffen. Ebenso wie beim Streikrecht[45] ist mit der Gewährleistung der Aussperrung keine Erfolgsgarantie verbunden. Das Paritätskriterium stellt sich demnach auch hier als ungeeignete Argumentationsfigur heraus.[46]

cc) Firmenarbeitskampf

Die angestellten Erwägungen gelten auch für den einzelnen Arbeitgeber im Firmenarbeitskampf, in dem er aufgrund der gesetzlichen Wertung des § 2 Abs. 1 TVG aktiv und passiv beteiligungsfähig ist.[47] Soweit der Arbeitgeber trotz der ihm zur Verfügung stehenden o.g. Abwehrmittel sich dem Druck der Gewerkschaft nicht mehr gewachsen fühlt, bleibt ihm die Möglichkeit, Mitglied im Arbeitgeberverband zu werden, um dessen ideelle und materielle Unterstützung zu erlangen. Abgesehen davon ist der einzelne Arbeitgeber auch dadurch geschützt, daß gemäß dem nach allgemeinem Arbeitskampfrecht geltenden Verhältnismäßigkeitsgrundsatz[48] der Streik nicht auf die Vernichtung des Gegners abzielen darf.[49]

---

[41] S. o. § 4 (S. 57 ff.).
[42] Vgl. **Seiter**, JZ 1979, 657, 658.
[43] Zu den Unterstützungsleistungen auf Arbeitgeberseite **Löwisch/Rieble** in: **Löwisch**, Arbeitskampf- und Schlichtungsrecht, 170.6 Rn. 53 ff.; MünchArbR/**Otto**, § 281 Rn. 50 ff.
[44] Vgl. oben § 3 IV 1 a (S. 40), § 4 I 5 c m.w.N. (S. 66).
[45] S. o. § 4 I 5 c m.w.N. (S. 66).
[46] Zur Ungeeignetheit des Paritätskriteriums bereits oben § 4 I 5 c (S. 65 ff.).
[47] Vgl. o. § 3 V 2 b cc m.w.N. (S. 50 f.).
[48] S. o. § 3 V 3 (4) (S. 52).
[49] BAG (GS) 21.4.1971, AP Nr. 43 zu Art. 9 GG Arbeitskampf unter Teil III, A 2 b; **Löwisch/Rieble** in: **Löwisch**, Arbeitskampf- und Schlichtungsrecht, 170.2 Rn. 231 ff.

dd) Zwischenergebnis

Die Einbeziehung der Arbeitnehmeraußenseiter in den Adressatenkreis der Aussperrung ist mithin nicht erforderlich für ein funktionsfähiges Arbeitskampfsystem. Das herangezogene Paritätsprinzip erscheint als eine "Zauberformel" aus der "Wundertüte" des Art. 9 Abs. 3 GG, mit der vieles zu erklären versucht wird. Insgesamt wirken die Argumente der h.M. vorgeschoben, um bestreikten Arbeitgebern die Möglichkeit einzuräumen, sich auf Kosten der Außenseiter ihrer privatautonom vereinbarten Entgeltzahlungs- und Beschäftigungspflicht zu entledigen. Sie sind auch angesichts der *Wertigkeit*, die das **BAG** *der Beschäftigungspflicht* – als grundsätzlich durch Art. 2 Abs. 1 i.V.m. 1 Abs. 1 GG gewährleistet[50] – beimißt, nicht überzeugend. Die mangelnde Überzeugungskraft der herrschenden Argumentation spiegelt sich wider in einem Zitat von **Konzen**: "Die Zulässigkeit der Kampfbeteiligung von Außenseitern dient der Funktionsfähigkeit des Kampfsystems. Diesem Sachgrund ist entsprochen, wenn der Arbeitgeber befugt ist, auch Außenseiter auszusperren. *Die Funktionsfähigkeit des Kampfsystems bleibt aber erhalten, wenn er von dieser Befugnis keinen Gebrauch macht.*"[51]

f) Spiegelbild zur aktiven Arbeitskampfbefugnis

Die Zulässigkeit der Aussperrung der Arbeitnehmeraußenseiter wird auch als "logische Kehrseite" des ihnen zustehenden Streikrechts bezeichnet.[52] An einem gewerkschaftlich getragenen Streik könnten sich die nichtorganisierten und gegebenenfalls auch die andersorganisierten Arbeitnehmer beteiligen; dann dürften sie aber auch ausgesperrt werden.[53] Diese Parallelargumentation wird hingegen als nicht zwingend angesehen, weil Streikbefugnis und Aussperrungsbetroffenheit nicht miteinander vergleichbar seien. Während das Streikrecht den Rechtskreis des Außenseiters erweitere und *mit* dessen Willen ausgeübt werde, schränke die Aussperrung seinen Rechtskreis ein und geschähe *gegen* seinen Willen.[54] Abgesehen davon ist die "Spiegelbild"-Argumentation – wie bereits bei der Frage der aktiven Arbeitskampfbefugnis der Außenseiter dargelegt[55] – generell nicht geeignet, den jeweiligen Standpunkt zu begründen, weil sie den Schluß aus einer Prämisse zieht,

---

[50] BAG 10.11.1955, AP Nr. 2 zu § 611 BGB Beschäftigungspflicht, Ls. 2 und unter II; bestätigt durch BAG 26.10.1971, AP Nr. 44 zu Art. 9 GG Arbeitskampf, Ls. 9 und unter B 1.

[51] **Konzen**, FS 25 Jahre BAG, S. 273, 290.

[52] **Kroll**, S. 121.

[53] BAG 27.9.1957, AP Nr. 6 zu Art. 9 GG Arbeitskampf, Bl. 2; BAG (GS) 21.4.1971, AP Nr. 43 zu Art. 9 GG Arbeitskampf unter Teil III, B 3; BAG 10.6.1980, AP Nr. 66 zu Art. 9 GG Arbeitskampf unter A I; **Dütz**, Arbeitsrecht, Rn. 639; **Konzen**, Anm. zu BAG, AP Nr. 137-139 zu Art. 9 GG Arbeitskampf, Bl. 9; **Scholz/Konzen**, Aussperrung, S. 258; zust. auch **Seiter**, S. 344.

[54] **Gamillscheg**, KollArbR I, S. 1047; **Thüsing**, S. 67 f.

[55] S. o. § 4 I 6 (S. 67), § 5 I 4 (S. 89).

die es gleichfalls erst zu beweisen gilt. Der Beweis der vorliegenden Prämisse, daß Arbeitnehmeraußenseiter streiken dürfen, ist aber gerade nicht erbracht.[56]

g) Richterrecht

aa) Gewohnheitsrecht

Die Behauptung **Konzens**, die Gleichstellung von Gewerkschaftsmitgliedern und Außenseitern bei Aussperrungen habe mittlerweile "gewohnheitsrechtliche Verfestigung",[57] ist unzutreffend, weil die Materie auch in neuerer Zeit so umstritten ist, daß von einem allgemeinen Rechtsgeltungswillen (opinio iuris) nicht ausgegangen werden kann.

bb) Wesentlichkeitslehre

Die Legitimität des Richterrechts vor dem Hintergrund der Wesentlichkeitslehre ist gerade im vorliegenden Zusammenhang zweifelhaft, weil bei der Aussperrung von Außenseitern der durch Art. 9 Abs. 3 GG vorgeprägte Rechtskreis der Koalitionen und ihrer Mitglieder untereinander verlassen wird und die Grundrechte Außenstehender betroffen werden.[58] Insoweit kann auf die obigen Ausführungen verwiesen werden.[59]

h) Grundrechtliche Erwägungen

Über die dargestellten Argumentationslinien hinaus werden in diesem Zusammenhang auch vielfältige grundrechtliche Erwägungen vor allem zur Koalitionsfreiheit angestellt, die insbesondere anhand der einführend aufgezeigten Systematik von Art. 9 Abs. 3 GG[60] überprüft werden sollen.

aa) Auffassung des BAG

Das **BAG** führt in seinem Urteil vom 10.6.1980[61] aus, die nichtorganisierten Arbeitnehmer könnten sich gegenüber der Einbeziehung in die Aussperrung nicht auf ihre *negative Koalitionsfreiheit* berufen. Dies schließt das BAG aus dem in Bezug

---

[56] S. o. § 4 (S. 57 ff.).

[57] **Konzen**, DB 1990, Beil. 6, S. 1, 12; vgl. auch oben § 4 I 7 a (S. 67 f.).

[58] Vgl. auch **Löwisch/Rieble** in: **Löwisch**, Arbeitskampf- und Schlichtungsrecht, 170.1 Rn. 138.

[59] § 4 I 7 c (S. 68 ff.).

[60] S. o. § 3 (S. 24 ff.).

[61] BAG, AP Nr. 66 zu Art. 9 GG Arbeitskampf unter A I.

genommenen Urteil des **Großen Senats** vom 29.11.1967[62] zum Verbot tarifvertraglicher Differenzierungsklauseln. Nach der Rechtsprechung des BAG sei ein Tarifvertrag, der die individualrechtliche Gleichbehandlung der nichtorganisierten Arbeitnehmer und der Gewerkschaftsmitglieder verhindern will und eine Differenzierung zwingend vorschreibt, wegen Verletzung der negativen Koalitionsfreiheit der nichtorganisierten Arbeitnehmer unzulässig. Dann könne aber die Gleichbehandlung im Arbeitskampf keine Verletzung der negativen Koalitionsfreiheit darstellen.[63]

Diese Argumentation ist von "Gerechtigkeitsempfinden" geprägt und damit eher rechtspolitischer als (grund)rechtsdogmatischer Natur.[64] Der Vergleich des Verbots tariflicher Differenzierungsklauseln mit der Aussperrung des Arbeitgebers gegenüber Arbeitnehmeraußenseitern hinkt: Auf der einen Seite geht es um eine *Regelung* von *Tarifvertragspartnern*, auf der anderen Seite hingegen um eine *Maßnahme* alleine der *Arbeitgeberseite*. Auch der Schluß von der (regelmäßigen) individualrechtlichen Gleichbehandlung der Außenseiter auf eine Gleichbehandlung im Arbeitskampf ist – wie oben beim Partizipationsgedanken erläutert[65] – nicht möglich. Aus dem vom BAG angeführten Urteil zu den Differenzierungsklauseln wird vielmehr überwiegend der umgekehrte Schluß gezogen, wenn die Tarifpartner die negative Koalitionsfreiheit der Außenseiter schon durch Einbeziehung in ihre tarifliche Regelungsmacht verletzten, dann erst recht durch den schärferen Eingriff deren Einbeziehung in die Aussperrung.[66] Der letzteren Auffassung liegt aber ein extensives und wie dargelegt zu weitgehendes Verständnis der negativen Koalitionsfreiheit bzw. der negativen Arbeitskampffreiheit zugrunde, das ebenfalls unzutreffend ist.[67]

bb) Individuelle Koalitionsfreiheit der Arbeitnehmeraußenseiter

Vielmehr ist im Hinblick auf die Grundrechtspositionen der Außenseiter anhand der oben aufgezeigten Kriterien[68] zu fragen, ob durch die Aussperrung der Arbeit-

---

[62] BAG (GS), AP Nr. 13 zu Art. 9 GG.

[63] BAG 10.6.1980, AP Nr. 66 zu Art. 9 GG Arbeitskampf unter A I; ähnlich **MD/Scholz**, Art. 9 Rn. 192: Die Aussperrung nichtorganisierter Arbeitnehmer rechtfertige sich aus dem "korrespondierenden Verbot der Gewerkschaften, Sondervorteile für ihre Mitglieder in Tarifverträgen zu erreichen"; ebenso **Hanau/Kroll**, JZ 1980, 181: Den Gewerkschaftsmitgliedern dürften im Arbeitskampf keine Sondernachteile zugefügt werden, solange ihnen im Tarifvertrag keine Sondervorteile vorbehalten werden dürfen. – Ablehnend demgegenüber **Heckelmann**, S. 159 ff.; **Seiter**, JZ 1979, 657, 661 f.: "Schönes Wortspiel".

[64] Kritisch bereits oben § 3 II 2 vor a (S. 32 ff.).

[65] § 6 I 1 d (S. 95 ff.).

[66] **Biedenkopf**, Betriebsrisikolehre, S. 21 ff.; **Gamillscheg**, KollArbR I, S. 1047 Fn. 405; **Säcker**, Gruppenautonomie, S. 333, 482 Fn. 85; **Rieble**, Rn. 1388; vgl. auch **Richardi**, RdA 1971, 334, 338; **Wiedemann**, RdA 1969, 321, 326.

[67] S. o. § 3 III 1 b bb (S. 38); V 4 a (S. 53 f.).

[68] § 3 II 2 b (S. 34 ff.).

nehmeraußenseiter in die *negative Koalitionsfreiheit der Nichtorganisierten*[69] bzw. die *positive Koalitionsfreiheit der Andersorganisierten*[70] in Form eines entsprechenden Beitritts- bzw. Übertrittsdrucks *mittelbar eingegriffen* wird.

Überwiegend wird davon ausgegangen, daß die Aussperrung von Arbeitnehmeraußenseitern bzw. ihre Zulässigkeit einen Druck auf sie zum Eintritt in die kampfführende Gewerkschaft ausübe, weil die kampfführende Gewerkschaft ihre Arbeitskampfunterstützungszahlungen nicht an Außenseiter, sondern nur an ihre Mitglieder leiste und die Außenseiter auf Sozialhilfe angewiesen seien.[71] Dem wird entgegengehalten, die Organisationsquote der Gewerkschaften stagniere trotz Belastung aller Arbeitnehmer mit dem Aussperrungsrisiko seit Jahrzehnten bei ca. 30 %.[72] Diese pauschale Betrachtung der Gesamtorganisationsquote überzeugt jedoch nicht, da sie die Mitgliederentwicklung im engen zeitlichen Zusammenhang mit konkreten Arbeitskämpfen außer acht läßt. Die These vom Eintrittsdruck wird hingegen durch Berichte bestärkt, wonach sich im Zuge von Arbeitskämpfen Beitrittserklärungen bei den Gewerkschaften häuften.[73]

(1) Tatsächlich kann von einem *gebotsähnlichen Druck*[74] gegenüber den Außenseitern zum Beitritt bzw. Übertritt in die kampfführende Gewerkschaft gesprochen werden. Es liegt auf der Hand, daß Arbeitnehmer einen längeren Arbeitskampf ohne jede Unterstützung nicht durchstehen können, weil sie auf regelmäßige Einkommen existentiell angewiesen sind.[75] Durch die Zulassung der Aussperrung von Arbeitnehmeraußenseitern wird auf sie influenzierend eingewirkt, zum Zwecke der Kampfvorsorge in die jeweilige Gewerkschaft einzutreten, weil sie sonst bei einer Aussperrung (im Regelfall) auf Sozialhilfe angewiesen sind.[76] Ausgesperrte Außenseiter sind nämlich – unabhängig von ihrer tatsächlichen Partizipation am Kampfergebnis – am Arbeitskampf unmittelbar Beteiligte i.S.d. § 146 Abs. 2 SGB III (früher: § 116 Abs. 2 AFG), so daß sie keinen Anspruch auf Arbeitslosengeld bzw. Kurzarbeitergeld (§§ 169 ff. SGB III; früher: §§ 63 ff. AFG) haben.[77] Nichtorganisierte bekommen mangels Mitgliedschaft auch kein Aussperrungsgeld von der Gewerkschaft und müssen Sozialhilfe in Anspruch

---

[69] Vgl. oben § 3 III 1 b aa (S. 37 f.).

[70] Vgl. oben § 3 II 1 (S. 32).

[71] **Gamillscheg**, KollArbR I, S. 1047; **Kroll**, S. 118; MünchArbR/**Löwisch**, § 238 Rn. 53; MünchArbR/**Otto**, § 279 Rn. 103; **Kraft**, SAE 1980, 297, 301 spricht gar davon, Nichtorganisierte würden "geradezu in die Arme der Gewerkschaft getrieben".

[72] **Heckelmann**, S. 48; KassHb/**Kalb**, 6.2 Rn. 55; vgl. auch **Dütz**, DB 1979, Beil. 14, S. 1, 8; **Seiter**, S. 348 im Gegensatz zu S. 40.

[73] MünchArbR/**Otto**, § 279 Rn. 103.

[74] Vgl. oben § 3 II 2 b aa (S. 35).

[75] So wörtlich BVerfG 4.7.1995, AP Nr. 4 zu § 116 AFG unter C I 2 c aa.

[76] Vgl. BAG 10.6.1980, AP Nr. 64 zu Art. 9 GG Arbeitskampf unter A V 2 b; AP Nr. 66 zu Art. 9 GG Arbeitskampf unter A II 2.

[77] **Dütz**, DB 1979, Beil. 14, S. 1, 14; **Gamillscheg**, KollArbR I, S. 1269; KassHb/**Kalb**, 6.2 Rn. 402; **Löwisch/Bittner** in: **Löwisch**, Arbeitskampf- und Schlichtungsrecht, 170.5 Rn. 64; MünchArbR/**Otto**, § 281 Rn. 41 f.

nehmen.[78] Bei andersorganisierten Arbeitnehmern kommt es hingegen auf die konkrete Ausgestaltung der Satzungsbestimmungen ihrer eigenen Gewerkschaft an, ob diese auch Arbeitskampfunterstützung an ihre Mitglieder zahlt, wenn sie in einem "fremden" Arbeitskampf ausgesperrt werden. Teilweise werden Beihilfen allgemein bei Aussperrung gewährt[79], teilweise jedoch nur im Rahmen von "eigenen" Arbeitskämpfen[80]. Die konkrete Aussicht, im Falle der Aussperrungsbetroffenheit auf Sozialhilfe angewiesen zu sein, stellt eine gebotsähnliche "Anreizeinwirkung"[81] auf die Außenseiter zum Eintritt in die kampfführende Gewerkschaft dar, so daß von einem mittelbar-faktischen Grundrechtseingriff in deren negative bzw. positive Koalitionsfreiheit gesprochen werden kann.

(2) Hinzu kommt, daß das Kriterium der *Finalität* in bezug auf die Grundrechtsbeeinträchtigung der Arbeitnehmeraußenseiter gegeben ist.[82] Den Arbeitgebern ist nämlich klar, daß sie durch die Aussperrung von Arbeitnehmeraußenseitern einen Anreiz zum Eintritt in die gegnerische Gewerkschaft setzen. Davon geht auch das **BAG** aus, wenn es formuliert, daß mit der Kampfmaßnahme der selektiven Aussperrung von Gewerkschaftsmitgliedern "vermieden werden (solle), daß die Nichtorganisierten ihre mangelnde Kampfvorsorge erkennen und um der Streikunterstützung willen einer Gewerkschaft beitreten".[83]

(3) Schließlich spricht auch die Beschränkung der positiven Arbeitskampffreiheit auf die kampfführenden Koalitionen und ihre Mitglieder[84] im auf Druck und Gegendruck angelegten Arbeitskampf eher gegen eine passive Einbeziehung der Außenseiter in die Arbeitskampfmaßnahmen, so daß vom *"Schutzprogramm" des Art. 9 Abs. 3 GG* her gesehen[85] das Ergebnis bestätigt wird, daß die Aussperrungs-

---

[78] Allgemein zu Unterstützungsleistungen auf Gewerkschaftsseite: **Gamillscheg**, KollArbR I, S. 1288 ff.; **Löwisch/Rieble** in: **Löwisch**, Arbeitskampf- und Schlichtungsrecht, 170.6 Rn. 48 ff.; MünchArbR/**Otto**, § 281 Rn. 44 ff.

[79] S. z.B. § 18 Nr. 1 Satz 1 der Satzung der IG Bauen-Agrar-Umwelt: "Beihilfe wird nur in allen von der Gewerkschaft genehmigten Streiks *und bei Aussperrung* gewährt."

[80] S. z. B. § 24 Nr. 7 Satz 1 und 2 der Satzung der IG Metall vom 11.10.1997: "Mitglieder, die *im Zusammenhang mit einem* nach einer Urabstimmung i. S. v. § 22 Ziff. 3 *beschlossenen Streik* vom Arbeitgeber in diesem Tarifgebiet *ausgesperrt werden*, erhalten eine Unterstützung. Für Voraussetzungen, Höhe und Dauer dieser Unterstützung gilt § 23 entsprechend." § 23 Nr. 1 lautet: "Unterstützung bei *einem vom Vorstand beschlossenen* Streik, für den Unterstützungsleistung vom Vorstand genehmigt ist, können Mitglieder nur erhalten, wenn sie bei Beginn der dem Streik vorausgehenden Urabstimmung der Gewerkschaft mindestens drei Monate angehörten und während dieser Zeit satzungsgemäße Beiträge geleistet haben."

[81] Vgl. oben § 3 II 2 b (S. 34).

[82] Vgl. oben § 3 II 2 b cc (S. 35).

[83] BAG 10.6.1980, AP Nr. 66 zu Art. 9 GG Arbeitskampf unter A II 1 a.

[84] Vgl. oben § 3 V 2 b aa (S. 48 f.); vor § 6 (S. 93).

[85] Vgl. zu diesem Kriterium oben § 3 II 2 b bb (S. 35).

betroffenheit der Arbeitnehmeraußenseiter einen mittelbaren Eingriff in deren negative bzw. positive Koalitionsfreiheit darstellt.[86]

cc) Koalitionsfreiheit der kampfführenden Gewerkschaft und ihrer Mitglieder

Demgegenüber wird von der h.M. geltend gemacht, die Herausnahme der Außenseiter aus dem Kreis der möglichen Aussperrungsadressaten sei ein Eingriff in die durch die *kollektive Koalitionsfreiheit* geschützte Bestandsgarantie *der kampfführenden Gewerkschaft* sowie in die *positive individuelle Koalitionsfreiheit der darin organisierten Arbeitnehmer*, weil die Schonung der Außenseiter von den Aussperrungsfolgen trotz deren regelmäßiger, äußerst wahrscheinlicher Partizipation am Kampfergebnis einen starken Anreiz erzeuge, aus der kampfführenden Gewerkschaft auszutreten bzw. ihr von vornherein fernzubleiben und somit zu einer Schwächung des gewerkschaftlichen Mitgliederbestandes führe.[87] Dem kann jedoch nicht gefolgt werden.

(1) Der von der kollektiven Koalitionsfreiheit gewährleistete Bestandsschutz ist durch die Verschonung der Außenseiter von Aussperrungen nicht betroffen. Wie bereits dargelegt, schützt Art. 9 Abs. 3 GG nur vor Eingriffen, welche die Existenz der Koalition gefährden, nicht hingegen vor jeglichen Veränderungen in der Mitgliederzahl.[88] Von einer Existenzgefährdung bei selektiver Aussperrung der Gewerkschaftsmitglieder kann aber nicht ausgegangen werden. Vielmehr bestehen schon erhebliche Zweifel an einer Beeinträchtigung der Mitgliederentwicklung.[89] Empirische Befunde für ihre Behauptung ist die h.M. bisher schuldig geblieben. Tatsächlich sprechen die Zahlen über die Mitgliederentwicklung etwa der IG Druck und Papier in den Jahren der selektiven Aussperrungspraxis gegen sie.[90]

(2) Auch ein Eingriff in das durch die positive individuelle Koalitionsfreiheit geschützte Recht der organisierten Arbeitnehmer, in ihrer Gewerkschaft verbleiben zu dürfen, liegt nicht vor, wenn die Außenseiter bei der Aussperrung verschont werden. Als Anknüpfungspunkt für einen Eingriff kommt jedenfalls die Aussperrungshandlung der Arbeitgeber gegenüber den Organisierten nicht in Betracht. Denn Kampfmaßnahmen gegenüber Mitgliedern der gegnerischen Ko-

---

[86] Nach MünchArbR/**Löwisch**, § 237 Rn. 5 enthält Art. 9 Abs. 3 GG die objektive Ordnungsvorstellung, daß die Koalitionsgewalt sich im Prinzip auf die Mitglieder beschränken soll.

[87] BAG 10.6.1980, AP Nr. 66 zu Art. 9 GG Arbeitskampf unter A II; **Heckelmann**, S. 64 ff., 82; **Gamillscheg**, KollArbR I, S. 1048; KassHb/**Kalb**, 6.2 Rn. 57; **Seiter**, S. 40, 348 hinsichtlich eines *Verbots* der Aussperrung von Außenseitern, aber gegen die "Verabsolutierung" der letztgenannten Fundstelle: **ders.**, JZ 1980, 749, 751; **Dütz**, DB 1979, Beil. 14, S. 1, 8 spricht gar von einem "fast unwiderstehlichen Zwang".

[88] S. o. § 3 IV 1 a m.w.N. (S. 40).

[89] **Seiter**, JZ 1979, 657, 661; **ders.**, JZ 1980, 749, 750 f.; **Thüsing**, S. 81 ff.

[90] Vgl. **Seiter**, JZ 1980, 749, 751 mit Fn. 25; **Thüsing**, S. 82.

alition sind durch den "bipolar angelegten Art. 9 Abs. 3 GG"[91] vorgegeben. Daher liegt das beeinträchtigende Verhalten im Unterlassen der Arbeitgeber, auch Arbeitnehmeraußenseiter auszusperren. Voraussetzung für einen Eingriff durch Unterlassen ist aber grundsätzlich eine Rechtspflicht. Die Rechtspflicht, Arbeitnehmeraußenseiter auszusperren, läßt sich den Argumenten der h.M. wie gezeigt jedoch nicht entnehmen.[92] Zwar scheidet nach dem bisher Gesagten ein Eingriff in die individuelle positive Koalitionsfreiheit der Organisierten von vornherein aus, jedoch wird der Eingriffsbegriff mittlerweile weit verstanden. Insbesondere auch "influenzierende Einwirkungen" können mittelbar-faktische Grundrechtseingriffe darstellen.[93] Die "Anreizeinwirkung" auf Organisierte zum Gewerkschaftsaustritt, welche vom "Schmarotzertum" der Außenseiter ohne Belastung mit den Aussperrungsfolgen ausgeht, ist jedoch – wie auch die o.g. empirischen Befunde belegen – nicht groß. Den Beitragszahlungen der Gewerkschaftsmitglieder steht angesichts des umfangreichen Leistungsprogramms der Gewerkschaften eine äquivalente Gegenleistung gegenüber.[94] Neben der materiellen Arbeitskampfunterstützung stellen insbesondere die Rechtsschutzleistungen der Gewerkschaften einen Anreiz zur Gewerkschaftsmitgliedschaft dar.[95] Außerdem sind die auf die Koalitionsmitglieder beschränkte Möglichkeit der Einflußnahme auf die Tarifpolitik und die normative Tarifwirkung (vgl. § 4 Abs. 1 und 4 TVG) Vorteile, die gegen einen Gewerkschaftsaustritt sprechen. Die von einer "Herausnahme" der Außenseiter aus dem Kreis der Aussperrungsadressaten ausgehende *influenzierende Einwirkung* auf organisierte Arbeitnehmer ist daher so *gering*, daß von einem mittelbar-faktischen Eingriff nicht ausgegangen werden kann. Hinzu kommt, daß sich die *Finalität* der (selektiven) Aussperrung von Organisierten darauf bezieht, Druck auf die Gewerkschaften durch Belastung deren Kampfkasse auszuüben und nicht darauf, deren Mitglieder zum Austritt zu bewegen.

dd) Praktische Konkordanz

Nimmt man dennoch – entgegen der hier vertretenen Auffassung – einen Eingriff in die positive Koalitionsfreiheit der organisierten Arbeitnehmer an, so ist die Grundrechtskollision mit der negativen Koalitionsfreiheit der nichtorganisierten bzw. der positiven Koalitionsfreiheit der andersorganisierten Arbeitnehmer im Sinne *praktischer Konkordanz* zu lösen.[96] Da es keine Alternative zur Einbeziehung der Außenseiter einerseits und "Herausnahme" der Außenseiter aus dem Kreis der Aussperrungsadressaten andererseits gibt, ist unter Berücksichtigung

---

[91] MünchArbR/**Löwisch**, § 237 Rn. 49; vgl. auch oben § 3 V 4 a (S. 53).
[92] Zur angeblichen Pflicht, auch Außenseiter auszusperren, unten § 6 I 2 (S. 110 ff.).
[93] S. o. § 3 II 2 b (S. 34 ff.).
[94] Zu den Leistungen der Gewerkschaften: **Gamillscheg**, KollArbR I, S. 1288 ff.; **Löwisch/Rieble** in: **Löwisch**, Arbeitskampf- und Schlichtungsrecht, 170.6 Rn. 48 ff.; MünchArbR/**Otto**, § 281 Rn. 44 ff.
[95] Vgl. **Gamillscheg**, KollArbR I, S. 375.
[96] Vgl. oben § 3 I 4 b bb (2) (S. 30 f.).

aller Umstände zu entscheiden, welches Interesse zurückzutreten hat. Im Rahmen der hier erforderlichen umfassenden Abwägung sind alle oben dargestellten Gesichtspunkte zu berücksichtigen, die gegen eine passive Einbeziehung der Arbeitnehmeraußenseiter sprechen, wobei neben den systematischen Erwägungen zum allgemeinen Arbeitskampfrecht[97] den grundrechtlichen Aspekten aufgrund des objektiv-rechtlichen wertsetzenden Gehalts der Grundrechte[98] ein besonderes Gewicht zukommt:

(1) *Im Hinblick auf Art. 9 Abs. 3 GG* ist vor allem der geringere Grad der Beeinträchtigung der positiven Koalitionsfreiheit der Organisierten im Vergleich zur Beeinträchtigung der Koalitionsfreiheit der Außenseiter zu berücksichtigen. Außerdem läßt sich Art. 9 Abs. 3 GG die objektive Ordnungsvorstellung entnehmen, daß die Koalitionsgewalt sich im Prinzip auf die Mitglieder beschränken soll.[99] Das gilt um so mehr, als Art. 9 Abs. 3 GG ein Grundrecht mit "normgeprägtem Schutzbereich" ist[100] und der Gesetzgeber durch das TVG eine "Normprägung" dergestalt vorgenommen hat, daß zwischen den Tarifgebundenen als Mitgliedern der Tarifvertragsparteien (§ 3 Abs. 1 TVG), also den Organisierten einerseits, und den Nicht- oder Andersorganisierten (Außenseitern, vgl. § 5 Abs. 4 TVG) andererseits zu unterscheiden ist. Da das Arbeitskampfrecht aufgrund der Hilfsfunktion des Arbeitskampfs[101] auf dem Tarifvertragsrecht aufbaut, schlägt diese Normprägung auf das Arbeitskampfrecht durch, solange der Gesetzgeber im Arbeitskampfrecht untätig bleibt. Demnach läßt sich eine (passive) Einbeziehung der Arbeitnehmeraußenseiter in den Arbeitskampf nicht rechtfertigen. Sie ist auch weder für die Arbeitgeberseite noch für die Gewerkschaftsseite unerläßlich.[102]

(2) Zugunsten der Nichteinbeziehung des Arbeitnehmeraußenseiters fällt außerdem ins Gewicht, daß er durch eine Aussperrung in seinen Grundrechten aus *Art. 2 Abs. 1 i.V.m. Art. 1 Abs. 1 GG* und *Art. 12 Abs. 1 GG* betroffen wäre, die zwar nur mittelbar gegenüber dem Arbeitgeber wirken, aber im Rahmen der bei praktischer Konkordanz erforderlichen Abwägung aller Umstände zu berücksichtigen sind.[103] Wie bereits erwähnt, geht das **BAG** davon aus, die *Beschäftigungspflicht* des Arbeitgebers sei durch Art. 2 Abs. 1 i.V.m. Art. 1 Abs. 1 GG gewährleistet.[104] Für die Nichtbeschäftigung des Arbeitnehmers bedarf es demgemäß

---

[97] S. o. § 6 I 1 d cc (S. 97 f.) und e (S. 98 ff.).
[98] Vgl. JP/**Jarass**, Vorb. vor Art. 1 Rn. 3.
[99] MünchArbR/**Löwisch**, § 237 Rn. 5.
[100] S. o. § 3 I 1 m.w.N. (S. 24 f.)
[101] Zusammenfassend **Richardi**, JZ 1992, 27, 28 f.
[102] Zur Beachtlichkeit dieses Kriteriums s. o. § 3 I 4 b bb (2) a.E. (S. 31)
[103] S. o. § 3 I 4 b bb (2) (S. 30 f.); MD/**Scholz**, Art. 12 Rn. 73 nimmt im übrigen eine "regelmäßige Ergebnisidentität von unmittelbarer und mittelbarer Drittwirkungslehre" an; ebenso **Breuer**, HbStR VI, § 147 Rn. 25.
[104] BAG 10.11.1955, AP Nr. 2 zu § 611 BGB Beschäftigungspflicht, Ls. 2 und unter II; bestätigt durch BAG 26.10.1971, AP Nr. 44 zu Art. 9 GG Arbeitskampf, Ls. 9 und unter B 1; MD/**Scholz**, Art. 12 Rn. 72, 114 hält demgegenüber Art. 12 GG für vorrangig ein-

einer besonderen sachlichen Rechtfertigung, die vorliegend nicht gegeben ist. Betroffen ist der Arbeitnehmer durch eine Aussperrung – auch wenn sie das Arbeitsverhältnis nur vorübergehend suspendiert – ebenfalls in seinem Grundrecht auf *Berufsausübungsfreiheit* aus Art. 12 Abs. 1 GG.[105] Die Freiheit der Berufsausübung umfaßt nämlich die Gesamtheit der mit der Berufstätigkeit, ihrem Ort, ihren Inhalten, ihrem Umfang, ihrer Dauer und ihrer äußeren Erscheinungsform zusammenhängenden Modalitäten.[106] Somit betrifft auch die vorübergehende Verhinderung der Berufsausübung den Schutzbereich von Art. 12 Abs. 1 GG. Art. 12 Abs. 1 GG ist eine wertentscheidende Grundsatznorm.[107] In seinem objektivrechtlichen Gehalt garantiert er im Bereich des Arbeitsverfassungsrechts den prinzipiell freien Wettbewerb auf dem Arbeitsmarkt.[108] Dem entspricht der im Tarifrecht bestehende Wettbewerb zwischen organisierten Arbeitnehmern und nicht- oder andersorganisierten Arbeitnehmern, welcher systemkonform auf das Arbeitskampfrecht übertragbar ist.[109] Nicht betroffen ist hingegen das Grundrecht des Arbeitnehmeraußenseiters aus Art. 14 Abs. 1 GG[110], der schlagwortartig das Erworbene bzw. das Ergebnis der Betätigung schützt, während Art. 12 Abs. 1 GG den Erwerb, d.h. die Betätigung selbst schützt.[111] Bloße künftige Verdienstmöglichkeiten, wie der Entgeltanspruch des Arbeitnehmers, werden von Art. 14 Abs. 1 GG nicht erfaßt.[112] Demgegenüber ist der Arbeitgeber nicht in seiner durch Art. 12 Abs. 1 GG geschützten Unternehmerfreiheit[113] oder in seinem durch Art. 14 Abs. 1 GG geschützten Recht am Gewerbebetrieb[114] beeinträchtigt, wenn er Arbeitnehmeraußenseiter nicht aussperren darf. Vielmehr muß er sich an dem Arbeitsvertrag mit dem Arbeitnehmeraußenseiter festhalten lassen, den er im Rahmen seiner beruflichen Betätigung und der durch Art. 2 Abs. 1 bzw. Art. 12 Abs. 1 GG geschützten *Privatautonomie*[115] geschlossen hat.

Zusammenfassend läßt sich daher feststellen, daß im Rahmen der praktischen Konkordanz die – allenfalls geringfügig betroffene – positive Koalitionsfreiheit der organisierten Arbeitnehmer zurücktritt und daß die Aussperrung von Arbeit-

---

schlägig. Zur umstrittenen Abgrenzung von Art. 2 Abs. 1 GG zu Art. 12 GG: **Gubelt** in: **v. Münch/Kunig**, Art. 12 Rn. 93; Sachs/**Tettinger**, Art. 12 Rn. 162 f.

[105] So wohl auch **Gamillscheg**, KollArbR I, S. 385 f.; **Seiter**, S. 104 – **A.A. Heckelmann**, S. 60 f.

[106] **Gubelt** in: **v. Münch/Kunig**, Art. 12 Rn. 38; Sachs/**Tettinger**, Art. 12 Rn. 57.

[107] Sachs/**Tettinger**, Art. 12 Rn. 14 f.

[108] MD/**Scholz**, Art. 12 Rn. 84.

[109] Näher zum Gedanken des "Systemwettbewerbs" unten § 9 II (S. 183 ff.).

[110] Ebenso **Heckelmann**, S. 61 f.

[111] **Gubelt** in: **v. Münch/Kunig**, Art. 12 Rn. 98; Sachs/**Tettinger**, Art. 12 Rn. 164.

[112] JP/**Jarass**, Art. 14 Rn. 19; kritisch dazu Sachs/**Wendt**, Art. 14 Rn. 47 ff.

[113] Vgl. **Breuer**, HbStR VI, § 147 Rn. 61 ff.

[114] Vgl. JP/**Jarass**, Art. 14 Rn. 19.

[115] Vgl. **Boemke**, NZA 1993, 532 ff.; **Breuer**, HbStR VI, § 147 Rn. 63; **Erichsen**, HbStR VI, § 152 Rn. 56 ff.

nehmeraußenseitern – vorbehaltlich entsprechender vertraglicher Vereinbarung[116] – nicht gerechtfertigt werden kann.[117]

2. Verbot der Selektivaussperrung organisierter Arbeitnehmer

Über die von der h.M. vertretene *Möglichkeit* der Aussperrung von Arbeitnehmeraußenseitern[118] hinaus hat das **BAG** in seinem Urteil vom 10.6.1980[119] sogar die *Pflicht* aufgestellt, auch die *nichtorganisierten* Arbeitnehmer eines Betriebs mitauszusperren; zu den *andersorganisierten* Arbeitnehmern nahm das BAG in dieser Entscheidung hingegen überraschenderweise keine Stellung. Zwar soll eine "Teilaussperrung" von nach allgemeinen Merkmalen ausgewählten Arbeitnehmern (etwa nur der streikenden Arbeitnehmer[120]) zulässig sein,[121] verboten ist nach Auffassung des BAG und eines Teils der Literatur aber die gezielte selektive Aussperrung nur der Mitglieder der streikenden Gewerkschaft.[122] Den Arbeitgebern sei es nicht erlaubt, bei einer allgemeinen Aussperrung die Außenseiter zu verschonen und ihnen das Entgelt weiterzuzahlen.[123]

Diese Rechtsprechung wird vielfach zu Recht abgelehnt, und zwar auch von Vertretern, die eine passive Einbeziehung der Außenseiter an sich für zulässig halten.[124] Geht man mit der hier vertretenen Auffassung davon aus, daß der Arbeitgeberseite auf arbeitskampfrechtlicher Grundlage ein Recht zur Aussperrung der Arbeitnehmeraußenseiter nicht zusteht, so kann – entgegen der Ansicht des

---

[116] Zur individualrechtlich vereinbarten Arbeitskampfbeteiligung von Außenseitern unten 4. Teil (S. 147 ff.).

[117] I. E. ebenso **v. Hoyningen-Huene**, AR-Blattei, SD 1650.1 Rn. 92.

[118] Dazu soeben ausführlich § 6 I 1 (S. 93 ff.).

[119] BAG, AP Nr. 66 zu Art. 9 GG Arbeitskampf unter A II.

[120] LAG Düsseldorf 10.9.1996, LAGE Nr. 65 zu Art. 9 GG Arbeitskampf mit Anm. **Thüsing**; **Thüsing**, S. 87 ff.

[121] **Gamillscheg**, KollArbR I, S. 1047 m.w.N.

[122] BAG 10.6.1980, AP Nr. 66 zu Art. 9 GG Arbeitskampf, Ls. und unter A II; zust. **Gamillscheg**, KollArbR I, S. 1048 mit zahlr. Nachw.; ErfK/**Kissel**, Art. 9 GG Rn. 261; **Löwisch/Rieble** in: **Löwisch**, Arbeitskampf- und Schlichtungsrecht, 170.2 Rn. 91 unter Hinweis auf das unzutreffende Prinzip der Einheit der Belegschaft; **Rüthers** in: **Brox/Rüthers**, Rn. 216; ebenso § 29 des Professorenentwurfs von **Birk/Konzen/Löwisch/Raiser/Seiter**, Gesetz zur Regelung kollektiver Arbeitskonflikte, S. 86: "Eine Beschränkung der Aussperrung auf Gewerkschaftsmitglieder ist unzulässig."

[123] Zur Zulässigkeit von streikbedingten Sonderzuwendungen, die hier wegen der Beschränkung auf die "klassischen" Arbeitskampfmittel Streik und Aussperrung – vgl. oben § 1 I a.E. (S. 1) – nicht erörtert wird, BAG 13.7.1993, AP Nr. 127 zu Art. 9 GG Arbeitskampf mit Anm. **v. Hoyningen-Huene**; **v. Hoyningen-Huene**, DB 1989, 1466 m.w.N.

[124] **Heckelmann**, S. 122 ff.; KassHb/**Kalb**, 6.2 Rn. 202; **Konzen**, FS 25 Jahre BAG, S. 273, 290 ff.; **Seiter**, JZ 1980, 749 ff.; **Thüsing**, S. 80 ff.; krit. auch **Loritz** in: **Lieb/v. Stebut/Zöllner**, Symposion, S. 117, 139 und 160; **Zöllner/Loritz**, Arbeitsrecht, § 40 III 2 b, S. 453 f.

BAG – *erst recht* keine Pflicht zur Außenseiteraussperrung bestehen. Gegen das Verbot der Selektivaussperrung der organisierten Arbeitnehmer sprechen daher alle Argumente, die bereits gegen die arbeitskampfrechtliche Zulässigkeit der Aussperrung von Arbeitnehmeraußenseitern angeführt wurden.[125] Hier genügen daher einige grundsätzliche Anmerkungen zur vom BAG angenommenen Pflicht zur Gesamtaussperrung von Organisierten und Nichtorganisierten.

a) Funktionsfähigkeit des Arbeitskampfsystems

Thüsing, der die generelle Möglichkeit der Aussperrung von Arbeitnehmeraußenseitern aus Gründen der Funktionsfähigkeit des Arbeitskampfsystems damit rechtfertigt, daß der Arbeitgeber(verband) insbesondere bei eng geführten Teilstreiks den Schaden durch Suspendierung der Entgeltpflicht gegenüber den arbeitswilligen Außenseitern begrenzen können muß,[126] bringt einen neuen Aspekt in die Diskussion um die Selektivaussperrung. Er lehnt eine *Pflicht* zur Einbeziehung von Außenseitern in die Aussperrung u.a. mit der Begründung ab, "der Arbeitgeber müßte gerade da aussperren, wo die Gründe für sein Dürfen nicht vorliegen".[127] Denn in den Fällen, wo sich der Arbeitgeber auf die Aussperrung der Mitglieder der streikführenden Gewerkschaft beschränke, halte er eine Einbeziehung von Außenseitern zur effektiven Erwiderung auf den Streik gerade nicht für erforderlich. In diesen Fällen läge also – zumindest nach Einschätzung des aussperrenden Arbeitgebers – der die Einbeziehung von Außenseitern rechtfertigende Grund, nämlich das Erfordernis eines funktionsfähigen Arbeitskampfsystems, gar nicht vor. Mit dem Argument der Funktionsfähigkeit des Arbeitskampfsystems läßt sich also die angebliche Pflicht zur Aussperrung der Arbeitnehmeraußenseiter nicht begründen. Eine solche Pflicht stellt sich insbesondere dann als kontraproduktive "Zwangsbeglückung" der Arbeitgeberseite dar, wenn der Arbeitgeber bei einem nach der Minimax-Taktik durchgeführten Teilstreik[128] seine Betriebstätigkeit aufrechterhalten will. Denn nimmt man eine Pflicht zur Aussperrung aller arbeitswilligen Arbeitnehmer an, muß der Arbeitgeber seinen Betrieb stillegen und ist gezwungen, sich selbst zu schädigen.

b) Symmetrieüberlegungen

Das **BAG** begründet sein Urteil vom 10.6.1980 zum Verbot der Selektivaussperrung u.a. mit der Erwägung, nichtorganisierte Arbeitnehmer seien potentielle Kampfbeteiligte. Sie könnten sich einem Streik anschließen und infolgedessen

---

[125] § 6 I 1 (S. 93 ff.).
[126] **Thüsing**, S. 71 ff.; ablehnend hierzu bereits oben § 6 I 1 e (S. 98 ff.).
[127] **Thüsing**, S. 80 f.
[128] Dazu § 4 I 5 a (S. 64 f.).

auch ausgesperrt werden.[129] Mit dieser bei der Frage der Arbeitskampfbeteiligung von Außenseitern gängigen "Spiegelbild"-Argumentation[130] kann freilich weder das Recht noch die Pflicht gerechtfertigt werden, Arbeitnehmeraußenseiter zusammen mit den in der kampfführenden Gewerkschaft Organisierten auszusperren. Denn dabei wird die Schlußfolgerung aus der Ausgangsthese gezogen, daß Arbeitnehmeraußenseiter arbeitskampfrechtlich streikbefugt sind. Diese Prämisse bedarf aber ihrerseits einer Begründung, so daß die Argumentation nicht tragfähig ist (petitio principii). Zudem läßt sich das behauptete Streikteilnahmerecht der Außenseiter auf kollektivrechtlicher Grundlage entgegen der h.M. – wie dargelegt – gerade nicht herleiten.[131]

Symmetrieerwägungen, wie sie der "Spiegelbild"-Argumentation des BAG zugrunde liegen, sind im Arbeitskampfrecht dennoch durchaus angebracht. Denn das auf Art. 9 Abs. 3 GG und dem TVG beruhende kollektive Arbeitsrecht ist symmetrisch aufgebaut (abgesehen von der Stellung des hinsichtlich eines Firmentarifvertrags tariffähigen einzelnen Arbeitgebers, für den sich aber die hier zu behandelnde Außenseiterproblematik insoweit nicht stellt[132]). Die Rechte und Pflichten der Arbeitnehmerseite und die der Arbeitgeberseite entsprechen sich. Dies gilt insbesondere auch für den Arbeitskampf, der durch das "System von Druck und Gegendruck" gekennzeichnet ist[133] und somit wechselseitigen Charakter hat.

Stellt man im vorliegenden Kontext Symmetrieüberlegungen an, zeigt sich die Unhaltbarkeit der vom BAG propagierten Pflicht zur passiven Einbeziehung der nichtorganisierten Arbeitnehmer. Denn geht man von einer solchen Pflicht der Arbeitgeber zur Aussperrung der Arbeitnehmeraußenseiter aus, müßte man aus Gründen der Symmetrie und der "Binnensystematik" des Arbeitskampfrechts auch eine *Pflicht der Arbeitnehmer zur Bestreikung der Arbeitgeberaußenseiter im Verbandsarbeitskampf* annehmen, was freilich von niemandem vertreten wird.[134] Vielmehr wird für die Arbeitnehmerseite der Umfang des Streiks nicht vorgeschrieben, wie etwa die Zulässigkeit des nach der Minimax-Strategie geführten Teil- oder Schwerpunktstreiks[135] zeigt. Im Gegensatz dazu wird symmetrie- und systemwidrig durch das Gebot der Einbeziehung von Arbeitnehmeraußenseitern in die Aussperrung der *Umfang der Aussperrung vorgeschrieben*, was zudem zu *Friktionen mit* der vom BAG aufgestellten *"Aussperrungsarithmetik"* bestimmter zahlenmäßiger Quoten von arbeitskampfbeteiligten Arbeitnehmern[136] führen

[129] BAG, AP Nr. 66 zu Art. 9 GG Arbeitskampf unter A I.
[130] Vgl. bereits oben § 4 I 6 (S. 67), §5 I 4 (S. 89), § 6 I 1 f (S. 101 f.).
[131] § 4 (S. 57 ff.).
[132] S. o. § 2 IV 2 (S. 11).
[133] So BAG 12.11.1996, AP Nr. 147 zu Art. 9 GG Arbeitskampf unter II 3 b aa.
[134] Zum Streik gegenüber Arbeitgeberaußenseitern näher unten § 7 (S. 127 ff.).
[135] Vgl. oben § 4 I 5 a (S. 64 f.).
[136] Dazu BAG 10.6.1980, AP Nr. 64 und 65 zu Art. 9 GG Arbeitskampf; MünchArbR/**Otto**, § 278 Rn. 163 ff.

kann.[137] Diese Symmetrieerwägungen zeigen, daß die vom BAG angenommene Pflicht zur Gesamtaussperrung von Organisierten und Nichtorganisierten nicht in die selbst aufgestellte arbeitskampfrechtliche Systematik paßt.

c) Grundrechtliche Erwägungen

Das **BAG** begründet das Verbot, bei der Aussperrung nach der Gewerkschaftszugehörigkeit zu differenzieren, vor allem mit den grundrechtlichen Erwägungen, daß die gezielte Verschonung der nichtorganisierten Arbeitnehmer bei einer umfassenden Aussperrung erstens die *positive Koalitionsfreiheit der organisierten Arbeitnehmer* und zweitens den durch die *kollektive Koalitionsfreiheit gewährleisteten Bestandsschutz der Gewerkschaften* verletzt.[138] Beide Aspekte wurden bereits ausführlich widerlegt.[139] In die positive Koalitionsfreiheit der Gewerkschaftsangehörigen wird durch die Nichtaussperrung der arbeitswilligen Außenseiter im Betrieb nicht eingegriffen. Der durch die Selektivaussperrung bewirkte Anreiz für die organisierten Arbeitnehmer zum Austritt aus der kampfführenden Gewerkschaft ist nämlich nicht so stark, als daß von einem mittelbar-faktischen Grundrechtseingriff ausgegangen werden könnte.[140] Die Geringfügigkeit der influenzierenden Einwirkung folgt auch daraus, daß es selbst bei Aussperrung aller Arbeitnehmer eines Betriebs trotzdem Außenseiter in einem anderen Betrieb des umkämpften Tarifgebiets geben kann, die vom Geltungsbereich des Aussperrungsbeschlusses nicht erfaßt werden und somit vom Arbeitskampfergebnis partizipieren, ohne die unmittelbaren Arbeitskampffolgen zu tragen. Die davon ausgehende Anreizwirkung hält aber offenbar auch das BAG für unbeachtlich, weil es insoweit keine Ausführungen für nötig erachtet. Auch in die Bestandsgarantie der Gewerkschaft wird durch die auf die in der kampfführenden Gewerkschaft organisierten Arbeitnehmer des Betriebs beschränkte Aussperrung nicht eingegriffen. Denn Art. 9 Abs. 3 GG schützt die Koalitionen nicht vor jeglichen Veränderungen in der Mitgliederzahl, sondern nur vor existenzgefährdenden Eingriffen. Von einer Existenzgefährdung kann aber bei differenzierender Aussperrung nicht ausgegangen werden.[141]

Vielmehr ist entgegen der vom BAG geäußerten Auffassung[142] in der (obligatorischen) passiven Einbeziehung der Arbeitnehmeraußenseiter in den Arbeitskampf ein mittelbar-faktischer Grundrechtseingriff in die individuelle Koalitionsfreiheit

[137] Vgl. ebenso MünchArbR/**Otto**, § 279 Rn. 99: "Bereits aus den Überlegungen zu einer zahlenmäßigen Aussperrungsquote folgt, daß partielle Aussperrungen nicht nur zulässig sind, sondern sogar geboten sein können."
[138] BAG 10.6.1980, AP Nr. 66 zu Art. 9 GG Arbeitskampf unter A II.
[139] S. o § 6 I 1 h cc (S. 106 f.).
[140] Näher oben § 6 I 1 h cc (2) (S. 107).
[141] Näher oben § 6 I 1 h cc (1) (S. 106).
[142] BAG 10.6.1980, AP Nr. 66 zu Art. 9 GG Arbeitskampf unter A I.

der Außenseiter zu sehen, weil auf sie durch die Aussperrung ein finaler gebotsähnlicher Druck ausgeübt wird, in die kampfführende Koalition einzutreten, um im Falle der Einbeziehung in den Arbeitskampf gewerkschaftliche Arbeitskampfunterstützungszahlungen zu erhalten und nicht auf Sozialhilfe angewiesen zu sein.[143]

Hinzu kommt, daß die Entscheidung des BAG auf einer Prämisse beruht, die sich außerhalb der allgemeinen Grundrechtsdogmatik bewegt, wodurch die gezogenen Schlußfolgerungen nachhaltig angreifbar werden. Der Kernsatz des **BAG** lautet: "Jede Schlechterstellung eines Gewerkschaftsmitglieds gegenüber Nichtorganisierten ist ein *Angriff* auf die positive Koalitionsfreiheit, *wenn die Differenzierung nicht durch sachliche Gründe gerechtfertigt ist.*"[144] Abgesehen davon, daß in der Grundrechtslehre nicht vom "Angriff", sondern vom "Eingriff" gesprochen wird, kommt es bei der Prüfung, ob ein Grundrechtseingriff in das Freiheitsrecht des Art. 9 Abs. 3 GG vorliegt, nicht auf Gleichbehandlungsaspekte an.[145] Vielmehr ist darauf abzustellen, ob die Differenzierung einen solchen Druck ausübt, daß von einem mittelbar-faktischen Grundrechtseingriff gesprochen werden kann.[146] Nicht jede Differenzierung zwischen Organisierten und Außenseitern erzeugt aber eine solche Willensbeeinflußung.[147] Bei der Prüfung der Eingriffsqualität des beeinträchtigenden Verhaltens sind daher die geschilderten Gesichtspunkte der Intensität, Finalität und des Schutzzwecks der Norm heranzuziehen.[148] Die Ausgangsthese des BAG mag zwar mit den vom Großen Senat in der Differenzierungsklauselentscheidung[149] angeführten Kriterien der "Sozialadäquanz" bzw. des "Gerechtigkeitsempfindens" vereinbar sein.[150] Diese besitzen aber ihrerseits keinen greifbaren juristischen Aussagegehalt und haben daher keinen Eingang in die anerkannte Grundrechtslehre gefunden.[151] Die Entscheidung des BAG zum Verbot der differenzierenden Aussperrung vermag folglich auch grundrechtsdogmatisch nicht zu überzeugen.

---

[143] Näher oben § 6 I 1 h aa, bb (S. 102 ff.).

[144] BAG 10.6.1980, AP Nr. 66 zu Art. 9 GG Arbeitskampf unter A II 1 a, erster Satz.

[145] So ausdrücklich für die negative Koalitionsfreiheit **Leibholz/Rinck/Hesselberger**, Art 9 Rn. 460: "Die Tatsache allein, daß Organisierte anders behandelt werden als Nichtorganisierte, bedeutet noch keine Verletzung der negativen Koalitionsfreiheit (der Nichtorganisierten)."; ebenso ErfK/**Kissel**, Art. 9 GG Rn. 18.

[146] JP/**Jarass**, Art. 9 Rn. 31.

[147] **Löwer** in: **v. Münch/Kunig**, Art. 9 Rn. 70 "Negative Koalitionsfreiheit".

[148] S. o. § 3 II 2 b m.w.N. (S. 34 ff.).

[149] BAG (GS) 29.11.1967, AP Nr. 13 zu Art. 9 GG unter Teil IV, VIII 4 und 5.

[150] So **Seiter**, JZ 1980, 749.

[151] Ablehnend zu den Kriterien der "Sozialadäquanz" und des "Gerechtigkeitsempfindens" bereits oben § 3 II 2 vor a (S. 32 ff.).

d) Unzulässige Rechtsfortbildung

Art. 9 Abs. 3 GG ist als Grundrecht mit "normgeprägtem Schutzbereich" nach allgemeiner Ansicht auf gesetzliche Ausgestaltung angelegt.[152] Da der Gesetzgeber im Arbeitskampfrecht untätig geblieben ist, hat die Rechtsprechung die Rolle des "Ersatzgesetzgebers" übernommen und gestaltet das Arbeitskampfrecht "richterrechtlich" aus.[153] Der zulässigen Ausgestaltung sind aber Grenzen gesetzt. Der (Ersatz-)Gesetzgeber muß bei der Ausgestaltung nämlich *eine im Hinblick auf die Funktion und den Wertgehalt des zu konkretisierenden Grundrechts sachgerechte, geeignete und zumutbare Lösung* finden.[154] Die Rechtsprechung des BAG zur Selektivaussperrung genügt diesen Anforderungen nicht, so daß eine unzulässige Rechtsfortbildung vorliegt.[155] Denn durch das Aufstellen des Zwangs zur Aussperrung der Außenseiter hat das BAG zum einen die durch Art. 9 Abs. 3 GG geschützte *positive Arbeitskampffreiheit der organisierten Arbeitgeber unzulässig ausgestaltet*. Das Verbot der Selektivaussperrung von Organisierten verstößt nämlich gegen das "Leitbild des Art. 9 Abs. 3 GG", daß die Koalitionsbetätigung frei und *gegnerunabhängig* sein soll.[156] Müssen die Arbeitgeber die Arbeitnehmeraußenseiter aussperren, werden sie *gezwungen*, einen erheblichen Anreiz für diese zum Beitritt in die gegnerische Koalition zu schaffen und letztlich *den Kampfgegner zu stärken*.[157] Hinzu kommt, daß sie dadurch keinen Druck auf die gegnerische Gewerkschaft ausüben können, sondern *sich* sogar *selbst schädigen müssen*, indem sie auf die Mitarbeit der Außenseiter zu verzichten haben, obwohl sie (normalerweise) den bestreikten Betrieb so lange wie möglich aufrechterhalten wollen.[158] Dadurch ist auch die durch Art. 12 Abs. 1 GG geschützte *Unternehmerfreiheit der Arbeitgeber* sowie das durch Art. 14 Abs. 1 GG gewährleistete *Recht am Gewerbebetrieb* beeinträchtigt. All dies ist weder sachgerecht noch für die Arbeitgeber zumutbar.

Zum anderen ist die vom BAG gefundene Ausgestaltungslösung auch für die Arbeitnehmeraußenseiter unzumutbar. Denn die (obligatorische) Aussperrung der Außenseiter beeinträchtigt sie nicht nur in ihrer individuellen Koalitionsfreiheit, sondern aufgrund der damit verbundenen Suspendierung des Arbeitsverhältnisses auch in ihrer Berufsausübungsfreiheit (Art. 12 Abs. 1 GG), ihrer Privatautonomie (Art. 2 Abs. 1 bzw. Art. 12 Abs. 1 GG) sowie hinsichtlich der Beschäftigungs-

---

[152] S. o. § 3 I 1 m.w.N. (S. 24 f.).

[153] S. o. § 3 I 1 (S. 25).

[154] JP/**Jarass**, Vorb. vor Art. 1 Rn. 26; näher dazu bereits oben § 3 I 4 b bb (1) (S. 29 f.).

[155] I. E. ebenso **Seiter**, JZ 1979, 657, 662, der von einem "Eingriff" spricht. Zum Unterschied von *Eingriff* und bloßer *Ausgestaltung* s. o. § 3 I 4 b bb (1) (S. 29 f.).

[156] **Konzen**, FS 25 Jahre BAG, S. 273, 297 m.w.N.; zur Gegnerunabhängigkeit der Vereinigungen auch **Gamillscheg**, KollArbR I, S. 415 ff.; MünchArbR/**Löwisch**, § 236 Rn. 46 ff.

[157] **Konzen**, FS 25 Jahre BAG, S. 273, 297; MünchArbR/**Otto**, § 279 Rn. 104.

[158] Ebenso **Rieble**, Rn. 1389.

pflicht des Arbeitgebers in ihrem Grundrecht aus Art. 2 Abs. 1 i.V.m. Art. 1 Abs. 1 GG.[159] Auch im Hinblick darauf, daß Art. 9 Abs. 3 GG nur den Arbeitskampf der Koalitionen gewährleistet[160] und das TVG eine zwischen Organisierten und Außenseitern differenzierende "Normprägung" vorzeichnet[161], ist die vom BAG vertretene zwangsweise passive Einbeziehung der Außenseiter in den Arbeitskampf nicht sachgerecht. Die Rechtsprechung des BAG zur Selektivaussperrung überschreitet daher die Grenzen zulässiger Ausgestaltung des Art. 9 Abs. 3 GG und ist als korrekturbedürftige unzulässige Rechtsfortbildung anzusehen.[162]

Insgesamt bleibt also festzuhalten, daß die Arbeitgeber die Arbeitnehmeraußenseiter auf kollektivrechtlicher, d.h. arbeitskampfrechtlicher Grundlage weder aussperren dürfen noch müssen.[163]

3. Betriebsstillegungsrecht

Die Problematik der passiven Einbeziehung von Arbeitnehmeraußenseitern in den Arbeitskampf stellt sich auch, wenn in einem bestreikten Betrieb die Beschäftigung arbeitswilliger Arbeitnehmer trotz des Arbeitskampfes noch betriebstechnisch möglich und wirtschaftlich sinnvoll bzw. zumutbar ist. Die Rechtsprechung hatte in zahlreichen jüngeren Entscheidungen in so gelagerten Fällen zur Frage Stellung zu nehmen, ob die arbeitswilligen Arbeitnehmer, insbesondere die nicht gewerkschaftlich organisierten Arbeitnehmer, beschäftigt werden müssen und der Arbeitgeber zur Entgeltzahlung verpflichtet ist bzw. bei Nichtannahme der ordnungsgemäß angebotenen Leistung in Annahmeverzug gerät (§ 615 BGB).

a) Arbeitskampfrisikolehre

In seiner Entscheidung vom 14.12.1993[164] bejahte dies das **BAG** unter Anwendung der herrschenden Arbeitskampfrisikolehre. Nach den Grundsätzen der Ent-

---

[159] Näher oben § 6 I 1 h dd (2) (S. 108 ff.).
[160] Vgl. oben § 3 IV 2 b bb (S. 42); V 2 b aa (S. 48 f.).
[161] Vgl. oben § 6 I 1 h dd (1) (S. 108).
[162] Zum generellen Problem, ob die *Rechtsprechung* das Arbeitskampfrecht angesichts der Anforderungen der Wesentlichkeitslehre überhaupt ausgestalten darf, soweit wie bei der Aussperrung von Arbeitnehmeraußenseitern grundrechtswesentliche Bereiche außerhalb des Rechtskreises der Koalitionen betroffen sind, ausführlich oben § 4 I 7 c (S. 68 ff.); vgl. auch § 6 I 1 g bb (S. 102).
[163] Zur Arbeitskampfbeteiligung von Außenseitern auf individualrechtlicher Ebene unten 4. Teil (S. 147 ff.).
[164] BAG, AP Nr. 129 zu Art. 9 GG Arbeitskampf.

geltrisikoverteilung bei Auftreten von Betriebsstörungen[165] muß der *Arbeitgeber* das Arbeitsentgelt auch dann zahlen, wenn er den Arbeitnehmer ohne sein Verschulden aus betriebstechnischen Gründen nicht beschäftigen kann (Betriebsrisiko) oder wenn die Fortsetzung des Betriebs etwa wegen Auftrags- oder Absatzmangels wirtschaftlich sinnlos wird (Wirtschaftsrisiko). Bei Betriebsstörungen aufgrund eines legitimen Arbeitskampfes hingegen soll das Entgeltrisiko bei Unmöglichkeit oder Unzumutbarkeit der Weiterbeschäftigung der Arbeitnehmer (Arbeitskampfrisiko) nach den Grundsätzen der arbeitskampfrechtlichen Parität verteilt werden. Wenn die Belastung der Arbeitgeber mit den Entgeltansprüchen zu einer Störung der Arbeitskampfparität zwischen den kampfführenden Parteien führen würde[166], entfalle die Lohnzahlungspflicht, sofern sich der Arbeitgeber auf die rechtsvernichtende Einwendung des Arbeitskampfrisikos beruft. Dann trage also der *Arbeitnehmer* das Arbeitskampfrisiko. Diese Risikoverteilung gelte nicht nur bei Betriebsstörungen aufgrund der Fernwirkungen in einem am unmittelbaren Kampfgeschehen nicht beteiligten Betrieb, sondern auch und erst recht im unmittelbar kampfbetroffenen Betrieb. Ebenso wie die Lehre vom Betriebs- und Wirtschaftsrisiko setze die Anwendung der Arbeitskampfrisikogrundsätze die betriebstechnische Unmöglichkeit oder wirtschaftliche Unzumutbarkeit der Beschäftigung der arbeitswilligen Arbeitnehmer voraus. Da in dem vom BAG zu entscheidenden Fall eine Weiterbeschäftigung aber gerade möglich war, entschied das BAG konsequenterweise, daß der Arbeitgeber von der Pflicht zur Lohnzahlung nicht nach den Grundsätzen des Arbeitskampfrisikos frei wurde.[167]

b) Suspendierende Betriebsstillegung

Mit seiner Entscheidung vom 22.3.1994 hat das **BAG** eine *Kehrtwende* in derartig gelagerten Fällen eingeleitet, indem es ein Recht des unmittelbar kampfbetroffenen Arbeitgebers kreierte, den bestreikten Betrieb oder Betriebsteil im Umfang des gewerkschaftlichen Streikbeschlusses ganz stillzulegen mit der Folge, daß die beiderseitigen Rechte und Pflichten aus dem Arbeitsverhältnis suspendiert werden und auch arbeitswillige Arbeitnehmer ihren Lohn- und Beschäftigungsanspruch verlieren.[168] Dieses Recht zur suspendierenden Betriebsstillegung wird seither in

[165] Dazu BAG 14.12.1993, AP Nr. 129 zu Art. 9 GG Arbeitskampf unter I 2; 27.6.1995, AP Nr. 137 zu Art. 9 GG Arbeitskampf unter II; 12.11.1996, AP Nr. 147 zu Art. 9 GG Arbeitskampf unter II 2; 17.2.1998, NZA 1998, 896, 898; einen Überblick über die Rechtsprechungsentwicklung bieten **Fischer/Rüthers**, Anm. zu BAG 22.3.1994, EzA Nr. 115 zu Art. 9 GG Arbeitskampf, S. 24 ff.; zusammenfassend KassHb/**Kalb**, 6.2 Rn. 344 ff.

[166] Dies soll dann der Fall sein, wenn sich das von der Betriebsstörung betroffene Unternehmen entweder selbst im Arbeitskampf befindet oder mit im Arbeitskampf befindlichen Unternehmen (über einen Konzernverbund) wirtschaftlich oder (über die Zugehörigkeit zum gleichen Tarifträgerverband) koalitionspolitisch verflochten ist, **Reuter**, JuS 1996, 658, 659.

[167] BAG 14.12.1993, AP Nr. 129 zu Art. 9 GG Arbeitskampf.

[168] BAG, AP Nr. 130 zu Art. 9 GG Arbeitskampf unter II 3.

st. Rspr. vertreten und konkretisiert.[169] Zu dessen Ausübung bedürfe es einer eindeutigen Stillegungserklärung des Arbeitgebers gegenüber den betroffenen Arbeitnehmern.[170] Mache der Arbeitgeber nicht hinreichend deutlich, ob er sich dem Streik durch Stillegung beuge oder den Betrieb weiterführen wolle, sei letzteres anzunehmen.[171] Ihre Grenze findet die Befugnis zur suspendierenden Stillegung im zeitlichen, räumlichen und persönlichen Rahmen, der sich aus dem Streikaufruf der Gewerkschaft ergebe, da der Arbeitgeber mit der Betriebsstillegung die gegnerische Kampfmaßnahme erdulde und nur das vollziehe, was die kampfführende Arbeitnehmerseite anstrebe.[172] Wolle der Arbeitgeber hingegen den Kampfrahmen erweitern, müsse er eigene Kampfmittel ergreifen.[173] Ob dem bestreikten Arbeitgeber die Heranziehung der Arbeitswilligen zur Arbeit möglich und zumutbar gewesen wäre, sei unerheblich.[174] Die in der Ausgangsentscheidung vom 22.3.1994 aufgestellte Behauptung, die Grundsätze des Arbeitskampfrisikos gelten nur für Fernwirkungen des Arbeitskampfes und seien nicht anwendbar, wenn in dem bestreikten Betrieb oder Betriebsteil selbst arbeitswillige Arbeitnehmer ihre Arbeitsleistung anböten,[175] hat das BAG inzwischen selbst korrigiert.[176] Die Arbeitskampfrisikogrundsätze kommen etwa dann zur Anwendung, wenn der bestreikte Arbeitgeber weder aussperrt noch eine hinreichend deutliche Stillegungserklärung abgibt oder wenn er auf einen "Wellenstreik" mit einem "Streikgegen- oder Notprogramm" (z.B. Einschränkung der Produktion und Reduzierung des Arbeitskräftebedarfs) reagiert und die Beschäftigung der arbeitswilligen Arbeitnehmer nicht möglich oder wirtschaftlich unzumutbar ist.[177]

---

[169] BAG 31.1.1995, AP Nr. 135 zu Art. 9 GG Arbeitskampf unter I 2; 27.6.1995, AP Nr. 137 zu Art. 9 GG Arbeitskampf unter III; 11.7.1995, AP Nr. 138 zu Art. 9 GG Arbeitskampf unter II 1, III 1; 11.7.1995, AP Nr. 139 zu Art. 9 GG Arbeitskampf unter II 1; 12.11.1996, AP Nr. 147 zu Art. 9 GG Arbeitskampf unter I; 17.2.1998, NZA 1998, 896, 897 f. unter I 1.

[170] BAG 22.3.1994, AP Nr. 130 zu Art. 9 GG Arbeitskampf unter II 3 c; 27.6.1995, AP Nr. 137 zu Art. 9 GG Arbeitskampf unter III 2; 11.7.1995, AP Nr. 138 zu Art. 9 GG Arbeitskampf unter III 1; 11.7.1995, AP Nr. 139 zu Art. 9 GG Arbeitskampf unter II 2.

[171] BAG 11.7.1995, AP Nr. 138 zu Art. 9 GG unter III 1.

[172] BAG 22.3.1994, AP Nr. 130 zu Art. 9 GG Arbeitskampf unter II 3 b; 27.6.1995, AP Nr. 137 zu Art. 9 GG Arbeitskampf unter III 1; 11.7.1995, AP Nr. 138 zu Art. 9 GG Arbeitskampf unter III 2 c; 12.11.1996, AP Nr. 147 zu Art. 9 GG Arbeitskampf unter I; 17.2.1998, NZA 1998, 896, 897 f. unter I 1.

[173] BAG 27.6.1995, AP Nr. 137 zu Art. 9 GG Arbeitskampf unter III 1.

[174] BAG 22.3.1994, AP Nr. 130 zu Art. 9 GG Arbeitskampf unter II; zuletzt BAG 17.2.1998, NZA 1998, 896, 897 unter I 1.

[175] BAG 22.3.1994, AP Nr. 130 zu Art. 9 GG Arbeitskampf unter II 3; ebenso 31.1.1995, AP Nr. 135 zu Art. 9 GG Arbeitskampf unter I 2.

[176] BAG 27.6.1995, AP Nr. 137 zu Art. 9 GG Arbeitskampf unter II; 11.7.1995, AP Nr. 138 zu Art. 9 GG Arbeitskampf Ls. 1 und unter II 3; 11.7.1995, AP Nr. 139 zu Art. 9 GG Arbeitskampf Ls. 1 und unter III 1; 12.11.1996, AP Nr. 147 zu Art. 9 GG Arbeitskampf unter II 2 b; 17.2.1998, NZA 1998, 896, 898 unter II 2 a.

[177] S. Nachweise in voriger Fn.

Nach der Rechtsprechung des BAG können die Arbeitsverhältnisse der Arbeitnehmeraußenseiter im Arbeitskampf also nicht nur durch Aussperrung, sondern auch durch Betriebsstillegung suspendiert werden. Ein solches einseitiges Suspendierungsrecht des Arbeitgebers, das nicht nur in die privatautonom vereinbarte Entgeltzahlungs- und Beschäftigungspflicht, sondern in ähnlicher Weise wie die Aussperrung auch in grundrechtliche Positionen insbesondere der Arbeitnehmeraußenseiter eingreift[178], bedarf der rechtsdogmatischen Rechtfertigung.

Abgesehen davon, daß die Rechtsprechung den bereits dargelegten Anforderungen der Wesentlichkeitslehre[179], die auch im vorliegenden Zusammenhang einschlägig ist, nicht genügt, muß sie bei rechtsfortbildendem Tätigwerden das materielle Recht mit den anerkannten Methoden der Rechtsfindung aus allgemeinen Rechtsgrundlagen ableiten, die für das betreffende Rechtsverhältnis maßgeblich sind.[180] Dies hat das BAG bei seiner Rechtsprechung zur suspendierenden Betriebsstillegung jedoch nicht getan, weshalb sie im Schrifttum *ganz überwiegend abgelehnt* wird.[181]

c) Rechtsnatur des Betriebsstillegungsrechts

aa) Aussperrungsähnliches Arbeitskampfmittel

Die h.L. sieht in dem Betriebsstillegungsrecht ein neues aussperrungsähnliches Arbeitskampfmittel des Arbeitgebers ("lock-out light"[182]), eine "Sonderform der Aussperrung", die sich nicht in das Arbeitskampfsystem einfüge.[183] Mit dem "Erdulden des Streiks" durch Betriebsstillegung im Umfang des gewerkschaftlichen Streikbeschlusses werde der Arbeitgeber systemwidrig in den Dienst der Gewerk-

---

[178] Vgl. oben § 6 I 1 h bb (S. 103 ff.), dd (S. 107 ff.).

[179] S. o. § 4 I 7 c (S. 68 ff.), § 6 I 1 g bb (S. 102).

[180] S. o. § 3 V 3, letzter Abs. m.w.N. (S. 52)

[181] **Fischer/Rüthers**, Anm. zu BAG 22.3.1994, EzA Nr. 115 zu Art. 9 GG Arbeitskampf; **Kaiser**, ZfA 1996, 115, 189 f.; KassHb/**Kalb**, 6.2 Rn. 221 f.; **Konzen**, Anm. zu BAG, AP Nr. 137-139 zu Art. 9 GG Arbeitskampf; **Lieb**, Arbeitsrecht, Rn. 650 ff.; **ders.**, SAE 1995, 257 ff.; **ders.**, SAE 1996, 182 ff.; **Löwisch**, Anm. zu BAG 31.1.1995, AR-Blattei, ES 170.2 Nr. 42; **Rieble**, Rn. 1713 ff.; **ders.**, SAE 1996, 227, 232 ff.; **Schulte Westenberg**, NJW 1996, 1256 f.; **Thüsing**, S. 126 ff.; **ders.**, DB 1995, 2607 ff.; **ders.**, Anm. zu BAG 31.1.1995, EzA Nr. 119 zu Art. 9 GG Arbeitskampf; **Treber**, Anm. zu BAG 12.11.1996, EzA Nr. 127 zu Art. 9 GG Arbeitskampf unter B; **Zöllner/Loritz**, Arbeitsrecht, § 39 IV 3, S. 443 f.; krit. auch **Bauer/Haußmann**, DB 1996, 881, 885; **Oetker**, Anm. zu BAG 22.3.1994, AP Nr. 130 zu Art. 9 GG Arbeitskampf; *zust.* hingegen **Buschmann**, ArbuR 1995, 39 f.; **Mayer**, AiB 1995, 135 f.; **Bepler**, AuA 1998, 228, 230; für ein Suspendierungsrecht bereits früher MünchArbR/**Otto**, § 278 Rn. 59.

[182] **Gamillscheg**, Liber Amicorum Blanpain, S. 735, 736.

[183] **Gamillscheg**, KollArbR I, S. 1030; **ders.**, BB 1996, 212 f.; KassHb/**Kalb**, 6.2. Rn. 220; **Kircher**, WiB 1995, 209, 210; **Lieb**, SAE 1995, 257, 260; **Oetker**, Anm. zu BAG 22.3.1994, AP Nr. 130 zu Art. 9 GG Arbeitskampf; **Rieble**, Rn. 1713 f.; **Thüsing**, S. 129; **Wank**, Übungen im Arbeitsrecht, 11. Fall, S. 141.

schaften gestellt und zum "Streikgehilfen der Gewerkschaft" gemacht[184]. Eine Reaktionsmöglichkeit des Arbeitgebers zusätzlich zu Aussperrung und Berufung auf die Arbeitskampfrisikogrundsätze sei aus Gründen der Funktionsfähigkeit des Arbeitskampfsystems bzw. der Kampfparität nicht erforderlich.[185]

Tatsächlich könnte man das Betriebsstillegungsrecht als Arbeitskampfmittel bezeichnen, das der Aussperrung ähnlich ist. Nach allgemeiner Definition versteht man unter Aussperrung die "planmäßige Verweigerung von Beschäftigung und Lohnzahlung gegenüber Arbeitnehmern ohne vorherige Kündigung der Arbeitsverhältnisse zur Erreichung eines Ziels".[186] Diese Elemente sind bei der suspendierenden Betriebsstillegung des Arbeitgebers allesamt erfüllt. Insbesondere bedarf es wie bei der Aussperrung der "planmäßigen", d.h. durch Willenserklärung kundgetanen Nichtbeschäftigung der Arbeitnehmer. Die faktische Betriebseinstellung genügt hingegen nicht. Sofern man demgemäß von einer Aussperrung besonderer Art ausgeht, können die oben gegen die Aussperrung von Arbeitnehmeraußenseitern angeführten Argumente[187] hierher übertragen werden. Ergänzend sei angeführt, daß die Betriebsstillegung als "Erdulden der gegnerischen Kampfmaßnahme"[188] nicht der Verfolgung eines *eigenen* tariflichen Ziels und somit nicht unmittelbar dem Abschluß eines Tarifvertrags dient. Daher unterfällt sie nicht der Koalitionszweckverfolgungsgarantie des Art. 9 Abs. 3 GG, welche die positive Arbeitskampffreiheit gewährleistet.[189] Sie verstößt auch gegen den nach allgemeinem Arbeitskampfrecht geltenden Grundsatz der Verhältnismäßigkeit. Die Suspendierung der Arbeitsverhältnisse der Arbeitnehmeraußenseiter ist weder geeignet noch erforderlich, um zum Tarifvertragsabschluß mit der kampfführenden Gewerkschaft zu gelangen.

bb) Kein Arbeitskampfmittel

Gegen die Einordnung als Arbeitskampfmittel sprechen aber mehrere Gründe: Das Betriebsstillegungsrecht soll nach der Rspr.[190] dem *einzelnen* Arbeitgeber zustehen unabhängig davon, ob es um einen Verbands- oder Firmenarbeitskampf geht. Hingegen ist Träger der durch Art. 9 Abs. 3 GG gewährleisteten positiven Arbeitskampffreiheit auf Arbeitgeberseite der jeweilige Arbeitgeberverband und seine Mitglieder und gerade nicht der einzelne Arbeitgeber. Diesem ist nur im Firmenarbeitskampf wegen § 2 Abs. 1 TVG eine Arbeitskampfbefugnis zuzuge-

---

[184] **Hanau**, DB 1998, 69, 78; **Rieble**, Rn. 1713; **ders.**, SAE 1996, 227, 233; krit. auch **Lieb**, SAE 1995, 257, 259 f.

[185] KassHb/**Kalb**, 6.2 Rn. 221 f.; **Konzen**, Anm. zu BAG, AP Nr. 137 - 139 zu Art. 9 GG Arbeitskampf, Bl. 9 V und R; **Lieb**, SAE 1996, 182, 183 f.; **Thüsing**, S. 130.

[186] **Brox/Rüthers**, Arbeitsrecht, Rn. 304; KassHb/**Kalb**, 6.2 Rn. 22; **Zöllner/Loritz**, Arbeitsrecht, § 39 IV 1, S. 442.

[187] § 6 I 1 (S. 94 ff.).

[188] BAG 27.6.1995, AP Nr. 137 zu Art. 9 GG Arbeitskampf unter III 1.

[189] Vgl. oben § 3 IV 2 b bb (S. 42), V 1 (S. 43 f.).

[190] S. o. § 6 I 3 b (S. 117 ff.).

stehen.[191] Zweitens wird – anders als bei der Aussperrung – der Kampfrahmen durch eine Betriebsstillegung nicht erweitert, weil sie die *Grenzen des Streikbeschlusses* einhalten muß. Drittens ist *Adressat* der erforderlichen Stillegungserklärung des Arbeitgebers nicht wie bei der Aussperrung die kampfführende Gewerkschaft, sondern ausschließlich der betroffene Arbeitnehmer, dessen Arbeitsverhältnis dadurch suspendiert wird.

Letzteres hat auch das **BAG** zur Begründung dafür angeführt, daß es sich bei der suspendierenden Betriebsstillegung nicht um eine Arbeitskampfmaßnahme handele.[192] Vielmehr spricht das BAG im Hinblick auf die mit der Betriebsstillegungserklärung verbundene Suspendierung der Arbeitsverhältnisse der betroffenen Arbeitnehmer für die Dauer des Arbeitskampfs von einer "*vertragsrechtlichen Wirkung*"[193]. Anders als bei der Aussperrung nehme der Arbeitgeber nicht aktiv am Arbeitskampf teil, sondern reagiere nur auf ein Arbeitskampfmittel der Gegenseite. Insoweit liege der Verzicht auf die Fortführung des Betriebs *auf der gleichen Linie wie die Einstellung des Betriebs infolge arbeitskampfbedingter Fernwirkungen*. Die Beurteilung der Unmöglichkeit oder Unzumutbarkeit der Weiterbeschäftigung arbeitswilliger Arbeitnehmer sei hier nur der Entscheidung des Arbeitgebers überlassen.[194]

Nach der dogmatischen Konzeption des BAG soll das Betriebsstillegungsrecht also systematisch auf derselben Ebene liegen wie die Arbeitskampfrisikogrundsätze. Die Regeln über die Lohnrisikoverteilung bei Wegfall der Beschäftigungsmöglichkeit infolge von Arbeitskämpfen gehören rechtssystematisch ins Leistungsstörungsrecht,[195] namentlich ins Unmöglichkeitsrecht. Denn wie dargelegt trägt – anders als beim Betriebs- und Wirtschaftsrisiko – grundsätzlich der Arbeitnehmer das Arbeitskampfrisiko und verliert bei arbeitskampfbedingter Unmöglichkeit bzw. Unzumutbarkeit der Weiterbeschäftigung seinen Entgeltanspruch entsprechend dem Grundsatz des § 323 Abs. 1 BGB ("Ohne Arbeit keinen Lohn"). Insofern läßt sich die Arbeitskampfrisikolehre als "Negation der Negation des Grundsatzes von § 323 Abs. 1 BGB" verstehen, d.h. als Rückausnahme zur Ausnahme der Betriebs- bzw. Wirtschaftsrisikolehre.[196] Während also die Arbeitskampfrisikolehre systematisch dem unmöglichkeitsrechtlichen Grundsatz "Ohne Arbeit keinen Lohn" (§ 323 Abs. 1 BGB) zuzuordnen sind, kann dies entgegen der Auffassung des BAG für das Betriebsstillegungsrecht nicht angenommen werden. Denn charakteristisch für § 323 Abs. 1, 1. Hs. BGB ist es, daß der Schuldner der

[191] Vgl. oben § 3 V 2 b aa (S. 48 f.) und cc (S. 50 f.).

[192] BAG 11.7.1995, AP Nr. 138 zu Art. 9 GG unter III 1; AP Nr. 139 zu Art. 9 GG Arbeitskampf unter II 2 a.

[193] BAG 22.3.1994, AP Nr. 130 zu Art. 9 GG Arbeitskampf unter II 3 c.

[194] BAG 27.6.1995, AP Nr. 137 zu Art. 9 GG Arbeitskampf unter III 2.

[195] **Zöllner/Loritz**, Arbeitsrecht, § 18 V 3, S. 244.

[196] Vgl. **Oetker**, Anm. zu BAG 22.3.1994, AP Nr. 130 zu Art. 9 GG Arbeitskampf unter II 1; Palandt/**Putzo**, BGB, § 615 Rn. 21 ff.; **Zöllner/Loritz**, Arbeitsrecht, § 18 V, S. 239 ff.; vgl. auch oben § 6 I 3 a (S. 116 f.).

unmöglich gewordenen Leistung den Anspruch auf die Gegenleistung *automatisch* verliert. Dementsprechend tritt der Lohnwegfall bei arbeitskampfbedingter Unmöglichkeit oder Unzumutbarkeit der Arbeitsleistung des Arbeitnehmers nach den Arbeitskampfrisikogrundsätzen ipso iure ein, ohne daß es einer rechtsgestaltenden Erklärung des Arbeitgebers bedarf.[197] Im Gegensatz dazu entfällt der Entgeltanspruch des Arbeitnehmers bei der hier zu behandelnden Betriebsstillegung nicht kraft Gesetzes, sondern aufgrund der von der Rechtsprechung geforderten Stillegungserklärung des bestreikten Arbeitgebers gegenüber den einzelnen Arbeitnehmern. Eine solche rechtsgestaltende Erklärung ist dem Grundsatz des § 323 Abs. 1 BGB aber fremd. Auch der vom BAG angedeutete "Beurteilungsspielraum" des Arbeitgebers bei der Frage, ob die Beschäftigung des arbeitswilligen Arbeitnehmers unmöglich oder unzumutbar ist,[198] ist systemwidrig. Im allgemeinen Leistungsstörungsrecht beurteilt sich nämlich das Vorliegen der Unmöglichkeit der Leistung aus der Sicht eines objektiven Dritten und nicht aus Sicht einer Vertragspartei. Der Sache nach schafft das BAG mit dem Recht zur suspendierenden Betriebsstillegung eine Art "freie Unternehmerentscheidung" für den bestreikten Arbeitgeber, ob er die Arbeitsleistung seiner arbeitsbereiten Arbeitnehmer abrufen und das Arbeitsentgelt zahlen will oder nicht. Diese These läßt sich aber mit dem allgemeinen Leistungsstörungs- bzw. Unmöglichkeitsrecht nicht begründen. Vielmehr ist bei willkürlicher Verweigerung der Annahme der vom Arbeitnehmer angebotenen Arbeitsleistung durch den Arbeitgeber – wie im Falle der Betriebsstillegung – entweder § 615 BGB wegen Annahmeverzugs des Arbeitgebers oder § 324 Abs. 1 BGB wegen vom Arbeitgeber zu vertretender Unmöglichkeit der nicht mehr nachholbaren Arbeitsleistung anzuwenden mit der Folge, daß der arbeitswillige Arbeitnehmer seinen Entgeltanspruch behält.[199] Dem vom BAG für das Betriebsstillegungsrecht vertretenen dogmatischen Konzept kann mithin nicht gefolgt werden.

Festzuhalten bleibt also, daß sich das von der Rechtsprechung konstruierte Betriebsstillegungsrecht des Arbeitgebers rechtssystematisch weder in das Arbeitskampfrecht noch in das Leistungsstörungsrecht einordnen läßt[200] und anderweitige normative Grundlagen für die systemkonforme Bestimmung dessen Rechtscharakters fehlen, so daß aus systematischer Sicht eine freie Rechtsschöpfung vorliegt, welche die anerkannten Methoden der Rechtsfindung verläßt und eine unzulässige Rechtsfortbildung darstellt.[201]

---

[197] **Oetker**, Anm. zu BAG 22.3.1994, AP Nr. 130 zu Art. 9 GG Arbeitskampf unter II 1; **Zöllner/Loritz**, Arbeitsrecht, § 18 V 4 a, S. 244.

[198] Vgl. dazu **Wißmann**, ArbRdGgnw 35 (1998), 115, 121 f.

[199] Vgl. ErfK/**Preis**, § 615 BGB Rn. 4 ff. m.w.N.

[200] Ebenso **Rieble**, SAE 1996, 227, 236.

[201] Ebenso **Lieb**, SAE 1996, 182; nachdrücklich krit. auch **Konzen**, Anm. zu BAG, AP Nr. 137-139 zu Art. 9 GG Arbeitskampf unter VI.

d) Begründungsansätze der Rechtsprechung

Auch die übrigen Begründungsversuche der Rechtsprechung überzeugen nicht.[202] Das **BAG** greift auf die gängigen Argumentationsschemata der soziologischen Betrachtungsweise, des Partizipationsgedankens sowie der "Spiegelbild"-Argumentation zurück: Am Streik könnten sich alle Arbeitnehmer, auch die nicht- und andersorganisierten Arbeitnehmer beteiligen; auch letzteren komme zumindest faktisch das Ergebnis des Arbeitskampfs zugute. Könnten sich alle Arbeitnehmer am Arbeitskampf beteiligen und profitierten sie auch von seinen Ergebnissen, so müßten sie auch die mit der möglichen Suspendierung ihrer Arbeitsverhältnisse verbundenen Nachteile tragen. Das Arbeitskampfrecht kenne keine Pflicht zur aktiven Abwehr von Kampfmaßnahmen. Angesichts des kollektiven Charakters von Arbeitskämpfen ergebe sich aus dem Arbeitsverhältnis keine Verpflichtung, die Arbeitnehmer so lange wie möglich und zumutbar zu beschäftigen. Vielmehr könne der Arbeitgeber sich dem Streik beugen und den Betrieb stillegen.[203]

aa) Soziologische Erwägungen

Wie bereits mehrfach ausgeführt, können soziologische Erwägungen wie die Berufung auf den "kollektiven Charakter von Arbeitskämpfen" nicht dazu herhalten, alle Arbeitnehmer im Arbeitskampf als Kollektiv zu betrachten und letztlich die durch Art. 9 Abs. 3 GG geschützte Entscheidung der Arbeitnehmeraußenseiter zu überspielen, sich nicht oder anders zu koalieren.[204] Sie bieten auch keine ausreichende rechtsdogmatische Begründung für die Suspendierung der privatautonom vereinbarten Pflichten des Arbeitsvertrags der Arbeitnehmeraußenseiter.[205]

bb) Partizipationsgedanke

Auch der Partizipationsgedanke eignet sich zur Rechtfertigung des angeblichen Rechts zur suspendierenden Betriebsstillegung nicht. Einerseits gibt es nämlich am Arbeitskampfergebnis tatsächlich nicht partizipierende Arbeitnehmer, deren Einbeziehung in den Arbeitskampf nicht mit dem Partizipationsgedanken begrün-

---

[202] Ebenso **Fischer/Rüthers**, Anm. zu BAG 22.3.1994, EzA Nr. 115 zu Art. 9 GG Arbeitskampf, S. 15 ff.; **Konzen**, Anm. zu BAG, AP Nr. 137-139 zu Art. 9 GG Arbeitskampf, Bl. 8 ff.; **Lieb**, SAE 1996, 182, 183.

[203] BAG 22.3.1994, AP Nr. 130 zu Art. 9 GG Arbeitskampf unter II 3; 11.7.1995, AP Nr. 138 zu Art. 9 GG Arbeitskampf unter II 1; AP Nr. 139 zu Art. 9 GG Arbeitskampf unter II 1.

[204] Vgl. oben § 4 I 1-3 (S. 59 ff.), § 6 I 1 a-c (S. 94 f.). **Konzen**, Anm. zu BAG, AP Nr. 137-139 zu Art. 9 GG Arbeitskampf spricht insoweit von "Zwangssolidarisierung" (Bl. 7) und hält die Berufung auf den Kollektivcharakter von Arbeitskämpfen für ein "Kryptoargument" (Bl. 14 R); **Fischer/Rüthers**, Anm. zu BAG 22.3.1994, EzA Nr. 115 zu Art. 9 GG Arbeitskampf, S. 16 sprechen von einem "Scheinargument".

[205] Ablehnend auch **Lieb**, SAE 1996, 182, 183.

det werden kann. Andererseits gibt es Arbeitnehmer, die zwar partizipieren, aber gar nicht zum Streik aufgerufen wurden und daher nicht vom Betriebsstillegungsrecht betroffen werden dürfen, da der Streikaufruf der Gewerkschaft nach der Rspr. die Grenze der Stillegungsbefugnis ist.[206] Zweitens gibt es keinen Rechtsgrundsatz, der ein Recht zur Schadenszufügung daraus herleitet, daß die Gegenseite mittelbar Vorteile zieht. Außerdem besteht im Nachteil eines *einseitigen* Suspendierungsrechts des Arbeitgebers kein Korrelat zu dem auf *beiderseitiger* Vereinbarung der Arbeitsvertragsparteien (Bezugnahme, betriebliche Übung) beruhenden Vorteil.[207]

cc) Spiegelbild zur aktiven Arbeitskampfbefugnis

Die Argumentation, die aktive Arbeitskampfteilnahmebefugnis der Arbeitnehmeraußenseiter rechtfertige spiegelbildlich deren passive Einbeziehung trägt wie gezeigt nicht, weil sie von einer ihrerseits erst zu beweisenden Prämisse abhängt.[208]

dd) Keine Verteidigungspflicht

Die Aussage des **BAG**, das Arbeitskampfrecht kenne keine Pflicht zur aktiven Abwehr von Kampfmaßnahmen, ist isoliert betrachtet zwar richtig, kann aber ein Stillegungsrecht zur Suspendierung der Arbeitsverhältnisse mit arbeitswilligen Arbeitnehmern nicht begründen. Der Argumentation des BAG liegt das Verständnis zugrunde, daß die "Taktik der Weiterproduktion" bzw. "Taktik der offenen Tür"[209] eine aktive Arbeitskampfmaßnahme sei. Das trifft jedoch nicht zu. In der Fortführung der Betriebstätigkeit liegt die bloße Abwehr einer Betriebsstörung, was sich psychologisch zwar negativ auf die Motivation der Streikenden auswirken kann, jedoch keine eigene Kampfmaßnahme darstellt.[210] Die Aufrechterhaltung der Produktion im Betrieb ist nicht eine Frage der "Pflicht zur Gegenwehr" gegenüber der Gewerkschaft, sondern eine Frage der Erfüllung individualvertraglicher Pflichten gegenüber den arbeitswilligen Arbeitnehmern.[211] Letzteren gegenüber gilt aber der Grundsatz *"pacta sunt servanda"*.

---

[206] Darauf weist bereits **Lieb**, SAE 1996, 182, 183 hin. Zur Rspr. s. o. unter § 6 I 3 b (S. 117 ff.).

[207] Vgl. bereits oben § 4 I 4 (S. 62 ff.); § 5 I 2 (S. 87 f.), § 6 I 1 d (S. 95 ff.).

[208] S. o. § 6 I 1 f (S. 101 f.); vgl. auch § 4 I 6 (S. 67), § 5 I 4 (S. 89).

[209] BAG 11.7.1995, AP Nr. 139 zu Art. 9 GG Arbeitskampf unter II 2 b; 12.11.1996, AP Nr. 147 zu Art. 9 GG Arbeitskampf unter II 3 b aa.

[210] Die "Unterscheidung von bloßer Abwehr einer Betriebsstörung und eigener Kampfmaßnahme" trifft auch das BAG 12.11.1996, AP Nr. 147 zu Art. 9 GG Arbeitskampf unter II 3 b bb; 17.2.1998, NZA 1998, 896, 898 unter II 2 b.

[211] So zutr. **Thüsing**, S. 128.

Zusammenfassend ist somit festzuhalten, daß die Rechtsprechung des **BAG** zum Recht des Arbeitgebers auf suspendierende Betriebsstillegung rechtsdogmatisch nicht haltbar ist. Auch insoweit läßt sich die passive Einbeziehung von Arbeitnehmeraußenseitern in den Arbeitskampf also nicht begründen.

II. Andere Ansichten

Diejenigen Vertreter, die bereits bei der aktiven Arbeitskampfbeteiligung von Außenseitern eine von der h.M. abweichende Auffassung vertreten haben,[212] äußern sich auch entsprechend zur Frage der passiven Arbeitskampfbeteiligung von Außenseitern.

1. Unzulässigkeit der Aussperrung von Arbeitnehmeraußenseitern

Van Gelder/Leinemann lehnen ebenso wie beim Streikrecht vom (zweifelhaften[213]) dogmatischen Ausgangspunkt des § 49 Abs. 2 S. 3 BetrVG 1952 (heute: § 74 Abs. 2 S. 1, 2. Hs. BetrVG) her die passive Arbeitskampfbeteiligung der nichtorganisierten Arbeitnehmer mit der Begründung ab, nur Arbeitskämpfe tariffähiger Parteien mit dem Ziel eines Tarifvertragsabschlusses seien gerechtfertigt. Nichtorganisierte Arbeitnehmer seien aber nicht tariffähig, mit ihnen könne folglich kein Tarifvertrag abgeschlossen werden, so daß mit ihrer Aussperrung kein zulässiges Kampfziel verfolgt werde.[214] Die Argumentation dieser Auffassung ist angesichts der seit ihrer Veröffentlichung fortgeschrittenen dogmatischen Entwicklung zwangsläufig lückenhaft, entspricht in der Sache aber dem allgemeinen Arbeitskampfrecht.[215] Die hier vertretene Auffassung wird dadurch – jedenfalls teilweise – bestätigt.

2. Arbeitsvertragsimmanentes Recht zum Arbeitskampf

Vom Standpunkt der Vertreter, die ein dem Arbeitsvertrag immanentes Recht zum Arbeitskampf annehmen, welches die Arbeitsvertragsparteien wechselseitig aus-

[212] S. o. § 4 II (S. 77 ff.), § 5 II (S. 90).
[213] S. o. § 4 II 1 (S. 77 f.).
[214] **van Gelder/Leinemann**, BlStSozArbR 1970, 253, 254 f.; **van Gelder**, ArbuR 1972, 97, 109; **Leinemann**, DB 1971, 2309, 2312 f.; i. E. ebenso **Richardi**, RdA 1971, 334, 338; vgl. auch **ders.**, RdA 1970, 65, 70.
[215] Vgl. oben § 3 V 3 (1) und (2) (S. 51 f.).

üben können, wenn ein Arbeitskampf um den für sie potentiell einschlägigen Tarifvertrag ausbricht,[216] können die Arbeitnehmeraußenseiter ausgesperrt werden. Besonders deutlich ist dies bei den Ausführungen **Zeuners**.[217] Die dogmatischen Schwächen der insoweit vertretenen Auffassungen wurden bereits erläutert.[218] Der individualrechtliche Ansatz soll jedoch weiterverfolgt werden.[219]

III. Zwischenergebnis

Die passive Einbeziehung der Arbeitnehmeraußenseiter in den Arbeitskampf – sei es durch Aussperrung, sei es durch "Betriebsstillegung" – läßt sich mit den in Rechtsprechung und Literatur vertretenen Auffassungen nicht konsistent begründen. Insbesondere die immer wiederkehrende Argumentation mit der Solidarität und Einheit der Arbeitnehmerklasse ist weder rechtstatsächlich zutreffend noch rechtsdogmatisch tauglich. Auch grundrechtliche Erwägungen und die vom TVG geprägte Struktur der Koalitionsfreiheit sowie die Arbeitsverfassung sprechen gegen die h.M. Demnach gilt, daß Arbeitnehmeraußenseiter auf kollektivrechtlicher, sprich arbeitskampfrechtlicher Grundlage weder ausgesperrt werden dürfen noch müssen. Die individualrechtliche Einbindung der Außenseiter in den Arbeitskampf läßt sich mit einer – nicht näher untermauerten – "Immanenz" der Arbeitskampfberechtigung im Arbeitsvertrag nicht begründen.

Die *Aussperrung von Arbeitnehmeraußenseitern* kann in (rechtsfortbildender) Weiterentwicklung der tarifrechtlichen Einbeziehung von Außenseitern *ausnahmsweise* als *arbeitskampfrechtlich zulässig* angesehen werden, *wenn und soweit ein Arbeitskampf um Tarifnormen geführt wird, die nach §§ 3 Abs. 2, 4 Abs. 1 S. 2 oder § 5 Abs. 4 TVG auf die Arbeitnehmeraußenseiter anwendbar sind.*[220]

---

[216] S. o. § 4 II 2 (S. 78 ff.); § 5 II (S. 90).
[217] **Zeuner**, JZ 1962, 425, 429; s. o. § 5 II (S. 90).
[218] S. o. § 4 II 2 (S. 78 ff.).
[219] Unten 4. Teil (S. 147 ff.).
[220] Zur Begründung s. bereits oben § 4 III (S. 82) sowie ausführlich unten § 7 III (S. 144 ff.).

§ 7 Streik gegenüber Arbeitgeberaußenseitern

Im Gegensatz zur viel diskutierten passiven Arbeitskampfbeteiligung von Arbeitnehmeraußenseitern[1] stellt sich die nun zu behandelnde Problematik der passiven Einbeziehung von Arbeitgeberaußenseitern in den Arbeitskampf als "arbeitsrechtliche Wüste" dar[2], in der sich trotz vereinzelter Stellungnahmen von Rechtsprechung und Literatur in jüngerer Zeit keine "Oase" gebildet hat. Auffällig ist, daß denkbare Sachverhaltsvarianten nicht unterschieden werden[3] bzw. bisher nur unzureichend systematisch aufgearbeitet wurden. Daher ist es angezeigt, zunächst die verschiedenen Fallkonstellationen darzustellen und die Außenseiterproblematik deutlich herauszuarbeiten (I.), ehe die Frage der Zulässigkeit des Streiks gegenüber Arbeitgeberaußenseitern erörtert wird (II.).

I. Abgrenzung der Außenseiterproblematik

Wie bereits eingangs ausgeführt,[4] taucht die Problematik des Arbeitgeberaußenseiters nur auf, wenn es um einen *Verbands*tarifvertrag geht, nicht jedoch beim *Firmen*arbeitskampf. § 2 Abs. 1 TVG gibt die Differenzierung zwischen dem (Haupt-)Kampfziel Verbandstarifvertrag einerseits und Firmentarifvertrag andererseits vor:

1. (Haupt-)Kampfziel Verbandstarifvertrag (Verbandsarbeitskampf)

Im Arbeitskampf um einen Verbandstarifvertrag zwischen Gewerkschaft und Arbeitgeberverband ist Außenseiter in bezug auf den umkämpften Tarifvertrag derjenige Arbeitgeber, der in dessen Geltungsbereich fällt, aber nicht im kampfbeteiligten Arbeitgeberverband organisiert ist, d.h. nicht- oder andersorganisiert ist.[5] Das Problem der passiven Arbeitskampfbeteiligung von Arbeitgeberaußenseitern stellt sich also dann, wenn die Gewerkschaft im Verbandsarbeitskampf

---

[1] Dazu ausführlich soeben § 6 (S. 93 ff.).

[2] **Lieb**, FS Kissel, S. 653, 656.

[3] So schon der Befund von **Häuser**, FS Kissel, S. 297, 309; zutr. differenziert hingegen **Loritz** in: **Lieb/v. Stebut/Zöllner**, Symposion, S. 117, 128 f.

[4] S. o. § 2 II (S. 6 ff.) und IV (S. 10 f.); vgl. auch § 5 vor I (S. 83).

[5] S. o. § 2 IV 1 (S. 10 f.).

einen Arbeitgeberaußenseiter bestreikt, der nicht Mitglied des gegnerischen Arbeitgeberverbands ist *und den die Gewerkschaft nicht zum Abschluß eines Firmentarifvertrags aufgefordert hat.* Diese Fallkonstellation lag zum einen der Entscheidung des **BGH** vom 19.1.1978 zugrunde, in welcher der BGH im Rahmen einer Klage angeblich streikbrüchiger Gewerkschaftsmitglieder gegen ihren Gewerkschaftsausschluß inzident den Streik gegen einen einzelnen, dem gegnerischen Arbeitgeberverband nicht angehörenden Arbeitgeber prüfte und für rechtmäßig erachtete.[6] Zum anderen spielte diese Außenseiterproblematik eine Rolle in dem Fall, den das **LAG Frankfurt** in seinem Urteil vom 22.2.1990[7] zweitinstanzlich und das **BAG** in seinem Urteil vom 9.4.1991[8] letztinstanzlich entschieden. Die Besonderheit lag in diesem Fall darin, daß der Arbeitskampf einen Verbandstarifvertrag betraf, der – nach den Ausführungen des LAG Frankfurt – erfahrungsgemäß bzw. mit großer Wahrscheinlichkeit für allgemeinverbindlich erklärt (§ 5 TVG) und auf den bestreikten Arbeitgeberaußenseiter erstreckt werden sollte.[9] Kennzeichnend für die in diesem Abschnitt näher zu erörternde Außenseiterproblematik ist, daß die Gewerkschaft den nicht- oder andersorganisierten Arbeitgeber in den Streik einbezieht, obwohl ihr Hauptkampfziel der Abschluß eines Verbandstarifvertrags mit dem Arbeitgeberverband ist und sie gegenüber dem Arbeitgeberaußenseiter – jedenfalls ausdrücklich – keine eigene Tarifforderung erhebt. Als Ursache für die Einbeziehung des Arbeitgeberaußenseiters kommt in Betracht, daß die Gewerkschaft irrtümlich von der Koalitionszugehörigkeit des Arbeitgebers ausgeht[10] oder daß sie durch dessen Bestreikung den wirtschaftlichen Druck auf die Branche und mittelbar auf ihren Arbeitgeberverband ausüben will, möglicherweise in der Erwartung, der Arbeitgeberaußenseiter werde dem erkämpften Verbandstarifvertrag durch einen Anschlußtarifvertrag oder kraft Bezugnahme bzw. betrieblicher Übung folgen[11].

---

[6] BGH 19.1.1978, AP Nr. 56 zu Art. 9 GG Arbeitskampf unter II 1.

[7] LAG Frankfurt 22.2.1990, LAGE Nr. 40 zu Art. 9 GG Arbeitskampf.

[8] BAG 9.4.1991, AP Nr. 116 zu Art. 9 GG Arbeitskampf.

[9] Vgl. LAG Frankfurt 22.2.1990, LAGE Nr. 40 zu Art. 9 GG Arbeitskampf Ls. 1 und unter 1 c cc, dd. Das BAG 9.4.1991, AP Nr. 116 zu Art. 9 GG Arbeitskampf ging auf diese Besonderheit überhaupt nicht ein. Zum Spezialfall der arbeitskampfrechtlichen Zulässigkeit des Streiks gegenüber Arbeitgeberaußenseitern bei deren Partizipation aufgrund Allgemeinverbindlicherklärung s. u. § 7 III (S. 144 ff.).

[10] Im vom LAG Frankfurt, 22.2.1990, LAGE Nr. 40 zu Art. 9 GG Arbeitskampf und vom BAG, 9.4.1991, AP Nr. 116 zu Art. 9 GG Arbeitskampf zu entscheidenden Fall war umstritten, ob die Gewerkschaft die fehlende Verbandszugehörigkeit des Arbeitgebers schon vor oder erst während des Streiks erfahren hatte.

[11] Vgl. BGH 19.1.1978, AP Nr. 56 zu Art. 9 GG Arbeitskampf unter II 1 d.

2. (Haupt-)Kampfziel Firmentarifvertrag (Firmenarbeitskampf)

Will die Gewerkschaft hingegen einen *Firmen*tarifvertrag mit dem einzelnen Arbeitgeber abschließen, so stellt sich auf Arbeitgeberseite *keine Außenseiterproblematik*.[12] Im Hinblick auf den angestrebten Firmentarifvertrag ist der einzelne Arbeitgeber nicht Außenseiter, sondern Tarifvertragspartei (§ 2 Abs. 1 TVG). Dies gilt unabhängig davon, ob er nichtorganisiert ist oder ob er Mitglied in einem Arbeitgeberverband ist. Denn der Arbeitgeber verliert durch die Mitgliedschaft im Arbeitgeberverband nicht seine Fähigkeit, Partei eines Firmentarifvertrags zu sein.[13] Auch arbeitskampfrechtlich gesehen ist er kein Außenseiter. Wie bereits erwähnt, wird der einzelne Arbeitgeber angesichts der normativen Wertung des § 2 Abs. 1 TVG in den Arbeitskampf um einen Firmentarifvertrag aktiv und passiv einbezogen, d.h. er darf aussperren und bestreikt werden.[14] Insoweit gelten keine Besonderheiten. Das allgemeine Arbeitskampfrecht ist anzuwenden.[15] Streitig ist dabei vor allem, ob der Streik gegenüber einem verbandsangehörigen Arbeitgeber zur Durchsetzung eines Firmentarifvertrags im Hinblick auf die Friedenspflicht des Verbandstarifvertrags zulässig ist.[16]

Nach dem *angestrebten Inhalt* des Firmentarifvertrags lassen sich in der vorliegenden Fallgruppe noch folgende Unterfälle bilden:

a) Eigenständige Tarifforderung

Macht die Gewerkschaft eigene tarifliche Forderungen geltend – ohne Anlehnung an bereits abgeschlossene oder gerade verhandelte Tarifverträge –, gilt arbeitskampfrechtlich nichts Besonderes.[17]

---

[12] S. bereits oben § 2 IV 2 (S. 11).

[13] BAG 25.9.1996, NZA 1997, 613, 618 m.w.N.

[14] S. o. § 3 V 2 b cc m.w.N. (S. 50 f.); **Zöllner/Loritz**, Arbeitsrecht, § 40 III 2 b und VI 6, S. 453 und 464; vgl. auch BAG 11.8.1992, AP Nr. 124 zu Art. 9 GG Arbeitskampf unter A I 3, wo allerdings entgegen der hier verwandten Terminologie vom *"Außenseiter"*-Arbeitgeber gesprochen wird.

[15] Vgl. oben § 3 V 3 (S. 51 f.).

[16] Näher dazu LAG Köln 14.6.1996, NZA 1997, 327; **v. Hoyningen-Huene**, ZfA 1980, 453; KassHb/**Kalb**, 6.2 Rn. 133; **Krichel**, NZA 1986, 731; **Schleusener**, NZA 1998, 239; **Thüsing**, NZA 1997, 294.

[17] **Lieb**, Arbeitsrecht, Rn. 662; **ders.**, FS Kissel, S. 653, 660.

b) Übernahmeforderung

Denkbar ist auch, daß die Gewerkschaft einen Anschluß- bzw. Übernahmetarifvertrag fordert, d.h. der Arbeitgeber soll im Firmentarifvertrag einen anderen Tarifvertrag, meist den in der Branche einschlägigen Verbandstarifvertrag, übernehmen:

aa) Bereits abgeschlossener Verbandstarifvertrag

Arbeitskampfrechtlich unproblematisch ist dabei der Fall, daß die Gewerkschaftsforderung sich auf einen *bereits abgeschlossenen Verbandstarifvertrag* bezieht, dessen Inhalte feststehen.[18] Ein solcher Sachverhalt liegt beispielsweise dem Urteil des **BAG** vom 11.8.1992 zugrunde.[19] Dort strebte die Gewerkschaft Textil-Bekleidung den Abschluß von Firmentarifverträgen mit dem nichtorganisierten Arbeitgeber an, durch die im wesentlichen die im Bereich der Südbayerischen Textilindustrie abgeschlossenen Tarifverträge übernommen werden sollten. Das BAG hatte hier allerdings nicht über die Zulässigkeit des gewerkschaftlichen Streiks, sondern über die Rechtmäßigkeit der Arbeitskampfmaßnahmen des Arbeitgebers zu entscheiden.

bb) Noch abzuschließender Verbandstarifvertrag

Ausführlich problematisiert wird im Zusammenhang mit der Rechtsstellung des Arbeitgeberaußenseiters im Arbeitskampf hingegen der Fall, daß die Gewerkschaft *zeitgleich* zu Verhandlungen über einen Verbandstarifvertrag bzw. während eines diesbezüglichen Verbandsarbeitskampfs vom einzelnen (nicht verbandsangehörigen) Arbeitgeber die Übernahme des angestrebten, *erst noch abzuschließenden Verbandstarifvertrags* in einem Firmentarifvertrag fordert und dies streikweise gegenüber dem Einzelarbeitgeber durchsetzt, ohne gesondert mit ihm über die auf Verbandsebene geforderten Inhalte zu verhandeln.[20] Nach **Häuser** soll in diesem Fall die "eigentliche Außenseiterfrage" aufgeworfen sein.[21] Das ist jedoch nicht zutreffend. Selbst wenn die Gewerkschaft zeitgleich Arbeitskampfmaßnahmen gegenüber dem Arbeitgeberverband sowie dem (nichtorganisierten) Einzelarbeitgeber durchführt und das Kampfziel inhaltlich identisch ist, kann die Übernahmeforderung gegenüber dem Einzelarbeitgeber rechtlich nur durch einen Firmentarifvertrag erfüllt werden. Die Erzwingung eines *Firmen*tarifvertrags durch Streik wirft auf Arbeitgeberseite aber – wie gezeigt – gerade *keine Außenseiterproblematik* auf.

---

[18] Vgl. **Häuser**, FS Kissel, S. 297, 317; **Lieb**, Arbeitsrecht, Rn. 662.
[19] BAG, AP Nr. 124 zu Art. 9 GG Arbeitskampf.
[20] Dazu **Häuser**, FS Kissel, S. 297, 317 ff.; **Lieb**, FS Kissel, S. 653, 664 ff.
[21] **Häuser**, FS Kissel, S. 297, 318 und 325.

Vielmehr ist auch hier allgemeines Arbeitskampfrecht anzuwenden.[22] Dabei ist problematisch, ob die Gewerkschaft gegenüber dem Einzelarbeitgeber die Forderung nach Vorabunterwerfung unter den in seinem Inhalt noch gar nicht bekannten, weil erst noch zu erkämpfenden bzw. abzuschließenden Verbandstarifvertrag durch Streik durchsetzen darf. Die komplexe Problematik soll hier nur skizziert werden, da sich – wie gesagt – die Außenseiterfrage nicht stellt.

(1) Fraglich ist, ob der Streik in dieser Fallkonstellation um eine gesetzlich *zulässige tarifvertragliche Regelung* geführt wird,[23] d.h. ob der Arbeitgeber sich in einem Tarifvertrag gegenüber der Gewerkschaft zur Übernahme eines Verbandstarifvertrags verpflichten kann, dessen Inhalt zum Zeitpunkt der Anschlußerklärung noch gar nicht feststeht. Dies läßt sich in zweierlei Hinsicht in Zweifel ziehen:

(a) In der einverständlichen Erklärung der Tarifpartner, sich einem konkreten (Verbands-)Tarifvertrag anzuschließen, liegt ein *Vorvertrag* auf den Abschluß des in Bezug genommenen Tarifvertrags.[24] Nach der Rechtsprechung des **BAG**[25] und Teilen der Literatur[26] ist ein Vorvertrag zum Tarifvertrag selbst kein Tarifvertrag. Der Streik um einen Vorvertrag ist demgemäß nach allgemeinem Arbeitskampfrecht unzulässig.[27] Andere Auffassungen in der Literatur hingegen werten alle Vereinbarungen von Tarifvertragsparteien einschließlich eines Vorvertrages als Tarifvertrag i.S.d. TVG, wenn sie einen auch nur mittelbaren Bezug zu Tarifnormen haben (etwa durch Bezugnahme auf einen Tarifnormenvertrag).[28] Solche Vereinbarungen werden konsequenterweise auch als durch Arbeitskampf erzwingbar angesehen.[29]

(b) **Lieb** bezweifelt unter dem Aspekt der dynamischen Verweisung die Zulässigkeit der geforderten Anschlußerklärung.[30] Eine bindende Inbezugnahme von (anderweitig erst noch zu vereinbarenden) Normen, die inhaltlich noch gar nicht feststehen, würde einen völligen *Verzicht auf* die eigene, eigenverantwortlich auszuübende *Regelungsmacht* darstellen. Dies könne zumindest unter Streikdruck nicht verlangt werden. Dagegen ließe sich aber anführen, daß das **BAG** Blankettverweisungen in Tarifverträgen auf andere, auch künftige, tarifvertragliche Regelungen für zulässig hält, wenn die Tarifvertragsparteien wegen des engen Sachzu-

[22] Zu den arbeitskampfrechtlichen Grundsätzen s. o. § 3 V 3 (S. 51 f.).
[23] Vgl. zu dieser Zulässigkeitsvoraussetzung oben § 3 V 3 (2) (S. 52).
[24] **Gamillscheg**, KollArbR I, S. 515; **v. Hase**, Vorvertrag, § 11 I b m.w.N.
[25] BAG 26.1.1983, AP Nr. 20 zu § 1 TVG, Ls. 2.
[26] **v. Hase**, Vorvertrag, § 11 I 4; **Reichel/Koberski/Ansey**, TVG, § 1 Rn. 18; **Schaub**, Arbeitsrechts-Handbuch, § 199 II 1 b, S. 1666 f.
[27] So etwa **Gamillscheg**, KollArbR I, S. 515.
[28] MünchArbR/**Löwisch**, § 246 Rn. 43 f. m.w.N.; **Zöllner/Loritz**, Arbeitsrecht, § 33 I 2, S. 366. **Lieb**, FS Kissel, S. 653, 661 sieht in der bindenden Anschlußerklärung einen "schuldrechtlichen Firmentarifvertrag".
[29] MünchArbR/**Löwisch**, § 246 Rn. 44; **Löwisch/Rieble**, TVG, § 1 Rn. 266.
[30] **Lieb**, FS Kissel, S. 653, 669 f. m.w.N. – Ablehnend **Thüsing**, S. 137 f.

sammenhangs künftige Regelungen des in Bezug genommenen Tarifvertrags auch für ihren Geltungsbereich im voraus als sachgerecht beurteilen.[31]

(2) **Lieb** dürfte aber zu folgen sein in der Annahme, daß der Streik zur Durchsetzung einer Vorabunterwerfung des Arbeitgebers unter einen inhaltlich noch nicht feststehenden (Verbands-)Tarifvertrag *unzumutbar* ist und damit im engeren Sinne gegen den nach allgemeinem Arbeitskampfrecht geltenden *Verhältnismäßigkeitsgrundsatz* verstößt.[32] Auch das *ultima-ratio-Prinzip*[33] verlangt, daß vor der Ausübung von Arbeitskampfmaßnahmen Verhandlungen über den Inhalt (das "Wie") des Tarifvertrags, nicht nur über das "Ob" geführt wurden und gescheitert sind. Das **BAG** sagt ausdrücklich, daß die Zulässigkeit jeder Arbeitskampfmaßnahme voraussetzt, daß zuvor Forderungen *für den Inhalt* des abzuschließenden Tarifvertrags erhoben worden sind und über diese Forderungen auch Tarifverhandlungen geführt wurden, es sei denn, die andere Seite hat Verhandlungen überhaupt abgelehnt.[34]

(3) Bedenken gegen die Erstreikbarkeit einer Vorabunterwerfung bestehen auch hinsichtlich der *negativen Koalitionsfreiheit* des nicht verbandsangehörigen Einzelarbeitgebers. Im Gegensatz zur Gewerkschaft, die an den Tarifverhandlungen auf Verbandsebene teilnimmt und deren Inhalt beeinflussen kann, ist das Verbandstarifergebnis für den nichtorganisierten Arbeitgeber mangels Mitgliedschaft im tarifschließenden Arbeitgeberverband nicht abschätzbar und erst recht nicht beeinflußbar. Wird er wegen der Vorabunterwerfung bestreikt, so wird ein starker, gebotsähnlicher Druck[35] auf ihn ausgeübt, in den tarifschließenden Arbeitgeberverband einzutreten, um sich ein Bild über den Verhandlungsstand machen zu können und entsprechende wirtschaftliche Dispositionen zu treffen sowie um im Rahmen der Mitgliedschaft Einfluß auf das Tarifergebnis zu nehmen. Insofern liegt ein mittelbarer Grundrechtseingriff in die negative Koalitionsfreiheit des Arbeitgebers vor.[36]

Festzuhalten bleibt also, daß nach allgemeinem Arbeitskampfrecht der Streik gegen einen Einzelarbeitgeber unzulässig ist, der auf eine Vorabunterwerfung des Arbeitgebers gerichtet ist, sich einem erst noch zu vereinbarenden (Verbands-)Tarifvertrag anzuschließen. Eine besondere Außenseiterproblematik stellt sich hier aber nicht.

---

[31] BAG 10.11.1982, AP Nr. 8 zu § 1 TVG Form, Bl. 4.

[32] **Lieb**, FS Kissel, S. 653, 667 ff.; **ders.**, SAE 1993, 268; **ders.**, Arbeitsrecht, Rn. 662; zust. **Thüsing**, S. 138. – Im Ergebnis **a.A. Häuser**, FS Kissel, S. 297, 317 ff.

[33] Vgl. oben § 3 V 3 (4) (S. 52); dazu auch sogleich § 7 II 1 c (S. 137 f.).

[34] BAG 9.4.1991, AP Nr. 116 zu Art. 9 GG Arbeitskampf unter II 3.

[35] Vgl. zu diesem Kriterium oben § 3 II 2 b aa (S. 35).

[36] Vgl. zu diesem Aspekt auch MünchArbR/**Löwisch**, § 238 Rn. 56.

II. Einbeziehung der Arbeitgeberaußenseiter in den Verbandsarbeitskampf (str.)

Die hier zu behandelnde eigentliche Außenseiterproblematik[37], ob die Gewerkschaft im Verbandsarbeitskampf den Arbeitgeberaußenseiter bestreiken darf, der nicht Mitglied des gegnerischen Arbeitgeberverbands ist und den diese Gewerkschaft nicht zum Abschluß eines Firmentarifvertrags aufgefordert hat, ist umstritten. Nach Auffassung des **BGH**[38], des **LAG Frankfurt**[39] und vereinzelter Literaturstimmen[40] ist die passive Einbeziehung des Arbeitgeberaußenseiters in den Verbandsarbeitskampf arbeitskampfrechtlich möglich. Die h.M. hingegen hält den (Verbands-)Streik gegenüber dem Arbeitgeberaußenseiter für unzulässig.[41] Ihr dürfte wohl auch die – etwas widersprüchliche – Entscheidung des **BAG** vom 9.4.1991[42] zuzuordnen sein, in der das BAG die Problematik durch die Entscheidung des **BGH** vom 19.1.1978[43] für "nicht abschließend geklärt" hält und sich zu einem ausführlichen obiter dictum veranlaßt sieht, um für zukünftige gleichgelagerte Fälle das Vertrauen in die höchstrichterliche Rechtsprechung des BGH zu zerstören.[44] Nachfolgend werden die – teilweise bereits aus den übrigen Teilen der Untersuchung bekannten – Argumentationsstränge dargestellt und auf ihre Tragfähigkeit überprüft.

1. Allgemeine Grundsätze des Arbeitskampfrechts

Die Zulässigkeit der Bestreikung von Arbeitgeberaußenseitern im Verbandsarbeitskampf wird teils unter Heranziehung allgemeiner arbeitskampfrechtlicher Grundsätze zu begründen versucht.

---

[37] S. o. § 7 I 1 (S. 127 f.).

[38] BGH 19.1.1978, AP Nr. 56 zu Art. 9 GG Arbeitskampf.

[39] LAG Frankfurt 22.2.1990, LAGE Nr. 40 zu Art. 9 GG Arbeitskampf.

[40] **Dütz**, Arbeitsrecht, Rn. 639; **Gamillscheg**, KollArbR I, S. 1005; MünchArbR/**Otto**, § 278 Rn. 68.

[41] **Buchner**, NZA 1994, 2, 8; **Konzen**, SAE 1986, 57, 59; insoweit unklar **ders.**, SAE 1991, 335, 342 ff.; **Lieb**, FS Kissel, S. 653, 661 ff.; **ders.**, SAE 1993, 268, 269; **Löwisch/Rieble** in: **Löwisch**, Arbeitskampf- und Schlichtungsrecht, 170.2 Rn. 97; **dies.**, in: **Löwisch**, Schlichtungs- und Arbeitskampfrecht, 1989, Rn. 330; vgl. auch MünchArbR/**Löwisch**, § 238 Rn. 56; **Loritz** in: **Lieb/v. Stebut/Zöllner**, Symposion, S. 117, 128 f.; **Rieble**, Anm. zu BAG 9.4.1991, EzA Nr. 98 zu Art. 9 GG Arbeitskampf, S. 13 ff.; **ders.**, SAE 1996, 227, 230 f.; **Thüsing**, S. 139 ff., 147; **Zöllner/Loritz**, Arbeitsrecht, § 40 VI 2 und 6, S. 460 und 464; insoweit auch **Häuser**, FS Kissel, S. 297, 325.

[42] BAG, AP Nr. 116 zu Art. 9 GG Arbeitskampf.

[43] BGH 19.1.1978, AP Nr. 56 zu Art. 9 GG Arbeitskampf.

[44] **Rieble**, Anm. zu BAG 9.4.1991, EzA Nr. 98 zu Art. 9 GG Arbeitskampf, S. 12 f.; **Weber**, ZfA 1992, 527, 596.

a) Arbeitskampffreiheit, freie Wahl der Kampfmittel

Nach Ansicht des **LAG Frankfurt** ist eine Gewerkschaft "mit Rücksicht auf die verfassungsrechtlich garantierte Arbeitskampffreiheit und das daraus abgeleitete Prinzip der freien Wahl der Kampfmittel" nicht gehindert, bei einem Verbandsarbeitskampf auch Arbeitgeberaußenseiter in den Streik einzubeziehen.[45]

Diese Argumentation geht jedoch an der Sache vorbei. Weder aus der positiven Arbeitskampffreiheit noch aus dem Grundsatz der freien Kampfmittelwahl läßt sich irgendeine Aussage über den zulässigen *Adressaten* der Kampfmaßnahme entnehmen. Das letztgenannte Prinzip bezieht sich eben nur auf die Arbeitskampf*mittel* und nicht auf die Kampfadressaten.[46] Auch aus der verfassungsrechtlichen Gewährleistung der positiven Arbeitskampffreiheit für die Koalitionen sowie ihre Mitglieder und gerade nicht für Außenseiter[47] läßt sich im auf Druck und Gegendruck angelegten Arbeitskampf eher ein Argument gegen die passive Einbeziehung der Außenseiter entnehmen als dafür.

b) Sympathiearbeitskampf

Auch der **BGH** hielt in seinem Urteil vom 19.1.1978 den Streik gegen einen einzelnen nicht verbandsangehörigen Arbeitgeber im Rahmen eines Verbandsarbeitskampfes für rechtmäßig.[48] Denn es genüge, wenn der Arbeitskampf sich gegen einen tariffähigen Sozialpartner richte – dies sei auch der einzige Arbeitgeber –, der die Forderung auf Abschluß eines Tarifvertrags jedenfalls erfüllen könnte. Unerheblich sei, ob der Sozialpartner tatsächlich zum Abschluß eines solchen Tarifvertrags gezwungen werden solle oder etwa der nicht verbandszugehörige Arbeitgeber nur bestreikt werde, um auch hierdurch wirtschaftlichen Druck auf die Branche und ihren Arbeitgeberverband auszuüben, möglicherweise in der Erwartung, daß die Außenseiter einem dann mit dem Verband abgeschlossenen Tarifvertrag folgen würden.[49]

Diese schon etwas ältere Entscheidung wird heute zu Recht einer "archäologischen Schicht früheren Arbeitskampfrechts" zugeordnet[50] und ist sowohl im Ergebnis als auch in der Begründung abzulehnen. Entgegen der Auffassung des BGH ist Zulässigkeitsvoraussetzung des Arbeitskampfes nicht, daß das Kampfziel gegenüber dem bestreikten Arbeitgeber *irgendein* Tarifvertrag ist, sondern Hauptziel des Arbeitskampfes muß entweder ein Verbandstarifvertrag sein oder

---

[45] LAG Frankfurt 22.2.1990, LAGE Nr. 40 zu Art. 9 GG Arbeitskampf unter 1 c cc.
[46] Vgl. **Kalb**, Arbeitskampfrecht, Rn. 43; **Zöllner/Loritz**, Arbeitsrecht, § 40 VI 5, S. 463.
[47] S. o. § 3 V 2 b aa (S. 48 f.).
[48] BGH 19.1.1978, AP Nr. 56 zu Art. 9 GG Arbeitskampf unter II 1.
[49] BGH 19.1.1978, AP Nr. 56 zu Art. 9 GG Arbeitskampf unter II 1 d.
[50] **Lieb**, FS Kissel, S. 653, 662.

ein Firmentarifvertrag. Denn nur hinsichtlich letzterem ist der (nicht verbandsangehörige) Einzelarbeitgeber tariffähig. Der BGH übergeht folglich die durch § 2 Abs. 1 TVG zwingend vorgegebene Differenzierung der oben geschilderten Fallgruppen.[51] Soweit ein *Firmen*tarifvertrag abgeschlossen werden soll, ist nach allgemeinem Arbeitskampfrecht das ultima-ratio-Prinzip einzuhalten, d.h. vor der Ergreifung von Arbeitskampfmaßnahmen sind Verhandlungen über einen Firmentarifvertrag zu führen.[52] Von dieser Verhandlungspflicht und Initiativlast kann die Gewerkschaft entgegen der Auffassung von **Seiter**[53] auch nicht befreit werden, wenn sie zeitgleich Parallelverhandlungen mit dem Arbeitgeberverband führt und in personelle und organisatorische Schwierigkeiten kommt.[54] Innere Schwächen der Gewerkschaft gehen zu ihren Lasten.

Hinzu kommt, daß der BGH den allgemeinen arbeitskampfrechtlichen Grundsatz des *Verbots des Sympathiearbeitskampfs* außer acht läßt, wenn er es zuläßt, daß die Gewerkschaft den nicht verbandsangehörigen Arbeitgeber bestreikt, um zur Unterstützung des Hauptarbeitskampfs auf Verbandsebene wirtschaftlichen Druck auf die Branche und ihren Arbeitgeberverband auszuüben.[55] In der passiven Einbeziehung des Arbeitgeberaußenseiters in den Verbandsarbeitskampf liegt ein unzulässiger Sympathiearbeitskampf, da die Hauptforderung nach Abschluß eines Verbandstarifvertrags ein für den Einzelarbeitgeber fremdes Regelungsziel ist, welches er nicht erfüllen kann.[56] Der Streik verstößt auch gegen den Verhältnismäßigkeitsgrundsatz, weil er mangels Verbandsangehörigkeit des Arbeitgebers nicht geeignet ist, das Kampfziel zu erreichen, Binnendruck auf den Arbeitgeberverband auszuüben.[57] Der Streik gegenüber Arbeitgeberaußenseitern ist also ein nach allgemeinem Arbeitskampfrecht unzulässiger Sympathiearbeitskampf.

Demgegenüber meint das **BAG**, für den Ansatzpunkt des **BGH**, der Streik gegen einen Arbeitgeberaußenseiter könne auch rechtlich zulässig sein, wenn die Gewerkschaft einen Verbandstarifvertrag anstrebt, sprächen "gute Gründe".[58] Das BAG hält das Verbot des Sympathiearbeitskampfs in doppelter Hinsicht für nicht anwendbar:

---

[51] S. o. § 7 I (S. 127 ff.); zur strengen Bindung des Arbeitskampfes an den jeweiligen Tarifvertrag **Rieble**, Anm. zu BAG 9.4.1991, EzA Nr. 98 zu Art. 9 GG Arbeitskampf, S. 13 f.

[52] Krit. gegenüber dem BGH insoweit auch BAG 9.4.1991, AP Nr. 116 zu Art. 9 GG Arbeitskampf unter II 1.

[53] **Seiter**, Anm. zu BGH 19.1.1978, EzA Nr. 21 zu Art. 9 GG Arbeitskampf, S. 37.

[54] I. E. ebenso **Lieb**, SAE 1993, 268, 269.

[55] Vgl. BGH 19.1.1978, AP Nr. 56 zu Art. 9 GG Arbeitskampf unter II 1 d.

[56] **Konzen**, SAE 1980, 21, 22; **Seiter**, Anm. zu BGH 19.1.1978, EzA Nr. 21 zu Art. 9 GG Arbeitskampf, S. 37; **Zöllner/Loritz**, Arbeitsrecht, § 40 VI 2, S. 460.

[57] **Häuser**, FS Kissel, S. 297, 325; **Konzen**, SAE 1986, 57, 59; **ders.**, SAE 1991, 335, 342; **Lieb**, FS Kissel, S. 653, 663 f.; **ders.**, SAE 1993, 268; **Rieble**, Anm. zu BAG 9.4.1991, EzA Nr. 98 zu Art. 9 GG Arbeitskampf, S. 15 f.

[58] BAG 9.4.1991, AP Nr. 116 zu Art. 9 GG Arbeitskampf unter II 2.

Erstens lasse sich dem Verbot des Sympathiearbeitskampfs nicht entnehmen, daß Arbeitskämpfe zwischen Verbänden und Außenseitern unzulässig seien, da dies schon für Aussperrungen von Arbeitgebern gegenüber Arbeitnehmeraußenseitern nicht gelte.[59] Diese Argumentation überzeugt jedoch nicht, denn sie beruht auf einer petitio principii. Sie setzt eine Behauptung als gegeben voraus, die ihrerseits begründungsbedürftig ist, nämlich die These, das Verbot des Sympathiearbeitskampfs gelte nicht für die passive Einbeziehung von *Arbeitnehmer*außenseitern. Diese Behauptung läßt sich aber nur dann vertreten, wenn man mit dem **BAG** von der Zulässigkeit bzw. Pflicht zur Aussperrung (auch) der nichtorganisierten Arbeitnehmer ausgeht, was jedoch wie oben dargelegt abzulehnen ist.[60]

Zweitens – so führt das **BAG** aus – sei bei einem Streik gegen einen Arbeitgeberaußenseiter eine andere Interessenlage gegeben. Anders als beim Sympathiearbeitskampf gehe es bei dem Streik gegen einen Arbeitgeberaußenseiter während einer Tarifauseinandersetzung auf Verbandsebene nicht bloß um eine Unterstützung eines fremden Hauptarbeitskampfs. Vielmehr wolle die Gewerkschaft hier – zumindest auch – erreichen, daß die Forderungen, die sie gegen den Arbeitgeberverband im Tarifvertrag durchsetzen will, auch Arbeitsbedingungen bei den Außenseitern werden. Anders als beim Sympathiearbeitskampf könne der Arbeitgeberaußenseiter in diesem Fall den Forderungen nachkommen, da er tariffähig sei und mit der Gewerkschaft einen Firmentarifvertrag abschließen könne oder erklären könne, daß er sich dem Ergebnis anschließe, das bei den Tarifvertragsverhandlungen zwischen Arbeitgeberverband und Gewerkschaft erreicht werde. Anders als beim Sympathiestreik sei die Kampfmaßnahme hier also zur Erreichung des Kampfziels geeignet.[61]

Bei diesen Ausführungen vermengt das BAG die gemäß § 2 Abs. 1 TVG zu differenzierenden Fallgruppen[62], ob das Hauptziel des Arbeitskampfs ein *Verbands*tarifvertrag ist oder ob es der Abschluß eines *Firmen*tarifvertrags ist.[63] In der Sache unterstellt das BAG der Gewerkschaft, daß sie nicht nur einen Verbandstarifvertrag kampfweise durchsetzen will, sondern zeitgleich den (nichtorganisierten) Einzelarbeitgeber dazu bringen will, im Rahmen einer Vorabunterwerfung zu erklären, daß er sich dem noch abzuschließenden Verbandstarifvertrag durch einen inhaltsgleichen Firmentarifvertrag anschließt.[64] Ist die Druckausübung gegenüber dem Arbeitgeberaußenseiter aber so motiviert, stellt sich tatsächlich die Frage

[59] BAG 9.4.1991, AP Nr. 116 zu Art. 9 GG Arbeitskampf unter I 1.
[60] Vgl. BAG 10.6.1980, AP Nr. 66 zu Art. 9 GG Arbeitskampf sowie ausführlich oben § 6 I 1 (S. 93 ff.) und 2 (S. 110 ff.).
[61] BAG 9.4.1991, AP Nr. 116 zu Art. 9 GG Arbeitskampf unter I 1 a.E. und II 2; ebenso MünchArbR/**Otto**, § 278 Rn. 68.
[62] S. ausführlich oben § 7 I (S. 127 ff.).
[63] So auch die Analyse von **Lieb**, FS Kissel, S. 653, 663.
[64] Dies unterstellt auch **Konzen**, SAE 1991, 335, 343 gegenüber allen nicht verbandsangehörigen Arbeitgebern, bei denen mit der Übernahme des Verbandstarifvertrags zumindest üblicherweise zu rechnen ist. Kritisch zu derlei Unterstellungen **Thüsing**, S. 135 f.

eines Sympathiearbeitskampfs gar nicht. Es handelt sich – wie bereits dargelegt[65] – nicht um die Fallgruppe der Außenseiterproblematik, sondern um eine *im Wege des Firmentarifvertrags zu erfüllende Übernahmeforderung*. Dieser Fall ist nach allgemeinem Arbeitskampfrecht zu behandeln[66] und wurde vom **BAG** im Ergebnis zutreffend mit dem ultima-ratio-Prinzip und der Statuierung einer grundsätzlichen Verhandlungspflicht des Angreifers vor dem Angriff gelöst.[67]

Festzuhalten ist mithin, daß sich für die passive Einbeziehung der Arbeitgeberaußenseiter eine Ausnahme zum Verbot des Sympathiearbeitskampfs nicht begründen läßt.

c) Verhandlungspflicht und ultima-ratio-Prinzip

Das **LAG Frankfurt** begründet die Zulässigkeit des (Verbands-)Streiks gegen den Arbeitgeberaußenseiter ferner damit, es sei Sache des in den Verbandsarbeitskampf einbezogenen Arbeitgeberaußenseiters, seinerseits der Gewerkschaft Verhandlungen zum Abschluß eines Firmentarifvertrags anzubieten und dadurch seine negative Koalitionsfreiheit zu "aktualisieren".[68] Eine Verhandlungspflicht treffe also nicht die streikbereite Gewerkschaft, sondern den streikbetroffenen Arbeitgeberaußenseiter. Dem stehe das ultima-ratio-Prinzip nicht entgegen, denn dieses besage nur, daß die Gewerkschaft das Verhandlungsangebot des Außenseiters über einen Firmentarifvertrag vor *weiteren* (Verbands-)Arbeitskampfmaßnahmen zur Kenntnis nehmen und in Firmentarifverhandlungen zumindest eintreten müsse.[69]

Dem kann nicht gefolgt werden. Will die Gewerkschaft nicht nur auf Verbandsebene einen Tarifvertrag abschließen, sondern auch mit dem Einzelarbeitgeber einen inhaltsgleichen Firmentarifvertrag, so muß sie nach dem *ultima-ratio-Prinzip* vor der Einleitung von *ersten* Kampfmaßnahmen über den Inhalt des abzuschließenden Firmentarifvertrags Tarifverhandlungen führen, sonst fehlt es an der im Rahmen des Verhältnismäßigkeitsgrundsatzes zu prüfenden Erforderlichkeit der Arbeitskampfmaßnahmen.[70] Insofern hat das **BAG** in seinem Revisionsurteil vom 9.4.1991 das LAG zutreffend dahingehend korrigiert, daß nach dem ultima-ratio-Prinzip die Gewerkschaft die Forderung (auf Abschluß eines inhaltsgleichen Firmentarifvertrags) zuvor gesondert gegenüber jedem Arbeitgeberau-

---

[65] S. o. § 7 I 2 b bb (S. 130 ff.).
[66] S. näher oben § 7 I 2 b bb (S. 130 ff.).
[67] BAG 9.4.1991, AP Nr. 116 zu Art. 9 GG Arbeitskampf unter II 3. Zur aus dem ultima-ratio-Prinzip folgenden Verhandlungspflicht des Angreifers sogleich § 7 II 1 c (S. 137 f.).
[68] LAG Frankfurt 22.2.1990, LAGE Nr. 40 zu Art. 9 GG unter 1 c cc, dd.
[69] LAG Frankfurt 22.2.1990, LAGE Nr. 40 zu Art. 9 GG unter 1 c ee.
[70] S. bereits oben § 7 I 2 b bb (2) m.w.N. (S. 132).

ßenseiter erheben muß, damit dieser auf die Forderung reagieren und gegebenenfalls zur Abwendung eines Arbeitskampfes die Forderung erfüllen kann.[71] Eine *Verhandlungspflicht* vor dem Angriff trifft also den *Angreifer* und nicht den Angegriffenen, im vorliegenden Fall folglich die Gewerkschaft.[72] Den vom **LAG Frankfurt**[73] erhobenen Bedenken, daß die Gewerkschaft nicht erkennen könne, ob der als Streikgegner anvisierte Arbeitgeber im tarifschließenden Arbeitgeberverband organisiert ist oder nicht, setzt das **BAG** einen *Auskunftsanspruch* der Gewerkschaft gegenüber allen Arbeitgebern entgegen, ob sie dem zuständigen Arbeitgeberverband angehören.[74]

Festzuhalten ist also, daß das **BAG** entgegen der Auffassung des **BGH**[75] und des **LAG Frankfurt**[76] aus dem ultima-ratio-Prinzip zu Recht folgert, daß die Gewerkschaft, die mit dem Einzelarbeitgeber einen dem Inhalt des zeitgleich angestrebten Verbandstarifvertrags entsprechenden Firmentarifvertrag abschließen will, die Forderung inhaltlich gesondert gegenüber jedem Arbeitgeberaußenseiter erheben muß, bevor sie den Außenseiter in den (Verbands-)Streik miteinbeziehen darf.[77] Im Ergebnis hält das BAG folglich den Streik gegenüber einem Arbeitgeberaußenseiter im Verbandsarbeitskampf mit der h.M.[78] für unzulässig, wenn und weil an ihn keine eigene inhaltliche Forderung hinsichtlich eines Firmentarifvertrags gestellt wurde.[79]

2. Symmetrieüberlegungen

a) Symmetrie zur Aussperrung von Arbeitnehmeraußenseitern

Ebenso wie das **BAG** versucht, mit der angeblichen Zulässigkeit der Aussperrung von Arbeitnehmeraußenseitern eine Ausnahme vom Verbot des Sympathiearbeits-

[71] BAG 9.4.1991, AP Nr. 116 zu Art. 9 GG Arbeitskampf unter II 3.
[72] **Lieb**, FS Kissel, S. 653, 666; MünchArbR/**Otto**, § 278 Rn. 68; **Zöllner/Loritz**, Arbeitsrecht, § 40 VI 2 und 6, S. 460 und 464; so auch bereits **Seiter**, Anm. zu BGH 19.1.1978, EzA Nr. 21 zu Art. 9 GG Arbeitskampf, S. 37.
[73] LAG Frankfurt 22.2.1990, LAGE Nr. 40 zu Art. 9 GG Arbeitskampf unter 1 c gg.
[74] BAG 9.4.1991, AP Nr. 116 zu Art. 9 GG Arbeitskampf unter II 3; **Lieb**, SAE 1993, 268 hält einen Auskunftsanspruch gegenüber dem Arbeitgeberverband für besser. Näher zum Auskunftsanspruch hinsichtlich der Koalitionszugehörigkeit unten § 9 III 2 (S. 187 ff.).
[75] BGH 19.1.1978, AP Nr. 56 zu Art. 9 GG Arbeitskampf.
[76] LAG Frankfurt 22.2.1990, LAGE Nr. 40 zu Art. 9 GG Arbeitskampf.
[77] BAG 9.4.1991, AP Nr. 116 zu Art. 9 GG Arbeitskampf unter II 1 und 3.
[78] Nachweise oben § 7 II vor 1 (S. 133).
[79] So auch die Rechtsprechungsanalyse von **Weber**, ZfA 1992, 527, 596. – **A.A.** ErfK/**Kissel**, Art. 9 GG Rn. 150.

kampfs im vorliegenden Kontext zu begründen,[80] rechtfertigt das **LAG Frankfurt** seine Überlegungen auch mit dem Symmetriegedanken, daß die Außenseiter auf Arbeitgeberseite im Verbandsarbeitskampf nicht besser stehen könnten, als die Außenseiter auf Arbeitnehmerseite. Arbeitnehmeraußenseiter dürften ausgesperrt werden. Arbeitgeberaußenseiter stünden daher ebensowenig wie Arbeitnehmeraußenseiter im Verbandsarbeitskampf unter einer schützenden "Käseglocke" und dürften bestreikt werden.[81]

Diese Symmetrieargumentation kann die passive Einbeziehung der Arbeitgeberaußenseiter rechtsdogmatisch nicht begründen, weil sie – wie die schon mehrfach angesprochene "Spiegelbild"-Argumentation[82] – von einer ihrerseits erst zu beweisenden Prämisse ausgeht und daher den Charakter einer petitio principii hat. Der "Beweis" dafür, daß Arbeitnehmeraußenseiter ausgesperrt werden dürfen, ist zudem – wie dargelegt – gerade nicht erbracht worden.[83] Dieser Begründungsansatz des LAG ist somit nicht tragfähig.[84]

b) Spiegelbild zur aktiven Arbeitskampfbefugnis

Entsprechend der "Spiegelbild"-Argumentation bei der Frage der passiven Arbeitskampfbeteiligung von Arbeitnehmeraußenseitern[85] wird die Zulässigkeit der Bestreikung von Arbeitgeberaußenseitern teilweise auch damit begründet, daß sie sich ja auch aktiv an der Verbandsaussperrung beteiligen dürften.[86]

Diese Argumentation geht aber ebenfalls fehl, weil auch sie eine Ausgangsthese zugrunde legt, die ihrerseits erst noch zu beweisen ist. Sie hat damit den Charakter einer petitio principii.[87] Außerdem ist die Prämisse selbst, daß die aktive Teilnahme der Arbeitgeberaußenseiter an der Verbandsaussperrung arbeitskampfrechtlich zulässig sei, – wie dargelegt[88] – nicht zutreffend.

---

[80] BAG 9.4.1991, AP Nr. 116 zu Art. 9 GG Arbeitskampf unter I 1; dazu bereits oben § 7 II 1 b (S. 135 f.).
[81] LAG Frankfurt 22.2.1990, LAGE Nr. 40 zu Art. 9 GG Arbeitskampf unter 1 c aa und dd.
[82] S. o. § 4 I 6 (S. 67), § 5 I 4 (S. 89), § 6 I 1 f (S. 101 f.), 2 b (S. 111 f.) und 3 d cc (S. 124).
[83] S. o. § 6 (S. 93 ff.).
[84] I. E. ebenso, aber mit anderer Begründung **Lieb**, FS Kissel, S. 653, 665 f.; ähnlich ablehnend bereits **Seiter**, Anm. zu BGH 19.1.1978, EzA Nr. 21 zu Art. 9 Arbeitskampf, S. 36.
[85] S. o. § 6 I 1 f (S. 101 f.) und 3 d cc (S. 124).
[86] **Dütz**, Arbeitsrecht, Rn. 639; **Gamillscheg**, KollArbR I, S. 1005.
[87] Vgl. auch oben § 4 I 6 (S. 67), § 5 I 4 (S. 89).
[88] S. ausführlich oben § 5 (S. 83 ff.).

3. Partizipationsgedanke

Die passive Einbeziehung der Arbeitgeberaußenseiter in den Verbandsarbeitskampf wird ferner damit begründet, daß der Arbeitgeber am Ergebnis des Arbeitskampfs partizipiere, sei es durch "faktische" Anwendung des Tarifvertrags im Außenseiterunternehmen kraft betrieblicher Übung oder Bezugnahme, sei es durch zu erwartende Allgemeinverbindlicherklärung.[89] Der – in der vorliegenden Untersuchung bereits mehrfach angesprochene[90] – Partizipationsgedanke klingt auch in der Urteilsbegründung des **LAG Frankfurt** an. Biete der Arbeitgeberaußenseiter nicht den Abschluß eines Firmentarifvertrags an, so stehe er da, wie wenn er vom durch die verbandsangehörigen Arbeitgeber erzielten Tarifergebnis lediglich "profitieren" wolle. Dies gelte erst recht, wenn der Kampf um einen sowieso mit großer Wahrscheinlichkeit später für allgemeinverbindlich erklärten Tarifvertrag gehe.[91]

Hier soll nur der "Normalfall" der Teilhabe des Arbeitgeberaußenseiters am Verbandstarifvertrag *auf vertraglicher Ebene*, d.h. kraft Bezugnahme oder betrieblicher Übung, besprochen werden. Der Sonderfall der Partizipation aufgrund Allgemeinverbindlicherklärung (§ 5 TVG) wird später gesondert erörtert.[92]

Die regelmäßige individualrechtliche Partizipation der Außenseiter am umkämpften Tarifvertrag kann ihre generelle passive Einbeziehung auf arbeitskampfrechtlicher Ebene nicht rechtfertigen. Die mangelnde dogmatische Tragfähigkeit des Partizipationsgedankens hat sich insoweit bereits bei der oben behandelten Parallelproblematik der Aussperrung von Arbeitnehmeraußenseitern gezeigt.[93] Die dort geäußerten Bedenken treffen auch im vorliegenden Kontext zu: Von vornherein kann der Partizipationsgedanke nur die Einbeziehung von *tatsächlich* partizipierenden Arbeitgeberaußenseitern rechtfertigen, mithin nicht den Streik gegenüber nichtorganisierten oder andersorganisierten Arbeitgebern, auf die der erkämpfte Verbandstarifvertrag tatsächlich nicht angewendet wird. Außerdem kann er die Arbeitskampfbeteiligung von Außenseitern bei beschränkter arbeitsvertraglicher Bezugnahme auf Teile des Tarifvertrags allenfalls im Umfang der Bezugnahmeklausel begründen. Für die Annahme einer *generellen* Befugnis zur Bestreikung der Arbeitgeberaußenseiter im Verbandsarbeitskampf bietet er hingegen

---

[89] MünchArbR/**Otto**, § 278 Rn. 68. **Konzen**, SAE 1986, 57, 59 erwägt die Einbeziehung von Arbeitgeberaußenseitern, wenn die Anwendbarkeit durch einzelvertragliche Bezugnahme sicher ist, verwirft dies aber letztlich; ablehnend auch **ders.**, SAE 1991, 335, 343.

[90] S. o. § 4 I 4 (S. 62 ff.), § 5 I 2 (S. 87 f.), § 6 I 1 d (S. 95 ff.) und 3 d bb (S. 123 f.).

[91] LAG Frankfurt 22.2.1990, LAGE Nr. 40 zu Art. 9 GG Arbeitskampf unter 1 c dd.

[92] S. u. § 7 III (S. 144 ff.).

[93] S. ausführlich oben § 6 I 1 d (S. 95 ff.); im vorliegenden Zusammenhang ablehnend auch **Lieb**, SAE 1993, 268, 269; **Rieble**, Anm. zu BAG 9.4.1991, EzA Nr. 98 zu Art. 9 GG Arbeitskampf, S. 14 ff.; **Thüsing**, S. 139.

keine tragfähige Grundlage. Abgesehen davon rechtfertigt die auf *vertraglicher Ebene* (Bezugnahme, betriebliche Übung) liegende Vorteilsziehung es nicht, dem Arbeitgeberaußenseiter auf *kollektivrechtlicher Ebene* einen Nachteil zuzufügen, indem er zum zulässigen Streikadressaten der Gewerkschaft erklärt wird. Das entspricht nämlich nicht dem Erfordernis der Korrelation von Nutzen und Lasten.[94] Schließlich ist die Einbeziehung der Außenseiter aufgrund ihrer auf arbeitsvertraglicher Abrede beruhenden Partizipation auch nach allgemeinem Arbeitskampfrecht rechtswidrig. Einzelvertragsbezogene Arbeitskämpfe sind nämlich unzulässig, weil Kampfziel ein zulässiger Tarifvertrag sein muß.[95] Die individualrechtliche Teilhabe der Arbeitgeberaußenseiter am umkämpften Verbandstarifvertrag gibt der Gewerkschaft also auf kollektivrechtlicher, arbeitskampfrechtlicher Ebene nicht das Recht, die Außenseiter im Hinblick auf die Verbandstarifforderung zu bestreiken.

4. Funktionsfähigkeit des Arbeitskampfsystems

Die – in den übrigen Außenseiterfragen oft bemühte[96] – Funktionsfähigkeit des Arbeitskampfsystems bzw. die Arbeitskampfparität zwischen Gewerkschaft und Arbeitgeberverband gebietet nach allgemeiner Auffassung die passive Einbeziehung der Arbeitgeberaußenseiter in den Verbandsarbeitskampf nicht.[97] Die Gewerkschaft hat nämlich die Möglichkeit, gegen den Arbeitgeberaußenseiter einen Streik mit dem Ziel eines Firmentarifvertrags zu führen. D.h. es ist nicht erforderlich, die Arbeitgeberaußenseiter den im gegnerischen Arbeitgeberverband Organisierten in kollektiver Hinsicht gleichzustellen und sie zu Streikadressaten im Verbandsarbeitskampf zu machen.

5. Grundrechtliche Erwägungen

Bei der hier zu behandelnden Frage der Zulässigkeit des Streiks gegenüber Arbeitgeberaußenseitern können im Prinzip die entsprechenden grundrechtlichen Erwägungen angestellt werden wie bei der Parallelproblematik der Aussperrung von Arbeitnehmeraußenseitern.[98] Denn bei beiden Fragekreisen geht es um die

---

[94] S. dazu oben § 6 I 3 d bb (S. 124).
[95] **Rieble**, Anm. zu BAG 9.4.1991, EzA Nr. 98 zu Art. 9 GG Arbeitskampf, S. 14; s. bereits oben § 3 V 3 (2) (S. 52).
[96] Vgl. oben § 4 I 5 (S. 64 ff.), § 5 I 3 (S. 88), § 6 I 1 e (S. 98 ff.).
[97] **Lieb**, FS Kissel, S. 653, 665 f.; **Löwisch/Rieble** in: **Löwisch**, Arbeitskampf- und Schlichtungsrecht, 170.2 Rn. 97; **dies.** in: **Löwisch**, Schlichtungs- und Arbeitskampfrecht, 1989, Rn. 330; **Thüsing**, S. 140.
[98] S. dazu oben § 6 I 1 h (S. 102 ff.).

passive Arbeitskampfbeteiligung von Außenseitern, die aufgrund der symmetrischen Gewährleistungsstruktur des Art. 9 Abs. 3 GG und des wechselseitigen Charakters des Arbeitskampfs als "System von Druck und Gegendruck"[99] auf Arbeitgeber- und Arbeitnehmerseite grundsätzlich die gleichen Fragen aufwirft und nach einer einheitlichen Lösung verlangt. Unter Verweis auf die hier entsprechend zu berücksichtigenden obigen Ausführungen zur passiven Einbeziehung von *Arbeitnehmer*außenseitern[100] sollen hier nur die wesentlichen grundrechtlichen Aspekte dargestellt werden, welche (auch) bei der passiven Einbeziehung von *Arbeitgeber*außenseitern in den Arbeitskampf um einen Verbandstarifvertrag zu beachten sind:

a) Koalitionsfreiheit der Arbeitgeberaußenseiter

Der Streik gegenüber Arbeitgeberaußenseitern im Verbandsarbeitskampf greift mittelbar in die negative Koalitionsfreiheit der nichtorganisierten bzw. in die positive Koalitionsfreiheit der andersorganisierten Arbeitgeber ein.[101] Denn durch den Streik wird ein starker, gebotsähnlicher Druck[102] auf die Arbeitgeberaußenseiter zum Eintritt bzw. Übertritt in den tarifschließenden Arbeitgeberverband ausgeübt. Durch den Streik erleidet der Arbeitgeber Produktions- und Umsatzausfälle bei gleichzeitig weiterlaufenden Sachkosten. Bei längeren Arbeitskämpfen können sogar Marktanteile verlorengehen. Diese wirtschaftlichen Folgen können nur durch finanzielle und sonstige Unterstützungsleistungen gemildert und ertragen werden, welche der Arbeitgeberverband seinen Mitgliedern gewährt[103], so daß ein starker Anreiz besteht, Mitglied im zuständigen Arbeitgeberverband zu werden. Nur dann kann auch Einfluß auf die Tarifpolitik genommen werden. Dem kann nicht entgegengehalten werden, die negative (bzw. positive) Koalitionsfreiheit der Arbeitgeberaußenseiter seien nicht beeinträchtigt, da die Arbeitgeberaußenseiter dem Druck des gewerkschaftlichen Angriffs einfach standhalten können, indem sie der Gewerkschaft Verhandlungen über einen Firmentarifvertrag anböten.[104] Wie bereits ausgeführt, ist es nämlich Sache des Angreifers, Verhandlungen über einen Tarifvertrag anzubieten und erfolglos durchzuführen, bevor erste Arbeitskampfmaßnahmen ergriffen werden dürfen.[105]

[99] Vgl. dazu bereits oben § 6 I 2 b (S. 112).
[100] S. o. § 6 I 1 h (S. 102 ff.).
[101] Vgl. MünchArbR/**Löwisch**, § 238 Rn. 56.
[102] Zu diesem Kriterium s. o. § 3 II 2 b (S. 34 ff.).
[103] Zu den Unterstützungsleistungen der Arbeitgeberverbände **Gamillscheg**, KollArbR I, S. 978; **Löwisch**, AcP 174 (1974), 202, 217 ff.; **Löwisch/Rieble** in: **Löwisch**, Arbeitskampf- und Schlichtungsrecht, 170.6 Rn. 53 ff.; MünchArbR/**Otto**, § 281 Rn. 50 ff.
[104] So etwa LAG Frankfurt 22.2.1990, LAGE Nr. 40 zu Art. 9 GG Arbeitskampf unter 1 c dd und hh.
[105] S. o. § 7 II 1 c m.w.N. (S. 137 f.)

b) Koalitionsfreiheit des Arbeitgeberverbands und seiner Mitglieder

Bestreikt die kampfführende Gewerkschaft die Arbeitgeber differenziert nach deren Organisationszugehörigkeit und nimmt die Arbeitgeberaußenseiter im Verbandsarbeitskampf aus dem Kreis der Streikadressaten heraus, greift sie weder mittelbar in die positive Koalitionsfreiheit der organisierten Arbeitgeber noch in die durch die kollektive Koalitionsfreiheit geschützte Bestandsgarantie des kampfführenden Arbeitgeberverbands ein.[106] Durch die "Verschonung" von Arbeitgeberaußenseitern mit den Streikfolgen trotz regelmäßiger Partizipation am erkämpften Verbandstarifvertrag wird kein nennenswerter Anreiz für organisierte Arbeitgeber zum Austritt aus dem kampfführenden Arbeitgeberverband erzeugt, denn auch nichtorganisierte Einzelarbeitgeber sind aufgrund ihrer Tariffähigkeit (§ 2 Abs. 1 TVG) Streikmaßnahmen im Arbeitskampf um einen Firmentarifvertrag ausgesetzt. Die "Flucht aus dem Arbeitgeberverband" würde also nichts bringen. Vielmehr bieten die materiellen und ideellen Leistungen der Arbeitgeberverbände einen Anreiz zur Mitgliedschaft. Durch den auf organisierte Arbeitgeber beschränkten Selektivstreik wird also kein gebotsähnlicher Druck auf die verbandsangehörigen Arbeitgeber zum Austritt aus dem kampfführenden Arbeitgeberverband ausgeübt. Daher kann auch nicht von einer in den Bestandsschutz der kollektiven Koalitionsfreiheit des Arbeitgeberverbands eingreifenden Existenzgefährdung ausgegangen werden.[107]

c) Praktische Konkordanz

Sieht man dennoch – entgegen der hier vertretenen Auffassung – im Selektivstreik einen Eingriff in die positive Koalitionsfreiheit der organisierten Arbeitgeber, so hat die Koalitionsfreiheit der Organisierten im Rahmen der vorzunehmenden praktischen Konkordanz[108] hinter der – im Falle der Bestreikung von Arbeitgeberaußenseitern beeinträchtigten – negativen Koalitionsfreiheit der nichtorganisierten bzw. der positiven Koalitionsfreiheit der andersorganisierten Arbeitgeber zurückzutreten. Für das Interesse des Arbeitgeberaußenseiters, vom Verbandsarbeitskampf unbehelligt zu bleiben, spricht nämlich auch seine durch Art. 12 Abs. 1 GG geschützte *Unternehmerfreiheit*[109] sowie sein durch Art. 14 Abs. 1 GG gewährleistetes Recht am Gewerbebetrieb[110], welche im Falle der Bestreikung im

[106] I. E. ebenso **Lieb**, FS Kissel, S. 653, 671 f.; **Thüsing**, S. 138: "Keine unzulässige Bevorzugung des Außenseiters gegenüber dem verbandsangehörigen Arbeitgeber". – Andeutungsweise **a.A.** LAG Frankfurt 22.2.1990, LAGE Nr. 40 zu Art. 9 GG Arbeitskampf unter 1 c dd; vgl. auch **Häuser**, FS Kissel, S. 297, 322.

[107] Vgl. auch die parallele Argumentation bei der Aussperrung von Arbeitnehmeraußenseitern oben § 6 I 1 h cc (S. 106 f.). Zum Gewährleistungsumfang des Bestandsschutzes nach Art. 9 Abs. 3 GG s. o. § 3 IV 1 a (S. 40 f.).

[108] Vgl. oben § 3 I 4 b bb (2) (S. 30 f.).

[109] Vgl. **Breuer**, HbStR VI, § 147 Rn. 61 ff.

[110] Vgl. JP/**Jarass**, Art. 14 Rn. 19.

Verbandsarbeitskampf nachhaltig betroffen sind. Hinzu kommt, daß der (Verbands-)Streik gegenüber Arbeitgeberaußenseitern für die Betätigung der Gewerkschaft nicht unerläßlich ist.[111] Die Gewerkschaft kann nämlich vom Arbeitgeber ohne weiteres einen Firmentarifvertrag verlangen und diese Forderung nach Maßgabe des allgemeinen Arbeitskampfrechts auch streikweise durchsetzen. Außerdem läßt sich *Art. 9 Abs. 3 GG* die *objektive Wertvorstellung* entnehmen, daß die Koalitionsgewalt sich im Prinzip auf die Mitglieder, d.h. die Organisierten beschränken soll.[112] Bei umfassender Abwägung aller grundrechtlichen Aspekte kann die Bestreikung des Arbeitgeberaußenseiters im Verbandsarbeitskampf daher nicht als zulässig angesehen werden.

III. Spezialfall: Partizipation aufgrund Allgemeinverbindlicherklärung

Im vom **LAG Frankfurt**[113] zweitinstanzlich und vom **BAG**[114] letztinstanzlich zu entscheidenden Fall bestand die – vom **BAG** unbeachtete – Besonderheit, daß der Arbeitskampf einen Verbandstarifvertrag betraf, der *erfahrungsgemäß bzw. mit großer Wahrscheinlichkeit für allgemeinverbindlich erklärt (§ 5 TVG)* und auf den kampfbetroffenen Arbeitgeberaußenseiter erstreckt werden sollte. In Fällen von zu erwartender Allgemeinverbindlicherklärung hält **Otto** im Ergebnis wie das **LAG Frankfurt** die Bestreikung des Arbeitgeberaußenseiters für zulässig, auch wenn der Streik nicht auf den Abschluß eines besonderen Firmentarifvertrags, sondern einen Verbandstarifvertrag gerichtet ist, also nicht gesondert über die Arbeitsbedingungen im Unternehmen verhandelt werden soll.[115]

Dem kann im Ansatz zugestimmt werden. Bei Erstreckung des umkämpften Verbandstarifvertrags auf die (Arbeitgeber-)Außenseiter partizipieren die Außenseitern am Arbeitskampfergebnis kraft der tarifrechtlichen Bestimmung des § 5 Abs. 4 TVG, d.h. auf kollektivrechtlicher Ebene. Die arbeitskampfrechtliche Einbeziehung der Außenseiter liegt insoweit auf derselben Ebene wie ihre Teilhabe am Arbeitskampfergebnis, so daß dem Erfordernis des Partizipationsgedankens, daß Lasten und Nutzen miteinander korrelieren müssen[116], Rechnung getragen ist. Stellt man einmal die aus der Wesentlichkeitslehre folgenden prinzipiellen Bedenken gegen die Ausgestaltung des Arbeitskampfrechts durch die *Rechtsprechung* und nicht durch den Gesetzgeber[117] zurück, läßt sich die Zulässigkeit der Arbeits-

---

[111] Zur Beachtlichkeit dieses Kriteriums s. o. § 3 I 4 b bb (2) a. E. (S. 31).
[112] MünchArbR/**Löwisch**, § 237 Rn. 5.
[113] LAG Frankfurt 22.2.1990, LAGE Nr. 40 zu Art. 9 GG Arbeitskampf.
[114] BAG 9.4.1991, AP Nr. 116 zu Art. 9 GG Arbeitskampf.
[115] MünchArbR/**Otto**, § 278 Rn. 68.
[116] Dazu oben § 6 I 1 d bb (S. 96 f.).
[117] Dazu ausführlich § 4 I 7 c (S. 68 ff.); s. auch § 6 I 1 g bb (S. 102).

kampfbeteiligung von Außenseitern, die durch Allgemeinverbindlicherklärung vom Arbeitskampfergebnis profitieren, auch wie folgt begründen:

Art. 9 Abs. 3 GG ist als Grundrecht mit "normgeprägtem Schutzbereich" auf die gesetzliche Ausfüllung durch das kollektive Arbeitsrecht angelegt.[118] Im Gegensatz zum nach wie vor gesetzlich nicht normierten Arbeitskampfrecht hat der Gesetzgeber die Ausgestaltung im Tarifrecht durch das TVG vorgenommen. Die zulässige *rechtsfortbildende Ausformung des Arbeitskampfrechts* muß auf den tarifrechtlichen Wertungen des TVG aufbauen, wenn sie systemkonform sein will. Dies gilt um so mehr, als dem Arbeitskampf als ggf. notwendigem "Durchgangsstadium" zum Tarifvertragsabschluß eine Hilfsfunktion in bezug auf den Tarifvertrag zukommt. Die im TVG vorgenommene gesetzgeberische "Normprägung" schlägt daher auf das Arbeitskampfrecht durch, solange der Gesetzgeber im Arbeitskampfrecht untätig bleibt. Im Hinblick auf den vorliegenden Spezialfall der Allgemeinverbindlicherklärung enthält das TVG die normative Wertung, die Außenseiter auf kollektiver Grundlage wie die in den tarifschließenden Verbänden Organisierten zu behandeln. Denn durch die Allgemeinverbindlicherklärung werden die Außenseiter in die Rechtswirkungen des Tarifvertrags *unabhängig von ihrem Willen einbezogen* (§ 5 Abs. 4 TVG). Dies gilt *auch nach Ablauf des Tarifvertrags* und dem gemäß § 5 Abs. 5 S. 3 TVG damit verbundenen Ende der Allgemeinverbindlichkeit, weil der für allgemeinverbindlich erklärte Tarifvertrag gemäß § 4 Abs. 5 TVG nachwirkt[119]. Wie dargelegt können diese gesetzlichen Wertungen des TVG auf das Arbeitskampfrecht übertragen werden und für dessen rechtsfortbildende Ausgestaltung fruchtbar gemacht werden. Für den Fall der Tarifbindung des Außenseiters aufgrund einer Allgemeinverbindlicherklärung (§ 5 TVG) kann die aktive und passive Einbeziehung des Außenseiters in den Verbandsarbeitskampf daher als arbeitskampfrechtlich zulässig angesehen werden.[120] Allerdings ist bei der Arbeitskampfbeteiligung von Außenseitern zwischen *tatsächlich bestehender* und *bloß zu erwartender Allgemeinverbindlicherklärung* des umkämpften Tarifvertrags *zu differenzieren*:

- Ist der Außenseiter im Zeitpunkt des Arbeitskampfes noch nicht durch Allgemeinverbindlicherklärung von dem zwischen den kampfführenden Verbänden abgeschlossenen Tarifvertrag erfaßt, so kann er mangels *tatsächlicher* Partizipation nicht in den Arbeitskampf einbezogen werden. Ist die Allgemeinverbindlicherklärung also nur erfahrungsgemäß oder mit großer Wahrscheinlichkeit zu erwarten, ist die Bestreikung des tatsächlich noch nicht vom Verbandstarifvertrag erfaßten Arbeitgeberaußenseiters entgegen der Auffassung **Ottos** und des **LAG Frankfurt** nicht zulässig.

---

118 S. o. § 3 I 1 (S. 24 f.).

119 **Löwisch/Rieble**, TVG, § 5 Rn. 28; **Reichel/Koberski/Ansey**, TVG, § 5 Rn. 175, **Wiedemann/Stumpf**, TVG, § 5 Rn. 70, je m.w.N.

120 So bereits oben § 4 III (S. 82), § 5 III (S. 90 f.), § 6 III (S. 126).

- Wenn und soweit der Arbeitskampf hingegen um einen Tarifvertrag geführt wird, der *bereits* durch *Allgemeinverbindlicherklärung* auf den Außenseiter angewendet wird, so ist die passive Einbeziehung des Außenseiters in den Verbandsarbeitskampf als arbeitskampfrechtlich zulässig anzusehen ebenso wie seine aktive Teilnahme.

IV. Zwischenergebnis

Arbeitgeberaußenseiter dürfen auf kollektivrechtlicher Ebene grundsätzlich nicht in einen Arbeitskampf mit dem Ziel des Abschlusses eines Verbandstarifvertrags einbezogen und bestreikt werden. Dies entspricht – trotz deren oft unzureichenden Differenzierung – der h.M. und Rechtsprechung des **BAG**. Vielmehr ist die Gewerkschaft auf die Möglichkeit des Abschlusses bzw. der "Erkämpfung" eines Firmentarifvertrags zu verweisen. Der – gegebenenfalls zeitgleich zum Verbandsarbeitskampf durchgeführte – Streik gegenüber dem Einzelarbeitgeber um einen Firmentarifvertrag ist unter Beachtung der allgemeinen Rechtmäßigkeitsvoraussetzungen des Arbeitskampfs[121], insbesondere des ultima-ratio-Prinzips, zulässig.

Ausnahmsweise kann der Streik gegenüber dem Arbeitgeberaußenseiter arbeitskampfrechtlich als zulässig angesehen werden, wenn und soweit der Arbeitskampf um einen Verbandstarifvertrag geführt wird, der den Arbeitgeberaußenseiter bereits aufgrund einer Allgemeinverbindlicherklärung (§ 5 TVG) erfaßt.

Als **Ergebnis des 3. Teils** läßt sich mithin festhalten, daß Außenseiter auf Arbeitnehmer- und Arbeitgeberseite auf kollektivrechtlicher Ebene grundsätzlich nicht passiv am Arbeitskampf beteiligt werden dürfen, d.h. daß sie nicht in arbeitskampfrechtlicher Hinsicht dem Kollektiv der in den kampfführenden Verbänden Organisierten gleichgestellt werden dürfen. Das individualrechtliche Alternativkonzept eines "arbeitsvertragsimmanenten Rechts zum Arbeitskampf" vermag die passive Einbeziehung der Außenseiter ebenfalls nicht zu rechtfertigen, da es nicht ausreichend begründet ist.

[121] Vgl. oben § 3 V 3 (S. 51 f.).

4. Teil: Arbeitskampfbeteiligung von Außenseitern aufgrund individualrechtlicher Vereinbarung

§ 8 Bezugnahme auf den Tarifvertrag als Vereinbarung der Arbeitskampfbeteiligung

I. Problemstellung

1. Ausgangspunkt der Überlegungen

a) Schwächen des kollektivrechtlichen Ansatzes

Wie die bisherige Untersuchung gezeigt hat, gibt es keine tragfähige Begründung für den herrschenden – hier so bezeichneten – kollektivrechtlichen Ansatz[1], Arbeitnehmer- und Arbeitgeberaußenseiter in arbeitskampfrechtlicher Hinsicht so zu behandeln, als seien sie Organisierte. Aus Art. 9 Abs. 3 GG kann die Arbeitskampfbeteiligung der Außenseiter nicht hergeleitet werden.[2] Vielmehr enthält er die objektive Ordnungsvorstellung, daß sich die Koalitionsgewalt – und damit auch der Arbeitskampf – im Prinzip auf die Koalitionsmitglieder beschränken soll.[3] Auch der "kollektive Charakter von Arbeitskämpfen" gebietet es nicht, im Arbeitskampfrecht unter Einbeziehung der Außenseiter Arbeitnehmerkollektive auf der einen und Arbeitgeberkollektive auf der anderen Seite zu bilden. Vielmehr ist die im Tarifrecht als Grundprinzip[4] angelegte Unterscheidung zwischen in den tarifschließenden Verbänden Organisierten einerseits (§ 3 Abs. 1 TVG) und Außenseitern andererseits (vgl. § 5 Abs. 4 TVG) als Leitlinie für das Arbeitskampf-

---

[1] S. o. § 3 V 2 a (S. 44 ff.), § 4 I (S. 57 ff.), § 5 I (S. 83 ff.), § 6 I (S. 93 ff.), § 7 II (S. 133 ff.).
[2] S. insbesondere oben § 3 V 2 b aa (S. 48 f.).
[3] Vgl. MünchArbR/**Löwisch**, § 237 Rn. 5.
[4] **v. Hoyningen-Huene**, RdA 1974, 138, 139.

recht und den auf diesem Gebiet rechtsfortbildend tätigen Richter anzusehen. Aus dem Charakter der Zentralnorm des Art. 9 Abs. 3 GG als Grundrecht mit "normgeprägtem Schutzbereich"[5] sowie aus dem engen Funktionszusammenhang zwischen Tarifvertrag und Arbeitskampf folgt, daß die im TVG vorgenommene gesetzgeberische "Normprägung" auf das Arbeitskampfrecht durchschlägt, solange der Gesetzgeber im Arbeitskampfrecht untätig bleibt. Auf kollektivrechtlicher, d.h. arbeitskampfrechtlicher Ebene besteht somit weder eine Rechtsgrundlage für die aktive Arbeitskampfbeteiligung von Außenseitern noch für die passive Einbeziehung von Außenseitern in den Arbeitskampf.

b) Schwächen des individualrechtlichen Ansatzes

Auch der alternative – hier so bezeichnete – individualrechtliche Ansatz[6] kann die aktive und passive Arbeitskampfbeteiligung von Außenseitern nicht überzeugend begründen. Die Schwäche des insbesondere in der älteren Literatur mit unterschiedlichen Begründungen vertretenen "arbeitsvertragsimmanenten Rechts am Arbeitskampf"[7] besteht zum einen in der unzureichend begründeten und dogmatisch nicht ausreichend untermauerten "Vertragsimmanenz" der Arbeitskampfbefugnis. Zum anderen wird die durch Art. 9 Abs. 3 GG und das TVG vorgegebene Differenzierung zwischen Organisierten und Außenseitern diesmal auf vertraglicher Ebene übergangen, indem die Arbeitskampfbefugnis für alle Arbeitnehmer bzw. Arbeitgeber unabhängig von ihrer Koalitionsmitgliedschaft aus dem Arbeitsvertrag hergeleitet wird, obwohl die Arbeitskampfbeteiligung der Organisierten bereits durch ihre Mitgliedschaft im tarifschließenden Verband legitimiert und durch Art. 9 Abs. 3 GG gewährleistet ist[8].

c) Gemeinsamkeiten der beiden Ansätze

aa) Partizipationsprinzip

Beide Ansätze sind geprägt vom *Partizipationsprinzip*: Wer potentiell oder faktisch am Arbeitskampfergebnis partizipiert, hat ein Interesse an der aktiven Arbeitskampfteilnahme, muß aber auch die Lasten in Form der passiven Einbeziehung in den Arbeitskampf tragen.

Beim kollektivrechtlichen Ansatz werden diese beiden Aspekte des Partizipationsprinzips ausdrücklich angeführt, einerseits bei der Frage der *aktiven* Arbeits-

---

[5] S. o. § 3 I 1 m.w.N. (S. 24 f.).
[6] S. o. § 4 II 2 (S. 78 ff.), § 5 II (S. 90), § 6 II 2 (S. 125 f.).
[7] S. o. § 4 II 2 (S. 78 ff.), § 5 II (S. 90), § 6 II 2 (S. 125 f.).
[8] Vgl. oben § 3 V 2 b aa (S. 48 f.).

kampfbeteiligung von Außenseitern[9], andererseits bei der Frage der *passiven* Arbeitskampfbeteiligung von Außenseitern[10]. Als ausschlaggebend für die Einbeziehung der Außenseiter in den Arbeitskampf wird insbesondere die regelmäßige oder tatsächliche Anwendung der erkämpften Tarifvertrags aufgrund arbeitsvertraglicher Bezugnahmeklauseln oder betrieblicher Übung angeführt.

Auch der individualrechtliche Ansatz stützt sich auf den Partizipationsgedanken, indem die vertragliche Arbeitskampfbefugnis der Außenseiter mit dem "Einfluß des Tarifvertragswesens auf Unorganisierte"[11] oder mit der "Offenheit"[12] bzw. "Tarifoffenheit"[13] des Arbeitsvertrags gegenüber dem angestrebten Tarifvertrag begründet wird. In bezug auf die Außenseiter verlangt **Kraft** insoweit ausdrücklich, daß der Tarifvertrag kraft arbeitsvertraglicher Bezugnahme oder betrieblicher Übung auf sie anwendbar ist.[14]

Als Gemeinsamkeit beider Ansätze läßt sich mithin festhalten, daß die aktive und passive Arbeitskampfbeteiligung von Außenseitern u.a. mit deren Partizipation am Kampfergebnis legitimiert wird, wobei insbesondere auf die Anwendbarkeit des angestrebten Tarifvertrags auf Außenseiter infolge arbeitsvertraglicher Bezugnahme oder betrieblicher Übung abgestellt wird.

bb) Praktische Erwägungen

Gemeinsam ist beiden Ansätzen auch, daß es bei ihnen *nicht* zu *praktischen Schwierigkeiten* kommt, die *Koalitionszugehörigkeit des Arbeitnehmers bzw. Arbeitgebers zu ermitteln,* der sich aktiv am Arbeitskampf beteiligt oder passiv einbezogen wird.

Beim individualrechtlichen Ansatz bleiben zwar praktische Erwägungen dieser Art unausgesprochen. Sein Ziel ist es aber, eine *einheitliche* Lösung für *alle* Arbeitnehmer bzw. Arbeitgeber zu finden.[15]

Innerhalb des kollektivrechtlichen Ansatzes wird sogar explizit angeführt, daß die praktischen (und rechtlichen) Schwierigkeiten für den betroffenen Arbeitgeber bzw. Arbeitgeberverband bei der Feststellung der Gewerkschaftszugehörigkeit der arbeitskampfbeteiligten Arbeitnehmer entfallen, wenn alle Arbeitnehmer betriebs-

---

[9] S. o. § 4 I 4 (S. 62 ff.), § 5 I 2 (S. 87 f.).
[10] S. o. § 6 I 1 d (S. 95 ff.), § 6 I 3 d bb (S. 123 f.), § 7 II 3 (S. 140 f.).
[11] S. o. § 4 II 2 a (S. 78 f.).
[12] S. o. § 4 II 2 b (S. 79 f.), § 5 II (S. 90), § 6 II 2 (S. 125 f.).
[13] S. o. § 4 II 2 c (S. 80).
[14] S. o. § 4 II 2 c (S. 80).
[15] Vgl. oben § 4 II a.E. (S. 81) sowie § 5 II (S. 90), § 6 II 2 (S. 125 f.).

einheitlich streiken dürfen und ausgesperrt werden dürfen.[16] Entsprechend läßt sich hinsichtlich der Arbeitskampfbeteiligung auf Arbeitgeberseite argumentieren. Dürfen alle Arbeitgeber aussperren und bestreikt werden, so kommt es für die betroffenen Arbeitnehmer bzw. die Gewerkschaft nicht darauf an, ob der aktiv oder passiv beteiligte Arbeitgeber dem kampfführenden Arbeitgeberverband angehört oder nicht.[17]

d) Synthese der beiden Ansätze

Nimmt man die Schwächen und Gemeinsamkeiten der beiden Ansätze als Ausgangspunkt für weitergehende Überlegungen, fragt es sich, ob eine Synthese zwischen der rein kollektivrechtlichen Begründung und der rein vertragsrechtlichen Begründung der Arbeitskampfbeteiligung von Außenseitern gefunden werden kann, welche die Vorgaben des Art. 9 Abs. 3 GG sowie dessen "Normprägung" durch das TVG wahrt, das von der Rechtsprechung entwickelte allgemeine Arbeitskampfrecht weitgehend unberührt läßt und sich harmonisch in die Systematik von Tarifrecht, Arbeitskampfrecht und Individualarbeitsrecht einfügt. Dazu ist es zunächst erforderlich, die durch Art. 9 Abs. 3 GG sowie das TVG auch für das Arbeitskampfrecht vorgegebene Unterscheidung von Organisierten und Außenseitern gedanklich nachzuvollziehen und die jeweils einschlägigen Rechtskreise zuzuordnen. Für die in den kampfführenden bzw. tarifschließenden Koalitionen organisierten Arbeitnehmer und Arbeitgeber sind – pauschal gesprochen – kollektivrechtliche Grundsätze (Tarifrecht, allgemeines Arbeitskampfrecht) maßgeblich, die Arbeitnehmer- und Arbeitgeberaußenseiter ordnen ihre Arbeitsverhältnisse hingegen individualrechtlich (Arbeitsvertrag). Die "Verknüpfung" zwischen den beiden "Rechtskreisen" findet im Rechtsverkehr durch die *Bezugnahme* der Arbeitsvertragsparteien auf den Tarifvertrag statt, wodurch jedenfalls ein Teil des "Kollektivrechts", nämlich die Tarifnormen, auch für die Außenseiter maßgeblich wird, soweit ihre Bezugnahme reicht. Es fragt sich, ob durch die Bezugnahme nicht auch der andere Teil des "Kollektivrechts", nämlich das Arbeitskampfrecht, für die Außenseiter einschlägig wird.

Mit der Theorie **von Hoyningen-Huenes**, daß die arbeitsvertragliche Bezugnahme auf den Tarifvertrag auch unter Außenseitern *normative Tarifwirkung* hat,[18] ließe sich begründen, daß Außenseiter wie Organisierte am Arbeitskampf (aktiv und passiv) teilnehmen können, wenn der umkämpfte Tarifvertrag in ihrem Arbeitsverhältnis kraft Bezugnahme gilt. Nach Auffassung **von Hoyningen-Huenes**

---

[16] Vgl. **Löwisch/Rieble** in: **Löwisch**, Arbeitskampf- und Schlichtungsrecht, 170.2 Rn. 87; **Gamillscheg**, KollArbR I, S. 1047 f.; **Rieble**, Rn. 1393; s. auch oben § 4 I 3 (S. 61), § 6 I 1 d aa (S. 96).

[17] Vgl. oben § 7 II 1 c (S. 138) zu den praktischen Erwägungen des LAG Frankfurt 22.2.1990, LAGE Nr. 40 zu Art. 9 GG Arbeitskampf unter 1 c gg.

[18] **v. Hoyningen-Huene**, RdA 1974, 138, 142 ff., 146 ff.

führt nämlich die Bezugnahme zur *echten Tarifgebundenheit* der Außenseiter. Nach seiner Konzeption stellt die Bezugnahme das Bindeglied zwischen dem individualrechtlichen Rechtskreis der Außenseiter und dem kollektivrechtlichen Rechtskreis der Organisierten dar. Durch die – quasi als "Rechtswahl" in bezug auf die anzuwendende Rechtsordnung anzusehende[19] – Bezugnahme wird die kollektive Ordnung des Tarifvertrags für die Außenseiter in gleicher Weise maßgeblich wie für die Organisierten. Anders ausgedrückt stehen die Außenseiter den Organisierten in kollektivrechtlicher (namentlich tariflicher) Hinsicht immer dann gleich, wenn für sie kraft Bezugnahme derselbe Tarifvertrag gilt wie für die Organisierten. Denkt man diese Konzeption hinsichtlich der Arbeitskampfbeteiligung weiter, so vermittelt die Bezugnahme auf den Tarifvertrag den Außenseitern nicht nur die tarifliche Gleichstellung mit den Organisierten, sondern auch die arbeitskampfmäßige. Obgleich mit diesen Überlegungen eine durchaus plausible und in sich stimmige Lösung gefunden werden kann, überzeugt der Ansatz in letzter Konsequenz nicht. Abgesehen davon, daß bereits seiner Ausgangsprämisse von der normativen Tarifwirkung der arbeitsvertraglichen Bezugnahme aus rechtsdogmatischen Gründen nicht gefolgt werden kann[20] und daß diese These von der ganz h.M. daher zu Recht abgelehnt wird,[21] stellt sich die Frage, wie die Arbeitskampfbeteiligung von Außenseitern zu beurteilen ist, wenn nicht auf den gesamten oder nicht auf den einschlägigen Tarifvertrag Bezug genommen wird. Denn nach Ansicht **von Hoyningen-Huenes** führt die Bezugnahme nur dann zur Tarifgebundenheit der Außenseiter, wenn auf den *gesamten* und vom Geltungsbereich her *einschlägigen* Tarifvertrag verwiesen wird. Hingegen bewirke die Bezugnahme auf den nicht einschlägigen Tarifvertrag, auf Einzelbestimmungen oder Einzelkomplexe eines Tarifvertrags (die nicht von gesetzlichen Bezugnahmeklauseln umfaßt werden) keine normative Geltung.[22] Mit diesem Ansatz kann daher die Frage der Arbeitskampfbeteiligung der Außenseiter bei Teilverweisungen oder Bezugnahmen auf einen fremden Tarifvertrag nicht beantwortet werden. Außerdem ist unklar, wie der Fall der statischen Bezugnahme auf die bestimmte Fassung eines Tarifvertrags zu behandeln ist.

Gleichwohl ist zu überprüfen, welche Rolle die Bezugnahme auf den Tarifvertrag für die Arbeitskampfbeteiligung von Außenseitern spielt. Allerdings ist dabei mit der ganz h.M.[23] davon auszugehen, daß die *Bezugnahme lediglich arbeitsvertragliche Wirkung* entfaltet. Es fragt sich also, ob durch die Bezugnahmevereinbarung im Arbeitsverhältnis des Außenseiters nicht nur der eine Teil des "Kollek-

---

[19] Vgl. v. **Hoyningen-Huene**, RdA 1974, 138, 140.

[20] S. bereits o. § 4 I 4 (S. 63).

[21] **Gamillscheg**, KollArbR I, S. 733; **Kempen/Zachert**, TVG, § 3 Rn. 68; **Nömeier**, S. 60 ff.; **Reichel/Koberski/Ansey**, TVG, § 3 Rn. 53; **Rieble**, Rn. 1722 m.w.N.; ErfK/**Schaub**, § 3 TVG Rn. 40.

[22] **v. Hoyningen-Huene**, RdA 1974, 138, 149.

[23] **Gamillscheg**, KollArbR I, S. 733; **Kempen/Zachert**, TVG, § 3 Rn. 68; **Nömeier**, S. 60 ff.; **Reichel/Koberski/Ansey**, TVG, § 3 Rn. 53; **Rieble**, Rn. 1722 m.w.N.; ErfK/**Schaub**, § 3 TVG Rn. 40.

tivrechts", die Tarifnormen, sondern auch der andere Teil, das Arbeitskampfrecht, für den Außenseiter auf vertraglicher Ebene einschlägig wird.

Konkret ausgedrückt ist zu untersuchen, ob in der Bezugnahme auf einen Tarifvertrag die Vereinbarung der Arbeitsvertragsparteien gesehen werden kann, daß sie wechselseitig wie Mitglieder der kampfführenden Koalitionen Arbeitskampfmaßnahmen austauschen dürfen, wenn und soweit ein Arbeitskampf um die in Bezug genommenen Tarifnormen ausbricht, falls sie nicht ohnehin kraft Mitgliedschaft in den kampfführenden Verbänden arbeitskampfbeteiligungsfähig sind. Ließe sich diese Frage bejahen, käme man zur aktiven und passiven Arbeitskampfbeteiligung der Außenseiter aufgrund entsprechender individualrechtlicher Vereinbarung. Es stellt sich also das Problem, ob in der Bezugnahme auf einen Tarifvertrag ein "Anhängen" der Arbeitsvertragsparteien an das Wirken der Koalitionen in ganzer Konsequenz, d.h. nicht nur in tariflicher, sondern auch in arbeitskampfrechtlicher Hinsicht, liegt. Bildlich gesprochen könnte man auch fragen, ob die Bezug nehmenden Parteien "nicht nur während der Fahrt, sondern auch während der Weichenstellung Trittbrett fahren wollen".

Zunächst muß aber die "Außenseiterfrage" verdeutlicht werden (unter 2.), ehe die unterschiedlichen Arten der Bezugnahme auf den Tarifvertrag dargestellt werden (unter II.) und schließlich die Kernfrage erörtert wird, ob im Wege der Auslegung von Arbeitsverträgen mit Bezugnahme auf den umkämpften Tarifvertrag die Arbeitskampfbeteiligung von Außenseitern individualrechtlich begründet werden kann (unter III.).

2. Außenseiterbeteiligung

Die vorliegende Untersuchung konzentriert sich auf die Frage, ob Außenseiter sich aktiv am Arbeitskampf beteiligen dürfen und passiv einbezogen werden dürfen, wenn und soweit in ihrem Arbeitsvertrag auf den umkämpften Tarifvertrag Bezug genommen wird. Im Vordergrund stehen also die Konstellationen, in denen mindestens eine Arbeitsvertragspartei Außenseiter ist, d.h. entweder nur der Arbeitgeber, nur der Arbeitnehmer oder beide.

Sind beide Vertragsparteien in den tarifschließenden und kampfbeteiligten Koalitionen organisiert, so ergibt sich die Befugnis zum wechselseitigen Austausch von Arbeitskampfmaßnahmen bereits aus Art. 9 Abs. 3 GG.[24] Haben sie trotz Tarifbindung (§§ 3 Abs. 1, 4 Abs. 1 TVG) im Arbeitsvertrag auf den Tarifvertrag verwiesen, so kommt der Bezugnahme in tariflicher Hinsicht keine eigenständige, sondern nur deklaratorische Bedeutung zu, solange die Arbeitsvertragsparteien in

---

[24] S. o. § 3 V 2 b aa (S. 48 f.), 4 a (S. 53 f.).

den Tarifvertragsparteien organisiert sind.[25] Dies gilt auch in arbeitskampfrechtlicher Hinsicht, falls in der Bezugnahme eine vertragliche Arbeitskampfbeteiligungsbefugnis zu sehen sein sollte. Die Bezugnahme wird dann durch die aus der Mitgliedschaft in den tarifschließenden Koalitionen folgenden Rechtswirkungen überlagert.

Nachfolgend wird nur der Fall näher beleuchtet, daß die Arbeitsvertragsparteien in den Geltungsbereich des in Bezug genommenen Tarifvertrags fallen. Denn nur dann können sie nach der hier zugrundeliegenden Definition (als Nicht- oder Andersorganisierte) Außenseiter sein. Fallen die Arbeitsvertragsparteien hingegen bereits nicht in den räumlichen, betrieblich-fachlichen oder persönlichen Geltungsbereich des in Bezug genommenen Tarifvertrags, sind sie sog. "Dritte".[26]

II. Arten der Bezugnahme

Die praktische Bedeutung von arbeitsvertraglichen Verweisungen auf Tarifverträge ist groß. Nach einer empirischen Untersuchung von **Preis** enthalten ca. 90 % aller Arbeitsverträge entsprechende Verweisungen, die nach Art und Umfang vielgestaltig sind.[27] Bezugnahmeklauseln finden sich nicht nur in Arbeitsverträgen mit Außenseiterbeteiligung, d.h. bei denen eine oder beide Arbeitsvertragsparteien mangels Mitgliedschaft in den Parteien des in Bezug genommenen Tarifvertrags nicht tarifgebunden sind. Vielmehr wird auf den Tarifvertrag vielfach auch Bezug genommen, obwohl beide Arbeitsvertragsparteien in den Tarifvertragsparteien organisiert sind, denn in der Regel ist die jeweilige Koalitionszugehörigkeit des anderen Teils bei Arbeitsvertragsabschluß nicht bekannt.[28] Für *organisierte* Arbeitsvertragsparteien gilt der in Bezug genommene Tarifvertrag bereits kraft Tarifbindung (§§ 3 Abs. 1, 4 Abs. 1 TVG), welche die Wirkungen der Bezugnahme

[25] Insoweit unstr., **Preis**, Vertragsgestaltung, S. 392; **Wiedemann/Stumpf**, TVG, § 3 Rn. 94; **Zöllner**, DB 1995, 1401, 1405. Str. ist die Wirkung der Bezugnahme bei Wegfall der Tarifbindung des Arbeitnehmers oder Arbeitgebers, dazu **Frieges**, DB 1996, 1281, 1282 f.; **Hanau/Kania**, FS Schaub, S. 239, 248 f.; **Schwab**, BB 1994, 781, 783 ff. Zur Wirkung bzw. "korrigierenden Auslegung" der Bezugnahme bei Verbandswechsel des Arbeitgebers BAG 4.9.1996, AP Nr. 5 zu § 1 TVG Bezugnahme auf Tarifvertrag m. krit. Anm. **Danne**, SAE 1998, 111; abl. Anm. **Kohte**, AuA 1997, 171; zust. Anm. **Buchner**, EzA Nr. 7 zu § 3 TVG Bezugnahme auf Tarifvertrag; LAG Hamburg 30.1.1998, LAGE Nr. 5 zu § 3 TVG Bezugnahme auf Tarifvertrag; **Gaul**, NZA 1998, 9, 11 ff. Zur Kollision Bezugnahme - Allgemeinverbindlichkeit BAG 28.5.1997, AP Nr. 6 zu § 1 TVG Bezugnahme auf Tarifvertrag m. zust. Anm. **Oetker**.

[26] S. o. § 2 II 2 b (2) und c (S. 8 f.).

[27] **Preis**, Vertragsgestaltung, S. 62 mit Fn. 45. Dieser Wert deckt sich mit anderen Schätzungen, s. o. § 1 II Fn. 14 (S. 3).

[28] Zur betrieblichen Praxis **Nömeier**, S. 8 f.

überlagert.[29] Ist hingegen mindestens eine Arbeitsvertragspartei *nichtorganisiert*, so greift die Bezugnahme. Durch die Verweisung auf den Tarifvertrag werden die in Bezug genommenen Tarifnormen zum Inhalt des Arbeitsvertrags; die Bezugnahme entfaltet keine der Tarifbindung des § 4 Abs. 1 TVG gleichkommende normative Wirkung, sondern wirkt lediglich auf arbeitsvertraglicher Ebene.[30] Verweisen die Arbeitsvertragsparteien auf einen Tarifvertrag, obwohl sie *andersorganisiert* sind, d.h. kraft Tarifbindung einem anderen Tarifvertrag unterfallen, so regelt sich das Verhältnis von in Bezug genommenem Tarifvertrag und normativ geltendem Tarifvertrag nicht nach dem zweifelhaften[31] Grundsatz der Tarifeinheit, sondern nach dem Günstigkeitsprinzip (§ 4 Abs. 3 TVG).[32]

1. Zustandekommen der Bezugnahme

Die Bezugnahme auf den Tarifvertrag ist aufgrund der Privatautonomie generell zulässig[33] und kommt durch jede Form einer entsprechenden vertraglichen Abrede zustande (§§ 241, 305 BGB).

a) Bezugnahmeklausel

Möglich ist zum einen die ausdrückliche (mündliche oder schriftliche) Verweisung auf den Tarifvertrag durch die Arbeitsvertragsparteien. In der Praxis stellt meist der Arbeitgeber einheitlich vorformulierte Arbeitsvertragsformulare, welche sog. Bezugnahmeklauseln enthalten (z.B. "Für das Arbeitsverhältnis gelten die für den Arbeitgeber geltenden Tarifverträge in der jeweils gültigen Fassung, soweit im folgenden nichts anderes vereinbart ist"[34]). Vor dem Hintergrund der Doku-

---

[29] S. o. § 8 I 2 m.w.N. (S. 152 f.).

[30] Ganz h.M., **Gamillscheg**, KollArbR I, S. 733; **Kempen/Zachert**, TVG, § 3 Rn. 68; **Nömeier**, S. 60 ff.; **Reichel/Koberski/Ansey**, TVG, § 3 Rn. 53; **Rieble**, Rn. 1722 m.w.N.; ErfK/**Schaub**, § 3 TVG Rn. 40. – **A.A. v. Hoyningen-Huene**, RdA 1974, 138, 142 ff., 146 ff.; vgl. bereits oben § 4 I 4 (S. 63), § 8 I 1 d (S. 150 f.).

[31] S. o. § 4 I 3 (S. 61 f.).

[32] Ebenso **Hanau/Kania**, FS Schaub, S. 239, 241; MünchArbR/**Löwisch**, § 262 Rn. 14; § 269 Rn. 10; **Löwisch/Rieble**, TVG, § 3 Rn. 120; **Reichel/Koberski/Ansey**, TVG, § 3 Rn. 42 a; **Wiedemann/Stumpf**, TVG, § 3 Rn. 94. – **A.A.** BAG 20.3.1991, AP Nr. 20 zu § 4 TVG Tarifkonkurrenz. Zum Günstigkeitsvergleich **Etzel**, NZA 1987, Beil. 1, S. 19, 24 f.

[33] **Preis**, Vertragsgestaltung, S. 391. Zu vereinzelten verfassungsrechtlichen Bedenken s. u. § 8 IV 1 m.w.N. (S. 173)

[34] **Schaub**, Formularsammlung, § 2 I 2, S. 15; zur Vertragsgestaltung von Bezugnahmeklauseln auch **Bauer**, JuS 1999, 356, 360 f.

mentationspflicht des § 2 Abs. 1 Nr. 10 NachwG werden Bezugnahmen verstärkt schriftlich fixiert.[35]

b) Betriebliche Übung

Sofern die Bezugnahmevereinbarung mangels anderweitiger konstitutiver Schriftformerfordernisse formlos möglich ist, kommt auch eine konkludente Verweisung auf den Tarifvertrag im Wege der betrieblichen Übung in Betracht.[36] Nach der zutreffenden herrschenden Vertragstheorie[37] begründet die betriebliche Übung nicht eine Vertrauenshaftung des Arbeitgebers[38], sondern es kommt zu einer konkludenten Vertragsvereinbarung dadurch, daß der Arbeitgeber bestimmte gleichförmige Verhaltensweisen regelmäßig wiederholt, aus denen auf einen inhaltlich konkreten Verpflichtungswillen geschlossen werden kann. Das darin zu sehende Angebot des Arbeitgebers nimmt der Arbeitnehmer nach § 151 S. 1 BGB an. Die betriebliche Übung greift auch für neu eintretende Arbeitnehmer ein.[39] Die Bezugnahme auf einen Tarifvertrag im Wege der betrieblichen Übung kommt demgemäß beispielsweise zustande, wenn der Arbeitgeber allen Arbeitnehmern unabhängig von ihrer Gewerkschaftszugehörigkeit über mehrere Jahre hinweg Arbeitsbedingungen nach einem bestimmten Tarifvertrag gewährt.[40] Nicht ausreichend ist hingegen das bloße Aushängen des im Betrieb einschlägigen Tarifvertrags und dessen Änderungen am Schwarzen Brett, da der Arbeitgeber damit nur seine Bekanntgabepflicht gemäß § 8 TVG erfüllt.[41]

---

[35] Zu den Anforderungen des § 2 Abs. 1 Nr. 10 NachwG ErfK/**Preis**, § 2 NachwG Rn. 22 f.

[36] LAG Düsseldorf 6.11.1997, NZA-RR 1998, 366 f.; LAG Hamburg 30.1.1998, LAGE Nr. 5 zu § 3 TVG Bezugnahme auf Tarifvertrag unter 2 a und b aa; **Dütz**, Arbeitsrecht, Rn. 522; **Etzel**, NZA 1987, Beil. 1, S. 19, 27 f.; **Hanau/Kania**, FS Schaub, S. 239, 258 ff.; **Schaub**, Arbeitsrechts-Handbuch, § 208 III 1, S. 1737; **Wiedemann/Stumpf**, TVG, § 3 Rn. 116 ff. – **A.A. Kempen/Zachert**, TVG, § 3 Rn. 104 ff. Zur betrieblichen Übung bei Schriftformklauseln **Preis**, Vertragsgestaltung, S. 409 f.

[37] BAG 12.1.1994, AP Nr. 43 zu § 242 BGB Betriebliche Übung unter I 1 m.w.N.; LAG Düsseldorf 6.11.1997, NZA-RR 1998, 366, 367; **Dütz**, Arbeitsrecht, Rn. 57; **Schaub**, Arbeitsrechts-Handbuch, § 111 I 3, S. 960 ff.

[38] So aber **Lieb**, Arbeitsrecht, Rn. 57; **Zöllner/Loritz**, Arbeitsrecht, § 6 I 7, S. 71 ff.

[39] BAG 5.7.1968, AP Nr. 6 zu § 242 BGB Betriebliche Übung unter I 1; MüKo/**v. Hoyningen-Huene**, HGB, Vor § 59 Rn. 36.

[40] LAG Düsseldorf 6.11.1997, NZA-RR 1998, 366 f.; **Schaub**, Arbeitsrechts-Handbuch, § 111 II 2, S. 966.

[41] § 8 TVG übergehen **Etzel**, NZA 1987, Beil. 1, S. 19, 28; **Wiedemann/Stumpf**, TVG, § 3 Rn. 117.

c) Gesamtzusage

Rechtstechnisch möglich ist die Verweisung auf einen Tarifvertrag auch im Wege der sog. Gesamtzusage[42], welche dogmatisch als Angebot des Arbeitgebers anzusehen ist, das der Arbeitnehmer in der Regel konkludent gemäß § 151 S. 1 BGB annimmt.[43] Die rechtstatsächliche Bedeutung der Gesamtzusage beschränkt sich aber insbesondere auf den Bereich freiwilliger Zuwendungen[44], so daß durch Gesamtzusage allenfalls Teilverweisungen auf einen Tarifvertrag zustande kommen.

d) Arbeitsrechtlicher Gleichbehandlungsgrundsatz

Theoretisch läßt sich die Bezugnahme auf den Tarifvertrag auch mit dem arbeitsrechtlichen Gleichbehandlungsgrundsatz begründen, wenn man bei Verstoß gegen ihn davon ausgeht, daß im Arbeitsvertrag eine Regelungslücke entsteht, die durch ergänzende Vertragsauslegung zu schließen ist.[45] Denkbar ist dies etwa, wenn der Arbeitgeber den nichtorganisierten Arbeitnehmern die gleichen Arbeitsbedingungen wie den Gewerkschaftsmitgliedern gewährt und nur bei einem einzelnen Außenseiter eine Ausnahme macht. Hierbei ergibt sich die gebotene Gleichbehandlung aber nicht aus dem Vergleich mit den Gewerkschaftsmitgliedern, sondern aus dem Vergleich zu den übrigen Außenseitern.[46] Dagegen ist die Unterscheidung von tarifgebundenen und nicht tarifgebundenen Arbeitnehmern bei der Anwendung des einschlägigen Tarifvertrags durch den Arbeitgeber nicht willkürlich und verstößt nicht gegen den arbeitsrechtlichen Gleichbehandlungsgrundsatz, denn diese Unterscheidung ist durch das TVG (§§ 4 Abs. 1, 5 Abs. 4) vorgegeben.[47] Der Anwendungsbereich des Gleichbehandlungsgrundsatzes beschränkt sich im hier interessierenden Zusammenhang folglich auf Fälle der unterschiedlichen Behandlung einzelner innerhalb der Gruppe der Arbeitnehmeraußenseiter. Hier läßt sich eine Verweisung auf den Tarifvertrag aber vielfach bereits über eine entsprechende betriebliche Übung begründen.

---

[42] **Gaul**, NZA 1998, 9, 10.

[43] **Dütz**, Arbeitsrecht, Rn. 56; **Lieb**, Arbeitsrecht, Rn. 53.

[44] **Lieb**, Arbeitsrecht, Rn. 53.

[45] So etwa **Schaub**, Arbeitsrechts-Handbuch, § 112 II 5 a, S. 974 m.w.N.

[46] **Kempen/Zachert**, TVG, § 3 Rn. 109.

[47] H.M., BAG 20.7.1960, AP Nr. 7 zu § 4 TVG; **Kempen/Zachert**, TVG, § 3 Rn. 110 f.; ErfK/**Preis**, § 611 BGB Rn. 861; **Schaub**, Arbeitsrechts-Handbuch, § 206 IV 2, S. 1729 f.; **Zöllner/Loritz**, Arbeitsrecht, § 17 VI, S. 225; § 37 I 8, S. 414. – **A.A. Wiedemann/Stumpf**, TVG, § 3 Rn. 125.

2. Inhalt der Bezugnahme

Der Inhalt und zeitliche Umfang der Bezugnahme auf den Tarifvertrag kann durch dynamische oder statische Verweisung bestimmt werden.

a) Dynamische Bezugnahme

aa) Tatbestand und Rechtsfolge

Eine dynamische Bezugnahme liegt vor, wenn auf die jeweils geltende Fassung eines Tarifvertrags verwiesen wird.[48] Werden ein Tarifvertrag und seine Änderungen über einen längeren Zeitpunkt auf sämtliche Arbeitnehmer des Betriebs angewendet und wird dadurch eine betriebliche Übung geschaffen, so liegt darin eine dynamische Verweisung auf den Tarifvertrag.[49] Ist die Bezugnahmeklausel sehr allgemein formuliert (z.B. "Es gelten die einschlägigen Tarifverträge"), ist davon auszugehen, daß die Arbeitsvertragsparteien den Tarifvertrag zum Gegenstand ihres Vertrages machen wollten, der bei vorhandener Tarifbindung anzuwenden wäre.[50] Außerdem ist auch bei Fehlen einer "Jeweiligkeitsklausel" im Zweifel eine dynamische Bezugnahme anzunehmen.[51]

Wird der in Bezug genommene Tarifvertrag geändert, so bewirkt die dynamische Bezugnahme, daß die geänderte Fassung des Tarifvertrags im Arbeitsverhältnis maßgeblich ist[52], d.h. die Arbeitsvertragsparteien nehmen aufgrund der dynamischen Verweisung an der künftigen Tarifentwicklung wie Organisierte teil.[53]

bb) Zweck: Quasi-Tarifbindung

Die dynamische Bezugnahme ersetzt die Tarifbindung der einen oder beider Arbeitsvertragsparteien[54], d.h. deren Mitgliedschaft in der tarifschließenden Koalition (vgl. § 3 Abs. 1 TVG). Der Sache nach kommt das einer Erstreckung der Tarif-

---

[48] **Hanau/Kania**, FS Schaub, S. 239; **Kempen/Zachert**, TVG, § 3 Rn. 89.

[49] LAG Hamburg 30.1.1998, LAGE Nr. 5 zu § 3 TVG Bezugnahme auf Tarifvertrag; **Hanau/Kania**, FS Schaub, S. 239, 259 f.

[50] **Kempen/Zachert**, TVG, § 3 Rn. 75; **Preis**, Vertragsgestaltung, S. 396; **Wiedemann/Stumpf**, TVG, § 3 Rn. 95 f.

[51] BAG 20.3.1991, AP Nr. 20 zu § 4 TVG Tarifkonkurrenz, Ls. 4 und unter B II 1 b; **Gaul**, NZA 1998, 9, 10 f.; **Hanau/Kania**, FS Schaub, S. 239, 246; **Löwisch/Rieble**, TVG, § 3 Rn. 109.

[52] **Hanau/Kania**, FS Schaub, S. 239, 249.

[53] **Etzel**, NZA 1987, Beil. 1, S. 19, 26.

[54] **Schaub**, Arbeitsrechts-Handbuch, § 208 III 1, S. 1737.

bindung auf Arbeitsverhältnisse mit Außenseiterbeteiligung gleich[55], wenngleich der Schutz der Organisierten vor Rechtsverlust bei beiderseitiger Tarifbindung nach § 4 Abs. 4 TVG größer ist. Hauptzweck der dynamischen Bezugnahme ist es also, für beide Seiten zu einer *"Quasi-Tarifbindung"* zu gelangen.[56] Dem liegt die Vorstellung zugrunde, daß die Parteien bei Verweisung auf Tarifrecht im Zweifel diejenige Rechtslage herstellen wollen, die gelten würde, wenn sie tarifgebunden wären.[57] Denn erstens sparen die Arbeitsvertragsparteien durch das "Anhängen" an die Tarifentwicklung den Aufwand für das Aushandeln und Fixieren eigener Regelungen.[58] Zweitens müssen die Arbeitsvertragsparteien nicht ständig die Organisationszugehörigkeit des anderen erfragen, zumal sowohl der Arbeitgeber als auch der Arbeitnehmer seinen Organisationsstatus aufgrund seiner Koalitionsfreiheit (Art. 9 Abs. 3 GG) jederzeit verändern kann.[59] Dies bedeutet eine erhebliche praktische Erleichterung nicht nur aus Sicht des Arbeitgebers, der ansonsten permanent die Gewerkschaftszugehörigkeit seiner Arbeitnehmer erfassen müßte[60], sondern auch aus Sicht des einzelnen Arbeitnehmers, der oft gar nicht weiß, ob sein Arbeitgeber organisiert ist[61]. Drittens erreichen die nichttarifgebundenen Arbeitgeber und Arbeitnehmer durch die "Gleichstellungsabrede"[62] Wettbewerbsgleichheit mit den tarifgebundenen Arbeitgebern und Arbeitnehmern.[63] Das dient letztlich auch der Vermeidung sozialer Spannungen im Betrieb.[64] Vor diesem Hintergrund hat die dynamische Bezugnahme den Zweck, die fehlende bzw. die jederzeit änderbare und unsichere Mitgliedschaft der Arbeitsvertragsparteien in den tarifschließenden Koalitionen zu ersetzen.

b) Statische Bezugnahme

Eine statische Bezugnahme liegt hingegen vor, wenn ein konkreter Tarifvertrag in einer bestimmten Fassung (in der Regel der aktuellen) im Arbeitsverhältnis für anwendbar erklärt wird.[65] Dies kann etwa dadurch geschehen, daß die Arbeitsvertragsparteien das Datum der konkreten Fassung eines Tarifvertrags benennen[66]

---

[55] **Gamillscheg**, KollArbR I, S. 732; **Kempen/Zachert**, TVG, § 3 Rn. 91.

[56] Begriff entliehen bei **Rieble**, Rn. 1730. Vgl. auch **v. Hoyningen-Huene**, RdA 1974, 138, 142 ff., 146 ff., der grundsätzlich von einer *echten Tarifbindung* bei Bezugnahme ausgeht; dazu oben § 8 I 1 d (S. 150 f.).

[57] **Schaub**, AuA 1998, 44, 46; so auch **v. Hoyningen-Huene**, NZA 1996, 617, 620.

[58] **Gamillscheg**, KollArbR I, S. 732; **Rieble**, Rn. 1719 f.; ErfK/**Schaub**, § 3 TVG Rn. 41.

[59] Darauf weisen vor allem **Hanau/Kania**, FS Schaub, S. 239, 246 hin.

[60] **Gaul**, NZA 1998, 9, 10 f.; **Löwisch/Rieble**, TVG, § 3 Rn. 99; **Rieble**, Rn. 1719.

[61] **Däubler**, NZA 1996, 225, 228.

[62] Begriff nach BAG 4.9.1996, AP Nr. 5 zu § 1 TVG Bezugnahme auf Tarifvertrag unter II a bb in Anlehnung an **Otto**, Einführung in das Arbeitsrecht, 1991, § 5 II 7 c, S. 81.

[63] **Gaul**, NZA 1998, 9, 11; **Rieble**, Rn. 1720.

[64] ErfK/**Schaub**, § 3 TVG Rn. 41; zum Ganzen auch **Gamillscheg**, KollArbR I, S. 730 ff.

[65] ErfK/**Schaub**, § 3 TVG Rn. 43.

[66] **Etzel**, NZA 1987, Beil. 1, S. 19, 26; **Hanau/Kania**, FS Schaub, S. 239, 246.

oder die Normen des Tarifvertrags wörtlich abschreiben[67]. Eine statische Verweisung kommt bei Fehlen einer "Jeweiligkeitsklausel" insbesondere auch dann in Betracht, wenn auf einen branchenfremden Tarifvertrag verwiesen wird.[68]

Wird der in Bezug genommene Tarifvertrag geändert, so wirkt sich das bei einer statischen Verweisung auf das Arbeitsverhältnis nicht aus. Die ursprüngliche Fassung des Tarifvertrags bleibt maßgeblich. Nicht tarifgebundene Arbeitsvertragsparteien nehmen dann an der künftigen Tarifentwicklung nicht teil.[69] Bei einer solchen Gestaltung des Arbeitsvertrags wollen die Parteien eine "Quasi-Tarifbindung" bzw. Gleichstellung mit den Organisierten nicht erreichen.

3. Umfang der Bezugnahme

Hinsichtlich des gegenständlichen Umfangs der Bezugnahme haben die Arbeitsvertragsparteien aufgrund ihrer Vertragsfreiheit großen Gestaltungsspielraum. Sie können sowohl Firmen- als auch Verbandstarifverträge ganz (Globalverweisung) oder teilweise (Teil- oder Einzelverweisung) in Bezug nehmen (z.B. "Der Lohn richtet sich nach Tarif"; "Weihnachtsgratifikation wird nach dem Tarifvertrag XY gewährt").[70] Eine Auslegungsregel dergestalt, daß bei einer Teilverweisung im Zweifel eine statische Verweisung vorliegt, kann nicht aufgestellt werden.[71] Vielmehr kann etwa bei Teilverweisungen hinsichtlich des Arbeitsentgelts der Wille der Arbeitsvertragsparteien gerade dahin gehen, sich der Tarifentgeltentwicklung anzuhängen und insoweit gleiche Wettbewerbsbedingungen durch Gleichstellung mit den Organisierten zu schaffen. Ob eine Teilverweisung statischer oder dynamischer Natur ist, hängt daher von der konkreten Vertragsgestaltung ab.

III. Ergänzende Vertragsauslegung von Arbeitsverträgen mit Bezugnahmevereinbarung

Hier soll nun die – bereits oben[72] aufgeworfene – Kernfrage des 4. Teils geklärt werden, ob Außenseiter sich aktiv am Arbeitskampf beteiligen dürfen und passiv einbezogen werden dürfen, wenn und soweit in ihrem Arbeitsvertrag auf den um-

---

[67] **Schaub**, Arbeitsrechts-Handbuch, § 208 I 2, II, S. 1736 f.
[68] **Gaul**, NZA 1998, 9, 11.
[69] **Hanau/Kania**, FS Schaub, S. 239, 249; **Preis**, Vertragsgestaltung, S. 400.
[70] **Etzel**, NZA 1987, Beil. 1, S. 19, 26; **Gaul**, NZA 1998, 9, 10; **Preis**, Vertragsgestaltung, S. 397; **ErfK/Schaub**, § 3 TVG Rn. 45.
[71] **A.A. Hanau/Kania**, Anm. zu BAG 20.3.1991, AP Nr. 4 TVG Tarifkonkurrenz, Bl. 10 R; **Gaul**, NZA 1998, 9, 11.
[72] § 8 I 1 d (S. 150 ff.).

kämpften Tarifvertrag Bezug genommen wird. Untersucht wird daher, ob Arbeitsverträgen mit Bezugnahme auf den Tarifvertrag im Wege der Auslegung eine Vereinbarung der Arbeitsvertragsparteien entnommen werden kann, daß sich die Arbeitsvertragsparteien gegenseitig die Befugnis einräumen, wie Mitglieder der kampfführenden Koalitionen Arbeitskampfmaßnahmen durchzuführen, wenn und soweit ein Arbeitskampf um die in Bezug genommenen Tarifnormen ausbricht. Dabei spielt es keine Rolle, ob die Bezugnahme auf ausdrücklicher Vereinbarung oder betrieblicher Übung beruht.[73] Zu untersuchen ist aber, welchen Einfluß der Umfang der Bezugnahme[74] oder ihr Charakter als dynamische oder statische Verweisung[75] auf die Vertragsauslegung hat.

1. Ergänzungsbedürftige Regelungslücke

In den üblichen, am Leitbild des § 611 BGB orientierten, mündlich oder schriftlich geschlossenen Arbeitsverträgen finden sich keine Aussagen, Anhaltspunkte oder sonstigen Vertragsumstände, die auf einen bestimmten Willen der Vertragsparteien zur Frage der aktiven Arbeitskampfbefugnis der Parteien oder ihrer passiven Einbeziehung in den Arbeitskampf schließen lassen. Auch der Bezugnahme auf den einschlägigen Tarifvertrag läßt sich insoweit nichts entnehmen. Die *erläuternde Auslegung* (§§ 133, 157 BGB) der tatsächlich von den Arbeitsvertragsparteien abgegebenen Willenserklärungen nach dem Empfängerhorizont führt also nicht weiter. Daher ist die *ergänzende Auslegung* des Arbeitsvertrags mit Bezugnahmevereinbarung zu Rate zu ziehen. Im Gegensatz zur erläuternden Auslegung, die den Sinn des wirklich Erklärten bzw. das in der Erklärung wirklich Gewollte ermitteln will (vgl. § 133 BGB), setzt die ergänzende Vertragsauslegung eine *Regelungslücke* im Vertrag voraus.[76] Die "planwidrige Unvollständigkeit" des Vertrags muß ergänzungsbedürftig sein.[77] Eine Lücke liegt daher nicht vor, wenn die getroffene Regelung nach dem Parteiwillen bewußt abschließend sein sollte.[78] Eine Vertragslücke ist in der Regel darauf zurückzuführen, daß die Parteien an einen bestimmten regelungsbedürftigen Punkt nicht gedacht haben. Das kann insbesondere der Fall sein bei nachträglichen Änderungen der wirtschaftlichen oder rechtlichen Verhältnisse.[79] Ist Grundlage des Geschäfts, daß die Verhältnisse

[73] Zum Zustandekommen der Bezugnahme s. o. § 8 II 1 (S. 154 ff.).
[74] S. o. § 8 II 3 (S. 159).
[75] S. o. § 8 II 2 (S. 157 ff.).
[76] Palandt/**Heinrichs**, BGB, § 157 Rn. 2; RGRK/**Piper**, BGB, § 157 Rn. 99 f.; Staudinger/**Roth**, BGB, § 157 Rn. 3 f.; Soergel/**Wolf**, § 157 Rn. 107.
[77] BGH 25.6.1980, BGHZ 77, 301, 304; 13.5.1993, NJW 1993, 2935, 2937; **Kohte**, AuA 1997, 171; Staudinger/**Roth**, BGB, § 157 Rn. 15.
[78] BGH 24.4.1985, NJW 1985, 1835, 1836; Erman/**Hefermehl**, BGB, § 157 Rn. 17; Palandt/**Heinrichs**, BGB, § 157 Rn. 3; Jauernig/**Jauernig**, BGB, § 157 Rn. 2.
[79] BAG 8.11.1972, AP Nr. 3 zu § 157 BGB; BGH 7.2.1957, BGHZ 23, 282, 285 f.; 20.9.1993, BGHZ 123, 281, 285 ff.; **Brox**, BGB AT, Rn. 136 f.; Palandt/**Heinrichs**,

gleichbleiben (clausula rebus sic stantibus), kommt auch die Anwendung der Grundsätze über den Wegfall der Geschäftsgrundlage (§ 242 BGB) in Betracht. Die Grenzen der ergänzenden Vertragsauslegung zum Wegfall der Geschäftsgrundlage sind fließend, da beide Institute "Korrekturmittel" zur Ergänzung des Vertrags sind.[80] Jedoch ist die ergänzende Vertragsauslegung durch den von den Parteien gewollten Sinn und Zweck des Vertrags begrenzt, während die Vertragsergänzung nach § 242 BGB weitergehen kann.[81] Die *ergänzende Vertragsauslegung* hat *Vorrang vor* dem *Wegfall der Geschäftsgrundlage*.[82] Denn die Festlegung des "rechtlichen Sollens" nach § 242 BGB kann erst nach der Auslegung, d.h. der Feststellung des "rechtlichen Wollens", zum Zuge kommen.[83]

Die daher vorrangig vorzunehmende ergänzende Vertragsauslegung setzt mithin eine ergänzungsbedürftige Regelungslücke voraus. Eine solche Regelungslükke im Arbeitsvertrag liegt vor, weil die Arbeitsvertragsparteien nicht daran gedacht haben, die Frage der Arbeitskampfbeteiligung zu regeln. Bei Vertragsschluß mußten sie dies auch nicht, denn nach dem kollektivrechtlichen Ansatz der ganz überwiegenden Meinung und insbesondere der im Arbeitskampfrecht maßgeblichen Rechtsprechung des **BAG** und **Bundesverfassungsgerichts** kann jeder Arbeitnehmer und Arbeitgeber aktiv am Arbeitskampf der Tarifvertragsparteien teilnehmen sowie passiv einbezogen werden.[84] Ein Regelungsbedürfnis ergibt sich aber, wenn man die hier vertretene gegenteilige Auffassung zugrunde legt, daß auf kollektivrechtlicher Ebene nur die organisierten Arbeitnehmer und Arbeitgeber nach Art. 9 Abs. 3 GG arbeitskampfbeteiligungsfähig sind. Unterstellt man, daß sich diese Rechtsanschauung durchsetzt, so beruht die Vertragslücke auf einer nachträglichen Änderung der rechtlichen Verhältnisse.

Bei einer solchen Regelungslücke ist es ausgeschlossen, davon auszugehen, daß die Vertragsparteien *bewußt* eine abschließende Regelung getroffen haben im Sinne einer (negativen) Entscheidung, daß sich die Parteien nicht am Arbeitskampf beteiligen dürfen, wenn sie als Nicht- oder Andersorganisierte eine Außenseiterstellung hinsichtlich des in Bezug genommenen Tarifvertrags einnehmen. Vielmehr ist die Regelungslücke ergänzungsbedürftig zur Erzielung einer für die Parteien angemessenen und interessengerechten Lösung. Denn im Falle einer durch Bezugnahme auf den umkämpften Tarifvertrag vermittelten Partizipation

---

BGB, § 157 Rn. 3; Jauernig/**Jauernig**, BGB, § 157 Rn. 2; Staudinger/**Roth**, BGB, § 157 Rn. 16.

[80] In diesem Sinne auch **Buchner**, Anm. zu BAG 4.9.1996, EzA Nr. 7 zu § 3 TVG Bezugnahme auf Tarifvertrag, S. 20; kritisch **Danne**, SAE 1998, 111, 115.

[81] Soergel/**Wolf**, § 157 Rn. 105.

[82] BGH 3.7.1981, BGHZ 81, 135, 143; 1.2.1984, BGHZ 90, 69, 74; **Brehm**, BGB AT, Rn. 423; **Larenz/Wolf**, BGB AT, § 33 Rn. 32 ff.; Staudinger/**Roth**, BGB, § 157 Rn. 9 f.; Soergel/**Wolf**, § 157 Rn. 108. – **A.A.** MüKo/**Mayer-Maly**, BGB, § 157 Rn. 33.

[83] Erman/**Hefermehl**, BGB, § 157 Rn. 3.

[84] S. o. § 3 V 2 a (S. 44 ff.), § 4 I (S. 57 ff.), § 5 I (S. 83 ff.), § 6 I (S. 93 ff.), s. auch § 7 II (S. 133 ff.).

haben die Arbeitsvertragsparteien ein Interesse am Ergebnis des Arbeitskampfs. Daher ist anzunehmen, daß sie eine Regelung zur Frage getroffen hätten, ob sie sich auch bei fehlender kollektiver Rechtsgrundlage mangels Mitgliedschaft in den tarifschließenden Verbänden am Arbeitskampf beteiligen dürfen.[85] Die für die ergänzende Vertragsauslegung erforderliche ausfüllungsbedürftige Vertragslücke ist somit gegeben.

2. Ausfüllung der Vertragslücke

Kann die Regelungslücke – wie hier mangels gesetzlicher Regelung des Arbeitskampfrechts – nicht durch Heranziehung von dispositivem Recht geschlossen werden, so ist die vertragliche Regelung entsprechend dem *hypothetischen Parteiwillen* zu ergänzen.[86] Abzustellen ist also zum einen darauf, was die Parteien als redliche Vertragspartner vereinbart hätten, wenn sie den nicht geregelten Fall bedacht hätten. Dabei ist zunächst an den Vertrag selbst anzuknüpfen. Die in ihm enthaltenen Regelungen und vorgezeichneten Interessenwertungen sind zum Ausgangspunkt der Vertragsergänzung zu machen.[87] Die Vertragslücke ist in der Weise auszufüllen, daß die *Grundzüge des konkreten Vertrages "zu Ende gedacht werden"*[88] und die niedergelegten Gedanken "im Geiste des Vorliegenden weitergeführt werden"[89]. Darauf ist die Ermittlung des für die ergänzende Auslegung maßgeblichen hypothetischen Parteiwillens jedoch nicht beschränkt; vielmehr ist auch eine objektive Abwägung der beiderseitigen Interessen vorzunehmen und es sind gemäß § 157 BGB die objektiv-normativen Maßstäbe von *Treu und Glauben* sowie der *Verkehrssitte* zu berücksichtigen.[90] Die Bestimmung des Vertragsinhalt nach den Grundsätzen von Treu und Glauben sowie der Verkehrssitte hat insbesondere bei der Schließung nachträglicher Lücken infolge geänderter Rechtsanschauungen nicht von den Verhältnissen und Anschauungen zur Zeit des Vertrages, sondern zur Zeit der Auslegung auszugehen.[91] Die ergänzende Vertragsauslegung muß den Grundsatz der *Privatautonomie* respektieren und darf daher nicht

---

[85] Zur Möglichkeit des vertraglichen Ausschlusses der Arbeitskampfbeteiligung von Außenseitern trotz Bezugnahme auf den umkämpften Tarifvertrag s. u. § 8 III 2 e cc (S. 171 ff.).

[86] BGH 22.4.1953, BGHZ 9, 273, 278; Palandt/**Heinrichs**, BGB, § 157 Rn. 4 ff.; Staudinger/**Roth**, BGB, § 157 Rn. 30; Soergel/**Wolf**, BGB, § 157 Rn. 129.

[87] Erman/**Hefermehl**, BGB, § 157 Rn. 21; Palandt/**Heinrichs**, BGB, § 157 Rn. 7; Jauernig/**Jauernig**, BGB, § 157 Rn. 4; **Wank**, RdA 1998, 71, 74.

[88] BGH 2.6.1997, DB 1997, 1763, 1764; **Larenz/Wolf**, BGB AT, § 33 Rn. 16.

[89] **Wank**, RdA 1998, 71, 76.

[90] BGH 22.4.1953, BGHZ 9, 273, 278; 14.3.1997, WM 1997, 1118, 1120; 2.6.1997, DB 1997, 1763, 1764; Palandt/**Heinrichs**, BGB, § 157 Rn. 7; RGRK/**Piper**, BGB, § 157 Rn. 97; Staudinger/**Roth**, BGB, § 157 Rn. 30; Soergel/**Wolf**, BGB, § 157 Rn. 131.

[91] BGH 7.2.1957, BGHZ 23, 282, 285; Erman/**Hefermehl**, BGB, § 157 Rn. 13; Jauernig/**Jauernig**, BGB, § 157 Rn. 4; Soergel/**Wolf**, BGB, § 157 Rn. 132. – **A.A.** Staudinger/**Roth**, BGB, § 157 Rn. 16, 34.

zu einem Widerspruch zum Parteiwillen oder einer Erweiterung des Vertragsgegenstands führen.[92] Die Auslegung muß stets auch einen *konkreten Anknüpfungspunkt im Vertrag* haben.[93] Gleichwohl deckt der Bindungswille der Parteien auch eine sinnvolle Fortbildung der vorhandenen Regelungen, wenn Entwicklungen auftreten, die von den Parteien vorher nicht bedacht wurden. In solchen Lückenfällen ist nach Treu und Glauben alles als miterklärt anzusehen, was sich, wenn auch nicht aus dem Wortlaut, so doch aus dem *erkennbaren objektiven Vertragszweck*, dem *Sinnzusammenhang* und den *Grundgedanken des Vertrages* als sachlich geboten und als damit durch den Vertrag selbst gefordert ergibt.[94]

a) Ablehnende Literaturstimmen

Nur wenige Autoren in der rechtswissenschaftlichen Literatur beschäftigen sich mit der Frage, ob nach den soeben geschilderten Grundsätzen eine Arbeitskampfbefugnis der Arbeitsvertragsparteien und insbesondere der Außenseiter im Wege ergänzender Vertragsauslegung des Arbeitsvertrags hergeleitet werden kann. Soweit ersichtlich gelangen alle zum Ergebnis, daß es am mutmaßlichen Willen der Parteien zu einer entsprechenden Regelung fehle, weil "kein Arbeitgeber einen Vertragsinhalt akzeptieren würde, wonach es dem Arbeitnehmer schon auf vertraglicher Grundlage möglich wäre, die Arbeitsleistung zu verweigern".[95] Diese Argumentation greift indes zu kurz, weil sie beim zu untersuchenden hypothetischen Parteiwillen *einseitig* auf die Arbeitgebersicht abstellt. Der Wille einer Partei darf jedoch nicht zum vertragsgemäßen Parteiwillen erhoben werden; vielmehr muß die Ergänzung des Vertrags den Absichten und Zielen *beider* Vertragsteile gerecht werden.[96] Außerdem befassen sich die genannten Autoren mit der ergänzenden Auslegung des Arbeitsvertrags ohne Berücksichtigung dessen konkreten Inhalts. Somit beachten sie nicht den tragenden Zweck einer ggf. vorhandenen Bezugnahme auf den Tarifvertrag und den darin liegenden Grundgedanken des Vertrags, der Anhaltspunkt für den mutmaßlichen Parteiwillen ist. Sie sprechen daher nicht gegen den hier verfolgten spezifischeren Ansatz der ergänzenden Vertragsauslegung eines Arbeitsvertrags *mit* Bezugnahmevereinbarung.

---

[92] Erman/**Hefermehl**, BGB, § 157 Rn. 24 ff.; Palandt/**Heinrichs**, BGB, § 157 Rn. 8 ff.; **Larenz/Wolf**, BGB AT, § 28 Rn. 115 ff.; Soergel/**Wolf**, BGB, § 157 Rn. 125 ff.

[93] BGH 25.6.1980, BGHZ 77, 301, 304; Erman/**Hefermehl**, BGB, § 157 Rn. 26. – Bedenklich ist insofern die vom **BAG** erst kürzlich gewählte Formulierung der *"korrigierenden Auslegung"* als Bezeichnung für die ergänzende Vertragsauslegung einer arbeitsvertraglichen Bezugnahmeklausel, BAG 4.9.1996, AP Nr. 5 zu § 1 TVG Bezugnahme auf Tarifvertrag, Ls. und unter II a bb.

[94] Soergel/**Wolf**, BGB, § 157 Rn. 104 m.w.N.

[95] **Rose**, S. 26 f.; in diesem Sinne auch **Heckelmann**, S. 52; **Otte**, S. 80 ff.; **Seiter**, S. 45; ohne Begründung auch **Mecker**, S. 77 f.

[96] Erman/**Hefermehl**, BGB, § 157 Rn. 23 m.w.N.

b) Dynamische Bezugnahme

Untersucht wird zunächst der Fall einer *dynamischen* Bezugnahme auf einen Verbands- oder Firmentarifvertrag. Unter Zugrundelegung der erläuterten Grundsätze zur Vertragsergänzung[97] ergibt sich folgendes:

Der tragende Zweck der dynamischen Bezugnahme, eine "Quasi-Tarifbindung" der Arbeitsvertragsparteien herzustellen[98], ist ein *wesentlicher Grundgedanke* des Arbeitsvertrags, in welchem sich der *hypothetische Parteiwillen* manifestiert und welcher im Rahmen der Lückenausfüllung "zu Ende zu denken" ist. Im Arbeitsvertrag ausdrücklich verankert ist das "Anhängen" der Parteien an den Tarifvertrag der Tarifvertrags- bzw. Arbeitskampfparteien in der Fassung zur Zeit des Arbeitsvertragsschlusses und – aufgrund des dynamischen Charakters der Verweisung – auch in der zukünftigen, geänderten Fassung. Die Vertragslücke spiegelt sich wider in der Phase, die zwischen der alten und der neuen Fassung des in Bezug genommenen Tarifvertrags liegt. Die Parteien hängen sich an die Betätigung der Koalitionen zu diesen beiden Zeitpunkten an. *Denkt man die Vertragskonzeption weiter*, um die planwidrige Regelungslücke in der Phase zwischen diesen beiden Zeitpunkten zu schließen, ist davon auszugehen, daß sich die Vertragsparteien durchgehend der Betätigung der tarifschließenden Koalitionen anhängen wollen, d.h. auch in der Zwischenphase, in der es zum Arbeitskampf kommt, wenn sich die Koalitionen nicht in den Tarifverhandlungen einigen. Dies entspricht auch dem Zweck der dynamischen Bezugnahme, die fehlende bzw. unsichere Mitgliedschaft der Arbeitsvertragsparteien in den tarifschließenden Koalitionen durch die arbeitsvertragliche Verweisung zu ersetzen und eine Gleichstellung zu den Organisierten auf individualrechtlicher Ebene zu erreichen.[99]

Die Lösung, von einer wechselseitigen vertraglichen Arbeitskampfbefugnis der Arbeitsvertragsparteien auszugehen, wenn und soweit eine dynamische Bezugnahme auf den umkämpften Tarifvertrag vorliegt, ist auch unter *Berücksichtigung der beiderseitigen Parteiinteressen* angemessen. Aus Sicht des nicht in der kampfführenden Gewerkschaft organisierten Arbeitnehmers besteht aufgrund der durch die Verweisung vermittelten Partizipation am Arbeitskampfergebnis ein erhebliches Interesse daran, den Arbeitskampf durch eigene Kampfmaßnahmen gegenüber dem Arbeitgeber zu beeinflussen, wenn dieser entweder – bei Verweisung auf einen Firmentarifvertrag – selbst Tarifvertragspartei ist oder – bei Inbezugnahme des Verbandstarifvertrags – im tarifschließenden Arbeitgeberverband organisiert ist. Aber auch gegenüber einem nicht im zuständigen Arbeitgeberverband organisierten Arbeitgeber hat der Arbeitnehmeraußenseiter ein Interesse an einer Arbeitskampfbefugnis. Denn für ihn ist die Koalitionszugehörigkeit des Arbeitgebers nicht erkennbar, welche zudem jederzeit durch Eintritt in oder Aus-

---

[97] S. o. § 8 III 2 vor a (S. 162 f.).
[98] S. o. § 8 II 2 a bb (S. 157 f.).
[99] S. o. § 8 II 2 a bb (S. 157 f.).

tritt aus dem Arbeitgeberverband veränderbar ist. Mithin erübrigt sich für den Arbeitnehmer bei einer vertraglichen Arbeitskampfbefugnis die Frage nach der Koalitionszugehörigkeit des Arbeitgebers. Außerdem werden dadurch "soziale Spannungen" vermieden, weil der Arbeitnehmeraußenseiter nicht "Streikbrecherarbeit" verrichten muß, sondern mitkämpfen kann.

Eine ähnliche Interessenlage besteht beim organisierten Arbeitnehmer. Er kann zwar bereits aufgrund seiner Mitgliedschaft in der kampfführenden Gewerkschaft gegenüber dem Einzelarbeitgeber im Firmenarbeitskampf sowie gegenüber dem organisierten Arbeitgeber im Verbandsarbeitskampf streiken. Insofern bedarf es einer vertraglichen Arbeitskampfbefugnis nicht. Jedoch hat auch er ein Interesse daran, die Unsicherheit über die Koalitionszugehörigkeit des Arbeitgebers durch eine vertragliche Arbeitskampfbefugnis auszuschalten. Eine entsprechende Frage an den Arbeitgeber erübrigt sich dann vor der Aufnahme von Kampfmaßnahmen.

Aus Sicht des nicht im tarifschließenden Arbeitgeberverband organisierten Arbeitgebers besteht aufgrund der durch die dynamische Bezugnahme vermittelten Teilhabe am Arbeitskampfergebnis ein beträchtliches Interesse, die Kampfkasse der arbeitskampfbeteiligten Gewerkschaft durch Aussperrung der darin organisierten Arbeitnehmer zu belasten und ihre Verhandlungsposition zu schwächen. Da der Arbeitgeberaußenseiter aber nicht weiß, ob der einzelne Arbeitnehmer in der Gewerkschaft organisiert ist und zudem die Koalitionszugehörigkeit jederzeit veränderbar ist, hat er ein Interesse daran, diese Unsicherheit durch eine arbeitsvertragliche Arbeitskampfbefugnis auszuschließen. Nimmt er etwa in seinem Formulararbeitsverträgen eine entsprechende Klausel auf, stellt er in arbeitskampfmäßiger Hinsicht eine "Einheit der Belegschaft" her, was die praktische Konsequenz hat, daß er alle Arbeitnehmer aussperren kann, ohne vorher ermitteln zu müssen, ob die Arbeitnehmer in der Gewerkschaft organisiert sind, die der eigentliche Adressat seiner Kampfmaßnahme ist. Außerdem vermeidet er durch die einheitliche Arbeitskampfbetroffenheit der Arbeitnehmer Spannungen in der Belegschaft. All diese Erwägungen finden sich auch beim im betroffenen Arbeitgeberverband organisierten bzw. vom Firmenarbeitskampf betroffenen Arbeitgeber wieder, obwohl er auf eine vertragliche Arbeitskampfbefugnis nicht angewiesen ist. Sein Interesse an der Vereinbarung dieser Befugnis besteht insbesondere darin, die Unsicherheit zu vermeiden, ob der betroffene Arbeitnehmer in der gegnerischen Gewerkschaft organisiert und als solcher zulässiger Kampfmitteladressat ist oder nicht. Die Frage nach der Gewerkschaftszugehörigkeit erübrigt sich bei einer vertraglich vereinbarten Arbeitskampfbefugnis.

Aus Sicht des unmittelbar vom Arbeitskampf auf Verbands- oder Unternehmensebene betroffenen Arbeitgebers kommt hinzu, daß es bei einem entsprechend der Minimax-Taktik geführten Teil- bzw. Schwerpunktstreik in seinem Betrieb[100] zu Situationen kommen kann, in der die Produktivität des Betriebs so stark einge-

[100] Dazu oben § 4 I 5 a (S. 64 f.).

schränkt ist, daß die Fortführung der Betriebstätigkeit aufgrund der fortbestehenden Entgeltzahlungspflicht gegenüber den Arbeitnehmeraußenseitern wirtschaftlich sinnlos ist.[101] Dann hat der Arbeitgeber ein erhebliches Interesse, auch die nicht streikenden Arbeitnehmeraußenseiter auszusperren und sich der Entgeltzahlungspflicht zu entledigen.

Es entspricht folglich den Interessen beider Arbeitsvertragsparteien, sich wechselseitig eine vertragliche Arbeitskampfbefugnis einzuräumen, wenn sie am Ausgang des Arbeitskampfes aufgrund dynamischer Bezugnahme auf den einschlägigen Tarifvertrag partizipieren. Die Frage, *ob* sich die Arbeitsvertragsparteien bei einer dynamischen Bezugnahme auf den umkämpften Tarifvertrag nach ihrem mutmaßlichen Willen dem Arbeitskampf der Koalitionen "anhängen" wollen, ist also zu bejahen. Gleichzeitig ist auch bei der Frage der inhaltlichen Ausgestaltung der vertraglichen Arbeitskampfbefugnis (dem *"Wie"*) davon auszugehen, daß sich die Parteien der Arbeitskampfbetätigung der Koalitionen "anhängen" wollen, d.h. unter die Führung der jeweiligen Arbeitnehmer- oder Arbeitgeberkoalition stellen wollen. Denn wenn man die bei der dynamischen Bezugnahme gegebene Vertragskonzeption weiterdenkt, kommt man zum Schluß, daß die Arbeitsvertragsparteien sich nicht nur in tariflicher, sondern auch in arbeitskampfmäßiger Hinsicht das "Know-how" der Koalitionen zunutze machen wollen.

Es ist daher eine Vertragsergänzung dergestalt vorzunehmen, daß die Arbeitsvertragsparteien wie Mitglieder der kampfführenden Koalitionen gegenseitig Arbeitskampfmaßnahmen durchführen dürfen, wenn und soweit Tarifnormen umkämpft sind, auf die sie dynamisch Bezug genommen haben.

Dies entspricht auch der gemäß § 157 BGB bei der ergänzenden Vertragsauslegung zu berücksichtigenden Verkehrssitte sowie Treu und Glauben. *Verkehrssitte* ist die im Verkehr der beteiligten Kreise herrschende tatsächliche Übung.[102] Über diese dogmatische Brücke läßt sich die vom **BAG** mehrfach bemühte "soziale Wirklichkeit"[103] in die Argumentation zur Arbeitskampfbeteiligung von Außenseitern einbinden. Die aktive und passive Beteiligung insbesondere der Arbeitnehmeraußenseiter, aber auch der Arbeitgeberaußenseiter stimmt mit der tatsächlichen Übung in der Arbeitsrechtsordnung überein. Sie kongruiert aber auch mit der herrschenden Rechtsauffassung. Sowohl der kollektivrechtliche als auch der individualrechtliche Ansatz gelangen im Ergebnis zu einer Arbeitskampfbeteiligung der Arbeitnehmer- und Arbeitgeberaußenseiter, und zwar insbesondere dann, wenn die Außenseiter kraft einzelvertraglicher Bezugnahmeklausel oder betrieblicher Übung am Arbeitskampfergebnis teilhaben.[104] Damit entspricht die hier vorgenommene ergänzende Auslegung auch *Treu und Glauben* als "Wertmaßstab des

---

[101] Vgl. oben § 6 I 1 e (S. 98 ff.).
[102] Erman/**Hefermehl**, BGB, § 157 Rn. 5; RGRK/**Piper**, BGB, § 157 Rn. 8.
[103] Vgl. oben § 4 I 1 (S. 59), § 6 I 1 a (S. 94).
[104] S. o. § 8 I 1 c aa (S. 148 f.).

gerecht und billig Denkenden"[105]. Kollektivrechtlicher und individualrechtlicher Ansatz stimmen darin überein, einerseits praktische Erwägungen für eine möglichst einheitliche Lösung der Außenseiterbeteiligung im Arbeitskampf anzustellen, andererseits das Partizipationsprinzip als spezifischen Wertmaßstab heranzuziehen.[106] Beide Aspekte sind bei der vorgenommenen ergänzenden Vertragsauslegung berücksichtigt.

Schließlich werden die Grenzen der ergänzenden Vertragsauslegung vorliegend nicht überschritten, weil die dynamische Bezugnahme auf den Tarifvertrag als *konkreter Anknüpfungspunkt im Vertrag* herangezogen wird und die darin manifestierten Grundgedanken "im Geiste des Vorliegenden zu Ende gedacht werden".

Es läßt sich also festhalten, daß Arbeitsverträge mit dynamischer Bezugnahme auf den einschlägigen Tarifvertrag ergänzend dahingehend ausgelegt werden können, daß sich die Arbeitsvertragsparteien wechselseitig die vertragliche Befugnis einräumen, Arbeitskampfmaßnahmen wie Organisierte auszuüben, wenn und soweit ein Arbeitskampf der tarifschließenden Koalitionen um in Bezug genommene Tarifnormen stattfindet. Bei Organisierten wird diese vertragliche Befugnis jedoch überlagert durch die aus Art. 9 Abs. 3 GG folgende Berechtigung zur Beteiligung am Verbandsarbeitskampf[107] bzw. durch die aus der Wertung des § 2 Abs. 1 TVG folgende Arbeitskampfbeteiligungsfähigkeit im Firmenarbeitskampf[108]. Insoweit hat die vertragliche Arbeitskampfbefugnis keine eigenständige Bedeutung.[109]

c) Statische Bezugnahme

Enthält der Arbeitsvertrag nur eine *statische* Bezugnahme auf den Tarifvertrag, so ergibt die ergänzende Vertragsauslegung folgendes:

In der statischen Verweisung manifestiert sich der Grundgedanke, daß die Arbeitsvertragsparteien keine Gleichstellung mit den in den tarifschließenden Koalitionen organisierten Arbeitnehmern und Arbeitgebern wollen.[110] Die Arbeitsvertragsparteien hängen sich nicht an die künftige Tarifentwicklung an und haben daher kein eigenes Interesse am Ausgang des Arbeitskampfs. Denkt man diese Wertung der Parteien weiter, so entspricht es ihrem mutmaßlichen Willen, daß sie sich auch in arbeitskampfmäßiger Hinsicht nicht der Betätigung der Koalitionen anhängen wollen. Der Parteiwille ist aufgrund der zu respektierenden Privatauto-

---

[105] Erman/**Hefermehl**, BGB, § 157 Rn. 11.
[106] S. o. § 8 I 1 c (S. 148 ff.).
[107] S. o. § 3 V 2 b aa (S. 48 f.).
[108] S. o. § 3 V 2 b cc (S. 50 f.).
[109] S. bereits oben § 8 I 2 (S. 152 f.).
[110] S. o. § 8 II 2 b (S. 158 f.).

nomie der Arbeitsvertragsparteien Grenze der ergänzenden Vertragsauslegung.[111] Somit kann bei einer statischen Bezugnahme auf den Tarifvertrag eine arbeitsvertragliche Arbeitskampfbefugnis der Vertragspartner nicht angenommen werden.

Dies gilt ebenso bei einer *Verweisung auf einen "fremden" Tarifvertrag*, in dessen Geltungsbereich die Arbeitsvertragsparteien nicht fallen. Abgesehen davon, daß sich nach der hier zugrunde gelegten Konzeption die Außenseiterfrage dabei gar nicht stellt[112], liegt ein "Anhängen" an die Arbeitskampfbetätigung der "fremden" Koalitionen nicht im mutmaßlichen Interesse der Parteien, da sie davon ausgehen müssen, daß der andere Vertragsteil nicht in der tarifschließenden Koalition organisiert ist, und daß daher durch Arbeitskampfmaßnahmen von vornherein kein Einfluß auf das Arbeitskampfergebnis ausgeübt werden kann.

Bei Arbeitsverträgen *ohne* Bezugnahme auf den Tarifvertrag, scheidet mangels Partizipation am Arbeitskampfergebnis und aufgrund des daher fehlenden hypothetischen Parteiwillens die ergänzende Vertragsauslegung im Sinne einer vertraglichen Arbeitskampfbefugnis der Parteien erst recht aus.

d) Umfang der Bezugnahme

aa) Teilverweisung

Die im Arbeitsvertrag enthaltene statische oder dynamische Bezugnahme auf den Tarifvertrag kann eine Global- oder Teil- bzw. Einzelverweisung sein.[113] Für die ergänzende Vertragsauslegung spielt der gegenständliche Umfang der Bezugnahme jedoch keine Rolle. Ist die Teilverweisung auf den Tarifvertrag etwa hinsichtlich des Arbeitsentgelts oder des Urlaubs statisch ausgestaltet, so kommt eine vertragsrechtliche Arbeitskampfbefugnis nicht in Betracht. Wird hingegen dynamisch auf einen Teil des umkämpften Tarifvertrags verwiesen, so bezwecken die Arbeitsvertragsparteien *insoweit* eine Gleichstellung mit den Organisierten in tariflicher Hinsicht und – entsprechend der obigen Ausführungen[114] – ergänzend ausgelegt auch in arbeitskampfmäßiger Hinsicht. Die vertragliche Arbeitskampfbefugnis besteht dann nur, *soweit* die in Bezug genommenen Tarifnormen umkämpft sind. In der Regel werden aber umfassende "Tarifpakete geschnürt", so daß sich relativ einfach feststellen läßt, ob die in Bezug genommene Tarifnorm in das umkämpfte "Tarifpaket" fällt oder nicht.

---

[111] Erman/**Hefermehl**, BGB, § 157 Rn. 24 ff.; Palandt/**Heinrichs**, BGB, § 157 Rn. 8 ff.; **Larenz/Wolf**, BGB AT, § 28 Rn. 115 ff.; Soergel/**Wolf**, BGB, § 157 Rn. 125 ff.

[112] S. o. § 8 I 2 a.E (S. 153).

[113] S. o. § 8 II 3 (S. 159).

[114] § 8 III 2 b (S. 164 ff.).

bb) Bezugnahme Andersorganisierter

Liegt eine dynamische Bezugnahme auf den umkämpften Tarifvertrag vor, obwohl die Arbeitsvertragsparteien als *Andersorganisierte* kraft Tarifbindung einem anderen Tarifvertrag unterfallen, so entfaltet die dynamische Bezugnahme Partizipationswirkung nur nach Maßgabe des Günstigkeitsprinzips[115], so daß sich regelmäßig in tariflicher Hinsicht ähnliche Wirkungen wie bei einer Teilverweisung ergeben, es sei denn, der in Bezug genommene Tarifvertrag ist insgesamt günstiger als der normativ geltende. Die ergänzende Auslegung des Arbeitsvertrags ergibt in diesem Fall eine arbeitsvertragliche Arbeitskampfbefugnis der Parteien, soweit die dynamische Bezugnahme zur Teilhabe der Arbeitsvertragsparteien am Arbeitskampfergebnis führt.

e) Ergebnis: "Bezugnahmelösung"

aa) Bezugnahmelösung

Die ergänzende Vertragsauslegung von Arbeitsverträgen mit Bezugnahmeklauseln hat das nachfolgend als "Bezugnahmelösung" bezeichnete Ergebnis erbracht:

(1) Arbeitsverträge mit *statischer Bezugnahme* auf den Tarifvertrag vermitteln keine vertragliche Arbeitskampfbefugnis der Arbeitsvertragsparteien. Insoweit verbleibt es bei der aus Art. 9 Abs. 3 GG folgenden Rechtslage, daß Arbeitskampfmaßnahmen um einen Verbandstarifvertrag nur zwischen den tarifschließenden Koalitionen und den darin organisierten Arbeitnehmern und Arbeitgebern durchgeführt werden dürfen. Arbeitskampfmaßnahmen um einen Firmentarifvertrag dürfen nur zwischen dem Einzelarbeitgeber und den gewerkschaftlich organisierten Arbeitnehmern ausgeübt werden.[116] Außenseiter dürfen sich hingegen am Arbeitskampf weder aktiv beteiligen noch passiv einbezogen werden.

(2) Dasselbe gilt für Arbeitsverträge *ohne* Bezugnahme auf den umkämpften Tarifvertrag. Die aktive und passive Arbeitskampfbeteiligung von Außenseitern ist rechtswidrig.

(3) Arbeitsverträge mit *dynamischer Teil- oder Globalverweisung* auf einen Tarifvertrag können – aufgrund des mitgliedschaftsersetzenden Zwecks der dynamischen Bezugnahme[117] – dahingehend ergänzend ausgelegt werden, daß die Arbeitsvertragsparteien sich wechselseitig die Befugnis einräumen, Arbeitskampfmaßnahmen gegen den anderen Vertragsteil wie die in den kampfführenden Verbänden Organisierten durchzuführen, wenn und soweit ein Arbeitskampf um die

[115] S. o. § 8 II vor 1 (S. 154).
[116] S. o. § 3 V 2 b aa (S. 48 f.), cc (S. 50 f.), 4 a (S. 53 f.).
[117] Näher oben § 8 II 2 a bb (S. 157 f.).

in Bezug genommenen Tarifnormen geführt wird. Für Arbeitskampfmaßnahmen zwischen organisierten Arbeitnehmern und organisierten Arbeitgebern bzw. im Firmenarbeitskampf zwischen organisierten Arbeitnehmern und dem Einzelarbeitgeber hat die vertragliche Arbeitskampfbefugnis keine eigenständige, sondern nur deklaratorische Bedeutung. In Arbeitsverhältnissen mit Außenseiterbeteiligung hingegen vermittelt sie die arbeitsvertragliche Befugnis gegenüber dem Arbeitsvertragspartner, sich den Kampfmaßnahmen der tarifschließenden Koalitionen anzuschließen, wenn und soweit der Arbeitskampf um Tarifnormen geht, die kraft dynamischer Bezugnahme im Arbeitsverhältnis gelten. D.h. im einzelnen, daß Arbeitnehmeraußenseiter sich bei entsprechender Partizipation einem Gewerkschaftsstreik gegenüber ihrem Arbeitgeber anschließen dürfen. Entsprechend kann sich der Arbeitgeberaußenseiter einer Aussperrung des Arbeitgeberverbands gegenüber seinen Arbeitnehmern anschließen, soweit es um im Arbeitsverhältnis geltende Tarifnormen geht. Mit der wechselseitigen Einräumung einer vertraglichen aktiven Arbeitskampfbefugnis ist gleichzeitig auch die wechselseitige passive Betroffenheit der Arbeitsvertragsparteien verbunden. Daher kann etwa der organisierte Arbeitgeber im Verbandsarbeitskampf oder der einzelne Arbeitgeber im Arbeitskampf um einen Firmentarifvertrag alle Arbeitnehmer aussperren, in deren Arbeitsverhältnissen eine dynamische Verweisung auf den Verbands- bzw. Firmentarifvertrag gegeben ist. Die von der Rechtsprechung entwickelten allgemeinen Rechtmäßigkeitsvoraussetzungen für den Arbeitskampf der Koalitionen[118] bleiben unberührt. Hingegen wird die Arbeitskampfbeteiligung der Außenseiter statt auf eine kollektivrechtliche auf eine dogmatisch tragfähige individualrechtliche Grundlage gestellt.

bb) Rechtsnatur der vertraglichen Arbeitskampfbefugnis

Die durch diese Bezugnahmelösung ermittelte vertragliche Arbeitskampfbefugnis in Arbeitsverhältnissen mit Außenseiterbeteiligung läßt sich als im Rahmen der Privatautonomie liegendes *Leistungsverweigerungsrecht eigener Art* begreifen.[119] Darf der Arbeitnehmeraußenseiter vertraglich "mitstreiken", kann er seine Arbeitsleistung gegenüber dem Arbeitgeber unabhängig von dessen Koalitionszugehörigkeit rechtmäßigerweise verweigern, erhält solange aber auch keinen Lohn ("Ohne Arbeit keinen Lohn", Rechtsgedanke des § 323 Abs. 1 BGB). Dementsprechend kann der Arbeitgeberaußenseiter bei Teilnahme an der Verbandsaussperrung im Rahmen der Bezugnahmelösung die Beschäftigung der Arbeitnehmer unabhängig von ihrer Koalitionszugehörigkeit sowie die Zahlung des Arbeitsentgelts verweigern. Ein entsprechendes Leistungsverweigerungsrecht steht dem einzelnen Arbeitgeber im Firmenarbeitskampf gegenüber den Arbeitnehmerau-

---

[118] S. o. § 3 V 3 (S. 51 f.).

[119] Vgl. insoweit ähnlich **Seiter**, S. 47 ff., 270 ff., 356 f., der Streik und Aussperrung als subjektives *privates Gestaltungsrecht* versteht, welches er allerdings – unzutreffend – aus einer "Kombination von Art. 2 Abs. 1 und Art. 9 Abs. 3 GG" herleitet; dazu bereits oben § 3 V 2 a cc (S. 46).

ßenseitern zu, deren Arbeitsvertrag dynamisch auf den umkämpften Firmentarifvertrag Bezug nimmt.

cc) Abdingbarkeit der vertraglichen Arbeitskampfbefugnis

Ebenso wie die Arbeitskampfbeteiligung der Außenseiter gemäß der Bezugnahmelösung auf vertraglicher Ebene begründet wird, kann sie durch entsprechende Vereinbarung der Arbeitsvertragsparteien abbedungen werden. Denn als Ausfluß der Privatautonomie umfaßt die Vertragsfreiheit nicht nur das Recht, einen Vertrag zu schließen, sondern auch ihn wieder aufzulösen.[120] Wird ein Recht vertraglich begründet, kann es also durch den actus contrarius, d.h. einen entsprechenden Aufhebungsvertrag wieder beseitigt werden. Die vertraglich vereinbarte Möglichkeit der Arbeitskampfbeteiligung der Außenseiter nach der Bezugnahmelösung kann daher durch entsprechende Aufhebungsabrede abbedungen werden. Dies kann – unter Beachtung etwaiger Formerfordernisse – durch eine ausdrückliche oder konkludente Abmachung oder durch Aufhebung der dynamischen Bezugnahme[121], ggf. auch durch entsprechende Änderungskündigung (vgl. § 2 KSchG), geschehen. Eine durch betriebliche Übung zustande gekommene dynamische Bezugnahme auf den Tarifvertrag[122] kann durch eine gegenläufige "negative betriebliche Übung" aufgehoben werden.[123]

Anderer Ansicht kann man allenfalls sein, wenn man – entgegen der h.M. und der hier vertretenen Auffassung – der Konzeption **von Hoyningen-Huenes** folgt, nach der in der Bezugnahme gleichsam die "Rechtswahl" der anzuwendenden kollektiven Rechtsordnung liegt und die Bezugnahme daher normative, d.h. insbesondere auch *zwingende* (Tarif-)Wirkung für Außenseiter hat.[124] Das Abbedingen der durch die Bezugnahme vermittelten Arbeitskampfbefugnis für Außenseiter wäre danach nur möglich durch einvernehmliche Aufhebung der *gesamten Bezugnahmevereinbarung*.[125] Damit würde aber auch die Anwendung des Tarifvertrags aufgehoben. Nach dieser Auffassung wären die Partizipation des Außenseiters am Arbeitskampfergebnis und die Möglichkeit seiner Arbeitskampfbeteiligung mithin untrennbar und zwingend miteinander verbunden. Auf die Schwierigkeiten dieser Konzeption wurde bereits mehrfach hingewiesen.[126] Ihr kann daher nicht gefolgt werden.

---

[120] **Boemke**, NZA 1993, 532; Jauernig/**Jauernig**, BGB, vor § 145 Rn. 8.
[121] Vgl. **Gamillscheg**, KollArbR I, S. 735.
[122] S. o. § 8 II 1 b (S. 155).
[123] LAG Köln 21.4.1998, NZA-RR 1998, 506, 507 f.; zur "negativen betrieblichen Übung" BAG 26.3.1997, AP Nr. 50 zu § 242 BGB Betriebliche Übung; **Kettler**, NJW 1998, 435 ff.; **Speiger**, NZA 1998, 510 ff.; **Tappe/Koplin**, DB 1998, 2114 ff.
[124] Vgl. **v. Hoyningen-Huene**, RdA 1974, 138, 140 ff.; ablehnend dazu bereits oben § 8 I 1 d (S. 150 f.); s. auch § 4 I 4 (S. 63).
[125] Vgl. **v. Hoyningen-Huene**, RdA 1974, 138, 144.
[126] S. o. § 4 I 4 (S. 63), § 8 I 1 d (S. 150 f.).

Überzeugender ist es, den Grundsatz der *Privatautonomie* nicht nur hinsichtlich des tariflichen "Anhängens" der Außenseiter an die Betätigung der Koalitionen anzuwenden, sondern auch hinsichtlich des arbeitskampfmäßigen "Anhängens". Daher ist es möglich, daß in Arbeitsverhältnissen mit Außenseiterbeteiligung die Arbeitsvertragsparteien einerseits auf den Tarifvertrag dynamisch Bezug nehmen und somit an der Tarifentwicklung kraft vertraglicher Vereinbarung teilhaben, andererseits ihre *beiderseitige* vertragliche Arbeitskampfbefugnis nach der Bezugnahmelösung einvernehmlich ausschließen.[127]

Unvereinbar mit dem im Privatrecht unmittelbar geltenden Art. 9 Abs. 3 GG[128] ist es aber, wenn in Arbeitsverhältnissen mit Außenseiterbeteiligung die vertragliche Arbeitskampfbefugnis nur *einer* Vertragspartei, insbesondere die des Außenseiters, abbedungen wird. Dies wäre z.B. der Fall, wenn der Arbeitgeber den in seinem Unternehmen geltenden Firmentarifvertrag auf *alle* Arbeitnehmer unabhängig von ihrer Gewerkschaftszugehörigkeit anwendet – wodurch der Tarifvertrag für die Arbeitnehmeraußenseiter kraft betrieblicher Übung gilt[129] –, sich aber einen "streikfesten" Belegschaftsteil dadurch sichern will, daß er in seinen Formulararbeitsverträgen die Klausel aufnimmt: "Arbeitnehmer, die nicht in der Gewerkschaft X (Partei des einschlägigen Firmentarifvertrags) organisiert sind, dürfen nicht streiken." In diesem Fall wird die Wechselseitigkeit der vertraglichen Arbeitskampfbefugnis nach der Bezugnahmelösung durchbrochen und eine "Waffenungleichheit" hergestellt. Während der Arbeitgeber alle Arbeitnehmer einschließlich der Außenseiter aussperren darf, können auf Arbeitnehmerseite nur die in der tarifschließenden Gewerkschaft Organisierten den Arbeitgeber bestreiken. Die Arbeitnehmeraußenseiter sind dann nur (passives) Arbeitskampfobjekt, nicht (aktives) Arbeitskampfsubjekt. Dadurch wird auf die Arbeitnehmeraußenseiter ein gebotsähnlicher Druck zum Beitritt in die Gewerkschaft ausgeübt, weil sie im Falle des Arbeitskampfs nur als Mitglied finanzielle Arbeitskampfunterstützung der Gewerkschaft erhalten und sonst auf Sozialhilfe angewiesen sind. Eine solche Abrede griffe mittelbar in die individuelle Koalitionsfreiheit der Außenseiter ein und wäre nach Art. 9 Abs. 3 S. 2, 1. Alt. nichtig.[130] Das Abbedingen der vertraglichen Arbeitskampfbefugnis nur *einer* Seite ist mithin unzulässig.

Nicht abdingbar ist auch die – von der Bezugnahmelösung unberührte[131] – positive Arbeitskampffreiheit der *Organisierten*. Da sie im Rahmen der positiven Koalitionsfreiheit durch Art. 9 Abs. 3 GG geschützt ist[132], sind entsprechende Abreden nach Art. 9 Abs. 3 S. 2 GG nichtig.[133]

---

[127] Zum Gedanken des dadurch entstehenden "Systemwettbewerbs" zwischen Außenseitern und Organisierten unten § 9 II (S. 183 f.).
[128] S. o. § 3 I 3 (S. 27).
[129] S. o. § 8 II 1 b (S. 155).
[130] S. auch § 8 IV 2 (S. 176 f.).
[131] Vgl. oben § 8 III 2 b a.E. (S. 167), e aa (3) (S. 169 f.).
[132] S. o. § 3 V 2 b aa (S. 48 f.).
[133] Vgl. bereits oben § 4 II 2 a (S. 79).

Festzuhalten ist also, daß die Arbeitsvertragsparteien in Arbeitsverhältnissen mit Außenseiterbeteiligung die *wechselseitige* Arbeitskampfbefugnis nach der Bezugnahmelösung vertraglich ausschließen können. Das Abbedingen der Arbeitskampfbefugnis nur *einer* Seite ist hingegen unzulässig.

IV. Vereinbarkeit der "Bezugnahmelösung" mit Art. 9 Abs. 3 GG

Nach der Drittwirkungsklausel des Art. 9 Abs. 3 S. 2 GG sind solche Abreden nichtig, die die Koalitionsfreiheit einschränken (1. Alt.) oder zu behindern suchen (2. Alt.). Die 1. Alt. schützt vor einschränkenden Abreden, an denen der beeinträchtigte Grundrechtsträger selbst beteiligt ist, während die 2. Alt. Abreden, an denen der Grundrechtsträger nicht beteiligt ist, erfaßt, sofern diese die Koalitionsfreiheit zu behindern suchen.[134] Geprüft werden soll nun, ob die im Wege der ergänzenden Vertragsauslegung ermittelte Vereinbarung der Arbeitskampfbeteiligung von Außenseitern dem Nichtigkeitsverdikt des Art. 9 Abs. 3 S. 2 standhält.

1. Koalitionsfreiheit der tarifschließenden Koalitionen und ihrer Mitglieder

Die vertragliche Arbeitskampfbeteiligungsbefugnis der Außenseiter nach der hier vorgeschlagenen "Bezugnahmelösung" könnte gemäß Art. 9 Abs. 3 S. 2, 2. Alt. GG für nichtig gehalten werden, wenn man die gelegentlich gegen die Zulässigkeit der arbeitsvertraglichen Bezugnahme vorgebrachten verfassungsrechtlichen Bedenken auf die "Bezugnahmelösung" überträgt. Gegen die Zulässigkeit der Verweisung auf den Tarifvertrag wird vereinzelt vorgetragen, die Bezugnahme schwäche die Stellung der Gewerkschaften zum Teil außerordentlich, da sie eine Verringerung des gewerkschaftlichen Organisationsgrades und der gewerkschaftlichen Schlagkraft bewirke, weil die Außenseiter an den tariflichen Leistungen partizipierten, ohne die mit der Gewerkschaftsmitgliedschaft verbundenen Kosten tragen zu müssen. Daher blieben Außenseiter den Gewerkschaften von vornherein fern und die gewerkschaftlich Organisierten würden zur Aufgabe der Gewerkschaftsmitgliedschaft gedrängt, für die sie keine Notwendigkeit mehr sähen. Darin könne eine Verletzung der kollektiven Koalitionsfreiheit der Gewerkschaften und der positiven individuellen Koalitionsfreiheit der organisierten Arbeitnehmer zu sehen sein.[135]

---

[134] Zutreffend MünchArbR/**Löwisch**, § 238 Rn. 87, 91.

[135] **Kempen/Zachert**, TVG, § 3 Rn. 62, 85; **Reichel/Koberski/Ansey**, TVG, § 3 Rn. 36. – Dagegen zutreffend v. **Hoyningen-Huene**, RdA 1974, 138, 152.

Denkbar ist, daß ähnliche Einwände gegen die "Bezugnahmelösung" vorgetragen werden: Können die Außenseiter sich nicht nur tariflich, sondern auch im Arbeitskampf an die Betätigung der Koalitionen anhängen, ohne Mitgliedsbeiträge zu zahlen, so sei die Mitgliedschaft in der tarifschließenden bzw. arbeitskampfführenden Koalition nicht mehr sinnvoll. Dadurch würden die Organisierten zum Austritt gedrängt und in die Koalitionsfreiheit der tarifschließenden Verbände und ihrer Mitglieder eingegriffen.

Dem kann jedoch nicht gefolgt werden. Durch das angebliche Auslösen von Verringerungen des Mitgliederbestands wird in die *kollektive Koalitionsfreiheit der Koalitionen* nicht eingegriffen, da der *Bestandsschutz* nur vor existenzgefährdenden Eingriffen schützt, nicht aber vor jeglichen Veränderungen in der Mitgliederzahl.[136] Von einer Existenzgefährdung kann aber nicht ausgegangen werden, weil die Mitgliedschaft in den Koalitionen aufgrund der damit verbundenen Vorteile auch bei einer Bezugnahme auf den Tarifvertrag Sinn macht. Daher kann auch ein mittelbarer Eingriff in das durch die *positive Koalitionsfreiheit des Organisierten* geschützte Recht zum Verbleib in der Koalition[137] nicht angenommen werden. Ein mittelbarer Eingriff in die Koalitionsfreiheit durch eine Abrede setzt nämlich einen gebotsähnlichen Druck voraus, der zudem in der 2. Alt. des Art. 9 Abs. 3 S. 2 GG "final", d.h. gewollt sein muß ("zu behindern *suchen*").[138] Die dynamische Bezugnahme und die mit ihr verbundene tarifliche und arbeitskampfmäßige Teilhabe setzen jedoch keinen derartigen Anreiz zum Austritt aus den Koalitionen. Die Arbeitskampfbefugnis der Außenseiter nach der "Bezugnahmelösung" hat für den Außenseiter lediglich den Vorteil, daß er am Arbeitskampf aktiv teilnehmen kann, ohne Mitglied in der kampfführenden Koalition zu sein und dort Beiträge zu zahlen. Demgegenüber muß er mannigfaltige Nachteile gegenüber den Organisierten in Kauf nehmen: Erstens hat der Außenseiter im Fall, daß er als Adressat einer Kampfmaßnahme passiv in den Arbeitskampf einbezogen wird, keinen Anspruch auf ideelle und finanzielle Unterstützung des kampfführenden Verbandes. Aufgrund seiner fehlenden Mitgliedschaft hat er auch keinerlei Einfluß auf die Arbeitskampfdauer und -inhalte. Es bleibt eben beim bloßen "Anhängen" des Außenseiters an die Verbandstätigkeit. Weiterhin trägt der Außenseiter bei der aktiven Arbeitskampfteilnahme auf Grundlage der "Bezugnahmelösung" das Risiko dafür, daß der Arbeitskampf sich auf Tarifnormen bezieht, die von der dynamischen Bezugnahme in seinem Arbeitsvertrag umfaßt sind. Sind sie dies nicht, ist die Arbeitskampfbeteiligung rechtswidrig.[139] Schließlich kommt hinzu, daß die positive Arbeitskampffreiheit der Organisierten durch Art. 9 Abs. 3 S. 2 GG unabdingbar ausgestaltet ist, während die vertragliche Arbeitskampfbe-

---

[136] S. o. § 3 IV 1 a m.w.N. (S. 40 f.).

[137] S. o. § 3 II 1 (S. 32).

[138] Dreier/**Bauer**, Art. 9 Rn. 82; **Löwer** in: **v. Münch/Kunig**, Art. 9 Rn. 77; MünchArbR/**Löwisch**, § 238 Rn. 93; zu den Voraussetzungen eines mittelbaren Grundrechtseingriffs s. o. § 3 II 2 b (S. 34 ff.).

[139] Zur Prüfungsobliegenheit bei Arbeitskampfbeteiligung von Außenseitern s. u. § 9 III 1 (S. 185 ff.).

fugnis des Außenseiters nach der Bezugnahmelösung abdingbar ist.[140] Bei dieser Sachlage bewirkt die Bezugnahmelösung *keinen gebotsähnlichen Druck* auf die Organisierten *zum Austritt* aus ihrer Koalition. Außerdem zielt die "Bezugnahmelösung" nicht auf eine Behinderung der koalitionsmäßigen Betätigung der Organisierten, so daß auch die nach Art. 9 Abs. 3 S. 2, 2. Alt. GG erforderliche *Finalität* der beeinträchtigenden Abrede *fehlt*.

Mithin liegt in der Zulässigkeit der Arbeitskampfbeteiligung aufgrund der "Bezugnahmelösung" kein mittelbarer Eingriff in die individuelle positive Koalitionsfreiheit der organisierten Arbeitnehmer bzw. Arbeitgeber. Vielfach wird die Beteiligung der Außenseiter – wie gezeigt – sogar als notwendig für die Funktionsfähigkeit des Arbeitskampfsystems und damit als förderlich für die Betätigung der Koalitionen und ihrer Mitglieder angesehen.[141]

2. *Individuelle Koalitionsfreiheit der Außenseiter*

Gegen die vorgeschlagene "Bezugnahmelösung" könnte ferner vorgebracht werden, sie greife mittelbar in die *negative Koalitionsfreiheit der Nichtorganisierten*[142] bzw. in die *positive Koalitionsfreiheit der Andersorganisierten*[143] ein, weil sie die *passive* Arbeitskampfbetroffenheit der Außenseiter ermögliche und die Außenseiter zum Eintritt in die kampfführenden Koalitionen dränge, da sie nur dort finanzielle Arbeitskampfunterstützung erhielten. Bei der "Aussperrung" von Arbeitnehmeraußenseitern aufgrund der "Bezugnahmelösung" käme hinzu, daß die Außenseiter keinen Anspruch auf Kurzarbeiter- bzw. Arbeitslosengeld hätten und auf Sozialhilfe angewiesen wären. Denn entweder sind die "ausgesperrten" Arbeitnehmeraußenseiter trotz der bloß vertraglichen Rechtsnatur der "Bezugnahmelösung"[144] als "Beteiligte" i.S.d. § 146 Abs. 2 SGB III (früher: § 116 II AFG) anzusehen oder als "Unbeteiligte" i.S.d. § 146 Abs. 3 S. 1 Nr. 1 SGB III, welche in den Geltungsbereich des umkämpften Tarifvertrags fallen und auf welche die umkämpften Arbeitsbedingungen kraft dynamischer Bezugnahme angewendet werden (§ 146 Abs. 3 S. 3 SGB III; früher: § 116 Abs. 3 S. 3 AFG). Daher ist zu untersuchen, ob die durch ergänzende Auslegung des Arbeitsvertrags mit dynamischer Bezugnahme ermittelte Vereinbarung der Arbeitskampfbeteiligung von Außenseitern eine Abrede i.S.d. 1. Alt. des Art. 9 Abs. 3 S. 2 GG ist, welche die individuelle Koalitionsfreiheit der Außenseiter "einschränkt". Als "Einschränkung" kommt hier ein mittelbarer Eingriff in die Koalitionsfreiheit in Betracht, der

[140] Vgl. oben § 8 III 2 e cc (S. 171 ff.).
[141] Vgl. oben § 4 I 5 (S. 64 ff.), § 5 I 3 (S. 88), § 6 I 1 e (S. 98 ff.), § 7 II 4 (S. 141).
[142] Vgl. oben § 3 III 1 b aa (S. 37 f.).
[143] Vgl. oben § 3 II 1 (S. 32).
[144] S. o. § 8 III 2 e bb (S. 170 f.).

insbesondere an der Intensität des Beitrittsdrucks, Finalität der Abrede und dem "Schutzprogramm" des Art. 9 Abs. 3 GG zu prüfen ist.[145]

Die aufgeworfenen verfassungsmäßigen Bedenken können nicht durch die Berufung auf die Privatautonomie (Art. 2 Abs. 1 bzw. 12 Abs. 1 GG)[146] von der Hand gewiesen werden, welche wie gezeigt Grundlage (und Grenze) der ergänzenden Vertragsauslegung und daher der "Bezugnahmelösung" ist. Denn der Grundsatz "volenti non fit iniuria" ist im Verfassungsrecht teilweise eingeschränkt, namentlich durch Art. 9 Abs. 3 S. 2, 1. Alt. GG.[147] Diese Bestimmung schützt den Grundrechtsträger gerade vor der vertraglichen Disposition über sein Grundrecht der Koalitionsfreiheit; insoweit kommt der Koalitionsfreiheit Vorrang vor der Vertragsfreiheit zu.[148] Ausgeschlossen sind durch Art. 9 Abs. 3 S. 2, 1. Alt. GG aber nur solche Abreden mit dem betroffenen Grundrechtsträger, welche wenigstens einen mittelbaren Eingriff in dessen Koalitionsfreiheit darstellen.

Die vertraglich vereinbarte Arbeitskampfbeteiligung der Außenseiter entsprechend der "Bezugnahmelösung" begründet jedoch keinen solchen mittelbaren Grundrechtseingriff. Zwar ist zuzugeben, daß eine Abrede, die nur dem *einen* Vertragsteil eine aktive Arbeitskampfbefugnis einräumen würde und dem anderen Vertragsteil auf die passive Einbeziehung beschränken würde, einen gebotsähnlichen Beitrittszwang ausüben würde und daher nach Art. 9 Abs. 3 S. 2, 1. Alt. GG nichtig wäre. Insofern kann auf die obigen Ausführungen zur passiven Einbeziehung von Außenseitern verwiesen werden, die insoweit sinngemäß übertragen werden können.[149] Hier geht es jedoch um eine Abrede, bei der *beide* Vertragsteile passiv vom Arbeitskampf betroffen werden können, aber auch aktiv daran teilnehmen dürfen. Aufgrund der in der "Bezugnahmelösung" verankerten Wechselseitigkeit der Arbeitskampfbefugnis kann die passive Arbeitskampfbetroffenheit des Außenseiters nicht isoliert betrachtet werden. Sie ist vielmehr nur ein Teil der Abrede. Der andere Teil der Vereinbarung steckt in der Befugnis der Außenseiter, sich aktiv am Koalitionsarbeitskampf zu beteiligen, ohne Mitglied im kampfführenden Verband zu sein und entsprechende Beiträge leisten zu müssen. Durch die Abrede wird die individuelle Koalitionsfreiheit der Außenseiter nicht beeinträchtigt, sondern eher gestärkt. Die "Bezugnahmelösung" gibt den Außenseitern Raum, die oben genannten[150] Vor- und Nachteile der Mitgliedschaft in den kampfführenden Koalitionen gegeneinander abzuwägen. Sie übt daher *keinen gebotsähnlichen Druck zum Eintritt* in die tarifschließenden Verbände aus. Vielmehr wahrt sie die negative bzw. positive Koalitionsfreiheit der Nicht- oder Andersor-

---

[145] Vgl. oben § 3 II 2 b (S. 34 ff.).

[146] Näher zur Privatautonomie im Arbeitsrecht **Boemke**, NZA 1993, 532 ff.

[147] **Robbers**, JuS 1985, 925, 928.

[148] JP/**Jarass**, Vorb. vor Art. 1 Rn. 27, Art. 9 Rn. 32; MünchArbR/**Löwisch**, § 238 Rn. 87.

[149] S. o. § 6 I h bb (S. 103 ff.); § 7 II 5 a (S. 142); näher zur Unzulässigkeit des Abbedingens der vertraglichen Arbeitskampfbefugnis nur *einer* Vertragspartei oben § 8 III 2 e cc (S. 172).

[150] S. o. § 8 IV 1 (S. 174 f.).

ganisierten in besonderem Maße, da sie deren Status als Nichtmitglied bzw. Mitglied einer anderen Koalition unberührt läßt. Gerade der Status als Mitglied ist aber der wesentliche Bezugspunkt der individuellen Koalitionsfreiheit.[151]

Sinn der Bezugnahmelösung ist es zudem, durch entsprechende Abrede die Mitgliedschaft in den tarifschließenden Koalitionen zu ersetzen.[152] Da die Außenseiter bei der Bezugnahmelösung gerade nicht zum Ein- bzw. Übertritt in die tarifschließenden Verbände gezwungen werden sollen, *fehlt* es auch an dem bei der Prüfung des mittelbaren Eingriffs relevanten Kriterium der *Finalität* hinsichtlich der Grundrechtsbeeinträchtigung.[153]

Auch die *objektive Ordnungsvorstellung des Art. 9 Abs. 3 GG*, daß sich die Koalitionsgewalt im Prinzip auf Mitglieder beschränken soll[154], bleibt bei der "Bezugnahmelösung" nicht nur unbeeinträchtigt, sondern wird sogar gestärkt. Denn aus Art. 9 Abs. 3 GG folgt letztlich die Trennung zwischen kollektivrechtlicher und individualrechtlicher Ebene, was gerade bei der vertraglichen Arbeitskampfbeteiligung der Außenseiter nach der "Bezugnahmelösung" voll berücksichtigt wird.

Nach alledem bleibt festzuhalten, daß die vertragliche Arbeitskampfbeteiligungsbefugnis der Außenseiter bei dynamischer Bezugnahme auf den umkämpften Tarifvertrag die individuelle Koalitionsfreiheit der Außenseiter nicht i.S.d. Art. 9 Abs. 3 S. 2, 1. Alt. GG einschränkt, sondern im Gegenteil sogar besonders wahrt. Die "Bezugnahmelösung" ist also mit Art. 9 Abs. 3 GG vereinbar.

V. Zwischenergebnis

Nach der hier entwickelten "Bezugnahmelösung" ist in Arbeitsverhältnissen mit Außenseiterbeteiligung die aktive und passive Arbeitskampfbeteiligung von Außenseitern auf individualrechtlicher Grundlage zulässig, wenn und soweit in ihrem Arbeitsvertrag auf den – vom Geltungsbereich einschlägigen – umkämpften Tarifvertrag dynamisch Bezug genommen wird. Dies folgt aus der ergänzenden Vertragsauslegung eines Arbeitsvertrags mit dynamischer Bezugnahme. Die nach dieser Lösung bestehende wechselseitige Arbeitskampfbefugnis läßt sich als Leistungsverweigerungsrecht eigener Art begreifen und kann aufgrund ihrer vertraglichen Natur einvernehmlich abbedungen werden. Steht den Vertragsparteien schon auf kollektivrechtlicher Ebene ein Recht zur Teilnahme am Arbeitskampf

[151] MünchArbR/**Löwisch**, § 237 Rn. 4; vgl. auch oben § 3 III 1 b bb (S. 38 f.).
[152] S. o. § 8 III 2 b (S. 164 ff.) und e aa (S. 169 f.).
[153] Vgl. o. § 3 II 2 b cc (S. 35).
[154] MünchArbR/**Löwisch**, § 237 Rn. 5.

zu, bleibt dieses unberührt. Die "Bezugnahmelösung" ist mit Art. 9 Abs. 3 GG vereinbar.

§ 9 Folgenanalyse der vorgeschlagenen "Bezugnahmelösung"

Die hier zur Begründung der Arbeitskampfbeteiligung von Außenseitern vorgeschlagene "Bezugnahmelösung"[1] soll nun einer Art "Schlüssigkeitskontrolle" unterzogen werden unter Berücksichtigung der rechtssystematischen, wirtschaftlichen und praktischen Folgen.[2]

I. Rechtssystematische Schlüssigkeit

1. Arbeitskampfrecht

Nach der hier vertretenen "Bezugnahmelösung" folgt die aktive und passive Arbeitskampfbeteiligung von Organisierten direkt aus Art. 9 Abs. 3 GG. Dadurch wird die kollektive Sichtweise der Einheitstheorie[3] nicht bedeutungslos, was Kritiker sinngemäß der Konzeption **Krafts**[4] vorwerfen[5], die hinsichtlich der Außenseiterfrage im Ergebnis der "Bezugnahmelösung" entspricht. Vielmehr sind arbeitskampfrechtlich rechtmäßige Kampfmaßnahmen des Kollektivs der Organisierten auch auf individualrechtlicher Ebene als rechtmäßig anzusehen. Außenseiter gehören aber aufgrund ihrer durch Art. 9 Abs. 3 GG geschützten Entscheidung, sich nicht oder anders zu organisieren, nicht zu diesem Kollektiv. Die kollektive Sichtweise wird auf die Organisierten beschränkt, jedoch nicht völlig aufgegeben. Dadurch bleiben die richterrechtlich entwickelten Grundsätze des Arbeitskampfrechts[6] unberührt. Die "Bezugnahmelösung" stärkt sogar die "Binnensystematik" des geltenden Arbeitskampfrechts, indem sie die allgemeinen arbeitskampfrechtlichen Grundsätze konsequent auf die Außenseiter anwendet. Die aktive Arbeitskampfbeteiligung von Außenseitern fällt mangels Verfolgung eines eigenen *tariflichen* Regelungsziels unter das Verbot des Sympathiearbeitskampfs[7], ebenso ihre passive Arbeitskampfbeteiligung wegen nicht Nichterfüllbarkeit der

---

[1] § 8 III (S. 159 ff.).
[2] Zur Folgenberücksichtigung als Rechtsmethode näher **Deckert**, JuS 1995, 480 ff.
[3] Vgl. oben § 4 I vor 1 (S. 58).
[4] S. o. § 4 II 2 c (S. 80 f.).
[5] **Rose**, S. 18; **Thüsing**, S. 40.
[6] S. o. § 3 V 3 (S. 51 f.).
[7] S. o. § 4 I 4 a.E. (S. 63 f.); § 5 I 2 (S. 87 f.).

erhobenen tariflichen Forderung[8]. Ausnahmen vom arbeitskampfrechtlichen Grundsatz der Unzulässigkeit von Sympathiearbeitskämpfen lassen sich für Außenseiter nicht begründen[9].

2. Kollektives Arbeitsrecht

Die hier vertretene Auffassung löst den einleitend dargelegten und allgemein festgestellten "dogmatischen Bruch" im kollektiven Arbeitsrecht[10] auf. Ebenso wie im Tarifrecht werden Nicht- oder Andersorganisierte im Arbeitskampfrecht grundsätzlich als echte "Außenseiter" behandelt. Ihre Arbeitskampfbeteiligung ist auf kollektivrechtlicher Ebene, d.h. gemäß Art. 9 Abs. 3 GG und nach arbeitskampfrechtlichen Grundsätzen, prinzipiell unzulässig. Ausnahmsweise zulässig ist ihre Arbeitskampfbeteiligung aber hinsichtlich solcher Tarifnormen, die für Außenseiter nach §§ 3 Abs. 2, 4 Abs. 1 S. 2, § 5 Abs. 4 TVG gelten.[11] Insofern laufen Tarifrecht und Arbeitskampfrecht parallel. Dies entspricht der (Hilfs-)Funktion des Arbeitskampfs als ggf. notwendiges Durchgangsstadium zum Tarifvertragsabschluß. Außerdem folgt aus dem Charakter des Art. 9 Abs. 3 GG als Grundrecht mit "normgeprägtem Schutzbereich"[12], daß die im TVG vorgenommene gesetzgeberische "Normprägung" auf das Arbeitskampfrecht durchschlägt, solange der Gesetzgeber seinen Gestaltungsauftrag im Arbeitskampfrecht nicht erfüllt. Dies gilt auch deshalb, weil der rechtsfortbildende Richter das materielle Recht mit den anerkannten Methoden der Rechtsfindung aus den allgemeinen Rechtsgrundlagen ableiten muß, die für das betreffende Rechtsverhältnis maßgeblich sind.[13] Bildet der Richter das Arbeitskampfrecht fort, muß er sich an die Wertungen des Art. 9 Abs. 3 GG und des TVG halten. Dies berücksichtigt die vorgeschlagene "Bezugnahmelösung". Sie harmonisiert Art. 9 Abs. 3 GG, das Tarifrecht und das Arbeitskampfrecht miteinander.

3. Kollektives Arbeitsrecht und Individualarbeitsrecht

Hanau hat einmal – in anderem Zusammenhang – die Befürchtung geäußert, es gäbe kein kollektives Arbeitsrecht, wenn die Außenseiter und die negative Koali-

[8] S. o. § 6 I 1 d cc (S. 97 f.); § 7 II 1 b (S. 134 ff.).
[9] S. insbesondere oben § 7 II 1 b (S. 134 ff.).
[10] S. o. § 1 II a.E. (S. 3 f.).
[11] S. o. § 4 III (S. 82), § 5 III (S. 90 f.), § 6 III (S. 126), § 7 III (S. 144 ff.).
[12] S. o. § 3 I 1 m.w.N. (S. 24 f.).
[13] S. o. § 3 V 3 a.E. m.w.N. (S. 52).

tionsfreiheit zum Angelpunkt des kollektiven Arbeitsrechts gemacht würden.[14] Die darin mitschwingende These, ohne Einbeziehung der Außenseiter auf kollektivrechtlicher Ebene gäbe es kein kollektives Arbeitsrecht, ist bereits durch die geltende Tarifvertragsordnung widerlegt. Sie gilt prinzipiell nur für Organisierte. Außenseiter ordnen ihre Arbeitsverhältnisse hingegen auf individualvertraglicher Ebene. Das ist auch der Fall, wenn sie sich durch Bezugnahme auf den Tarifvertrag an die Tarifordnung anhängen. Für Außenseiter bleibt die Individualrechtsordnung maßgeblich. Diese im tariflichen Bereich geltenden Grundsätze überträgt die "Bezugnahmelösung" auf den Arbeitskampf und bringt dadurch das Zusammenspiel von Individualrecht und kollektivem Arbeitsrecht in Einklang.

4. Synthese von kollektiv- und individualrechtlichem Ansatz

Insgesamt läßt sich festhalten, daß die "Bezugnahmelösung" das selbst gesteckte Ziel[15] erreicht, eine Synthese zwischen der rein kollektivrechtlichen Begründung und der rein vertragsrechtlichen Begründung der Arbeitskampfbeteiligung von Außenseitern zu finden. Die Idee des individualrechtlichen Ansatzes vom "arbeitsvertragsimmanenten Recht zum Arbeitskampf" wird für die Außenseiter übernommen und auf eine tragfähige dogmatische Grundlage gestellt. Die Zulässigkeit der Beteiligung der Organisierten am Arbeitskampf ergibt sich aber schon aus Art. 9 Abs. 3 GG.

Auch dem herrschenden kollektivrechtlichen Ansatz wird die "Bezugnahmelösung" gerecht, indem sie seine wesentlichen Wertungen enthält und die Außenseiter in den Arbeitskampf einbezieht, wenn eine dynamische Bezugnahme auf den einschlägigen Tarifvertrag vorliegt, was in der Praxis häufig der Fall ist. Dadurch dürfte die – vielfach angesprochene[16] – "Funktionsfähigkeit des Arbeitskampfsystems" in jedem Fall sichergestellt sein. Die "Bezugnahmelösung" berücksichtigt ferner die vorgetragenen "Spiegelbild"- und "Symmetrie"-Argumente[17], weil sie von einer *wechselseitigen* Arbeitskampfbefugnis der Arbeitsvertragsparteien ausgeht. Mit der aktiven Befugnis des einen Vertragsteils ist gleichzeitig die passive Betroffenheit des anderen verbunden. Damit haben erstens beide Vertragsparteien "symmetrisch" die gleiche Beteiligungsposition, und zweitens ist mit der aktiven Beteiligungsbefugnis "spiegelbildlich" die Möglichkeit der passiven Einbeziehung verbunden. Außerdem stellt die hier vertretene

---

[14] **Hanau**, RdA 1994, 172, 173; ihm folgend **Fischer/Rüthers**, Anm. zu BAG 22.3.1994, EzA Nr. 115 zu Art. 9 GG Arbeitskampf, S. 38.

[15] S. o. § 8 I 1 d (S. 150 ff.).

[16] S. o. § 3 V 2 b bb (S. 50), § 4 I 5 (S. 64 ff.), § 5 I 3 (S. 88), § 6 I 1 e (S. 98 ff.), § 7 II 4 (S. 141).

[17] S. o. § 4 I 6 (S. 67), § 5 I 4 (S. 89), § 6 I 1 f (S. 101 f.), 3 d cc (S. 124), § 7 II 2 (S. 138 f.).

Auffassung maßgeblich auf das vom **Bundesverfassungsgericht**[18] als "einleuchtendes Kriterium" bezeichnete und sowohl vom kollektivrechtlichen als auch vom individualrechtlichen Ansatz herangezogene[19] Partizipationsprinzip ab. Richtigerweise wird dabei aber erstens nicht auf die potentielle oder regelmäßige, sondern auf die *tatsächliche* Partizipation am abzuschließenden Tarifvertrag abgestellt und damit die gesetzliche Wertung des § 146 Abs. 3 S. 3 SGB III (früher: § 116 Abs. 3 S. 3 AFG) nachvollzogen. Zweitens wird das "Korrelationserfordernis" zwischen gezogenen Nutzungen und *damit* verbundenen Lasten berücksichtigt.[20] Liegt die Vorteilsziehung des Außenseiter (Teilhabe am Tarifvertrag, aktive Arbeitskampfbefugnis) auf individualrechtlicher Ebene, so sind auch die Nachteile auf individualrechtlicher Ebene zu tragen (passive Arbeitskampfbeteiligung, Abdingbarkeit der Bezugnahme, Prüfungsobliegenheit hinsichtlich des Umfangs der Partizipation sowie der aktiven Arbeitskampfbefugnis).

Zudem wahrt die "Bezugnahmelösung" nicht nur die Koalitionsfreiheit aller Beteiligten, sondern gewährt der Privatautonomie der Außenseiter einen gleichberechtigten Platz neben der Tarif- bzw. Arbeitskampfautonomie der Organisierten.[21]

Insgesamt betrachtet bietet die hier vorgeschlagene "Bezugnahmelösung" eine Konzeption, welche die Arbeitskampfbeteiligung der Außenseiter in ein in sich stimmiges Gesamtsystem einbettet. Die Rechtsprechung, welche nahezu durchgängig dem kollektivrechtlichen Ansatz folgt, ist von der hier vertretenen Lösung nur einen "Schritt" entfernt. Die – von der Rechtsprechung verfolgte – richterliche Rechtsfortbildung und die – hier vorgenommene – ergänzende Vertragsauslegung sind strukturell ähnlich.[22] Hinsichtlich der Grenzziehung zwischen beiden Instituten ist anerkannt, daß die richterliche Rechtsfortbildung bei der ergänzenden Vertragsauslegung dort beginnt, wo der individuelle Parteiwille überschritten wird.[23] Da die Rechtsfortbildung der Rechtsprechung zur Frage der Arbeitskampfbeteiligung von Außenseitern wie gezeigt unzulässig ist, sollte die Rechtsprechung einen Schritt zurückgehen und den individuellen Parteiwillen der Außenseiter stärker beachten. Dies führt sie dann zur ergänzenden Vertragsauslegung und der hier vorgeschlagenen "Bezugnahmelösung".

---

[18] BVerfG 4.7.1995, AP Nr. 4 zu § 116 AFG unter C I 2 a.

[19] S. o. § 8 I 1 c aa (S. 148 f.).

[20] Vgl. oben § 6 I 1 d bb (S. 96 f.), 3 d bb (S. 124), § 7 II 3 (S. 141).

[21] Zum Verhältnis Privatautonomie - Tarifautonomie bzw. Individualwille - Kollektivgewalt s. auch **Junker**, NZA 1997, 1305 ff.

[22] Vgl. **Wank**, RdA 1998, 71, 76.

[23] **Preis**, Vertragsgestaltung, S. 373; Soergel/**Wolf**, BGB, § 157 Rn. 125.

II. Begrenzung des Arbeitsmarktkartells der Koalitionen durch "Systemwettbewerb"

Bereits **Karl Marx**[24] hat das "Konkurrenzparadoxon" am Arbeitsmarkt beschrieben, daß der Arbeitnehmer aus Gründen der ökonomischen Existenzsicherung bei fallendem Marktpreis für sein Wirtschaftsgut Arbeit nicht mit einer Verminderung, sondern mit einer Ausweitung seines Angebots reagiert mit der Folge einer "Verelendungskonkurrenz" unter den Arbeitnehmern.[25] Um dem entgegenzuwirken, gewährleistet Art. 9 Abs. 3 GG die Koalitionsfreiheit und die Tarifautonomie, damit der einzelne Arbeitnehmer seine "strukturelle Unterlegenheit" beim Abschluß von Arbeitsverträgen durch kollektives Handeln ausgleichen und annähernd gleichgewichtig Löhne und Arbeitsbedingungen aushandeln kann.[26] Zugleich kommt dem Tarifrecht die Funktion eines "Wettbewerbsrechts des kleinen Mannes" zu, indem es für Tarifgebundene eine "Kartellierung nach unten" festschreibt (vgl. § 4 Abs. 3 TVG).[27] Aufgrund der Kartellwirkung des Tarifvertrags, der die Mindestarbeitsbedingungen für tarifgebundene Organisierte gleichförmig festlegt und insoweit Wettbewerb untereinander ausschaltet, werden die Koalitionen als Kartelle auf dem Arbeitsmarkt bezeichnet.[28] Bezieht man die Außenseiter auf kollektivrechtlicher Ebene in den Arbeitskampf mit ein, so wird die wettbewerbsbeschränkende Kartellwirkung ausgedehnt. Besonders deutlich wird dies bei der vom **BAG** vertretenen Pflicht zur (Mit-)Aussperrung von Arbeitnehmeraußenseitern[29]. Mitausgesperrte Außenseiter können ihre Arbeitskraft dem Arbeitgeber nicht im Wettbewerb zu den gewerkschaftlich organisierten Arbeitnehmern anbieten.

Die Wettbewerbsbeschränkungen des Arbeitsmarktkartells der Koalitionen haben aus ökonomischer Sicht auch nachteilige Wirkungen.[30] Daher fungiert die Außenseiterkonkurrenz als Korrektiv zur Kartellmacht der Koalitionen.[31] Der von **Rieble** so bezeichnete "Systemwettbewerb", d.h. der Wettbewerb zwischen Kollektivvertrag und Individualvertrag bzw. – anders ausgedrückt – der Wettbewerb

---

[24] Vgl. **Marx**, Das Kapital, 1. Band (MEW 1972 Band 23), S. 570 ff.

[25] **Hickel**, Gewerkschaftsreport 1998, 23, 26; **Reuter**, Ordo 36 (1985), 51, 56; **Sölter**, S. 77 ff.

[26] Vgl. BVerfG 4.7.1995, AP Nr. 4 zu § 116 AFG unter C I 1 c; **Picker**, FAZ v. 11.7.1998, S. 15.

[27] **Kittner**, FAZ vom 18.11.1995, S. 17.

[28] **Henssler**, ZfA 1998, 1, 23 f.; **Rieble**, Rn. 1108; **Rüthers**, Band 24 Walter-Raymond-Stiftung, S. 43, 45 f.; zur Kartellwirkung von Tarifverträgen **Gamillscheg**, KollArbR I, S. 499 f.; **Löwisch/Rieble**, TVG, Grundl. Rn. 6; MünchArbR/**Löwisch**, § 240 Rn. 5 ff.; **Reuter**, ZfA 1995, 1, 2 ff.

[29] S. o. § 6 I 2 (S. 110 ff.).

[30] S. etwa **Henssler**, ZfA 1998, 1, 24 f.

[31] Vgl. **Reuter**, ZfA 1995, 1, 88.

der Individuen zwischen individueller oder kollektiver Marktteilnahme, kann die Vermachtung des Arbeitsmarktes sinnvoll begrenzen.[32]

Die hier vorgeschlagene "Bezugnahmelösung" setzt einen gewissen kartellbeschränkenden Wettbewerbsanreiz, indem sie für die Arbeitskampfbeteiligung von Außenseitern die individualrechtliche Ordnung für maßgeblich hält und ihre Einbeziehung in den Arbeitskampf auf kollektivrechtlicher Ebene ablehnt. Auf diese Weise kommt es zum "Systemwettbewerb" zwischen der kollektiven Arbeitskampfrechtsordnung der Organisierten und der individualrechtlichen Ordnung der Außenseiter.[33] Man stelle sich zur Veranschaulichung z.B. folgendes Szenario vor: Der Arbeitgeber gewährt zwar allen Arbeitnehmern im Betrieb die tariflichen Leistungen des dynamisch in Bezug genommenen Firmentarifvertrags, hält sich aber die Arbeitnehmeraußenseiter als "streikfesten" Belegschaftsteil, indem er die *wechselseitige* Arbeitskampfbefugnis nach der "Bezugnahmelösung" vertraglich abbedingt.[34] Denkbar ist zum einen, daß Organisierte nach Abwägung der Vor- und Nachteile einer bloß individualrechtlichen Partizipation von ihrem Recht auf Gewerkschaftsaustritt Gebrauch machen. Zum anderen kann es sein, daß der Arbeitgeber dem Streik die Wirkung durch Aufrechterhaltung der Produktion mit Hilfe der Außenseiter nimmt und einen für ihn günstigen und für die Arbeitnehmer schlechten Tarifvertragsabschluß erzielt. Je schlechter das Arbeitskampfergebnis ist, desto eher werden die daran teilhabenden Arbeitnehmeraußenseiter die geringe Effektivität ihrer privatautonom gestalteten Vertragsordnung erkennen und zur "Grundrechtsverstärkung"[35] der Gewerkschaft beitreten. Bei entsprechend höherem Organisationsgrad kann die Gewerkschaft in der nächsten Tarifrunde größeren Verhandlungsdruck ausüben und einen besseren Tarifabschluß erzielen. Dieser Kreislauf zeigt, daß der durch die "Bezugnahmelösung" mögliche "Systemwettbewerb" nicht nur zerstörerische, sondern auch schöpferische Kraft hat.

---

[32] **Rieble**, Rn. 1532; vgl. auch BAG (GS) 29.11.1967, AP Nr. 13 zu Art 9 GG unter Teil IV, IV 4: "... Außenseitertum ... das notwendige Korrektiv gegen einseitige Gruppen- und Machtbildungen"; **Löwisch**, BB 1998, Heft 49, Die erste Seite a.E.; **ders.**, AR-Blattei, ES 170.1 Nr. 41, S. 8.

[33] Für einen solchen Wettbewerb auch **Löwisch**, AR-Blattei, ES 170.1 Nr. 41, S. 8.

[34] Zur Abdingbarkeit der vertraglichen Arbeitskampfbefugnis der Außenseiter nach der Bezugnahmelösung s. o. § 8 III 2 e cc (S. 171 ff.).

[35] Vgl. **Heinze**, DB 1996, 729, 731.

III. Praktische Konsequenzen

1. Prüfungsobliegenheit bei Arbeitskampfbeteiligung

a) Inhalt

Wer seine (aktive) Arbeitskampfbeteiligung im Arbeitsverhältnis mit Außenseiterbeteiligung unter Berufung auf die hier vertretene "Bezugnahmelösung" rechtfertigen will, muß prüfen, ob er tatsächlich vom Arbeitskampfergebnis profitiert. Juristisch formuliert trifft ihn die Obliegenheit, zu kontrollieren, ob

- in seinem Arbeitsverhältnis auf den umkämpften Tarifvertrag Bezug genommen wird,
- die Verweisung dynamisch ausgestaltet ist und
- in Bezug genommene Tarifnormen umkämpft, d.h. von der Tarifforderung der kampfführenden Koalition umfaßt sind.

Ist dies zu bejahen, so kann der Arbeitgeber bzw. Arbeitnehmer sich wie ein Organisierter am Verbandsarbeitskampf beteiligen bzw. der Einzelarbeitgeber im Firmenarbeitskampf verbandsunabhängig aussperren.[36] D.h. der Arbeitnehmer bzw. Arbeitgeber kann dann seine Leistung gegenüber seinem Arbeitsvertragspartner verweigern, wenn dieser von arbeitskampfrechtlich zulässigen Kampfmaßnahmen der jeweiligen Koalition betroffen wird. Ist hingegen eine der Fragen zu verneinen, so ist die Arbeitskampfbeteiligung individualrechtlich rechtswidrig, es sei denn der Betreffende ist Organisierter und kann eine Arbeitskampfbefugnis auf kollektiver Grundlage herleiten, d.h. im Verbandsarbeitskampf aus Art. 9 Abs. 3 GG und im Firmenarbeitskampf aus der zulässigen Rechtsfortbildung anhand der gesetzlichen Wertung des § 2 Abs. 1 TVG[37]:

b) Konsequenzen bei Nichterfüllung

Kommt ein Außenseiter seiner Prüfungsobliegenheit nicht oder nur unzureichend nach und ist die Arbeitskampfbeteiligung unzulässig, liegt eine Verletzung des Arbeitsvertrags vor.

Verweigert ein *Arbeitnehmer*außenseiter dementsprechend unberechtigterweise seine Arbeit, wird seine Arbeitsleistung unmöglich, soweit sie aufgrund ihres Fixschuldcharakters nicht nachholbar ist. Liegt Verschulden vor, macht er sich daher nach § 325 Abs. 1 S. 1 BGB schadensersatzpflichtig gegenüber dem Arbeit-

---

[36] S. o. § 8 III 2 b (S. 164 ff.), e aa (S. 169 f.).
[37] S. o. § 3 V 2 b aa (S. 48 f.), cc (S. 50 f.).

geber. Außerdem kommt eine Haftung nach §§ 823 Abs. 1, 830, 840 Abs. 1 BGB wegen Eingriffs in den eingerichteten und ausgeübten Gewerbebetrieb des Arbeitgebers in Betracht.[38] Ist die Arbeitskampfbeteiligung des Arbeitnehmers unzulässig, weil er seine Prüfungsobliegenheit nicht ordnungsgemäß erfüllt hat, trifft ihn ein Verschulden (§ 276 Abs. 1 BGB). Ist hingegen der gewerkschaftliche Streik, dem er sich "angehängt" hat, rechtswidrig, so kann ihm in der Regel kein Verschuldensvorwurf gemacht werden, da er auf die Rechtmäßigkeitsvermutung des gewerkschaftlich geführten Streiks[39] vertrauen darf.[40] Die unzulässige Streikteilnahme kann dem Arbeitgeber ferner ein Recht zur Kündigung des Arbeitsverhältnisses aus wichtigem Grund (§ 626 BGB) oder zur ordentlichen verhaltensbedingten Kündigung (§ 620 Abs. 2 BGB, § 1 KSchG) geben.[41] Spricht der Arbeitgeber eine Kündigung aus, liegt darin keine "aussperrungsersetzende Kampfkündigung" i.S.d. § 25 KSchG, denn der Arbeitgeber hat gegenüber dem Außenseiter nach der "Bezugnahmelösung" gar kein kollektivrechtliches Aussperrungsrecht, das er ersetzen könnte, sondern nur ein vertragliches Leistungsverweigerungsrecht[42]. Vielmehr ist die Kündigung eine bloße Individualmaßnahme als Reaktion auf den Arbeitsvertragsbruch, so daß der Schutz des KSchG bestehen bleibt.[43]

Nimmt der *Arbeitgeber*außenseiter unzulässigerweise an einer Aussperrung teil, verletzt er ebenfalls den Arbeitsvertrag. Er ist zur Entgeltfortzahlung nach § 615 BGB bzw. bei Nichtnachholbarkeit der Arbeitsleistung nach § 324 Abs. 1 BGB verpflichtet und haftet auf Schadensersatz gemäß § 286 Abs. 1 BGB. Außerdem kann der Arbeitnehmer aus wichtigem Grund kündigen (§ 626 BGB).[44] Darüber hinaus kommt eine Schadensersatzpflicht des Arbeitgebers nach § 823 Abs. 1 BGB in Betracht. Ob aber das "Recht am Arbeitsplatz" als absolutes Recht i.S.d. § 823 Abs. 1 BGB anzuerkennen ist, hat das **BAG** erst jüngst offen gelassen.[45]

Dieselben Konsequenzen bei Nichterfüllung der o.g. Prüfungsobliegenheit treffen organisierte Arbeitnehmer bzw. Arbeitgeber, die gegenüber ihrem nicht- oder andersorganisierten Vertragspartner Arbeitskampfmaßnahmen durchführen, obwohl die Voraussetzungen der vertraglichen Kampfbefugnis nicht vorliegen.

---

[38] Vgl. KassHb/**Kalb**, 6.2 Rn. 316 ff.; **Löwisch/Krauß** in: **Löwisch**, Arbeitskampf- und Schlichtungsrecht, 170.3.1 Rn. 51 ff.

[39] BAG 19.6.1973, AP Nr. 47 zu Art. 9 GG Arbeitskampf.

[40] Vgl. **Löwisch/Krauß** in: **Löwisch**, Arbeitskampf- und Schlichtungsrecht, 170.3.1 Rn. 51; zurückhaltender KassHb/**Kalb**, 6.2 Rn. 316.

[41] **Hueck/v. Hoyningen-Huene**, KSchG, § 25 Rn. 20; **Löwisch/Krauß** in: **Löwisch**, Arbeitskampf- und Schlichtungsrecht, 170.3.1 Rn. 44 ff.; MünchArbR/**Otto**, § 282 Rn. 46 ff.

[42] Vgl. o. § 8 III 2 e bb (S. 170 f.).

[43] Vgl. **Hueck/v. Hoyningen-Huene**, KSchG, § 25 Rn. 9, 20 f.

[44] Vgl. zum Ganzen KassHb/**Kalb**, 6.2 Rn. 337 ff.; **Löwisch/Krauß** in: **Löwisch**, Arbeitskampf- und Schlichtungsrecht, 170.3.1 Rn. 42, 50, 56; MünchArbR/**Otto**, § 282 Rn. 55 ff.

[45] BAG 4.6.1998, NZA 1998, 1113, 1115 f.

Der vor dem Hintergrund dieser Rechtsfolgen bereits gegen die Konzeption **Krafts** erhobene Einwand, eine derartige Prüfungsobliegenheit führe zu praktischen Schwierigkeiten und einer unerträglichen Unsicherheit, überzeugt nicht.[46] Wollen sich Außenseiter am Arbeitskampf beteiligen, ohne Koalitionsmitglied zu sein, müssen sie die mit ihrer "individualrechtlichen Stellung" verbundenen Nachteile in Kauf nehmen.[47] Ist ihnen das Risiko zu hoch, so steht ihnen der Eintritt in die Koalition frei.

c) Informationsbeschaffung

Die Beschaffung aller für die Prüfung erforderlichen Informationen ist den Arbeitsvertragsparteien auch nicht unzumutbar. Ob eine dynamische Bezugnahme auf den umkämpften Tarifvertrag vorliegt, ergibt sich vielfach bereits aus der Arbeitsvertragsurkunde. Sofern dies nicht der Fall ist, hat der Arbeitnehmer einen Anspruch gegen den Arbeitgeber, spätestens einen Monat nach Beginn des Arbeitsverhältnisses eine Niederschrift über die wesentlichen Arbeitsbedingungen (§ 2 Abs. 1 Nr. 1 bis 9 NachwG) unter Hinweis auf die im Arbeitsverhältnis anzuwendenden Tarifverträge (§ 2 Abs. 1 Nr. 10 NachwG) ausgehändigt zu erhalten (vgl. auch § 2 Abs. 3 S. 1 NachwG). Der Arbeitgeber ist ferner verpflichtet, die für den Betrieb maßgebenden Tarifverträge an geeigneter Stelle im Betrieb auszulegen (§ 8 TVG). Außerdem kann der Arbeitnehmer vom Arbeitgeber die Erläuterung der Berechnung und Zusammensetzung seines Arbeitsentgelts verlangen (§ 82 Abs. 2 S. 1 BetrVG), und zwar unabhängig vom Bestehen eines Betriebsrats (§ 242 BGB).[48] Die Information über den Inhalt der von den Koalitionen erhobenen Tarifforderungen ist in der Regel leicht möglich über die Medien, Flugblätter oder Arbeits- bzw. Geschäftskollegen.

2. Auskunftsanspruch hinsichtlich der Organisationszugehörigkeit

Als problematischer wird hingegen die Frage empfunden, wie eine gebotene Beschränkung der Kampfmaßnahmen auf Organisierte zu bewerkstelligen ist. Nach der "Bezugnahmelösung" dürfen Arbeitskampfmaßnahmen nur von und gegenüber Organisierten ausgeübt werden, wenn es entweder an der erforderlichen (dynamischen) Bezugnahme auf die umkämpften Tarifnormen fehlt oder die vertragliche Kampfbefugnis abbedungen wurde. Dann muß derjenige, welcher eine Arbeitskampfmaßnahme durchführen will, sich über die Organisationszugehörigkeit des Adressaten der vorgesehenen Kampfmaßnahme informieren. Ein Informationsbedürfnis besteht auch auf seiten des passiv Kampfbetroffenen, der sich fragt,

---

[46] S. bereits oben § 4 II 2 c (S. 80 f.).
[47] Vgl. oben § 6 I 1 d bb (S. 96 f.).
[48] **Boemke**, AR-Blattei, SD 320 Rn. 59; MünchArbR/v. **Hoyningen-Huene**, § 295 Rn. 2.

ob der andere Teil wirklich im kampfführenden Verband organisiert und dadurch kampfbefugt ist.

a) Stand der bisherigen Diskussion

Diese Problematik wurde in der Diskussion zur Arbeitskampfbeteiligung von Außenseitern erkannt und vereinzelt näher erörtert:

So wird etwa das *Streikrecht der Arbeitnehmeraußenseiter* damit begründet, die Arbeitnehmer müßten arbeitskampfrechtlich, d.h. auf kollektiver Grundlage, als Einheit behandelt werden, weil sonst alle streikenden Arbeitnehmer ihre Gewerkschaftsmitgliedschaft gegenüber dem streikbetroffenen Arbeitgeber nachweisen müßten.[49] Die Möglichkeit eines Auskunftsanspruchs des Arbeitgebers gegen den Arbeitnehmer wird in diesem Zusammenhang nicht aufgeworfen.

Auch die arbeitskampfrechtliche Zulässigkeit der *Aussperrung von Arbeitnehmeraußenseitern* wird teilweise mit der Erwägung untermauert, eine differenzierende Aussperrung sei praktisch nicht möglich, weil die Gewerkschaftsmitgliedschaft dem Arbeitgeber in der Regel unbekannt sei.[50] Teilweise wird zugleich – unter Hinweis auf die Problematik des Fragerechts des Arbeitgebers hinsichtlich der Gewerkschaftsmitgliedschaft – eine Pflicht des Arbeitnehmers abgelehnt, die etwaige Gewerkschaftsmitgliedschaft dem Arbeitgeber zu offenbaren.[51] Andere hingegen bejahen das berechtigte Interesse des Arbeitgebers an der Kenntnis der Außenseiterstellung, wenn das Arbeitskampfrecht eine Differenzierung zwischen Organisierten und Außenseitern geböte[52], und gehen der Sache nach von einem entsprechenden Auskunftsanspruch des Arbeitgebers gegen den Arbeitnehmer aus.

Schließlich wird auch bei der Frage der *Bestreikung eines Arbeitgeberaußenseiters* im Verbandsarbeitskampf für deren kollektivrechtliche Zulässigkeit angeführt, die Gewerkschaft könne nicht erkennen, daß der von ihr bestreikte Betrieb von einem Außenseiter-Unternehmen geführt wird.[53] Diese Argumentation hat das **BAG** mit der Erwägung verworfen, der Gewerkschaft müsse gegenüber allen Arbeitgebern ein Anspruch auf Erteilung der Auskunft gegeben werden, ob sie dem zuständigen Arbeitgeberverband angehören.[54] **Lieb** meint dazu, der Auskunftsanspruch der Gewerkschaft solle eher gegen den Arbeitgeberverband ge-

[49] **Löwisch/Rieble** in: **Löwisch**, Arbeitskampf- und Schlichtungsrecht, 170.2 Rn. 87; **Rieble**, Rn. 1393; s. bereits oben § 4 I 3 (S. 61).
[50] **Gamillscheg**, KollArbR I, S. 1047 f.; s. auch oben § 6 I 1 d aa (S. 96).
[51] **Hanau/Kroll**, JZ 1980, 181, 183.
[52] **Konzen**, DB 1990, Beil. 6, S. 1, 12; **Seiter**, JZ 1980, 749, 754.
[53] LAG Frankfurt 22.2.1990, LAGE Nr. 40 zu Art. 9 GG Arbeitskampf unter 1 c gg.
[54] BAG 9.4.1991, AP Nr. 116 zu Art. 9 GG Arbeitskampf unter II 3; s. bereits oben § 7 II 1 c (S. 138).

richtet sein. Außerdem komme eine Aufklärungspflicht des Arbeitgebers in Betracht.[55]

b) Aufklärungs- und Offenbarungspflicht der Arbeitsvertragsparteien?

Scheidet die Beteiligung der Außenseiter im Arbeitskampf nach der "Bezugnahmelösung" aus, kommt es für die Zulässigkeit der Arbeitskampfmaßnahme nach hier vertretener Auffassung darauf an, ob beide Arbeitsvertragsparteien in den tarifschließenden Verbänden organisiert sind. Da die Koalitionszugehörigkeit des anderen Teils aber in der Regel nicht bekannt ist, fragt es sich, ob die Arbeitsvertragsparteien nach § 242 BGB eine Aufklärungspflicht trifft, den Vertragspartner über ihren Koalitionsstatus unaufgefordert zu informieren. Die sog. Aufklärungs- und Offenbarungspflicht unterscheidet sich von der Auskunftspflicht[56] dadurch, daß der Verpflichtete den Berechtigten *von sich aus*, d.h. unabhängig von einem besonderen Verlangen, über den entscheidungserheblichen Umstand informieren muß.[57] Sie besteht nur dann, wenn der andere Teil nach Treu und Glauben unter Berücksichtigung der Verkehrsanschauung redlicherweise freiwillige Auskunft erwarten kann (§ 242 BGB).[58] Bei der Vertragsanbahnung und im bestehenden Arbeitsverhältnis besteht eine Offenbarungspflicht des Arbeitnehmers *nur in Ausnahmefällen*[59] hinsichtlich solcher vertragswesentlicher Umstände, die den Vertragszweck insgesamt vereiteln und die Erfüllung der arbeitsvertraglichen Pflichten schlechthin unmöglich machen (z.B. Schwangerschaft bei einem Nachtarbeitsplatz i.S.d. § 8 MuSchG).[60] Die Koalitionszugehörigkeit von Arbeitnehmer und Arbeitgeber zur Gewerkschaft bzw. zum Arbeitgeberverband ist jedoch auch im Hinblick auf die daraus folgende Arbeitskampfbeteiligungsfähigkeit kein Umstand von derart elementarer Bedeutung für das Arbeitsverhältnis. Denn der Arbeitskampf ist als Durchgangsstadium zum Tarifabschluß nur von vorübergehender Dauer, so daß durch die aktive oder passive Arbeitskampfbeteiligung der Arbeitsvertragsparteien der Vertragszweck nicht völlig in Frage gestellt wird. Eine Aufklärungspflicht zur *unaufgeforderten* Offenbarung der Koalitionszugehörigkeit besteht für die Arbeitsvertragsparteien daher nicht.

---

[55] **Lieb**, SAE 1993, 268.
[56] Dazu unten § 9 III 2 c (S. 190 ff.).
[57] **Boemke**, AR-Blattei, SD 320 Rn. 5; Palandt/**Heinrichs**, BGB, § 242 Rn. 37.
[58] MünchArbR/**Buchner**, § 38 Rn. 160; Palandt/**Heinrichs**, BGB, § 242 Rn. 37.
[59] KassHb/**Künzl**, 2.1 Rn. 58; **Lieb**, Arbeitsrecht, Rn. 128.
[60] MünchArbR/**Buchner**, § 38 Rn. 160; **Klein**, NZA 1998, 1208 f. m. weiteren Beispielen; ErfK/**Preis**, § 611 BGB Rn. 393.

c) Auskunftsanspruch nach § 242 BGB

In Betracht kommt aber ein Auskunftsanspruch nach § 242 BGB, mit dessen Hilfe Informationen über die Koalitionszugehörigkeit verlangt werden können.

aa) Allgemeine Voraussetzungen

Der Auskunftsanspruch hat den Charakter eines "Hilfsanspruchs" und dient dazu, die für die Durchsetzung eines Hauptanspruchs oder -rechts erforderliche Auskunft zu erlangen.[61] Anspruchsberechtigt ist daher der Inhaber des in Betracht kommenden Hauptanspruchs bzw. -rechts, Anspruchsgegner derjenige, gegenüber dem der Anspruch oder das Recht geltend gemacht werden soll. Zwar existiert kein allgemeiner Auskunftsanspruch, jedoch besteht nach allgemeiner Auffassung bei Fehlen spezieller Anspruchsgrundlagen ein Auskunftsanspruch nach § 242 BGB, wenn folgende Voraussetzungen vorliegen:[62]

(1) Zwischen den Parteien muß eine Sonderverbindung etwa aus einem Vertrag, einem vorvertraglichen Anbahnungsverhältnis oder einem gesetzlichen Schuldverhältnis wegen unerlaubter Handlung bestehen.

(2) Der Berechtigte muß in entschuldbarer Weise über das Bestehen oder den Umfang seines Rechts im Ungewissen sein und sich die erforderlichen Informationen nicht auf zumutbare andere Weise beschaffen können.

(3) Der Verpflichtete muß "unschwer", d.h. unter zumutbarem Arbeitsaufwand, in der Lage sein, die Auskunft zu erteilen.

Diese Grundsätze gelten auch bei der Anbahnung eines Arbeitsverhältnisses sowie im bestehenden Arbeitsverhältnis.[63] Voraussetzung des Auskunftsanspruchs ist ein berechtigtes, billigenswertes und schutzwürdiges Interesse des Arbeitgebers oder des Arbeitnehmers an der Auskunft. Dieses Interesse muß gerade im Zusammenhang mit den Rechten und Pflichten aus dem geplanten oder bestehenden Arbeitsverhältnis gegeben sein. Ein allgemeiner Zweckzusammenhang mit dem Arbeitsverhältnis reicht nicht aus. Die Auskunftspflicht darf keine übermäßige Belastung für den Verpflichteten darstellen. Der mit der Erteilung verbundene Eingriff in das – aus dem allgemeinen Persönlichkeitsrecht folgende und bei der Generalklausel des § 242 BGB zu berücksichtigende – Recht auf informationelle Selbstbestimmung (Art. 2 Abs. 1 i.V.m. 1 Abs. 1 GG)[64] muß einer Abwägung der

---

[61] Palandt/**Heinrichs**, BGB, § 261 Rn. 25; MüKo/**Keller**, BGB, § 260 Rn. 46, § 259 Rn. 19.

[62] Zum Ganzen BAG 7.9.1995, NZA 1996, 637, 638; 18.1.1996, DB 1996, 2182; Palandt/**Heinrichs**, BGB, § 261 Rn. 8 ff. m.w.N.

[63] Zum Ganzen BAG 7.9.1995, NZA 1996, 637, 638; 18.1.1996, DB 1996, 2182; **Boemke**, AR-Blattei, SD 320 Rn. 17 ff.; MünchArbR/**Buchner**, § 38 Rn. 33 ff.; KassHb/**Künzl**, 2.1 Rn. 62.

[64] Dazu BVerfG 15.12.1983, BVerfGE 65, 1, 41 ff.

beiderseitigen Interessen nach dem Grundsatz der Verhältnismäßigkeit standhalten.

bb) Auskunft über die Gewerkschaftszugehörigkeit

Unter Anwendung dieser Grundsätze wird im Rahmen des geläufigen Stichworts vom "Fragerecht des Arbeitgebers" vertreten, daß der Arbeitnehmer *in der vorvertraglichen Phase* der Einstellungsverhandlungen nicht verpflichtet ist, (richtige) Auskunft über seine Gewerkschaftszugehörigkeit zu erteilen. Denn die Verweigerung der Einstellung wegen der Gewerkschaftszugehörigkeit würde einen intensiven, gebotsähnlichen Druck auf den Arbeitnehmer zum Gewerkschaftsaustritt ausüben und wäre nach Art. 9 Abs. 3 S. 2 GG rechtswidrig. Unter Berücksichtigung der beiderseitigen Interessen und der verfassungsmäßigen Wertentscheidung des Art. 9 Abs. 3 GG ist die Auskunft dem Arbeitnehmer vor der Einstellung nicht zumutbar, und es besteht daher in der Vertragsanbahnungsphase nach zutreffender h.M. kein entsprechender Auskunftsanspruch des Arbeitgebers.[65]

Anerkannt ist jedoch ein Auskunftsanspruch des Arbeitgebers *nach Abschluß des Arbeitsvertrags*, wenn und weil der Arbeitgeber für die vertragsgemäße Durchführung des Arbeitsverhältnisses die Kenntnis der Gewerkschaftszugehörigkeit des Arbeitnehmers benötigt, um die Anwendung der tariflichen Arbeitsbedingungen aufgrund der Tarifbindung nach §§ 3 Abs. 1, 4 Abs. 1 TVG sicherzustellen.[66]

Diese Differenzierung zwischen vorvertraglicher Phase und Vertragsdurchführungsphase läßt sich auch auf die hier interessierende Frage übertragen, ob ein Auskunftsanspruch des Arbeitgebers hinsichtlich der Gewerkschaftszugehörigkeit des Arbeitnehmers besteht, wenn eine vertragliche Arbeitskampfbeteiligung der Außenseiter nach der "Bezugnahmelösung" ausscheidet und die Beschränkung der Arbeitskampfmaßnahmen auf die tarifschließenden Koalitionen und ihre Mitglieder geboten ist:

Vor Abschluß des Arbeitsvertrags besteht wegen der o.g. "Ausstrahlungswirkung" des Art. 9 Abs. 3 S. 2 GG auf die Einstellungsphase kein Auskunftsanspruch des Arbeitgebers. Vor Beginn des Arbeitsverhältnisses dürfte es bereits an einem schutzwürdigen Interesse des Arbeitgebers fehlen zu erfahren, ob der Arbeitnehmer wegen seiner Gewerkschaftszugehörigkeit streiken darf oder ausge-

---

[65] MünchArbR/**Buchner**, § 38 Rn. 18, 116 f.; **Gamillscheg**, KollArbR I, S. 195; KassHb/**Künzl**, 2.1 Rn. 104; zweifelnd **Schaub**, Arbeitsrechts-Handbuch, § 26 III 3, S. 150.

[66] MünchArbR/**Buchner**, § 38 Rn. 119; **Danne**, SAE 1998, 111, 117; **Hanau/Kroll**, JZ 1980, 181, 183; KassHb/**Künzl**, 2.1 Rn. 105; **Schaub**, Arbeitsrechts-Handbuch, § 26 III 3, S. 150.

sperrt werden darf. Denn Arbeitskampfmaßnahmen kommen erst nach Abschluß des Arbeitsvertrags in Betracht. Bis dahin ist der Organisationsstatus jederzeit veränderbar.

Im bestehenden Arbeitsverhältnis ist dem *Arbeitgeber* hingegen ein *Auskunftsanspruch nach § 242 BGB gegen den Arbeitnehmer* hinsichtlich seiner Gewerkschaftszugehörigkeit zuzubilligen. Der Arbeitgeber, der mit seinem Arbeitsvertragspartner durch entsprechende Vertragsgestaltung die Arbeitskampfbeteiligung von Außenseitern auf individualrechtlicher Grundlage ausschließt, hat ein berechtigtes Interesse zu wissen, ob sein Arbeitnehmer ihn aufgrund seiner Koalitionszugehörigkeit bestreiken darf. Denn im Falle eines unzulässigen Streikes muß er in der Lage sein, seine Rechte auf Kündigung und Schadensersatz gegen den Arbeitnehmer durchzusetzen. Insofern besteht der erforderliche enge Sachzusammenhang des Auskunftsinteresses mit den arbeitsvertraglichen Rechten und Pflichten. Die Auskunft kann der Arbeitnehmer "unschwer" erteilen. Den Auskunftsinteressen des Arbeitgebers steht kein überwiegendes schützenswertes Geheimhaltungsinteresse des Arbeitnehmers gegenüber. Denn Art. 9 Abs. 3 GG läßt Arbeitskampfmaßnahmen nur zwischen den tarifschließenden Koalitionen und ihren Mitgliedern zu.[67] Daher muß sich der streikwillige Arbeitnehmer auf seine Mitgliedschaft in der tarifschließenden Gewerkschaft gerade berufen und darf sie nicht verbergen. Außerdem hat der Arbeitgeber ein im Hinblick auf die vertragsgemäße Durchführung des Arbeitsverhältnisses schutzwürdiges Interesse zu erfahren, ob er den Arbeitnehmer im Falle eines Arbeitskampfes aussperren darf. Außenseitern gegenüber besteht nämlich bei Nichteingreifen der "Bezugnahmelösung" die arbeitsvertragliche Pflicht des Arbeitgebers, sie zu beschäftigen und zu entlohnen. Die Auskunft ist den Arbeitnehmern im Hinblick auf die genannte verfassungsmäßige Wertentscheidung des Art. 9 Abs. 3 GG nicht nur zumutbar, sondern liegt auch im Interesse der arbeitswilligen Arbeitnehmeraußenseiter, welche nicht in die Aussperrung einbezogen werden wollen. Der Auskunftsanspruch des Arbeitgebers nach § 242 BGB scheidet freilich aus, wenn der Arbeitgeber die Gewerkschaftszugehörigkeit des Arbeitnehmers bereits kennt, etwa aufgrund des Einzugs und der Abführung der Gewerkschaftsbeiträge durch den Arbeitgeber – was in der Praxis immer noch gelegentlich anzutreffen ist[68], unter dem Gesichtspunkt der "Gegnerunabhängigkeit" aber fragwürdig erscheint.

Ein *Auskunftsanspruch nach § 242 BGB* kommt auch *zwischen den Tarifvertragsparteien* in Betracht, da sie in einer vor(tarif)vertraglichen oder (tarif)vertraglichen Sonderverbindung stehen und dieselben Interessen wie ihre Mitglieder verfolgen, folglich auch die gleichen schutzwürdigen Auskunftsinteressen haben. Sie kommen selbst als Anspruchsinhaber des Auskunftsanspruchs in Betracht, da dieses der Durchsetzung des Hauptrechts dient, nämlich der durch die

---

[67] Vgl. oben § 3 V 2 b aa (S. 48 f.), 4 a (S. 53 f.).

[68] Informelle Auskunft einiger Gewerkschaftsbeschäftigter; so auch **Gamillscheg**, KollArbR I, S. 422 ff.

kollektive Koalitionsfreiheit geschützten positiven Arbeitskampffreiheit der Koalition[69]. Anspruchsgegner ist die gegnerische Koalition, deren passive Betroffenheit in der bipolar angelegten Arbeitskampfgarantie des Art. 9 Abs. 3 GG vorgezeichnet ist[70]. Folglich kann auch der Arbeitgeberverband von der zuständigen Gewerkschaft Auskunft über die Gewerkschaftszugehörigkeit von Arbeitnehmern der Mitgliedsunternehmen des Arbeitgeberverbands im Geltungsbereich des bestehenden oder angestrebten Tarifvertrags verlangen. Ebenso steht dem Einzelarbeitgeber ein Auskunftsanspruch gegen die Gewerkschaft zu, wenn er an einen Firmentarifvertrag gebunden ist oder werden soll.

cc) Auskunft über die Koalitionszugehörigkeit des Arbeitgebers

Wie die bisherige Diskussion in der Literatur und Rechtsprechung gezeigt hat[71], besteht bezüglich der Mitgliedschaft des Arbeitgebers im tarifschließenden Arbeitgeberverband ein entsprechendes Informationsbedürfnis wie hinsichtlich der Gewerkschaftszugehörigkeit des Arbeitnehmers. Organisierte Arbeitnehmer haben nicht nur hinsichtlich der Tarifbindung (§§ 3 Abs. 1, 4 Abs. 1 TVG) ein schutzwürdiges Auskunftsinteresse zu erfahren, ob der Arbeitgeber im zuständigen Arbeitgeberverband organisiert ist, sondern auch hinsichtlich der Fragen, ob sie den Arbeitgeber im Verbandsarbeitskampf bestreiken dürfen oder ob er sie aufgrund seiner Koalitionszugehörigkeit zulässigerweise aussperren darf. Die obigen Erwägungen zum Auskunftsanspruch hinsichtlich der Gewerkschaftsmitgliedschaft lassen sich "symmetrisch" auf die vorliegende Problematik übertragen und gelten entsprechend. Die Mitgliedschaft des Arbeitgebers im tarifschließenden Arbeitgeberverband ist entscheidend dafür, ob der organisierte Arbeitnehmer durch Streik seine vertragliche Pflicht zur Arbeitsleistung suspendieren kann und ob der Arbeitgeber die ihm obliegende Beschäftigungs- und Entgeltzahlungspflicht dem Arbeitnehmer gegenüber durch Aussperrung suspendieren darf. Demgegenüber hat der Arbeitgeber kein überwiegendes schutzwürdiges Geheimhaltungsinteresse, da die verfassungsmäßige Wertentscheidung des Art. 9 Abs. 3 GG den Arbeitskampf zwischen den Koalitionen und ihren Mitgliedern vorsieht. Dem *Arbeitnehmer* steht also ein *Auskunftsanspruch nach § 242 BGB gegen den Arbeitgeber* darüber zu, ob der Arbeitgeber im zuständigen Arbeitgeberverband organisiert ist. Der Anspruch entsteht aber erst *nach Abschluß des Arbeitsvertrags*. Davor ist ein schützenswertes Auskunftsinteresse nicht anzuerkennen.[72]

Entsprechend den obigen Ausführungen[73] kann auch die *Gewerkschaft vom zuständigen Arbeitgeberverband nach § 242 BGB Auskunft verlangen* über die Ko-

---

[69] Vgl. oben § 3 IV 2 b bb (S. 42), V 2 b aa (S. 48 f.).
[70] Vgl. MünchArbR/**Löwisch**, § 237 Rn. 49.
[71] S. o. § 9 III 2 a (S. 188 f.).
[72] S. entsprechend oben § 9 III 2 c bb (S. 191 ff.).
[73] § 9 III 2 c bb a.E. (S. 192 f.).

alitionszugehörigkeit der Arbeitgeber im Geltungsbereich des bestehenden oder angestrebten Tarifvertrags.

d) Ergebnis

Als Ergebnis läßt sich mithin festhalten, daß den tarifschließenden Koalitionen und ihren Mitgliedern wechselseitig Auskunftsansprüche hinsichtlich der jeweiligen Koalitionszugehörigkeit zustehen, wenn die Arbeitsvertragsparteien durch entsprechende Vertragsgestaltung eine vertragliche Arbeitskampfbeteiligungsmöglichkeit nach der "Bezugnahmelösung" ausgeschlossen haben und Art. 9 Abs. 3 GG eine Beschränkung der Kampfmaßnahmen auf die Organisierten gebietet. Soweit die Arbeitsvertragsparteien hingegen die "Bezugnahmelösung" gewählt haben, erübrigt sich die Frage nach der Koalitionszugehörigkeit und es verbleibt nur die o.g. Prüfungsobliegenheit hinsichtlich des Umfangs der individualrechtlichen Arbeitskampfbeteiligungsfähigkeit[74].

IV. Ergebnis der Folgenanalyse

Die hier vorgeschlagene "Bezugnahmelösung" stellt die aktive und passive Arbeitskampfbeteiligung von Außenseitern auf eine tragfähige dogmatische Grundlage, welche sich nicht nur harmonisch in das System des kollektiven Arbeitsrechts einbettet, sondern kollektives und individuelles Arbeitsrecht miteinander in Einklang bringt. Sie stellt eine Synthese von kollektiv- und individualrechtlichem Ansatz dar, weil sie alle wesentlichen Aspekte dieser Konzepte berücksichtigt. Die "Bezugnahmelösung" fördert den "Systemwettbewerb" der kollektiven Ordnung der Organisierten mit der individualrechtlichen Ordnung der Außenseiter und begrenzt das Arbeitsmarktkartell sinnvoll. Die praktischen Konsequenzen der "Bezugnahmelösung" sind nicht nur in tatsächlicher, sondern auch in rechtlicher Hinsicht ohne weiteres lösbar.

---

[74] S. o. § 9 III 1 (S. 185 ff.).

§ 10 Zusammenfassung

1. Außenseiter sind Arbeitnehmer und Arbeitgeber, die zwar in den Geltungsbereich des abzuschließenden Tarifvertrags fallen, aber nicht Mitglied in einer der Tarifvertragsparteien oder selbst Tarifvertragspartei sind. Schlagwortartig lassen sie sich als Nicht- oder Andersorganisierte bezeichnen. Organisierte, die den zulässigen Status eines OT-Mitglieds besitzen, sind nicht Außenseiter, sondern sog. Dritte.

2. Aus Art. 9 Abs. 3 GG als ranghöchster (nationaler) Rechtsquelle des Arbeitskampfrechts läßt sich eine Befugnis der Außenseiter zur aktiven Beteiligung am Arbeitskampf nach zutreffender h.M. nicht herleiten. Vielmehr verknüpft Art. 9 Abs. 3 GG den Arbeitskampf als Koalitionsbetätigung zur Wahrung und Förderung der Arbeits- und Wirtschaftsbedingungen mit der Bildung einer entsprechenden Vereinigung. Art. 9 Abs. 3 GG schützt tarifvertragsbezogene Arbeitskampfmaßnahmen der Koalitionen im Rahmen der kollektiven Betätigungsfreiheit. Die in den tarifschließenden Koalitionen Organisierten leiten ihre positive Arbeitskampffreiheit aus dem durch die positive Koalitionsfreiheit geschützten Recht ab, sich als Mitglied an der verfassungsmäßig geschützten Tätigkeit der Koalition zu beteiligen. Als Teilgewährleistung der negativen Koalitionsfreiheit garantiert Art. 9 Abs. 3 GG die sog. negative Arbeitskampffreiheit. Sie steht als Korrelat zur positiven Arbeitskampffreiheit aber nicht den Außenseitern, sondern den Organisierten zu. Außenseiter sind jedoch vor unmittelbaren und mittelbaren Eingriffen in ihre positive bzw. negative Koalitionsfreiheit durch entsprechenden Zwang zum Übertritt bzw. Eintritt in die tarifschließende Koalition geschützt.

3. Nach h.M. ist die *aktive* Arbeitskampfbeteiligung von Arbeitnehmeraußenseitern und Arbeitgeberaußenseitern auf kollektivrechtlicher Grundlage zulässig. Die arbeitskampfrechtliche Gleichbehandlung von Außenseitern und Organisierten ist rechtsdogmatisch aber nicht haltbar. Weder soziologische sowie praktische Erwägungen, der Partizipationsgedanke, die Funktionsfähigkeit des Arbeitskampfsystems, die Argumentation mit der angeblichen arbeitskampfrechtlichen Zulässigkeit der passiven Einbeziehung der Außenseiter noch Art. 6 Nr. 4 ESC bieten eine tragfähige Begründung. Vielmehr fallen Arbeitskampfmaßnahmen von Außenseitern unter das arbeitskampfrechtliche Verbot des Sympathiearbeitskampfs. Das von BAG und h.L. vertretene Streikrecht der Arbeitnehmeraußenseiter sowie das von Bundesverfassungsgericht und h.M. angenommene Recht des Arbeitgeberaußenseiters zur Teilnahme an der Verbandsaussperrung sind abzulehnen. Das individualrechtliche Alternativkonzept eines "arbeitsvertragsimmanenten" Rechts der Arbeitsvertragsparteien zum Arbeitskampf ist nicht ausreichend begründet und übergeht die bereits aus Art. 9 Abs. 3 GG folgende Kampfbefugnis der Organisierten.

4. Auch die *passive* Einbeziehung der Außenseiter in den Arbeitskampf auf kollektivrechtlicher Ebene ist abzulehnen. Entgegen der Ansicht des BAG und der h.M. ist die Aussperrung der Arbeitnehmeraußenseiter weder arbeitskampfrechtlich zulässig noch hinsichtlich Art. 9 Abs. 3 GG geboten. Das vom BAG geschaffene Recht des bestreikten Arbeitgebers zur suspendierenden Betriebsstillegung stellt eine korrekturbedürftige unzulässige Rechtsfortbildung dar. Arbeitskampfrechtlich unzulässig ist entgegen der Auffassung des BGH und Teilen der Literatur ferner die Bestreikung des Arbeitgeberaußenseiters im Arbeitskampf um einen Verbandstarifvertrag. Davon gehen i. E. auch das BAG sowie die überwiegende Literatur aus. Insoweit ist die Gewerkschaft auf die Möglichkeit eines Firmentarifvertrags und eines entsprechenden Firmenarbeitskampfs mit dem einzelnen Arbeitgeber zu verweisen.

5. Der kollektivrechtliche Ansatz der h.M., die Außenseiter auf arbeitskampfrechtlicher Ebene aktiv und passiv in das Kollektiv der Organisierten einzubeziehen und alle unterschiedslos gleichzubehandeln, ist dogmatisch nicht haltbar. Insoweit überschreitet die Rechtsprechung die Grenzen zulässiger Rechtsfortbildung, weil sie ihre Erkenntnisse nicht aus den für das kollektive Arbeitsrecht maßgeblichen Rechtsgrundlagen ableitet. Aus dem Charakter von Art. 9 Abs. 3 GG als Grundrecht mit "normgeprägtem Schutzbereich" sowie dem engen Funktionszusammenhang von Tarifvertrag und Arbeitskampf folgt, daß die im TVG vorgenommene gesetzgeberische "Normprägung" auf das Arbeitskampfrecht durchschlägt, solange der Gesetzgeber im Arbeitskampfrecht untätig bleibt. Daher kommt eine aktive und passive Arbeitskampfbeteiligung von Außenseitern auf kollektivrechtlicher Ebene nur in Betracht, soweit um auf sie nach §§ 3 Abs. 2, 4 Abs. 1 S. 2, § 5 Abs. 4 TVG anwendbare Tarifnormen gekämpft wird.

6. Die aktive und passive Arbeitskampfbeteiligung von Außenseitern kann in Arbeitsverhältnissen mit Außenseiterbeteiligung aber auf individualrechtlicher Grundlage mit folgender *"Bezugnahmelösung"* dogmatisch tragfähig und praktikabel begründet werden: Außenseiter können sich aktiv und passiv wie Organisierte am Arbeitskampf beteiligen, wenn und soweit in ihrem Arbeitsvertrag auf den – vom Geltungsbereich einschlägigen – umkämpften Tarifvertrag dynamisch Bezug genommen wird. Dies folgt aus der ergänzenden Vertragsauslegung eines Arbeitsvertrags mit dynamischer Bezugnahme. Steht den Vertragsteilen (insbesondere aufgrund ihrer Mitgliedschaft in den kampfführenden Koalitionen) schon auf kollektivrechtlicher Grundlage ein Recht zur Teilnahme am Arbeitskampf zu, bleibt dieses unberührt. Die Bezugnahmelösung wahrt die Wertordnung des Art. 9 Abs. 3 GG, fügt sich harmonisch in die Systematik von Tarifrecht, Arbeitskampfrecht und Individualrecht ein und schafft ein stimmiges Gesamtsystem. Außerdem stärkt sie den "Systemwettbewerb" zwischen der kollektivrechtlichen Ordnung der Organisierten und der individualrechtlichen Ordnung der Außenseiter.

Literaturverzeichnis

(sortiert innerhalb des Verfassers bzw. Herausgebers nach Monographien, Aufsätzen und Anmerkungen, jeweils der neueste Titel zuerst)

Adam, Detlev, Das Verhältnis von Arbeitskampfrecht und Schuldrecht. Dargestellt am Beispiel der privatrechtlichen Haftung bei arbeitskampfbedingten Auswirkungen im Rechtskreis kampfunbeteiligter Dritter, Diss. Erlangen-Nürnberg 1986

Badura, Peter, Arbeitsrecht und Verfassungsrecht, RdA 1999, 8

Bauer, Jobst-Hubertus, Einführung in die Vertragsgestaltung im Arbeitsrecht, JuS 1999, 356

ders., Flucht aus Tarifverträgen: Königs- oder Irrweg?, Festschrift für Günter Schaub zum 65. Geburtstag, 1998, S. 19

Bauer, Jobst-Hubertus/**Haußmann**, Katrin, Der Notdienst im Arbeitskampf, DB 1996, 881

Benecke, Martina, Anm. zu BAG 25.9.1996, SAE 1998, 54, 60

Beninca, Jürgen, Arbeitskampf und Arbeitsverhältnis, Diss. Konstanz 1998

Bepler, Klaus, Grundzüge und neuere Entwicklungen im Arbeitskampfrecht, AuA 1998, 228

Besgen, Nicolai, Mitgliedschaft im Arbeitgeberverband ohne Tarifbindung, Diss. Bonn 1997/98

Beuthien, Volker, Der Arbeitskampf als Wirtschaftsstörung, 1990

Biedenkopf, Kurt H., Die Betriebsrisikolehre als Beispiel richterlicher Rechtsfortbildung, 1970 (zit. **Biedenkopf**, Betriebsrisikolehre)

ders., Grenzen der Tarifautonomie, 1964

Birk, Rolf, Europäisches Arbeitsrecht, Textausgabe mit einer ausführlichen Einleitung und Sachverzeichnis, 1990

ders., Die Rechtmäßigkeit gewerkschaftlicher Unterstützungskampfmaßnahmen, 1978

ders., Gesetzliche und autonome Regelung des Arbeitskampfrechts im Ausland, RdA 1986, 205

Birk, Rolf/**Konzen**, Horst/**Löwisch**, Manfred/**Raiser**, Thomas/**Seiter**, Hugo, Gesetz zur Regelung kollektiver Arbeitskonflikte, 1988

Bispinck, Reinhard/**Lecher**, Wolfgang, Tarifpolitik und Tarifsysteme in Europa, 1993

Boemke, Burkhard, Auskunftspflichten im Arbeitsverhältnis, AR-Blattei, SD 320, November 1997

ders., Privatautonomie im Arbeitsvertragsrecht, NZA 1993, 532

Bohr, Marc, Rechtliche Regelungen des Streikes und wirtschaftliche Auswirkungen in der Bundesrepublik Deutschland, Österreich, Belgien, Frankreich und Italien, 1992

Bosch, Edgar/**Schmidt**, Jörg, Praktische Einführung in das verwaltungsgerichtliche Verfahren, 6. Aufl. 1996

Brehm, Wolfgang, Allgemeiner Teil des BGB, 3. Aufl. 1997 (zit. **Brehm**, BGB AT)

Brox, Hans, Allgemeiner Teil des Bürgerlichen Gesetzbuchs, 22. Aufl. 1998 (zit. **Brox**, BGB AT)

ders., Die Folgen der Beteiligung des Arbeitnehmers am Streik für die Arbeitspflicht und den Anspruch auf Arbeitsvergütung, JA 1980, 628

Brox, Hans/**Rüthers**, Bernd, Arbeitsrecht, 13. Aufl. 1997

dies., Arbeitskampfrecht, 2. Aufl. 1982 (zit. **Bearbeiter** in: **Brox/Rüthers**)

Bruhn, Claus-Jürgen, Tariffähigkeit von Gewerkschaften und Autonomie, Diss. Erlangen-Nürnberg 1992/93

Buchner, Herbert, Tarifvertragsgesetz und Koalitionsfreiheit, Diss. München 1964

ders., Verbandsmitgliedschaft ohne Tarifgebundenheit, NZA 1995, 761

ders., Mitgliedschaft in Arbeitgeberverbänden ohne Tarifbindung, NZA 1994, 2

ders., Anm. zu BAG 4.9.1996, EzA Nr. 7 zu § 3 TVG Bezugnahme auf Tarifvertrag

Buschmann, Rudolf, Anm. zu BAG 22.3.1994, ArbuR 1995, 39

v. Clausewitz, Carl, Vom Kriege. Hinterlassenes Werk, ungekürzter Text, Neuausgabe 1998

Coester, Michael, Verfassungsrechtliche Gewährleistung der Aussperrung – Beschl. BVerfG v. 26.6.1991 – 1 BvR 779/85 = NZA 1991, 809 –, Jura 1992, 84

Däubler, Wolfgang, Arbeitskampfrecht, 2. Aufl. 1987 (zit. **Bearbeiter** in: **Däubler**, Arbeitskampfrecht)

ders., Neue Grundsätze im Arbeitskampf? Zur Entscheidung des Ministerkomitees des Europarats, ArbuR 1998, 144

ders., Tarifausstieg – Erscheinungsformen und Rechtsfolgen, NZA 1996, 225

ders., Arbeitsbeziehungen am Ende des 20. Jahrhunderts – Übersicht über aktuelle Entwicklungen in den Industrieländern, ZIAS 1995, 279

ders., Tarifflucht – Eine aussichtsreiche Strategie zur Reduzierung von Lohnkosten?, ZTR 1994, 448

ders., Arbeitskampfrecht mit neuen Konturen?, ArbuR 1992, 1

ders., Anm. zu BVerfG 4.7.1995, AiB 1995, 595

Däubler, Wolfgang/**Hege**, Hans, Koalitionsfreiheit, 1976

Däubler, Wolfgang/**Kittner**, Michael/**Lörcher**, Klaus, Internationale Arbeits- und Sozialordnung, Ausgewählte und eingeleitete Dokumente, 2. Aufl. 1994

Danne, Harald Th., Anm. zu BAG 4.9.1996, SAE 1998, 111

Deckert, Martina R., Zur Einführung: Die folgenorientierte Auslegung, JuS 1995, 480

Degenhart, Christoph, Staatsrecht I, 14. Aufl. 1998 (zit. **Degenhart**, Staatsrecht I)

Discher, Thomas, Mittelbarer Eingriff, Gesetzesvorbehalt, Verwaltungskompetenz: Die Jugendsekten-Entscheidungen – BVerwGE 82, 76; BVerwG, NJW 1991, 1770; 1992, 2496; BVerfG, NJW 1989, 3269 –, JuS 1993, 463

v. **Doemming**, Klaus-Berto/**Füßlein**, Rudolf-Werner/**Matz**, Werner, Entstehungsgeschichte der Artikel des Grundgesetzes im Auftrage der Abwicklungsstelle des Parlamentarischen Rates und des Bundesministers des Innern aufgrund der Verhandlungen des Parlamentarischen Rates, Jahrbuch des öffentlichen Rechts der Gegenwart, Neue Folge/Band 1, 1951, S. 1 (zit. **v. Doemming/Füßlein/ Matz**, Jahrbuch des ÖR, Band 1 [1951])

Dreier, Horst, Grundgesetz Kommentar, Band I Art. 1 - 19, 1996 (zit. Dreier/**Bearbeiter**)

Dürig, Günter/**Rudolf**, Walter, Texte zur deutschen Verfassungsgeschichte, 2. Aufl. 1979

Dütz, Wilhelm, Arbeitsrecht, 4. Aufl. 1999

ders., Zur Entwicklung des Gewerkschaftsbegriffs, DB 1996, 2385

ders., Koalitionsautonome Regelung der Arbeits- und Wirtschaftsbedingungen, JA 1987, 405

ders., Die Grenzen von Aussperrung und arbeitskampfbedingter Entgeltverweigerung nach Risiko-Prinzipien und Kurzarbeitsregeln, DB 1979, Beil. 14, S. 1

Ehrich, Christian, Die Bedeutung der Wesentlichkeitstheorie im Arbeitskampfrecht – zugleich Besprechung von BVerfG DB 1991 S. 1678 und BVerfG DB 1993 S. 837 –, DB 1993, 1237

Eitel, Martin, Die Ungleichbehandlung der repräsentativen und nicht repräsentativen Gewerkschaften durch den Staat, Diss. Berlin 1989, 1991

Erfurter Kommentar zum Arbeitsrecht, 1. Aufl. 1998 (zit. ErfK/**Bearbeiter**)

Erman, Walter, Handkommentar zum Bürgerlichen Gesetzbuch, 1. Band, 9. Auflage 1993 (zit. Erman/**Bearbeiter**, BGB)

Etzel, Gerhard, Tarifordnung und Arbeitsvertrag, NZA 1987, Beil. 1, S. 19

Fabricius, Fritz, Streik und Aussperrung im Internationalem Recht, 1988

Feger, Sandra, Flucht aus dem Arbeitgeberverband, AiB 1995, 490

Fischer, Hans Georg, Europarecht, 2. Aufl. 1997

Fischer, Christian/**Rüthers**, Bernd, Anm. zu BAG 22.3.1994, EzA Nr. 115 zu Art. 9 GG Arbeitskampf

Frieges, Holger M., Wegfall der Tarifbindung und einzelvertragliche Inbezugnahme von Tarifverträgen, DB 1996, 1281

Frowein, Jochen Abr., Zur völkerrechtlichen und verfassungsrechtlichen Gewährleistung der Aussperrung, 1976

Gamillscheg, Franz, Kollektives Arbeitsrecht, Band 1, 1997 (zit. **Gamillscheg**, KollArbR I)

ders., Arbeitsrecht II: Kollektives Arbeitsrecht, Prüfe dein Wissen, 6. Aufl. 1984 (zit. **Gamillscheg**, PdW Arbeitsrecht II)

ders., Die Differenzierung nach der Gewerkschaftszugehörigkeit, 1966 (zit. **Gamillscheg**, Differenzierung)

ders., Lock-out light, ein neuer Stern am Himmel des deutschen Arbeitsrechts, Liber Amicorum in Honour of Roger Blanpain, 1998, S. 735

ders., In Sachen Arbeitskampf: Öfter mal was Neues, BB 1996, 212

Gaul, Björn, Die einzelvertragliche Bezugnahme auf einen Tarifvertrag beim Tarifwechsel des Arbeitgebers, NZA 1998, 9

van Gelder, Alfons, Ein neues Arbeitskampfrecht?, ArbuR 1972, 97

van Gelder, Alfons/**Leinemann**, Wolfgang, Die Streikbeteiligung des organisierten und des nichtorganisierten Arbeitnehmers, ArbuR 1970, 1

dies., Die Aussperrung organisierter und nichtorganisierter Arbeitnehmer, BlStSozArbR 1970, 253

Germelmann, Claas-Hinrich, Theorie und Geschichte des Streikrechts, 1980

Glaubitz, Werner, Zur Frage der Tariffähigkeit des Arbeitgeberverbandes mit tarifgebundenen und nicht tarifgebundenen Mitgliedern, Festschrift für Dieter Stege, "Arbeitsrecht aus Arbeitgebersicht", 1997, S. 39

Götz, Hilmar, Grundzüge des Arbeitsrechts, Band II, Kollektives Arbeitsrecht, 1989 (zit. **Götz**, Arbeitsrecht II)

Grunsky, Wolfgang, Streik und Zurückbehaltungsrecht – BAGE 15, 174, JuS 1967, 60

Häuser, Franz, Der "Außenseiter"-Arbeitgeber im Verbandsarbeitskampf, Festschrift für Otto Rudolf Kissel zum 65. Geburtstag, "Arbeitsrecht in der Bewährung", 1994, S. 297

Halbach, Günther/**Paland**, Norbert/**Schwedes**, Rolf/**Wlotzke**, Otfried, Übersicht über das Arbeitsrecht, 7. Aufl. 1998

dies., Übersicht über das Arbeitsrecht, 5. Aufl. 1994

Hanau, Peter, Entwicklungslinien im Arbeitsrecht, DB 1998, 69

ders., Die Koalitionsfreiheit sprengt den Kernbereich, ZIP 1996, 447

ders., Diskussionsbeitrag im Rahmen des Gesprächs der Otto-Brenner-Stiftung am 10.12.1993 in Frankfurt zum Thema "Betriebsverfassung und Tarifvertrag", RdA 1994, 172

Hanau, Peter/**Adomeit**, Klaus, Arbeitsrecht, 11. Aufl. 1994

Hanau, Peter/**Kania**, Thomas, Die Bezugnahme auf Tarifverträge durch Arbeitsvertrag und betriebliche Übung, Festschrift für Günter Schaub zum 65. Geburtstag, 1998, S. 239

dies., Anm. zu BAG 20.3.1991, AP Nr. 4 TVG Tarifkonkurrenz

Hanau, Peter/**Kroll**, Joachim, Nochmals: Differenzierung zwischen Gewerkschaftsmitgliedern und Außenseitern bei der Aussperrung, JZ 1980, 181

Handbuch zum Arbeitsrecht (zit. HzA/**Bearbeiter**)

Hank, Rainer, Wie Streik und Aussperrung rechtlich legitimiert wurden, FAZ vom 20.1.1995, S. 19

v. **Hase**, Karl, Der Vorvertrag als Vertragsschluß auf Raten, Diss. Heidelberg 1998 (zit. v. **Hase**, Vorvertrag)

v. **Hase**, Karl/**Lembke**, Mark, Das Selbstbeurlaubungsrecht arbeitnehmerähnlicher Personen, BB 1997, 1095

Heckelmann, Sabine, Suspendierende Abwehraussperrung von Außenseitern, Diss. Münster 1991

Heilmann, Joachim, Koalitionsfreiheit als normales Grundrecht, ArbuR 1996, 121

Heilmann, Joachim/**Menke**, Arno, Das Urteil des Bundesverfassungsgerichts zu § 116 AFG, ArbuR 1996, 11

Heimes, Jürgen, BVerfG: Neues Profil der Koalitionsfreiheit, MDR 1996, 562

Heinze, Meinhard, Gibt es eine Alternative zur Tarifautonomie?, DB 1996, 729

Hensche, Martin, Zu Praktikabilität und Nutzen des arbeitskampfrechtlichen Paritätsprinzips, RdA 1996, 293

Henssler, Martin, Tarifautonomie und Gesetzgebung, ZfA 1998, 1

Heselhaus, Sebastian, Art. 9 Abs. 3 GG: Grundrechtlicher Schutz der Mitgliederwerbung durch die Koalitionen, JA 1996, 838

Hesse, Konrad, Grundzüge des Verfassungsrechts der Bundesrepublik Deutschland, 18. Aufl. 1991 (zit. **Hesse**, VerfR)

Hickel, Rudolf, Der Flächentarifvertrag als verteilungs- und beschäftigungspolitisches Instrument, Gewerkschaftsreport 1998, 23

Hillgruber, Christian, Richterliche Rechtsfortbildung als Verfassungsproblem, JZ 1996, 118

Hoeniger, Heinrich, Einige Gedanken zum Recht des Arbeitskampfes, RdA 1953, 204

v. Hoyningen-Huene, Gerrick, Betriebsverfassungsrecht, 4. Aufl. 1998

ders., Die Billigkeit im Arbeitsrecht, 1978

ders., Die Anwendung des branchenfremden Tarifvertrags, NZA 1996, 617

ders., Die Koalitionsfreiheit, AR-Blattei, SD 1650.1, April 1993

ders., Arbeitsrecht: Die Einstweilige Verfügung im Firmenarbeitskampf, JuS 1990, 298

ders., Streikbedingte Sonderzuwendungen als Arbeitskampfmittel, DB 1989, 1466

ders., Rechtmäßigkeitsvoraussetzungen aktueller Arbeitskampfmittel der Gewerkschaften, JuS 1987, 505

ders., Die Allgemeinverbindlicherklärung der Vorruhestandstarifverträge im Baugewerbe, BB 1986, 1909

ders., Rechtsfortbildung im Arbeitsrecht als Vorreiter und Vorbild?, Festschrift der Juristischen Fakultät zur 600-Jahr-Feier der Ruprecht-Karls-Universität Heidelberg "Richterliche Rechtsfortbildung – Erscheinungsformen, Auftrag und Grenzen", 1986, S. 353

ders., Die Rolle der Verbände bei Firmenarbeitskämpfen, ZfA 1980, 453

ders., Die Bezugnahme auf den Tarifvertrag – Ein Fall der Tarifbindung, RdA 1974, 138

ders., Anm. zu BVerfG 14.11.1995, AR-Blattei, ES 20 Nr. 33

ders., Anm. zu BAG 13.7.1993, AP Nr. 127 zu Art. 9 GG Arbeitskampf

ders., Anm. zu BAG 13.11.1991, AR-Blattei, ES 20 Nr. 23

ders., Anm. zu BAG 26.1.1982, AR-Blattei, (D) Vereinigungsfreiheit Entsch. 11/12

Hueck, Götz, Anm. zu BAG 20.7.1960, AP Nr. 7 zu § 4 TVG

Hueck, Götz/**v. Hoyningen-Huene**, Gerrick, Kündigungsschutzgesetz Kommentar, 12. Aufl. 1997 (zit. **Hueck/v. Hoyningen-Huene**, KSchG)

Hueck, Alfred/**Nipperdey**, Hans Carl, Lehrbuch des Arbeitsrechts, 2. Band Kollektives Arbeitsrecht, 1. Halbband (II/1), 7. Aufl. 1967 (zit. **Hueck/Nipperdey**, Arbeitsrecht II/1)

dies., Lehrbuch des Arbeitsrechts, 2. Band Kollektives Arbeitsrecht, 2. Halbband (II/2), 7. Aufl. 1970 (zit. **Hueck/Nipperdey**, Arbeitsrecht II/2)

Hufen, Friedhelm, Anm. zu BVerfG 24.4.1996, SAE 1997, 137

Huff, Martin W., Sprachschwierigkeiten in Brüssel, FAZ vom 5.3.1999, S. 22

Institut der deutschen Wirtschaft Köln, Zahlen zur wirtschaftlichen Entwicklung der Bundesrepublik Deutschland, 1998

Isensee, Josef/**Kirchhof**, Paul, Handbuch des Staatsrechts der Bundesrepublik Deutschland, Band III Das Handeln des Staates, 1988 (zit. **Bearbeiter** in: HbStR III)

dies., Handbuch des Staatsrechts der Bundesrepublik Deutschland, Band V Allgemeine Grundrechtslehren, 1992 (zit. **Bearbeiter** in: HbStR V)

dies., Handbuch des Staatsrechts der Bundesrepublik Deutschland, Band VI Freiheitsrechte, 1989 (zit. **Bearbeiter** in: HbStR VI)

Jarass, Hans D./**Pieroth**, Bodo, Grundgesetz für die Bundesrepublik Deutschland, 4. Aufl. 1997 (zit. JP/**Bearbeiter**)

Jauernig, Othmar, Bürgerliches Gesetzbuch, 8. Aufl. 1997 (zit. Jauernig/**Bearbeiter**, BGB)

Junker, Abbo, Individualwille, Kollektivgewalt und Staatsintervention im Arbeitsrecht, NZA 1997, 1305

ders., Anm. zu BAG 23.10.1996, SAE 1997, 172

Kaiser, Dagmar, Die Rechtsprechung des Bundesarbeitsgerichts im Jahre 1994, ZfA 1996, 115

Kalb, Heinz-Jürgen, Arbeitskampfrecht, 1986

ders., Die Entwicklung des Arbeitskampfrechts durch das Bundesarbeitsgericht, RdA 1994, 385

Kasseler Handbuch zum Arbeitsrecht, Band 1, Arbeitsverhältnis und Inhalt des Arbeitsverhältnisses, 1997 (zit. KassHb/**Bearbeiter**)

Kasseler Handbuch zum Arbeitsrecht, Band 2, Besondere Arbeitsverhältnisse und Arbeitsverhältnisse mit erhöhtem Schutz, Kollektives Arbeitsrecht, Arbeitsgerichtliche Verfahren, Neue Bundesländer, Europarecht, 1997 (zit. KassHb/**Bearbeiter**)

Kempen, Otto-Ernst/**Zachert**, Ulrich, Tarifvertragsgesetz, 3. Aufl. 1997

Kettler, Gero, Das BAG und die "umgekehrte" betriebliche Übung, NJW 1998, 435

Kircher, Holger, Anm. zu BAG 22.3.1994, WiB 1995, 209

Kissel, Otto Rudolf, Arbeitsrecht und Staatsvertrag, NZA 1990, 545

Kittner, Michael, Im Kartellverdacht der Liberalen, der Tarifvertrag ist keine marktwidrige Vereinbarung, sondern ein effizientes Gestaltungsmittel des Arbeitsrechts/Die Unbedenklichkeitsbescheinigung des Verfassungsgerichts, FAZ v. 18.11.1995, S. 17

ders., Anm. zu BVerfG 18.12.1974, AP Nr. 23 zu Art. 9 GG

Klein, Olaf, Die Offenbarungspflicht des Arbeitnehmers bei Annahmeverzug des Arbeitgebers, NZA 1998, 1208

Kohte, Wolfhard, Anm. zu BAG 4.9.1996, AuA 1997, 171

Kommentar zum Bonner Grundgesetz (Bonner Kommentar), gegründet 1950 (zit. BK/**Bearbeiter)**

Konzen, Horst, Der Sympathiestreik bei inkongruenter Tarifzuständigkeit der Tarifparteien, DB 1990, Beil. 6, S. 1

ders., Aussperrungstaktik und Organisationspolitik – Zur Unterstützungszahlung von Arbeitgebern an ausgesperrte Außenseiter –, Festschrift 25 Jahre Bundesarbeitsgericht, 1979, S. 273

ders., Anm. zu BAG 27.6.1995, AP Nr. 137, 11.7.1995, AP Nr. 138 und Nr. 139 zu Art. 9 GG Arbeitskampf

ders., Anm. zu BVerfG 26.6.1991, SAE 1991, 335

ders., Anm. zu BAG 12.3.1985, SAE 1986, 57

ders., Anm. zu BGH 19.1.1978, SAE 1980, 21

Kraft, Alfons, Einzelvertragliche Bezugnahme auf Tarifverträge, Tarifpluralität und das Prinzip der Tarifeinheit, Festschrift für Wolfgang Zöllner zum 70. Geburtstag, Band II, 1998, S. 831

ders., Das sogenannte einheitliche Geschehen des Streiks und seine Rechtswidrigkeit, RdA 1968, 434

ders., Gemeinsame Anmerkung zu Urteilen des BAG vom 10.6.1980, SAE 1980, 297

Kreßel, Eckhard, Neutralität des Staates im Arbeitskampf – Zur Entscheidung des BVerfG vom 4.7.1995, NZA 1995, 1121

Krichel, Ulrich, Ist der Firmentarifvertrag mit einem verbandsangehörigen Arbeitgeber erstreikbar?, NZA 1986, 731

Krimphove, Dieter, Europäisches Arbeitsrecht, 1996

Krölls, Albert, Das Arbeitskampfrecht im Zeichen der Wirtschafts- und Sozialunion, BB 1990, Beil. 21, S. 16

Kroll, Axel, Der Außenseiter in der Arbeitsrechtsordnung, Diss. Bochum 1992

Küng, Manfred/**Eckert**, Martin K., Repetitorium zum Völkerrecht, 1993

Larenz, Karl, Methodenlehre der Rechtswissenschaft, 6. Aufl. 1991

ders., Richterliche Rechtsfortbildung als methodisches Problem, NJW 1965, 1

Larenz, Karl/**Wolf**, Manfred, Allgemeiner Teil des Bürgerlichen Rechts, 8. Aufl. 1997 (zit. **Larenz/Wolf**, BGB AT)

Lecheler, Helmut, Die Fortentwicklung des Rechts der Europäischen Union durch den Amsterdam-Vertrag, JuS 1998, 392

Leibholz, Gerhard/**Rinck**, Hans-Justus/**Hesselberger**, Dieter, Grundgesetz, Kommentar an Hand der Rechtsprechung des Bundesverfassungsgerichts, Band I (Art. 1 - 20), Stand: Juni 1998 (zit. **Leibholz/Rinck/Hesselberger)**

Leinemann, Wolfgang, Erhaltungsarbeiten nach Beginn eines Arbeitskampfes und Arbeitsverhältnis, DB 1971, 2309

Lieb, Manfred, Arbeitsrecht, 6. Aufl. 1997

ders., Die Rechtsstellung des Außenseiterarbeitgebers im Arbeitskampf, Festschrift für Otto Rudolf Kissel zum 65. Geburtstag "Arbeitsrecht in der Bewährung", 1994, S. 653

ders., Zur Rechtmäßigkeit von Unterstützungsarbeitskämpfen insbesondere im Druck- und Verlagsbereich, RdA 1991, 145

ders., Der Kampf um den Arbeitskampf, RdA 1988, 327

ders., Anm. zu BAG 11.7.1995 und 31.10.1995, SAE 1996, 182

ders., Anm. zu BVerfG 4.7.1995, JZ 1995, 1174

ders., Anm. zu BAG 14.12.1993 22.3.1994, SAE 1995, 257

ders., Anm. zu BAG 9.4.1991, SAE 1993, 268

Lörcher, Klaus, 16 Jahre auf der Bremse – Die Regierung Kohl und die internationalen sozialen Rechte, ArbuR 1999, 11

Löwisch, Manfred, Arbeitskampf- und Schlichtungsrecht, 1997 = AR-Blattei, SD 170.1 bis 170.11 (zit. **Bearbeiter** in: **Löwisch**, Arbeitskampf- und Schlichtungsrecht)

ders., Schlichtungs- und Arbeitskampfrecht, 1989 (zit. **Bearbeiter** in: **Löwisch**, Schlichtungs- und Arbeitskampfrecht, 1989)

ders., Machtzuwachs für die Gewerkschaften, BB 1998, Heft 49, Die erste Seite

ders., Richterliches Arbeitskampfrecht und der Vorbehalt des Gesetzes, DB 1988, 1013

ders., Arbeitskampf und Vertragserfüllung, AcP 174 (1974), 202

ders., Gewollte Tarifunfähigkeit im modernen Kollektivarbeitsrecht, ZfA 1974, 29

ders., Anm. zu BAG 23.10.1996, AR-Blattei, ES 1550.3 Nr. 12

ders., Anm. zu BAG 27.6.1995 und 11.7.1995, AR-Blattei, ES 170.1 Nr. 41

ders., Anm. zu BAG 31.1.1995, AR-Blattei, ES 170.2 Nr. 42

ders., Anm. zu BVerfG 26.6.1991, AR-Blattei (D) Arbeitskampf III Entsch. 15

Löwisch, Manfred/**Rieble**, Volker, Tarifvertragsgesetz, Kommentar, 1. Aufl. 1992 (zit. **Löwisch/Rieble**, TVG)

Lorenz, Frank, Anm. zu ArbG Gelsenkirchen 13.3.1998, AiB 1998, 656

Loritz, Karl-Georg, Das Arsenal der Kampfmittel, in: **Lieb**, Manfred/**v. Stebut**, Dietrich/**Zöllner**, Wolfgang, Arbeitskampfrecht, Symposion Hugo Seiter zum Gedächtnis, 1990, S. 117

Mäßen, Christian/**Mauer**, Reinhold, Allgemeinverbindlicherklärung von Tarifverträgen und verwaltungsgerichtlicher Rechtsschutz, NZA 1996, 121

Manssen, Gerrit, Staatsrecht I, Grundrechtsdogmatik, 1995 (zit. **Manssen**, Staatsrecht I)

Marx, Karl, Das Kapital, Kritik der politischen Ökonomie, 1. Band, in: Institut für Marxismus-Leninismus beim ZK der SED, Karl Marx, Friedrich Engels Werke (MEW) Band 23, 1972 (zit. **Marx**, Das Kapital, 1. Band (MEW 1972 Band 23))

Matthes, Hans-Christoph, Der Arbeitgeber als Tarifvertragspartei, Festschrift für Günter Schaub zum 65. Geburtstag, 1998, S. 477

Maunz, Theodor/**Dürig**, Günther, Grundgesetz, Stand: Juni 1998 (zit. MD/**Bearbeiter**)

Maunz, Theodor/**Schmidt-Bleibtreu**, Bruno/**Klein**, Franz/**Ulsamer**, Gerhard, Bundesverfassungsgerichtsgesetz, Kommentar, Stand: Mai 1998 (zit. **Bearbeiter** in: **Maunz/Schmidt-Bleibtreu/Klein/Ulsamer**, BVerfGG)

May, Matthias, Die verfassungsmäßige Zulässigkeit der Bindung von Außenseitern durch Tarifverträge, Diss. Heidelberg 1988/89

Mayer, Udo R., Anm. zu BAG 22.3.1994, AiB 1995, 135

Mayer-Maly, Theo, Anm. zu BAG 12.3.1985, AP Nr. 84 zu Art. 9 GG Arbeitskampf

ders., Anm. zu BAG 10.6.1980, AP Nr. 64 - 66 zu Art. 9 GG Arbeitskampf

Mecker, Horst Dieter, Die Auswirkung der Teilnahme am Arbeitskampf auf die Einzelarbeitsverträge, Diss. Bochum 1972

Merten, Philip, Das Prinzip der Tarifeinheit als arbeitsrechtliche Kollisionsnorm, Überlegungen zum Urteil des BAG vom 20.3.1991 und zur Bedeutung vertraglicher Bezugnahmeklauseln für die Auflösung der Kollisionslage, BB 1993, 572

Merten, Detlef/**Pitschas**, Rainer, Der Europäische Sozialstaat und seine Institutionen, Vorträge und Diskussionsbeiträge der Verwaltungswissenschaftlichen Arbeitstagung 1991 des Forschungsinstituts für öffentliche Verwaltung bei der Hochschule für Verwaltungswissenschaften Speyer, Schriftenreihe der Hochschule Speyer, Band 109, 1993 (zit. **Bearbeiter** in: **Merten/Pitschas**, Der Europäische Sozialstaat und seine Institutionen

Mielke, Siegfried, Internationales Gewerkschaftshandbuch, 1982

Misera, Karlheinz, Tarifmacht und Individualbereich unter Berücksichtigung der Sparklausel, Diss. Münster 1969

Mitscherlich, Matthias, Das Arbeitskampfrecht der Bundesrepublik Deutschland und die Europäische Sozialcharta, 1976

Mosler, Hermann/**Bernhardt**, Rudolf, Die Koalitionsfreiheit des Arbeitnehmers, The Freedom of the Worker to Organize, La liberté syndicale des salarié, Band 1 und Band 2, 1980 (zit. **Bearbeiter** in: **Mosler/Bernhardt**, Die Koalitionsfreiheit des Arbeitnehmers)

Muckel, Stefan, Staatliche Warnungen vor sog. Jugendsekten, JA 1995, 343

Müller, Gerhard, Tarifautonomie und gesetzliche Regelung des Arbeitskampfrechts – Bemerkungen zum Beschluß des BVerfG vom 26.6.1991 zur Abwehraussperrung, zum Beschluß des BAG vom 21.11.1990 zur Frage der Mächtigkeit des Arbeitgebers und des Arbeitgeberverbandes und zur Offensivaussperrung, DB 1992, 269

ders., Überlegungen zum ultima-ratio-Prinzip im Blick auf die Europäische Sozialcharta, DB 1984, 2692

Müller, Thomas/**Thüsing**, Gregor, Anm. zu BVerfG 24.4.1996, EzA Nr. 61 zu Art. 9 GG

v. Münch, Ingo/**Kunig**, Philip, Grundgesetz-Kommentar, 4. Aufl. 1992 (zit. **Bearbeiter** in: **v. Münch/Kunig**)

Münchener Handbuch zum Arbeitsrecht, Band 1, Individualarbeitsrecht I, 1992 (zit. MünchArbR/**Bearbeiter**)

Münchener Handbuch zum Arbeitsrecht, Band 3, Kollektives Arbeitsrecht, 1993 (zit. MünchArbR/**Bearbeiter**)

Münchener Kommentar zum Bürgerlichen Gesetzbuch, Band 1, 3. Aufl. 1993 (zit. MüKo/**Bearbeiter**, BGB)

Münchener Kommentar zum Handelsgesetzbuch, Band 1 (§§ 1 - 104), 1996 (zit. MüKo/**Bearbeiter**, HGB)

Neuhaus, Kai-Jochen, Gewohnheitsrecht – Rolle und Anerkennung in Deutschland, JuS 1996, L 41

Neumann, Dirk, Der Schutz der negativen Koalitionsfreiheit, RdA 1989, 243

Nikisch, Arthur, Arbeitsrecht, I. Band, Allgemeine Lehren und Arbeitsvertragsrecht, 3. Aufl. 1961

Nömeier, Wolfgang, Bezugnahme auf Tarifinhalte im Einzelarbeitsverhältnis, Diss. Regensburg 1990

Nogler, Luca, Die unfruchtbaren Weimarer Wurzeln des Grundrechts auf Koalitionsfreiheit, ArbuR 1996, 206

Oetker, Hartmut, Das private Vereinsrecht als Ausgestaltung der Koalitionsfreiheit, RdA 1999, 96

ders., Anm. zu BAG 28.5.1997, AP Nr. 6 zu § 1 TVG Bezugnahme auf Tarifvertrag

ders., Anm. zu BAG 22.3.1994, AP Nr. 130 zu Art. 9 GG Arbeitskampf

Oetker, Hartmut/**Preis**, Ulrich, Europäisches Arbeits- und Sozialrecht (EAS), Rechtsvorschriften, Systematische Darstellungen, Entscheidungssammlung (zit. **Oetker/Preis**, EAS)

Ortmann, Heinrich, Anm. zu BVerfG 14.11.1995, Der Betriebsrat, 1996, 36

Ostrop, Markus H., Mitgliedschaft ohne Tarifbindung, Diss. Freiburg 1997

Otte, Jürgen, Das subjektiv-private Arbeitskampfrecht als Grundlage einer Neuorientierung im Recht des Streiks und der Aussperrung, 1970

Otto, Hansjörg, Einführung in das Arbeitsrecht, 1991

ders., Hansjörg, Zur Neutralität der Bundesanstalt für Arbeit bei Arbeitskämpfen – BVerfG vom 4.7.1995 – 1 BvF 2/86 und 1, 2, 3, 4/87 und 1 BvR 1421/86 –, Jura 1997, 18

Otto, Sven-Joachim, Die rechtliche Zulässigkeit einer tarifbindungsfreien Mitgliedschaft in Arbeitgeberverbänden, NZA 1996, 624

Palandt, Otto, Bürgerliches Gesetzbuch, 58. Aufl. 1999 (zit. **Palandt/Bearbeiter**, BGB)

Parlamentarischer Rat, Verhandlungen des Hauptausschusses, Bonn 1948/1949 (zit. **Parl. Rat**, HA-Sitzungsprotokolle)

Pestalozza, Christian, Verfassungsprozeßrecht, 3. Aufl. 1991

Peters, Harald, Das Scheitern der Tarifverhandlungen als Rechtmäßigkeitsvoraussetzung für Arbeitskampfmaßnahmen, Diss. Köln 1996/97

Picker, Eduard, Ein Rechtsinstitut auf Abruf, Die Tarifautonomie ist die Verwirklichung der ökonomischen Selbstbestimmung/Ihre Legitimation fußt auf der Ungleichheit der Tarifvertragsparteien, FAZ v. 11.7.1998, S. 15

Pieroth, Bodo/**Schlink**, Bernhard, Grundrechte, Staatsrecht II, 14. Aufl. 1998 (zit. **Pieroth/Schlink**, Staatsrecht II)

Preis, Ulrich, Grundfragen der Vertragsgestaltung im Arbeitsrecht, 1993 (zit. **Preis**, Vertragsgestaltung)

Promberger, Günter, Arbeitskampf und Einzelarbeitsvertrag, Diss. München 1967

Prütting, Hanns, Zulässigkeit und prozessuale Bedeutung einer künftigen DGB-Rechtsschutz GmbH, ArbuR 1998, 133

Ramm, Thilo, Die Anerkennung des Streikrechts, ArbuR 1967, 97

ders., Streik und Arbeitsvertragsbruch, ArbuR 1964, 129

Reichel, Hans/**Koberski**, Wolfgang/**Ansey**, Siegfried, Tarifvertragsgesetz, Stand: Juni 1998

Reichold, Hermann, Arbeitskampf und Einzelarbeitsverhältnis, JuS 1996, 1049

Reichsgerichtsrätekommentar zum Bürgerlichen Gesetzbuch, Band I §§ 1 - 240, 12. Aufl. 1982 (zit. RGRK/**Bearbeiter**, BGB)

Reinemann, Susanne/**Schulz-Henze**, Ralf, Die Rechtsprechung des Bundesverfassungsgerichts zur Koalitionsfreiheit – Widerspruch zum klassischen Grundrechtsverständnis oder richtungsweisende Trendwende?, JA 1995, 811

Reuter, Dieter, Die Mitgliedschaft ohne Tarifbindung (OT-Mitgliedschaft) im Arbeitgeberverband, RdA 1996, 201

ders., Möglichkeiten und Grenzen einer Auflockerung des Tarifkartells, ZfA 1995, 1

ders., Die problematische Tarifeinheit – BAG, NZA 1991, 736, JuS 1992, 105

ders., Die Rolle des Arbeitsrechts im marktwirtschaftlichen System – Eine Skizze, Ordo 36 (1985), 51

ders., Anm. zu BAG 11.7.1995 und 27.6.1995, JuS 1996, 658

Richardi, Reinhard, Fälle und Lösungen nach höchstrichterlichen Entscheidungen, Arbeitsrecht, 6. Aufl. 1991 (zit. **Richardi**, Arbeitsrecht)

ders., Der Beschluß des Bundesverfassungsgerichts zur Aussperrung und seine Folgen für das Arbeitskampfrecht – Zugleich eine Besprechung der Entscheidung des BVerfG vom 26.6.1991 – 1 BvR 779/85, JZ 1992, 27

ders., Der Beschluß des Großen Senats des Bundesarbeitsgerichts vom 21.4.1971, RdA 1971, 334

ders., Aussperrung und Arbeitsverhältnis, RdA 1970, 65

Rieble, Volker, Arbeitsmarkt und Wettbewerb, 1996

ders., Rezension zu Peters, Harald, Das Scheitern der Tarifverhandlungen als Rechtmäßigkeitsvoraussetzung für Arbeitskampfmaßnahmen, 1997, RdA 1998, 307

ders., Anm. zu BAG 27.6.1995, SAE 1996, 227

ders., Anm. zu BAG 9.4.1991, EzA Nr. 98 zu Art. 9 GG Arbeitskampf

ders., Anm. zu BVerfG 26.6.1991, EzA Nr. 97 zu Art. 9 GG Arbeitskampf

ders., Anm. zu BAG 20.11.1990, SAE 1991, 316

Robbers, Gerhard, Verfassungsprozessuale Probleme in der öffentlichrechtlichen Arbeit, JuS 1993, 1022

ders., Der Grundrechtsverzicht, Zum Grundsatz "volenti non fit iniuria" im Verfassungsrecht, JuS 1985, 925

Röckl, Johannes, Zulässigkeit einer Mitgliedschaft in Arbeitgeberverbänden ohne Tarifbindung?, DB 1993, 2382

Ronellenfitsch, Michael, Verfassungs- und verwaltungsrechtliche Vorbemerkungen zur Mobilität mit dem Auto, DAR 1994, 7

ders., Mobilität: Vom Grundbedürfnis zum Grundrecht?, DAR 1992, 321

Rose, Franz-Josef, Das Streikrecht der nichtorganisierten und der andersorganisierten Arbeitnehmer im Arbeitskampf, Diss. Münster 1994/95

Rüthers, Bernd, Streik und Verfassung, 1960

ders., Die Zulässigkeit von Sympathiearbeitskämpfen im Medienbereich, BB 1990, Beil. 25, S. 1

ders., Funktionswandel in der Tarifautonomie, "Die Zukunft der sozialen Partnerschaft", Band 24 der Veröffentlichungen der Walter-Raymond-Stiftung, 1986, S. 43

ders., Anm. zu BAG 2.6.1987, AP Nr. 49 zu Art. 9 GG

Sachs, Michael, Grundgesetz, 2. Aufl. 1999 (zit. Sachs/**Bearbeiter**)

ders., Die relevanten Grundrechtsbeeinträchtigungen, JuS 1995, 303

Säcker, Franz-Jürgen, Gruppenautonomie und Übermachtkontrolle im Arbeitsrecht, 1972 (zit. **Säcker**, Gruppenautonomie)

ders., Grundprobleme der kollektiven Koalitionsfreiheit, 1969 (zit. **Säcker**, Kollektive Koalitionsfreiheit)

Schaub, Günter, Arbeitsrechts-Handbuch, 8. Aufl. 1996

ders., Arbeitsrechtliche Formularsammlung und Arbeitsgerichtsverfahren, 6. Aufl. 1994 (zit. **Schaub**, Formularsammlung)

ders., Wege und Irrwege aus dem Flächentarifvertrag, NZA 1998, 617

ders., Tarifflucht im Spiegel der BAG-Rechtsprechung, AuA 1998, 44

ders., Aktuelle Fragen des Tarifvertragsrechts, BB 1995, 2003

ders., Aktuelle Streitfragen zur Kostensenkung bei der Arbeitsvergütung, BB 1994, 2005

Schleusener, Axel Aino, Rechtmäßigkeit kampfweiser Durchsetzung von Firmentarifverträgen gegenüber verbandsangehörigen Arbeitgebern, NZA 1998, 239

Schlochauer, Ursula, OT-Mitgliedschaft in tariffähigen Arbeitgeberverbänden, Festschrift für Günter Schaub zum 65. Geburtstag, 1998, S. 699

Schmidt-Bleibtreu, Bruno/**Klein**, Franz, Kommentar zum Grundgesetz, 9. Aufl. 1999 (zit. **Bearbeiter** in: **Schmidt-Bleibtreu/Klein**)

Schneider, Egbert, Die Vereinbarkeit des deutschen Arbeitskampfrechts mit den Übereinkommen Nr. 87 und 98 der Internationalen Arbeitsorganisation, Diss. Bonn 1998

Scholz, Rupert, Koalitionsfreiheit als Verfassungsproblem, 1971 (zit. **Scholz**, Koalitionsfreiheit)

ders., Anm. zu BVerfG 14.11.1995, SAE 1996, 317, 320

Scholz, Rupert/**Konzen**, Horst, Die Aussperrung im System von Arbeitsverfassung und kollektivem Arbeitsrecht, 1980 (zit. **Scholz/Konzen**, Aussperrung)

Schulte Westenberg, Michael, Gewerkschafts- contra Arbeitgeberinteressen: Gewerkschaftliche Mitgliederwerbung während der Arbeitszeit – Abschied von der Kernbereichstheorie, NJW 1997, 375

ders., Arbeitskampf – Was ist die negative Koalitionsfreiheit noch wert?, NJW 1996, 1256

Schwab, Martin, Mindestarbeitsbedingungen nach Verbandsaustritt des Arbeitgebers, BB 1994, 781

Schwarze, Roland, Die verfassungsrechtliche Garantie des Arbeitskampfes – BVerfGE 84, 212, JuS 1994, 653

Schwerdtfeger, Gunther, Öffentliches Recht in der Fallbearbeitung, 10. Aufl. 1997 (zit. **Schwerdtfeger**, Öffentliches Recht)

Seidl-Hohenveldern, Ignaz, Völkerrecht, 7. Aufl. 1992

Seiter, Hugo, Streikrecht und Aussperrungsrecht, 1975

ders., Nochmals: Differenzierung zwischen Gewerkschaftsmitgliedern und Außenseitern bei der Aussperrung, JZ 1980, 749

ders., Differenzierung zwischen Gewerkschaftsmitgliedern und Außenseitern bei der Aussperrung, JZ 1979, 657

ders., Anm. zu BGH 19.1.1978, EzA Nr. 21 zu Art. 9 GG Arbeitskampf

Sendler, Horst, Wundersame Vermehrung von Grundrechten – insbesondere zum Grundrecht auf Mobilität und Autofahren, NJW 1995, 1468

Siebenhaar, Eduard/**Siegmann**, Georg, Commentar zu dem bürgerlichen Gesetzbuche für das Königreich Sachsen, Erster Band, 2. Aufl. 1869

Siebert, Wolfgang, Einige Grundgedanken des gegenwärtigen Arbeitsrechts, RdA 1956, 13

Sinzheimer, Hugo, Grundzüge des Arbeitsrechts, 2. Aufl. 1927

Söllner, Alfred, Grundriß des Arbeitsrechts, 12. Aufl. 1998 (zit. **Söllner**, Arbeitsrecht)

ders., Grundriß des Arbeitsrechts, 10. Aufl. 1990 (zit. **Söllner**, Arbeitsrecht, 10. Aufl. 1990)

Sölter, Arno, Arbeitslosigkeit und Tarifautonomie, 1985

Soergel, Hans Theodor, Bürgerliches Gesetzbuch, Band 1 Allgemeiner Teil (§§ 1-240), 12. Aufl. 1987 (zit. Soergel/**Bearbeiter**, BGB)

Speiger, Peter, Die Reduzierung von Gratifikationsleistungen durch betriebliche Übung, NZA 1998, 510

Sproedt, Bernd, Koalitionsfreiheit und Streikrecht in den universellen und europäischen Kollektivabkommen (Weltpakt für wirtschaftliche, soziale und kulturelle Rechte, IAO-Abkommen, Europäische Sozialcharta und Europäische Menschenrechtskonvention), Diss. Heidelberg 1972

Stahlhacke, Eugen, Zulässigkeit neuer Kampfmittel im Arbeitskampf, 1994

v. Staudinger, Julius, Kommentar zum Bürgerlichen Gesetzbuch, Erstes Buch Allgemeiner Teil §§ 134 - 163, 13. Bearbeitung 1996 (zit. Staudinger/**Bearbeiter**, BGB)

Tappe, Konstantin/**Koplin**, Bernhard, Die "negative betriebliche Übung" – Beendigung einer betrieblichen Übung durch Etablierung einer gegenläufigen Übung –, DB 1998, 2114

Thüsing, Gregor, Der Außenseiter im Arbeitskampf, Diss. Köln 1995/96

ders., Die Erstreikbarkeit von Firmentarifverträgen verbandsangehöriger Arbeitgeber, NZA 1997, 294

ders., Arbeitskampfrisiko, Notdienstvereinbarung und Beschäftigungspflicht – Anm. zu neueren Tendenzen der BAG-Rechtsprechung, DB 1995, 2507

ders., Anm. zu LAG Düsseldorf 10.9.1996, LAGE Nr. 65 zu Art. 9 GG Arbeitskampf

ders., Anm. zu BVerfG 14.11.1995, EzA Nr. 60 zu Art. 9 GG

ders., Anm. zu BAG 31.1.1995, EzA Nr. 119 zu Art. 9 GG Arbeitskampf

ders., Anm. zu LAG Rheinland-Pfalz 17.2.1995, LAGE Nr. 10 zu Art. 9 GG

Tomandl, Theodor, Streik und Aussperrung als Mittel des Arbeitskampfes, 1965

Treber, Jürgen, Anm. zu BAG 12.11.1996, EzA Nr. 127 zu Art. 9 GG Arbeitskampf

Wank, Rolf, Übungen im Arbeitsrecht, 2. Aufl. 1996

ders., Die Auslegung von Tarifverträgen, RdA 1998, 71

ders., Grundlagen des Arbeitskampfrechts, Festschrift für Otto Rudolf Kissel zum 65. Geburtstag, "Arbeitsrecht in der Bewährung", 1994, S. 1225

ders., Anm. zu BVerfG 14.11.1995, JZ 1996, 627, 629

Weber, Christoph, Die Rechtsprechung des Bundesarbeitsgerichts im Jahre 1991, ZfA 1992, 527

Wehr, Matthias, Grundfälle zu Vorrang und Vorbehalt des Gesetzes, JuS 1997, 419

Wendeling-Schröder, Ulrike, Arbeitsrecht und Gewerkschaften, RdA 1999, 138

Wengler, Wilhelm, Die Unanwendbarkeit der Europäischen Sozialcharta im Staat, 1969

Wiedemann, Herbert, Die deutschen Gewerkschaften – Mitgliederverband oder Berufsorgan?, RdA 1969, 321

Wiedemann, Herbert/**Stumpf**, Hermann, Tarifvertragsgesetz, 5. Aufl. 1977

Wiese, Walter, Die Europäische Sozialcharta, JIR 16 (1973), 328

Wißmann, Hellmut, Die aktuelle Rechtsprechung des Bundesarbeitsgerichts zum Arbeitskampfrecht, ArbRdGgnw 35 (1998), 115

Wollenschläger, Michael, Arbeitsrecht, 1999

Wolter, Henner, Aussperrung, Parität und Verhältnismäßigkeit, ArbuR 1979, 193

Zachert, Ulrich, Firmentarifvertrag und Arbeitskampfrecht gegenüber dem Verbandsaußenseiter, Festschrift für Karl Kehrmann "Arbeitsrecht in der Bewährung", 1997, S. 335

Zeuner, Albrecht, Arbeitskampf und Arbeitsvertrag – zum Verhältnis von Individual- und Kollektivkräften im Arbeitsrecht, JZ 1962, 425

Zöllner, Wolfgang, Veränderung und Angleichung tarifvertraglich geregelter Arbeitsbedingungen nach Betriebsübergang, DB 1995, 1401

ders., Die Fortentwicklung des Richterrechts zum Arbeitskampf inbesondere zur Aussperrung, DB 1985, 2450

ders., Die Rechtsprechung des Bundesverfassungsgerichts zu Artikel 9 Abs. 3 GG, AöR 98 (1973), 71

ders., Der Abbau einheitsvertraglicher Arbeitsbedingungen im nicht tariflich gesicherten Bereich, RdA 1969, 250

Zöllner, Wolfgang/**Loritz**, Karl-Georg, Arbeitsrecht, 5. Aufl. 1998

Sachverzeichnis

(Die Zahlen bezeichnen die Seiten. Die Hauptfundstellen sind **fett** gedruckt.)

GPSR Compliance

The European Union's (EU) General Product Safety Regulation (GPSR) is a set of rules that requires consumer products to be safe and our obligations to ensure this.

If you have any concerns about our products, you can contact us on ProductSafety@springernature.com

In case Publisher is established outside the EU, the EU authorized representative is:

Springer Nature Customer Service Center GmbH
Europaplatz 3
69115 Heidelberg, Germany

Batch number: 10844675

Printed by Printforce, the Netherlands